앞서가는 조합원 · 임직원의 필독서

농협법 ② 500

김 상 배 지음

◈ 농민신문사

　　농협의 임원과 대의원은 조합원의 선택을 받은 이 시대 우리 조합의 지도자입니다. 그래서 농협 임원과 대의원은 자부심이 무척 크고, 조합원에 대한 봉사 의지와 농협에 대한 열정 또한 누구보다 높으며, 그 긍지와 보람은 경험하지 않은 사람은 이해하지 못합니다.

　　그런데 임원이나 대의원으로서 사업을 추진하는 과정에서 농협이 직면하고 있는 법률문제가 나타나면 대단히 당혹스럽게 됩니다. 법률문제는 우리 모두에게 대단히 생소한 분야이고, 자칫하면 큰 문제와 책임이 뒤따르는 것임을 잘 알기 때문입니다.

　　또 조합 내부에서도 대의원, 이사, 감사 등이 농협법과 규정의 해석을 놓고 의견이 제각각이라 곤란할 때가 있습니다. 특히 과거에 없던 새로운 사업이나 복잡한 계약, 판단과 결정을 해야 할 경우의 걱정과 고민은 겪어본 사람만이 아는 큰 스트레스입니다.

　　이러한 문제에 대해 김상배 교수가 「농협법 211가지」에 이어 이번에 「농협법 500」을 책으로 엮어 새로 발간했습니다.

　　김상배 동지는 농협중앙회 재직 시 회원농협과 조합원의 법률문제에 각별한 관심을 갖고 연구해 왔으며, '농업인법률구조사업', '농업인소비자보호사업'을 제도화하였고, '농업인을 위한 계약서'의 제정, '직무보고제도'의 창안 등 많은 일을 해 왔습니다.

　　농협을 퇴직한 후에도 추천인과 같은 법무법인에 함께 근무하면서 '농협법 제46조의 위헌결정'을 이끌어 냈고, '토지구획정리사업지구에 농협의 업무용토지 수의계약제도'를 만들었으며, CD대출로 수많은 조합이 곤란에 처했을 때 '경위서와 진술서'를 만들어 많은 임직원을 형사 처벌의 위기에서 구출해 주는 등 숱한 공로와 업적을 남겼습니다.

이 책은 회원농협에서 실제로 질의한 사항과 해답을 엮은 것이므로 일선에서 그대로 인용하고 즉시 활용할 수 있는 소중한 지침이 될 것입니다. 또 이 책의 내용은 농협법 해설서에서 한걸음 더 나아가 농협 이념의 해설서이자 농협 사업의 안내책자라고 해도 손색이 없습니다.

독자 여러분이 일선 조합에서 이 책을 활용한다면 소모적인 법률논쟁이 사라지고, 안전한 업무 추진이 이루어져 농업인 조합원에 대한 봉사가 질적으로 향상되고 양적으로 늘어나 조합원의 참여와 호응으로 조합의 성장 발전이 가속화될 것입니다.

이제부터 조합의 법률문제와 경영의 장애사항은 이 책자를 참고하거나 김상배 교수의 자문을 활용하시고, 여러분은 맡은 바 책무에 더욱 정진하여 건승하시기를 기원합니다.

2019년 11월

원철희

전 농협중앙회 회장
전 국제농업협동조합기구(ICAO) 회장
전 대통령비서실 (농림수산)경제비서관
현 법무법인 화평 상임고문
현 농식품유통연구원 이사장

세상에는 수많은 단체와 기업이 있으며, 이들 단체나 기업은 모두 자신의 목적을 달성하기 위하여 노력합니다.

그런데 농협은 세상의 어떤 단체나 기업과도 같지 않은 독특한 협동조합 원리, 원칙과 강령, 지배구조, 경영원리, 사업방식을 갖고 있습니다. 그래서 농협에 처음 가입한 사람은 이러한 점을 이해하는 데 상당한 시간과 노력이 필요합니다. 이뿐만 아니라 오랫동안 농협의 조합원인 사람도 농협 이념과 농협법, 농협사업의 특이한 점에 대해 질문하면 "잘 알지 못한다"고 하고, 심지어 농협 임원도 농협 이념이나 농협법의 세부사항에 대하여 다 알지 못합니다.

이에 지난 2016년 봄 농협법을 가장 쉽고 부드럽게 문답식으로 구성하여 「농협법 211가지」를 발간하였고, 그로부터 4년 동안 현장에서 농협법에 대한 질문, 논쟁과 토론을 수없이 겪었습니다. 그 질문과 토론 내용 1000여 개를 다시 간추리고 기존의 211개 문항을 보완하여 「농협법 500」으로 새롭게 엮었습니다.

이 책에 실린 내용은 모두 실제로 일선의 농협 현장에서 발생한 수많은 의문에 대한 답변입니다. 그러다 보니 질문이 치우치기도 하고, 답변 사항 중에는 같은 내용의 설명이 반복되는 부분도 있을 것입니다.

제가 현장에서 겪은 질문과 토론 중에는 농협에 대한 맹목적인 공격과 비난이 있었고, 농협의 업적과 공로에 대한 훼예포폄(毀譽褒貶)이 극심한 경우도 있었으며, 특정 단체의 농협 장악 의도가 노골적인 경우도 있었기에 그런 부분에 대하여는 더욱 상세한 답변을 달았으며, 이 과정에서 일부 공격적인 표현도 있습니다.

또 책을 엮으면서 농협 이념과 농협법, 농협사업은 서로 다른 것이 아니라 협동조합원칙과 이상을 각각 다른 측면에서 해설해 놓은 것으로서, 이 세 가지는 결국 하나임을 새삼 깨달았습니다.

즉, 협동조합의 이상을 철학으로 해석한 것이 농협 이념이고, 규범화한 것이 농협법이며, 현실세계에서 구현하는 방안이 농협사업인 것입니다.

협동조합에 대한 이러한 이해를 바탕으로 이 책을 활용한다면 일선의 현장에서 일어나는 의문점이나 논쟁에 대해 명확한 해답을 얻을 수 있을 것이고, 농협에 대한 공격도 모두 간단히 제압·방어할 수 있을 것이며, 아직 나타나지 않은 질문이나 새로운 형태의 공격이 있다면 언제든 저에게 연락하여 해답을 구하면 됩니다.

그리하여 농협법에 대한 의문과 농협에 대한 비판과 공격을 이 책으로 모두 극복하시고, 농협 조합원과 임직원은 사업 성공을 통해 농협의 이상을 이 땅에 구현하는 데 매진하도록 하십시오.

'이용자가 소유하고 이용자가 지배하며 이용자가 수익을 향유하는' 농협의 구조는 시장경제 체제의 가혹함과 인간성 상실이라는 모순을 완화하고 해결하는 가장 합리적인 대안이자 유일한 방안입니다.

또 경제적으로나 사회적으로 약자인 계층이 자신들의 권익 향상을 위해 폭력과 투쟁이 아니라 약자의 단결된 힘으로 사업을 운영하고, 이 같은 자조와 사랑으로 미래를 개척해 나가는 협동조합 모델은 인류애와 인도주의 실현이라는 인류 역사의 궁극적인 방향과도 합치되는 길일 것입니다.

만약 신(神)이 있다면, 그의 뜻은 인간이 인도주의를 실천하여 지상에 낙원을 건설해 나가는 것이고 그 방법은 바로 협동조합 방식일 것입니다.

즉, 협동조합운동은 바로 신의 뜻과 의지에 부합하는 숭고하고 성스러운 길이기에, 협동조합주의라는 대의에 몸담은 일은 인생에서 가장 보람된 일이자 행운일 것입니다. 한 점의 의혹도 한 순간의 망설임도 없이 신앙적 확신으로 이 길에 참여하여 보람과 행운을 함께합시다.

아울러 특별한 배려와 성원으로 이 책이 햇빛을 볼 수 있도록 해 주신 농민신문사 이상욱 사장님과 노고를 아끼지 않고 애써주신 출판국 직원 여러분께 진심으로 감사드립니다.

2019년 11월

저자 김상배

앞서가는 조합원·임직원의 필독서

농협법 ❷
500

일 러 두 기

* 이 책은 농업협동조합법(법률 제15337호, 2017. 12. 30 공포 및 시행, 일부 개정)을 기준으로 회원 농협과 관련된 법률 쟁점을 풀이하였습니다. 책에서는 '농협법' 또는 '법'으로 표기하였습니다.

* 이 책은 2권 1세트로 구성되어 있습니다. 1권에서는 조합원, 총회·대의원회·대의원, 조합장, 이사·이사회에 대한 내용을 실었으며, 2권에서는 감사, 직원, 사업, 회계, 관리, 감독에 대한 내용을 다루고 있습니다.

* 농협법 해설, 협동조합 이론, 각종 법률 상식과 관련해서는 아래의 책을 참고하였습니다.

1. 홍행남, 농업협동조합법 해설, 농민신문사 2012
2. 농협중앙회, 농협법, 농협중앙회 경영지원부 2012
3. 임명선, 협동조합의 이론과 현실, 한국협동조합연구소 2014
4. 김기태·김형미 외3, 협동조합키워드 작은사전, 알마 2014
5. 유종오, 협동조합 회계&재무, 길벗 2014
6. 농협중앙회, 농협회계, 농협중앙회 경영지원부 2012
7. 농협중앙회, 협동조합론, 농협중앙회 경영지원부 2012
8. 농협중앙회, 한국농협론, 농협중앙회 조사부 2001
9. 법무부, 한국인의 법과 생활, 박영사 2014
10. 최종고, 법학통론, 박영사 2012
11. 조미현, 법률용어사전, 현암사 2014
12. 이병태, 법률용어사전, 법문북스 2014
13. 김상배, 농업인이 알아야 할 생활법률, 농민신문사 1999
14. 김상배, 농협법 211가지, 농민신문사 2016

차 례

❋ 농협법 500 ① 주요 내용

제1부 총설	농협이 무엇이며, 왜 사업을 하며, 어떻게 운영하는가? 농협법의 범위와 그 내용은 무엇인가? 중앙회는 어떤 역할을 하며 무엇을 도와주는가?
제2부 조합원	농협 조합원의 자격과 가입에는 어떤 문제가 있는가? 조합원의 권리, 의무, 책임은 무엇인가? 농협 민주화와 민주적인 조합원이 무슨 뜻인가?
제3부 총회, 대의원회, 대의원	총회의 역할과 권한, 소집, 의결은 어떻게 되는가? 의장의 역할과 권한이 무엇이며 침해하면 어떤 문제가 있는가? 대의원회의 성격과 지위, 권한은 무엇인가? 대의원에도 결격 사유, 피선거권 제한 사유가 있다.
제4부 조합장	누구나 알아야 하는 조합장의 권한·역할·책임이 있다. 조합장직무대행, 법률에 맞추어야 한다. 조합장의 직무 범위? 조합장이 역량을 발휘하게 하라.
제5부 이사, 이사회	이사의 직무 권한과 이사회의 직무 권한을 알아야 한다. 대단히 무거운 이사의 책임과 의무, 엄숙히 수행하여야 한다. 이사회회의록, 작성과 열람, 그리고 활용에 엄격한 규제가 있다. 임원 결격 사유와 겸업, 왜 문제인가?

- 추천사   002
- 머리말   004

❋ 제6부 감사

268 감사의 역할이 변할 수 있다고요?   020

269 감사의 임무가 완전히 바뀌었다고 하는데 그 이유와 내용은 무엇입니까?   021

270 감사의 '감사업무 범위'는 어디까지입니까?   023

271 '정기감사' '특별감사'는 어떻게?   024

272 감사는 '어떤 업무나, 아무 때나, 언제까지나' 감사를?   027

273 '감사록'은 반드시 작성해야 합니까?   029

274 '감사록' 양식을 알려주세요.   031

275 '감사징구자료'의 징구 한계와 자료의 보관은?   034

276 감사징구자료의 대외 반출은?   036

277 감사징구자료 목록의 근거   037

278 조합의 '회계처리기준'을 두고 의견이 대립되는데   038

279 감사가 부정이나 비리를 발견하였을 때의 처리는?   041

280 '감사자료 누출'로 문제가 된 사례가 있습니까?   043

281 감사가 연말정산 자료를 보자고 하는데   045

282 감사의 주의사항은?   046

283 감사의 역할과 주의사항   049

284 업무감사의 목표와 주요 내용   050

285 감사의 함정   051

286 감사의 주의사항과 징구자료   052

287 감사의 발언권   054

288 발언권과 의견진술권이 다른가?   055

289 이사회, 총회에서 '감사의 의견진술권'의 내용과 한계는?   056

290 이사의 '발언권'과 감사의 '의견진술권'의 차이는?   059

291 감사가 직원의 책상과 컴퓨터를 압수수색할 수 있는지   061

292 농협의 감사 방법   063

293 감사가 '시재금 검사'까지?   064

294 범죄혐의에 대한 감사의 조치   066

295 감사가 계약사무 현장에 입회하겠다는데   067

296 감사가 감사 실시를 대의원에게 통지하고 민원사항을 접수하겠다는데…   069

297 감사가 위법하지 않다는 증거를 제시하라고 하는데   072

298 감사가 비용 지출에 대해 합법임을 증명하라고 하는데… 073

299 법률자문이 경영기밀 누설이라고? 075

300 대의원의 감사보고서 교부요청은? 077

301 감사가 감사보고서와 지적사항을 대의원에게 교부하라는데… 079

302 결산보고서 제출 지연을 이유로 결산감사를 연장하겠다는데 082

303 결산보고서를 조합장이 직접 제출하라고? 085

304 결산감사의 지연에 대한 문제 087

305 감사가 '감사의견'과 '감사보고서'를 생략할 수 있습니까? 089

306 '감사의견'의 내용과 한계는 무엇입니까? 091

307 결산보고서 감사의견이 '부적정'이라는데… 092

308 부당한 감사의견의 문제 095

309 대의원 1인이 감사를 청구하였는데 097

310 감사의 이사회 안건제안과 의사록 등재에 대하여 098

311 감사의 징계량 결정, 변상액 결정, 환입 결정은? 101

312 위법한 감사 지적의 효력과 대응은? 102

313 감사가 개인정보, 고객정보를 요구할 수 있는가? 103

314 감사의 총회 소집 104

315 감사의 권한남용 시 대응은? 105

316 감사가 직원 인사, 사업 집행에 대한 의견을 제시하였다면? 106

317 감사가 서로를 감사하는 상호 감사 및 검증은? 107

318 감사가 감사할 수 없는 부분은? 109

❋ 제7부 직원

319 직원의 임면, 승진, 전보는? 112

320 직원의 권리, 의무, 책임은? 112

321 간부직원이란? 114

322 상무, 전무가 임원이 아니라고? 115

323 간부직원의 임면은? 116

324 간부직원의 권한은? 117

325 직원의 행위에 대한 사용자책임은? 120

326 농협직원의 급여 수준이 높다는데… 123

327 조합직원의 조합원 가입을 제한할 수 있는가? 126

328 직원의 결격 사유가 있다고? 128

329 조합원자녀장학금과 직원자녀학자금이 서로 다른데 130

330 복리후생비 중 '복지연금'이 무엇인지 133

331 단체협약, 임직원 급여, 외상거래 등의 정보공개요구는? 136

332 특별성과급 꼭 필요한 것인가? 139

333 특별성과급 지급이 조합에 손해를 가져오는 것이 아닌가? 141

334 감정노동자, 왜 문제인가? 144

✽ 제8부 사업

335 농협사업의 이유와 목적은? 148

336 농협사업의 특징과 한계는? 149

337 농협사업의 범위는? 151

338 농협은 상법을 적용받지 않고 사업을 할 수 있다고요? 153

339 농협사업, 전문회사가 맡는 것이 당연한데 154

340 조합시설이용권이란? 156

341 교육지원사업의 내용과 재원은? 157

342 교육사업, 왜 굳이 해야 하는가?   159

343 금융업무는 전문적인 기관이 맡아야 할 텐데   160

344 금융기관 예금보장이 5000만 원인데 굳이 농협만을?   163

345 상호금융과 은행금융이 다른가?   165

346 농협을 '제2중소기업은행'이라고 한다는데?   167

347 이차보상이란?   169

348 지방자치단체의 금고업무를 농협은행이 독점한다는데   171

349 월가 점령 시위와 협동조합은?   173

350 세계금융위기로 명문은행도 도산하는데 협동조합은?   175

351 대출금의 이자계산을 두고 항상 다툼이   177

352 복잡한 대출 절차, 너무 많은 징구서류   179

353 고객도 규정을 지켜야 하는가?   180

354 은행보다 높은 이자는 아무래도 문제   181

355 파생금융상품이란?   183

356 법과 규정을 위반하여 지원된 대출금, 무효인가?   184

357 소멸시효가 완성된 채권, 받으면 안 되는가?   186

358 보이스피싱에 대한 지식과 대책을…   187

359 은행이 파산하면 대출금을 갚지 않아도 됩니까?   189

360 핀테크와 재테크는?   190

361 농협보험은 설명이 부족해   192

362 농협보험이 우수한 점과 그 이유   194

363 생명보험과 손해보험을 분리한 이유는?   196

364 유사보험이 있다는데, 무엇입니까?   198

365 보험금 지급에 딴죽걸기가 성행한다는데   199

366 공제와 보험은 같은가, 다른가?   201

367 농협증권, 증권회사와 농업이 무슨 관련이?   203

368 상속예탁금 지급 요청에 대한 답변은? 204

369 소멸시효의 중단 방법은? 207

370 채권의 준점유자란? 208

371 완전경쟁시장이란 무엇입니까? 210

372 농업의 공익적 기능이란? 212

373 농산물 수급불안 이유는? 214

374 농협보다 싸게 파는 마트가 있습니다. 216

375 힘들고 어렵다는 판매사업은 왜 하는 것입니까? 217

376 판매사업의 대상과 범위는? 219

377 농협 하나로마트에서 바나나를 팔면 안 된다고? 220

378 밭떼기로 판매하면 장점도 있는데 223

379 대형마트가 하나로마트보다 더 싸다는데 225

380 농협은 도매단계까지만 맡고 소매단계는 일반상인이 227

381 농산물 등급선별, 너무 까다로워 말이 많은데 230

382 농산물의 경매, 최상의 방식인가? 232

383 농산물 직거래, 최고의 유통개선 방식이라는데 234

384 로컬푸드는 왜 필요한가? 237

385 '무조건위탁'이란 매우 일방적이고 강압적 240

386 '공동계산'이라는 용어에 저항감이 242

387 공동 브랜드, 꼭 필요한 것인가? 244

388 농업인이 생산한 농산물은 무조건 모두 다 팔아주어? 245

389 농산물 가공사업은 전문업체가 훨씬 잘할 텐데 247

390 블랙 컨슈머란 무엇이며, 대책은? 249

391 두 얼굴의 GMO 농산물 251

392 광우병, 정말로 위험한가? 254

393 농협은 비료와 농약업체의 대리점? 256

394 농협의 농자재 가격과 시중 가격이 차이가 없는데 … 257

395 농약원제를 비축한다는 말의 내용은? … 260

396 농협보다 더 값싸게 파는 영농자재상이 있습니다. … 261

397 농기계 A/S 체제 확립에 농협은? … 263

398 종자사업, 어렵고 위험한데 굳이 … 264

399 농협사료, 꼭 필요한가 … 268

400 영농자재 불량으로 인한 피해의 배상청구는? … 270

401 생활필수품의 소비자 피해 구제는? … 272

402 농촌에 하나로마트가 꼭 필요합니까? … 273

403 축산업의 수직계열화란? … 275

404 동물복지와 축산업은? … 276

405 도축 절차의 위법성과 도덕성의 문제는? … 278

406 할랄식품이란? … 279

407 스토리텔링 마케팅이란? … 282

408 택배사업, 꼭 농협이 해야 하는가? … 284

409 섬 지방의 선박 운항은 농협과 어울리지 않아 … 286

410 농협이 신문까지 발행해야 하는가? … 288

411 농협이 방송국도? … 290

412 장제사업에 대해 비판이 있는데 … 292

413 농협에서 대학까지 운영할 필요가? … 295

414 농협에서 인테리어사업까지? … 298

415 농업인법률구조사업, 실적은 얼마나? … 300

416 영농자재의 불량피해를 검찰청이나 경찰서에 호소하면? … 301

417 「농민보감」은 어디서 구할 수 있습니까? … 303

418 조합원, 임직원이 협박을 당할 경우 처신은? … 304

419 신도시에 농협 점포가 절실한데, 방법이 있습니까? … 306

420 조합원이 아닌 사람이 농협사업을 이용하는 근거는?　　307
421 비조합원의 사업이용이 제한된다고?　　309
422 기업이 관할 농협과 거래를 하여야 하는 이유는?　　310
423 협동농장을 설립하자는 주장이 있습니다.　　312
424 고객만족, 그 참다운 의미는?　　313

✽ 제9부 회계

425 농협회계가 투명하지 않다는 비판이 있는데　　316
426 조합의 자기자본이란?　　318
427 조합원의 지분이란?　　320
428 적립금의 의미와 적립 방법, 한계는?　　321
429 적립금은 어디에 사용하는가?　　323
430 임의적립금, 자본적립금이란?　　323
431 조합 간 배당률이 서로 다른 이유는?　　325
432 의욕적인 사업 확대로 높은 배당을?　　327
433 법정적립금은 조합원에게 손해라는 선동이 있습니다.　　328
434 배당이 왜 필요한가?　　330
435 출자금의 중도 환급이 가능한가?　　332
436 농협 회계제도의 특징은?　　333
437 외부감사인의 회계감사란?　　335
438 사업계획과 수지예산은?　　336
439 사업계획 수립을 제로베이스에서 해야 한다고?　　338
440 결산과 결산보고서 비치는?　　340
441 이익금의 처분은 어떻게?　　342

442 이익금의 배당은 어떻게? 343

443 농협의 사업계획과 수익 규모를 대담하게 확대하여야 합니다. 344

444 행정기관과 농협의 회계와 사업상 차이는? 346

445 기업과 농협의 사업과 회계상 차이는? 347

446 분식회계란? 348

447 자본잠식, 잠식배당이란? 350

448 생산성이란 무엇인가? 351

449 조합의 자금 차입경로가 한정되어 있다고? 353

450 조합 여유자금의 운용은 어떻게? 354

451 조합을 해산하여 자산을 분배하기로 총회가 결의하면? 355

452 조합이 다른 법인에 출자도 할 수 있나요? 356

453 농협에 우선출자 제도가 있다고요? 358

✳ 제10부 관리

454 농협에서 부동산을 구입할 때의 문제점 362

455 업무용부동산의 취득 절차는? 364

456 괴문서, 유인물의 문제는? 366

457 가짜 뉴스와 악성 댓글, 문제와 대책이 무엇입니까? 367

458 허위사실 공표에 대한 처벌은? 369

459 농협을 공격하여 거액 손해발생 시 손해배상은? 371

460 농협과 임직원을 공격하다가 형사처벌 될 수 있는가? 372

461 내부 고객, 외부 고객, 1차 고객, 2차 고객, 3차 고객은? 374

462 농협사업에 대한 비판과 비난이 정말 나쁜 일인가? 375

463 감사보고서나 건물 설계도를 제공해 달라고 하는데… 377

464 위법성 조각 사유란?   378

465 재판 비용의 부담을 판단하는 기준은?   379

466 재판을 포기하는 판단의 기준은?   381

467 농협 사무소 앞에서 차량파손 배상청구   382

468 농협 사업장 부근에서 차량파손 시 책임관계   383

469 업무용차량을 폐지해야 한다고?   384

470 조합원, 임원, 대의원이 직원을 폭행한 행위는?   388

471 영업비밀, 경영전략의 보안은 왜 중요한가?   390

472 영업비밀이란 무엇이며, 어디까지 보호되는가?   392

473 위법을 주장하거나 요구하는 발언의 문제는?   393

474 임원, 대의원의 발언 한계는?   394

475 선거전, 그 공방의 한계는?   395

476 임원, 대의원에 대한 고소와 고발   396

477 농협에 침투한 'X맨'이란?   398

478 노동조합, 농협에는 필요 없다고?   399

479 조합의 합병 추진, 그 이유는?   401

480 농협의 공고와 최고, 통지는 어떤 것이 있는가?   403

481 전문화인가, 시너지효과인가   404

482 변상의 기준과 원칙은?   407

483 자진변상금의 소멸시효는?   409

✳ 제11부 감독

484 농협에 대한 국가의 의무는 무엇인가?   412

485 농협이나 임직원의 정치활동이 가능한가?   413

486 농협에 대한 감독은?   414

487 자율적인 협동조합에 대한 정부의 감독이라니?   416

488 비회원농협의 관리 감독은?   418

489 농협법상의 형벌 규정은 어떤 것이?   419

490 농협법이 아닌 다른 법률에 의한 처벌은?   420

491 농협에도 뇌물죄가 있습니까?   422

492 선거 관련 형벌은?   423

493 선거법 위반으로 유죄판결을 받으면?   425

494 농협이 손쉽고 수익 높은 금융사업에만 몰두한다고?   426

495 무과실책임주의란?   429

496 농협 사업장 주변 위해행위에 대한 대응은?   431

497 공동사업법인의 이사회표결과 총회표결 시 차이는?   432

498 언론기관 취재 시 주의사항은?   434

499 언론의 허위보도, 과장보도에 대한 대책은?   436

500 우리 조합이 수사를 받는다면?   439

제6부

감사

268 감사의 역할이 변할 수 있다고요?

Q 감사는 집행부를 감시하고 견제하는 일이 가장 중요한 역할이라고 알고 있습니다. 그런데 언제부터인가 감사의 역할이 달라졌다고 하는데 그 뜻을 알 수 없습니다. 감사의 역할 중 달라진 내용과 이유를 알려 주십시오.

A 얼마 전, 구체적으로 1980년대까지 감사의 가장 중요한 역할은 집행부에 대한 감시와 견제, 비판이었습니다. 그런데 1990년대에 들어서부터 감사의 역할과 기능이 확실히 달라졌는데, 이때부터 감사는 경영지배구조, 즉 경영진의 한 부분으로서 기업의 경영적 성공과 사회적 역할을 완수하는 것으로 그 역할이 확대되었습니다.

1990년대에 들어서면서 세계 경제는 글로벌화와 국경 장벽 소멸, 기술 혁신, 정보화, 교통·통신혁명 등으로 과거의 고정된 인식과 경영 관행이 완전히 바뀌어야 했고, 이에 대응한 안정적 국제투자 관행의 확립과 혁신 기술 공유, 자본 자유화, 시장 개방 등 기업환경의 급속한 변화에 따라 기업경영과 지배구조에 근본적인 변화 및 새로운 패러다임 확립의 필요성이 제기되었습니다.

이에 따라 경제협력개발기구(OECD)는 기업지배구조를 본격적으로 논의하였고, 곧 각료이사회에서 기업지배구조 원칙을 확정, 회원국에 정책권고 하였으며, 특히 국제통화기금(IMF)과 세계은행(IBRD)도 이 원칙을 회원국의 정책권고 준거로 활용함에 따라 사실상의 구속성을 가진 국제 기준이 되었는데, 이는 기업으로서는 생존을 위한 불가피한 숙명이라 할 것입니다.

경영지배구조는 종전의 기업지배구조의 개념이 기업소유구조에 치우쳐 있었던 것에서 나아가 소유구조뿐만 아니라 주주와 구성원의 권리, 주주의 동등 대우, 이해관계자의 역할, 공시 및 투명성, 이사회의 책임, 소비자 권리, 사회적 공헌 등을 포괄하고 있습니다. 그리고 경영지배구조는 기업 경영의 통제에 관한 시스템으로 기업경영에 직·간접적으로 참여하는 주주, 경영진, 근로자, 소비자 등 이해집단 간의 이해관계를 조정하고 규율하는 제도적 장치와 운영 메커니즘입니다.

이에 따라 감사는 경영진의 일원으로서 경영의 성공과 조직의 목적 달성에 책임과 역할을 함께 갖게 된 것입니다.

269 감사의 임무가 완전히 바뀌었다고 하는데 그 이유와 내용은 무엇입니까?

Q 최근 감사교육을 받을 때 감사의 임무와 역할이 과거와 완전히 달라졌다고 합니다. 감사의 임무와 역할이 과거와 완전히 달라진 내용과 배경이 무엇인지 궁금합니다.

A 과거 감사는 경영진인 집행부와 독립되어 집행부의 전횡이나 위법부당한 업무 수행을 감시하고 견제하는 임무와 역할을 맡았었습니다. 그래서 옛날에 상법을 공부한 사람이나 최근의 변화를 잘 모르는 사람은 감사가 집행부에 맞서서 집행부를 견제하고 대결하는 일이 중요한 직무이고 또 권한이자 책임이라고 생각해 왔습니다.

그런데 기업을 경영함에 있어서 기업을 둘러싼 경영환경이 엄청나게 달라졌고, 또 시시각각 변화하고 있는 상황에서 기업 내부의 경영조직도 그에 맞추어 변화하지 않으면 안 되게 되었습니다. 특히 1980년대 초, 정보화의 확산과 글로벌화는 그때까지 확고한 지위를 유지해 오던 기업들이 순식간에 몰락하거나 새로운 기업의 탄생과 도약 현상은 모든 기업의 생존 자체가 의문시되는 현실을 잘 보여주었습니다.

이러한 상황은 기업의 내부 시스템 전반에 엄청난 변화를 가져왔지만, 감사 분야를 기업 경영지배구조에 편입시켜 감사에게도 경영 성패의 책임을 지우게 되었습니다. 즉 감사는 경영진과 분리되어 경영진을 감시, 감독하는 위치가 아니라 경영에 대한 공동책임자의 위치가 되었고, 역할과 임무도 도덕성 감사, 합법성 감사에서 벗어나 경영 성공을 위한 역할과 경영 위험에 대한 사전예방 역할을 부여받았습니다. 그래서 그때부터 감사는 경영진의 한 사람으로서 이사회에 참석하여 의견 진술을 할 수 있게 되었고, 경영 책임도 부담하게 된 것입니다.

우리나라는 이러한 세계적인 흐름을 받아들여 1984년 상법 개정을 통해 이 내용을 상법에 반영하였고 농협은 2009년 농협법 개정 때 이 내용을 농협법에 수록하였습니다.

개정된 법률에 따라 감사는 경영지배구조의 일원, 즉 경영진의 한 사람으로서 집행부가 당면한 사업 추진에 매몰되어 미처 보지 못하는 사업의 위험 요소와 사업 부문 간의 균형, 성장과 분배의 조화, 소홀한 부문과 음지의 직원에 대한 배려 등을 담당하여 전체적으로 농협이 균형과 조화를 이루며 고루 안정된 성장을 이루도록 조언과 조정을 맡게 된 것입니다.

따라서 감사는 과거의 감시·감독 관행과 프레임에서 벗어나 농협의 성공, 발전, 지속가능한 성장, 특히 드러나지 않고 숨어 있는 경영상 위험 요소의 발굴과 제거에 노력하여야 합니다.

270 감사의 '감사업무 범위'는 어디까지입니까?

Q 감사의 직무 범위를 두고 논쟁이 있습니다. 신임 감사께서 '감사의 임기가 개시되기 전의 사항'과 '이미 다른 감사가 감사를 종결한 사항'도 감사하겠다고 하는데, 가능합니까?

A 감사는 조합의 재산 상황과 업무집행 상황을 감사할 권한이 있습니다. '재산 상황'이란 자산, 부채, 자본의 증감 변화 관리 상태 및 실제 현황을 말하고, '업무집행 상황'이란 조합의 업무 전반을 말하므로 조합장과 이사회, 간부직원과 일반 직원 등의 업무까지 모두 대상이 됩니다.

감사 기준 시기나 이미 종결된 감사의 재감사(再監査)에 대해 농협법에 명문 규정이 없지만, 감사의 임기 전, 임기 중의 모든 업무사항과 전임 감사가 이미 감사한 사항도 다시 감사할 수 있다고 보는 것이 다수 의견입니다.

그렇지만 감사 기준 시기나 재감사에 대해 명문 규정이 없다고 하여 감사의 업무 범위가 무한정인 것은 아닙니다. 감사의 임기 전 내용과 전임감사나 다른 감사가 종결한 사항을 다시 감사할 경우는 예사롭지 않은 일이며, 분명히 어떤 문제가 있다는 뜻입니다.

이러한 감사를 실시하면 첫째로 임직원들이 이중의 부담으로 감사에 집중해야 하므로 사업 추진에 지장을 크게 받고, 둘째로 조합원들이 조합의 경영에 심각한 문제가 있는 것으로 생각할 것이며, 셋째로 조합 거래 고객은 조합의 신용과 능력에 심각한 의혹을 가지게 될 것이고, 넷째, 조합을 감독하는 감독기관과 수사기관, 언론기관, 농민단체의 주목과 관심을 유발하게 됩니다.

그리고 그렇게 요란하게 감사를 실시한 결과 심각한 비리나 문제를 찾아내어 시정을 하였다면 관련 기관과 조합원이 모두 큰 칭송을 하겠지만, 감사 결과 아무런 소득도 결과도 없었다면 감사의 업무 수행 능력에 심각한 결함이 있음을 밝히는 결과가 되고, 감사의 감사업무에 대한 자세나 의도에서도 자의적이고 진지하지 못하며 불성실하다는 비판이 필연일 것입니다.

따라서 임기 전의 사항이나 이미 감사한 사항에 대하여 재감사를 할 수는 있지만, 재감사를 실시하려면 1. 재감사를 실시하지 않으면 안 되는 합당한 이유와 2. 감사 후 분명한 결과가 있어야 하고, 그렇지 않을 경우 감사의 책임과 부담이 무척 커져 감사권 남용, 전횡, 감사 자질 부족이라는 비판과 감사 수당 횡령의 의혹을 피할 수 없게 될 것입니다.

271 '정기감사' '특별감사'는 어떻게?

Q 감사께서 툭하면 '특별감사'를 한다고 하여 조직의 긴장이 너무 높아지고 직원들의 스트레스가 큽니다. 이래도 되는 것입니까?

A 감사의 종류에 대해서 농협법에 명문 규정이 없습니다. 그리고 농협은 감독기관이 많다 보니 감사도 잦아서 자체 감사, 계통 감사, 금융감독원 감사, 감사원 감사, 농림축산식품부 검사, 회계법인 감사, 지자체 검사, 자점 감사 등 명칭만으로도 그 숫자가 많고 감사 횟수도 그만큼 많으며, 1년 내내 감사를 하지 않는 날이 없을 정도입니다.

그런데 감사가 자주, 많이 있다고 하여 꼭 좋은 것은 아닙니다. 감사가 시작되면 직원은 일단 다른 업무를 제쳐두고 감사업무에 집중하게 되고 그 기간 중 업무 추진은 보류되거나 소홀해지고 사업활동이 위축되는 문제가 있으며, 감사를 자주 받는다는 일은 대외적으로 문제기관으로 비치게 됩니다.

즉 조합으로서는 일상적인 감사활동이지만 그것을 보는 고객들은 농협이 문제가 많고 위험한 조직으로 인식할 수 있다는 뜻이 됩니다. 실제로 증권거래소에 상장된 기업들은 정기감사가 아닌 '특별감사'를 받으면 바로 주가가 하락하고 각종 계약이 취소되기도 하는데, 이런 현상은 농협의 경우에도 마찬가지입니다. 그래서 감사의 횟수와 기간을 최소한으로 해야 하고, 감사의 명칭도 고객을 의식하여 새롭게 하지 않으면 안 되는 것입니다.

그래서 필자가 최근 전국적으로 통일되어가는 감사의 명칭을 소개합니다. 먼저 농협계통의 감사와 회계감사는 모두 '감사(監査)'로 하고, 농림축산식품부, 금융감독원, 감사원, 지자체 등 감독관청의 감사는 '검사(檢査)'로 용어를 통일하도록 합니다. 감사는 정기적인 회계감사의 의미가 강하므로 가장 적은 횟수의 내부감사를 감사라고 칭하는 것이고, 감독기관의 감사에 대한 것은 검사로 불러서 고객들에게 품질검사, 서비스 수준 점검의 이미지로 보이게 하는 것입니다.

조합의 자체 감사 중에서 결산감사는 법정 명칭인 '정기감사(定期監査)'로 하고, 정기감사 이외의 다른 모든 감사는 '수시감사(隨時監査)'로 지칭하도록 합니다. 즉 결산감사를 정기감사로 하고, 감사(監事)가 필요하다고 판단하여 실시하는 불시감사, 특정 분야 감사는 모두 '수시감사'로 부르는 것입니다.

그리고 '특별감사(特別監査)'는 그 어감과 의미가 특별하며 정치권의 특별검사가 연상되므로 특별한 조건이 갖추어졌을 때만 제한적으로 사용토록 합니다. 예컨대 조합원 100인 이상이 감사를 청구한 경우, 중앙회나 감독관청의 특별감사 요구가 있는 경우, 임직원이 형사사건으로 기소된 경우, 언론이나 지역사회에서 첨예한 문제로 대두된 경우, 대형사고가 발생하여 비상한 노력이 필요한 경우 등에 한하여 '특별감사'라는 용어를 사용토록 하고, 한 번 그 명칭을 사용하였을 경우에는 반드시 '그에 상응한 결과'를 밝혀내어 조합원과 고객, 지역사회에 명확히 밝혀주어야 합니다.

증권시장에서는 "△△산업이 '특별검사'를 받는다"는 소문이 돌면 주가의 폭락과 거래중단이 이어지므로 그 사실에 대해 공식적인 발표, 즉 특별감사 주체와 감사 부문, 주요 항목, 기간 등을 밝히는 '경영공시'를 하게 됩니다.

농협의 경우에도 "○○농협이 '특별감사'를 실시한다"라는 소문만으로도 조합의 대외신인도와 공신력, 경쟁력이 엄청나게 추락하고 고액거래선이나 민감한 고객들은 거래처를 다른 조합이나 기관으로 변경하게 됩니다. '특별감사'라는 용어만으로 조합의 사업 추진이 큰 지장을 받게 되는 것이기 때문입니다.

농협이 감사용어라는 사소한 문제 때문에 이러한 경영상의 엄청난 위험을 초래할 이유가 없으므로 이제부터 모든 조합이 이러한 관행부터 새롭게 설정해 나가야 하고, 다른 기관에서 금기시하여 어떻게든 회피하려고 하는 '특별감사'라는 용어를 우리가 특별히 더 애용하거나 남용하여 스스로 문제기관으로 전락하는 우(愚)를 범할 필요는 없을 것입니다. 나아가 앞으로는 '특별감사'라는 용어의 사용을 중앙회장의 승인사항으로 하여 엄격히 통제하는 방안을 제도화하여야 할 것입니다.

272 감사는 '어떤 업무나, 아무 때나, 언제까지나' 감사를?

Q 감사가 아무 때나 어느 분야나 언제까지나 감사를 할 수 있습니까? 너무나 잦은 감사, 반복되는 감사, 기나긴 감사 기간으로 업무 추진에 지장을 받을 정도입니다.

A 감사 분야, 시기, 기간 등에 대해 농협법에 명문 규정이 없습니다. 그러므로 감사는 조합의 건전한 발전을 위해서는 아무 때나 아무 분야나 얼마의 기간이든지 감사업무를 수행할 수 있다고 하겠습니다.

그러나 감사도 조합의 조합원이고 전체 조합원으로부터 감사업무를 위임받은 사람이고, 감사의 임무는 '조합의 건전한 발전 촉진과 위험요소의 제거'에 있습니다. 조합이 건전하게 발전해 나가기 위해서는 조합의 사업과 업무가 원활하고 역동적으로 수행되어야 하고, 어떠한 사업 외의 요소나 간섭으로부터 지장이나 방해를 받지 않아야 합니다.

즉 감사업무는 조합사업이나 업무에 지장을 전혀 주지 않거나 가능한 한 최소의 침해만으로, 최소의 횟수, 최단기간, 최소의 자료만으로 이루어져야 하는 것입니다.

그런데 감사가 아무 때나 아무 분야나 언제까지나 감사를 실시하여 조합의 사업이나 업무에 지장을 초래한다면 이는 감사업무의 목적인 조합의 건전한 발전에 역행하는 것이고 심하면 조합사업 방해에 해당하게 되는 것입니다.

조합사업 방해라는 평가를 받으면 이는 곧 감사의 해임 사유에 해당하며 동시에 조합원 제명 사유이므로 감사는 그 사실을 명심하여 감사를 실시할 때면 언제나 '이번 감사가 조합의 건전한 발전을 위한 것이고 경영상의 위험요소 제거를 위한 것'이라는 분명한 인식과 자세를 가져야 하며, '꼭 필요하고 불가피하다'는 판단이 선 다음에 '감사 범위, 기간, 자료징구 등에서 최소한으로 수행하는지'를 늘 돌아보고 스스로를 단속해야 합니다.

감사가 '조합의 업무나 실무관계를 잘 모르기 때문에 오랜 기간 학습해 가면서 감사를 할 수밖에 없다'고 하는 경우라면 감사의 자격과 자질이 미흡하므로 스스로 사퇴해야 할 사유가 되는 것이고, 굳이 농번기나 명절, 성수기에 감사를 하려는 것은 분명한 조합사업 방해이므로 감사 해임 사유에 해당합니다.

어떤 경우에는 감사 기간을 아주 길게 잡은 후 그 날짜에 비례하여 감사수당을 요구하는 경우도 있는데, 이는 무능과 불성실이라는 비판과 함께 업무상 횡령혐의까지도 피할 수 없는 대단히 위험한 일이 됩니다.

감사는 감사행위를 감시 감독하거나 견제하는 기관이 없기 때문에 스스로 자신의 언행과 직무를 더욱 엄정하고 냉정하며 인색하게 감찰

해야 합니다. '감시(監視) 없는 권력'은 바로 나태와 부패로 이어지고, '견제(牽制) 없는 권한'은 전횡과 남용으로 스스로를 파멸시키는 것이 필연이기 때문입니다.

조합장, 이사는 연임이나 장기근속이 많은데 감사는 연임이나 장기근속이 별로 없는 점, 감사가 조합장이 되는 비율이 매우 낮은 점은 바로 감사업무의 수행에서 감사 권한을 스스로 자제하지 못하고 남용하였거나 업무에 대한 식견이나 판단에서 문제가 있음을 노출하였기 때문입니다.

감사가 무분별하게 감사 실시를 통지해 올 때 집행부는 실무적으로 감사 실시 통지에 대해 거부나 외면을 하기가 매우 어렵고 기관 사이에 미묘하고 어려운 문제가 발생하게 됩니다. 그럴 경우 현재 감사를 받기가 어려운 사유와 내용, 감사의 적당한 시기와 방법 등을 문서로 만들어서 감사에게 건의, 또는 통지하여 협조를 구하는 것이 좋을 것입니다.

그리고 감사는 조합의 임원으로서 이러한 집행부의 요청이나 실무진의 건의에 대하여 진지하게 검토하고 수용하여 농협법 제1조에 나타난 조합의 목적 달성을 위해 공동으로 노력하여야 하는 중대한 책임이 있습니다.

273 '감사록'은 반드시 작성해야 합니까?

Q '감사록'은 반드시 작성해야 한다고 하는데 그 용도를 알 수 없고, 작

성하지 않는다고 하여 처벌이나 불이익도 없으니 무시해도 되는 것 아닙니까?

A '감사록'은 법률에 반드시 작성하도록 명문화되어 있으므로 생략할 수 없습니다. (법 제46조, 상법 제413조의 2)

감사록은 감사를 할 때마다 작성해야 하며, 감사의 실시 요령, 목적, 범위, 결과 등을 기록하고 참여한 감사가 기명날인이나 서명하여야 합니다. 감사록은 감사보고서로 대신할 수 없으며, 감사 개인의 문서가 아니라 조합의 문서이므로 조합에서 편철, 보관하여야 합니다.

감사록을 작성하는 이유는 감사가 감사를 실시한 내용과 과정을 명확히 하고 또 목적과 절차, 과정이 적법한 것인지 여부를 파악할 수 있게 하며, 감사의 태만이나 불법행위, 책임 여부를 판단하는 기본적인 근거 자료이자 감사의 성실성과 능률성, 적법성을 증명하는 중요한 증거서류이기 때문입니다.

그러므로 감사는 감사록에 기록되지 않거나 기록할 수 없는 사항에 대하여는 감사하지 말아야 하고, 징구하는 자료 역시 감사록에 자료 요구와 제출 관계, 열람이나 복사 등을 명확히 표시하여야 하며 감사록에 등재하지 않는 자료는 요구하여서는 안 되는 것입니다.

감사의 업무 수행에 대하여 별도로 평가나 조사를 하는 제도가 없기 때문에 감사는 자신의 행위와 과정을 모두 다 기록하도록 법률로써 강제한 것이므로 반드시 예외 없이 감사를 할 때마다 기록하여야 하는 것입니다.

그리고 감사록은 감사를 보호하는 기능도 갖고 있습니다. 예컨대 감사가 요구하지도 않은 자료가 감사징구자료의 얼굴을 하고 외부로 누출되어 큰 물의를 일으킬 때, 감사록이 없으면 모든 누명과 책임을 감사가 홀로 감수해야만 하고 어떠한 변명이나 해명도 할 수 없을 것이지만, 감사록으로써 모든 흑백이 밝혀지는 것입니다.

또 조합원이나 대의원들이 감사가 소관 업무를 잘 수행하고 있는지, 업무를 태만히 하는지, 조합 업무가 잘 수행되고 있어서 감사지적사항이 없는 것인지, 감사가 무능하여 지적사항이 없는지 훗날 과거의 감사활동을 되짚어 보고자 할 때 그에 대한 소명이나 증명을 할 수 있는 객관적인 증빙은 감사록뿐입니다.

즉 감사록은 감사업무의 정당성 여부와 감사의 활동에 대한 기록인 동시에 감사 자신의 결백과 성실성, 능력을 증명하는 중요한 증거물이므로 감사는 자신을 위해 감사록을 성실하고 자세하게 작성해야 하는 것입니다.

274 '감사록' 양식을 알려주세요.

Q 감사를 하게 되면 반드시 '감사록'을 작성하도록 의무화되어 있다고 하는데 감사록에 무엇을 기재하는지, 왜 써야 하는지, 그 양식은 어떠한지 등 의문이 많습니다. 전국적으로 통일된 감사록 양식이 필요합니다.

A 감사는 감사를 할 때마다 반드시 '감사록'을 작성하여야 하고, 감사보고서로서 대신할 수 없는데, 감사록에는 감사의 실시 요령과 결과 등 주요 내용을 기록한 후 감사를 실시한 감사가 기명 날인하여야 합

니다. 또 감사록은 감사 개인의 문서가 아니라 조합의 문서이므로 소속 농협에 보관하여야 하고, 후일 감사업무에 대한 평가의 근거 자료가 됩니다.

감사록을 반드시 작성하고 감사가 기명 날인하게 하는 이유는 감사의 목적과 내용을 명확히 하고 적법한 감사인지, 위법성이 있는지를 판단하는 근거가 되며 감사에 대한 책임 추궁이나 면책의 근거가 되기 때문입니다.

이는 농협법 제46조 제9항에 따라 상법 제413조의 2 및 농협 정관에 명시되어 있으며, 그 양식이 별도로 제정되어 있지 않으므로 필자가 다음과 같이 제안하여 전국적으로 사용하고 있습니다.

(감사록 양식)

감 사 록

1. 소속 및 감사 대상기관

2. 감사 구분 : ☐정기　☐수시　☐특별　☐기타(　　　　)

3. 감사자 : 직
　　　　　　성 명

4. 감사 기준일 및 감사 대상 기간

5. 감사 실시 기간

6. 감사 목적 :
　감사 범위 및 대상 :

---

7. 감사 방법(감사 요령)

8. 감사 징구 자료

가.

나.

다.

라.

마.

바.

사.

9. 감사 진행 중 특기사항

10. 감사 결과

가. 감사 결과 개요

나. 감사지적사항

다. 문제점 및 보고사항

라. 기타사항

11. 기타(비망사항, 당부사항, 의견, 제안 등)

※ 감사록은 농협법 제46조, 상법 제413조의 2, 정관 제52조 제7항의 명문 규정에 따라 반드시 작성하여야 하며, 생략하거나 감사보고서로 대신할 수 없습니다. 또 감사록은 그 양식이나 기록요령이 명문화된 사항이 없습니다.

Q 감사징구자료가 너무 많고, 그 자료가 대부분 보안사항인데 외부로 유출되는 것 같아서 걱정입니다.

A '감사징구자료'에 대해 농협법에 명문 규정이 없습니다. 그 때문에 감사는 조합사업 전반에 걸쳐 아주 세밀한 부분에까지 자료를 요구하는 경우가 자주 있습니다. 또 지금까지는 감사가 그 자료 중 상당 부분을 감사 자신이 외부로 반출하여 관여하는 단체나 조직에 제공하는 경우도 있고 스스로 저장 축적하는 경우도 있습니다.

여기에서 감사징구자료의 한계와 유출의 문제가 발생하므로 앞으로는 감사징구자료에 대해 다음과 같이 확실하게 관리해야 합니다.

1. 감사징구자료는 감사 목적과 범위 내에서 감사 목적을 충족할 수 있는 부분에 한정하는 것이 당연하고,

2. 자료 중 개인정보나 고객정보, 조합의 영업비밀 등은 요구하여서는 안 되고 임직원은 그러한 자료를 제공하여도 안 됩니다. 자료의 제공이 불가피할 경우에는 개인정보 부분을 삭제하여야 합니다.

3. 제출된 감사 자료는 모두 다 조합의 중요한 경영 자료이고 고객정보이자 공표나 누설이 금지된 보안사항이므로 복사나 외부 반출이 엄격히 금지되어야 하는 것이 당연합니다.

감사업무는 조합의 발전과 부정방지를 위한 것이지 조합의 경영비밀이나 고객정보 파악이 목적일 수 없기 때문이며 감사가 감사징구자료를 외부로 유출하였다면 감사 해임 사유가 되는 동시에 조합원 제명 사유에

해당하고, 정보의 내용과 공개 여부에 따라서는 형사책임을 져야 하는 경우도 발생합니다. 따라서 감사징구자료는 감사가 집행부와 직원에게

① '감사징구자료 목록'을 작성하여 공식적으로 요구하고

② 조합 책임자는 요구된 사항 중 제공이 가능한 것과 제공이 불가능한 것을 구별하여 제공하고 설명하되,

③ 매일매일 감사업무 종료 시 일괄 취합하여 별도 보관하였다가 익일 감사업무 개시 시 제공하고,

④ 감사가 종료되면 순서나 부문, 감사자별로 편철하여 감사록과 함께 조합에 엄중히 보관하여야 합니다.

만약 감사가 자료의 일부를 지참, 혹은 복사, 촬영, 메모하여 반출코자 한다면 그 사유를 적어두고 그 사실이나 인수인계를 분명히 하여야 합니다. 이는 감사징구자료의 이름으로 작성된 조합의 경영상황, 영업비밀, 고객정보, 조합원 개인정보가 외부로 유출되거나 악용되어 조합에 손해를 끼치는 사태를 예방하고, 만약 민·형사상의 책임이 발생하게 될 경우 그 책임 소재를 분명히 하여야 하기 때문입니다.

또 감사 개인이나 가족의 대출금 등 거래 관련 서류를 요청할 경우, 반드시 '원본이 아닌 사본을 제공'해야 하고 거래원장이나 각종 증서는 반드시 담당 직원의 입회하에 검토하도록 하며 검토 후에는 즉시 반환하여야 합니다. 만약 업무감사 후 중요한 권리증서나 원장이 유실되었다면 그 책임을 감사가 전부 부담하지 않을 수 없기 때문입니다.

그리고 조합에 큰 사고나 문제가 생겨서 그 부분에 대한 특별감사를 하는 경우라면 관련 고객의 대출금증서나 원장을 열람 확인할 수 있겠지만, 일상적인 정기감사나 수시감사에서는 고객의 개인별 원장을 열람 또는 확인할 이유가 없습니다.

276 감사징구자료의 대외 반출은?

Q 감사가 감사징구자료를 외부로 반출하여 농민단체에 제공함으로써 자꾸 조합 업무에 차질이 발생하고 있습니다.

A 감사징구자료는 모두가 농협의 서류이고, 감사업무에만 사용할 수 있으며, 다른 목적이나 용도로는 사용할 수 없습니다. 또 감사징구자료에는 농협의 영업비밀, 경영전략, 업무상 취약점과 강점, 문제점 등이 잘 나타나 있는 경우가 많습니다. 이 때문에 감사징구자료는 어떤 이유로도 농협 밖으로 반출될 수 없고, 복사나 촬영, 메모 등의 방법으로도 그 내용이 외부로 알려지면 안 되는 것입니다.

따라서 감사는 감사징구자료를 요구할 때 징구자료 목록을 제시하여야 하고 그 목록에 의하여 자료를 수령하고 자료를 검토하다가 퇴근할 때는 반드시 감사업무 지원을 담당하는 직원에게 맡겨 서고에 엄중히 보관토록 한 다음, 이튿날 출근하여 다시 제출받아 검토를 계속하여야 합니다.

그리고 감사가 종결되면 징구자료 전체를 징구자료 목록, 감사록과 함께 편철하여 농협 서고에 보관하여야 합니다.

만약 감사가 감사징구자료의 원본이나 사본, 촬영본이나 복사본, 주요 내용의 메모 등을 외부로 반출하여 문제가 되었다면 감사 해임은 물론, 형사처벌 사유가 되고 조합원 제명, 손해배상청구 사유가 되는 것입니다.

277 감사징구자료 목록의 근거

Q 감사에 임하여 감사님께 "감사징구자료 목록을 주시면 그에 맞추어 감사징구자료를 작성하겠다"고 했더니, 감사징구자료 목록을 제시하여야 하는 근거를 제시하라고 합니다.

A 감사업무를 수행하기 위해서는 감사자료가 반드시 필요하고, 감사자료는 감사를 받는 임직원이 작성하여야 합니다.

그러나 농협법에 감사자료를 작성한다든가, 감사의 요구에 응하여 감사자료를 제출하여야 한다든가, 감사의 요구에 응하여 감사를 받아야 한다는 내용이 전혀 없습니다. 즉 감사가 감사징구자료 목록 제시의 근거를 요구한다면, 감사활동의 근거와 자료 요구의 근거를 먼저 제시하여야 할 것이므로 감사에게 그 근거를 요구하면 될 것입니다.

그런데 이처럼 농협의 모든 감사업무가 전부 다 법률에 열거되어 있지 않고, 열거할 수도 없으며, 열거되지 않았다고 하여 근거가 없는 것이 아닙니다. 모든 업무의 수행은 법률 이전에 상식과 이성에 기반하여 상호 존중과 협조의 정신 아래 이루어져야 하는 것이 원칙입니다.

그리고 감사징구자료 목록을 작성해 두는 것은 감사자료를 요구하였다는 명확한 행위이자 증거이며, 직원이 감사의 요구에 응하여 자료를 작성·제출할 기본적인 사유가 되는 것이고, 또 감사가 위법 부당한 행위를 하지 않는다는 증거가 되는 것입니다.

감사가 당연히 자신의 의무를 수행하는 과정에서 그 행위와 행적을 분명히 하는 감사징구자료 목록을 제시하지 않는다면 이는 자료 없는 감사, 혹은 증거를 남기지 않는 업무 수행을 획책하는 일로서 객관적으로 이해할 수 없는 행동이자 불투명한 감사업무, 의혹과 의문이 가득한 행위가 되는 것입니다.

감사가 감사징구자료 목록을 제시하는 일은 감사가 당당하고 거리낌 없는 감사업무, 상식과 이성에 기반한 감사활동, 후일 검증이 가능한 업무 수행을 하여 적어도 감사업무의 수행 과정에서 의혹이나 의심을 남기지 않고자 하는 것이고, 투명하고 공정한 감사업무를 약속하는 일입니다.

그런 점에서 근거를 남기지 않으려 하거나 투명하지 않은 처신을 하는 감사에 대하여는 그 감사업무에 응하지 않는 것이 농협과 조합원의 이익을 지키는 일이자 해당 감사 자신을 지켜주는 길이 됩니다.

278 조합의 '회계처리기준'을 두고 의견이 대립되는데

Q 조합의 회계처리기준을 두고 감사께서 기업회계원칙의 준수만을 고집하면서 중앙회에서 시달된 기준에 따라 실시한 대손충당금 설정을 인정하지 않아 논쟁만 거듭되고 업무의 진전이 없습니다.

A '기업회계기준'은 기업이 회계처리를 할 때 준수하여야 할 기준으로서, 기업회계의 실무에서 관습으로 발달한 것 중에서 일반적으로 공정타당하다고 인정된 회계원칙(GAAP, Generally Accepted Accounting Principles)을 논리적으로 요약·체계화한 것입니다.

우리나라는 1958년에 처음으로 '기업회계원칙'을 제정하였으며, 1981년 '기업회계원칙' '재무제표규칙' '상장법인 등의 회계처리에 관한 규정' '상장법인 등의 재무제표에 관한 규칙' 등의 제 원칙 및 법규를 통합하고 일원화하여 '기업회계기준'을 제정하였습니다.

'기업회계기준'의 목적은 「주식회사의 외부감사에 관한 법률」에 의하여 동법의 적용을 받는 회사의 회계와 감사인의 감사의 통일성과 객관성을 부여하기 위하여 회계처리 및 보고에 관한 기준을 정하기 위한 것입니다.

그렇지만 이 기업회계원칙이 보편타당한 하나의 지표이기는 하지만, 법인세법에서는 일반적으로 공정·타당하다고 인정되는 방식의 기업회계의 기준을 적용하거나 관행을 계속적으로 적용하여 온 경우에는 「법인세법 및 조세특례제한법」에서 달리 규정하고 있는 경우를 제외하고는 당해 기업의 회계 기준 또는 관행에 따르도록 하고 있습니다.

농협의 경우에는 조합의 회계처리기준에 관하여 필요한 사항을 중앙회장이 정하도록 규정하고 있습니다. (법 제63조)

또 신용사업 부문의 회계처리기준에 필요한 사항은 금융위원회가 정할 수 있으며, 금융위원회가 정한 것이 있으면 그에 따른다고 법률에 명문화되어 있으므로 농협의 회계에 있어서는 금융위원회가 농협중앙회를 거쳐 시달하는 회계업무 지도사항이 법률적 근거와 강제성이 있는 것으로 그에 따라야 하고, 아무런 기준이 없는 부분에 대하여는 기업회계원칙을 참고하면 되는 것입니다. (법 제63조)

금융위원회는 우리나라의 금융정책과 금융감독을 총괄하는 가장 권위 있는 국가기관으로서 그 지도와 지침은 금융업무를 하는 국내의 모든 기관이 곧 법령으로서 지켜야 하는 권위와 영향력을 가집니다.

문제가 된 대손충당금의 설정과 관련한 부분에 대하여는 기업회계원칙의 취지를 무시할 것까지는 없겠지만 그 내용에 구애되거나 기속될 필요가 없고 농협중앙회장이 시달한 기준을 따르는 것이 옳습니다. 농협중앙회장이 시달한 기준은 금융위원회의 지도사항이므로 곧 농협법에 정한 법제화된 정부지침이기 때문입니다.

그에 비하면 기업회계기준은 회계 담당자들이 나름대로 정하여 표준으로 삼은 임의규약에 불과하여 농협에 대하여는 아무런 영향력이나 기속력이 없습니다.

그리고 신용사업 대손충당금의 설정 기준은 농협중앙회장이 자의적으로나 근거 없이 임의로 제정하는 것이 아니라 금융위원회의 지도와 승낙을 얻어 시행하는 것이므로 합리적일 뿐 아니라 기업회계원칙의 취지를 모두 포괄하고 반영한 것이므로 그 기준에 대하여 의문을 제기하거나 따르지 않는 일은 회계학의 기본을 망각한 처사이자 법률을 무시하는 행위가 되는 것입니다.

또 농협중앙회가 제시하는 회계 기준은 이미 세무당국의 동의와 금융위원회의 승낙, 감사원의 사전검토가 모두 다 끝나 재론의 여지가 없는 일일 뿐 아니라 법률로써 강제된 반드시 이행하여야 하는 지침입니다.

따라서 감사께서 기업회계원칙을 들어 법률로서 시달된 농협중앙회장의 대손충당금 관련 지도사항을 인정하지 않는 일은 법률과 회계원리에 대한 이해 부족이 원인이므로 해당 법률을 들어 설득함으로써 더 큰 사태를 유발하지 않도록 안내해드려야 할 것이고 이 문제로 분쟁이 계속된다면 감사의 해임을 추진하여야 할 것입니다.

농업협동조합법 제63조(회계의 구분 등) ⑤ 조합의 회계처리기준에 관하여 필요한 사항은 회장이 정한다. 다만, 신용사업의 회계처리기준에 필요한 사항은 금융위원회가 따로 정할 수 있다.

279 감사가 부정이나 비리를 발견하였을 때의 처리는?

Q 감사가 부정이나 비리를 발견하였을 때 조치할 수 있는 방법은 무엇입니까? 우리 조합 감사님은 임직원의 직무정지와 징계양형을 직원별로 직접 부과하여 당황스럽습니다.

A 감사가 감사 결과 범죄 사실을 발견하였을 경우에는 그 내용에 따라 몇 가지로 나누어 조치를 하여야 합니다.

먼저 시정이나 개선이 가능한 사항이라면 집행부에 시정과 개선을 요구하여 직원이 업무처리나 업무 수행에 더 많은 주의와 정성을 들이도록 요구하면 됩니다.

중요한 사항을 위반하여 징계가 필요할 경우에는 경영진에게 해당자에 대한 징계를 요구하고 재발방지 대책을 주문하면 됩니다.

중대한 부정이나 사고를 적발한 경우에는 대의원회에 보고하여 대의원회의 판단과 조치에 따르도록 합니다. 대단히 중대한 범죄로서 즉시 범죄자를 체포하여야 할 경우라면 조합장에게 조치를 요구하여 조합장이 조치하도록 하여야 하는데, 직원에 대한 조치나 사고의 수습은 조합장의 업무 영역이고 책임이기 때문입니다.

그런데 가끔 의욕이 넘치는 감사께서 직원의 징계와 변상을 직접 요구하고 그 절차까지도 직접 처리 또는 간여하려 하는 경우가 있고 심한 경우 임원이나 직원에 대해 직무정지를 선언하는 경우도 있습니다. 그러나 오류나 잘못의 시정, 손해의 복구, 문제의 해결 등은 집행부의 소관이고 책임이므로 감사는 잘못된 사항을 지적하는 것으로 끝내고 나머지 절차는 집행부에 일임하는 것이 합당합니다.

　감사가 판단하기에 집행부의 징계와 변상의 수준이 합당하지 않을 때는 감사의 의견을 다음번 총회에 보고하면 됩니다. 감사 결과나 감사의 의견을 총회에 보고하였을 때 총회의 조치나 결정, 즉 감사보고에 대한 반응과 의결이 어떤 것으로 결정이 되더라도 감사의 직분은 총회에 보고하는 것으로 종결되고, 그 후의 사태에 대하여는 감사가 간여할 필요도, 간여할 수도 없습니다.

　특별히 중요한 사항, 중대한 범죄라고 판단한 부분에 대하여도 집행부에 조사한 내용과 감사의 의견을 통보하여 조합장으로 하여금 조합의 피해를 회복하고 범죄자에 대한 징벌이나 고발 등 적절한 조치를 취하도록 하는 것이 현명하고 올바른 방안입니다.

　사고나 범죄가 발생하였을 경우 그 원인과 결과에 대한 책임이 모두 조합 집행부에 있는 것이고, 사후수습과 피해구상, 관련자 처벌, 형사고발 등의 책임도 모두 조합 집행부에 있으며, 감사는 그 사항을 지적하고 사후조치를 요구하는 것으로써 임무가 모두 완결되는 것입니다.

　감사가 직접 수사기관에 고발하는 것은 현명하지 못한 일이고, 문제의 수습을 더 어렵게 하며 조합이나 조합원, 감사에게 결코 유익한 일이 아닙니다.

280 '감사자료 누출'로 문제가 된 사례가 있습니까?

Q 조합의 신임 감사께서 감사 기간은 물론이고 평시에도 많은 자료를 요구합니다. 그런데 너무나 세부적인 자료로서 감사업무에 아무런 의미도 없는 것을 요구하거나, 중요한 고객정보 혹은 조합원의 개인정보사항을 요구하기도 합니다. 이러한 자료는 자칫하면 조합사업에 막심한 피해를 줄 수 있고 외부로 공개나 누출이 되면 심각한 사태가 일어날 수 있는데 감사께서는 본인이 책임진다고만 합니다. 감사님을 각성시킬 사례가 있습니까?

A 신임 감사님은 대개 의욕이 왕성하고 열정이 높은 데다가 조합의 세부 업무에 관심도 많아서 많은 자료를 요구하게 되고 자료가 가지는 중요성이나 위험성을 잘 모르기 때문에 가능한 한 많은 자료를 수집하려는 성향을 보입니다. 그렇지만 감사가 요구하는 자료를 뚜렷한 설명 없이 거부할 수는 없는 일이고, 또 만약 어떤 문제나 사고가 일어나면 감사께서 책임지겠다고 하므로 자료를 제한할 명분이나 대안이 없게 됩니다.

그런데 감사가 요구할 수 있는 자료는 분명히 한계가 있고, 제공할 수 없는 자료도 있습니다.

먼저 감사실시통지서의 감사 범위에 속하는 자료는 드릴 수 있으나 그 범위 이외의 자료는 드릴 수 없음을 설명하도록 하고, 또 감사징구자료 목록에 명시된 자료에 대해서만 교부가 가능합니다. 그렇더라도 조합의 중요한 영업비밀이나 경영상 중요한 자료, 고객정보, 고객이나 조합원의 개인정보는 복사 교부하여서는 안 되며, 감사업무상 꼭 필요하고 확인이 불가피한 경우에 한하여 잠시 열람만 할 수 있습니다.

이때 원본서류를 열람하는 것이므로 담당 직원이나 책임자가 입회하도록 하고 그 입회 시간에 함께 자료를 열람, 혹은 조사하고 열람 종료 시 즉시 회수하도록 합니다. 원본자료를 감사 혼자서 보관, 검색, 조사하는 일이 있으면 대단히 곤란하고 위험합니다. 원본증서의 분실, 망실, 훼손, 누출, 가필, 수정 등의 위험이 있으므로 담당 직원은 물론, 감사도 이러한 문제가 생기지 않도록 각별히 조심하여야 하기 때문입니다. 그리고 중요한 자료의 열람 시 그 정보를 복사하거나 메모, 필사, 촬영, 가필, 수정 등을 하면 안 됩니다. 실제로 유사한 정보의 누출로 큰 문제가 된 사례가 있었습니다.

수년 전, ○○조합의 감사가 업무감사 시 '조합의 예금 상위 10명과 대출 상위 10명'의 명단을 실명으로 요청하여 제출받은 일이 있었습니다. 약 1개월 후, 그 명단이 시중에서 돌아다니다가 해당 고객에게 발견되어 해당 고객 전원이 알게 되었고, 예금과 대출 10대 고객 전원이 거래 중단을 선언하는 바람에 조합은 대단히 곤란한 처지에 빠졌습니다. 결국, 해당 감사가 개인정보 보호법 위반으로 형사처벌 되고, 조합은 총회를 열어 해당 감사의 해임과 조합원 제명을 의결한 다음에 관련 고객들을 일일이 찾아가 사과한 끝에 일부 고객의 거래를 간신히 지속할 수 있었습니다.

만약 감사가 이러한 것과 유사한 자료, 혹은 다른 개인정보가 수반되는 자료를 요구할 경우에는 이 사례를 설명하여 자료 요청을 철회하도록 해야 합니다. 개인당 대출한도 초과 등을 살피기 위한 경우라면 차주고객의 실명을 쓰지 말고 익명, 혹은 가명이나 기호로 표시하여 그 자료가 유출되더라도 외부인이 그 내용을 알 수 없게 하여야 할 것입니다. 이는 조합의 신용을 지킴과 함께 감사의 신변을 보호해주기 위한 것입니다.

감사가 연말정산 자료를 보자고 하는데

Q 감사님이 전체 임직원의 연말정산 자료를 제출하라고 하여 매우 당황스럽습니다. 하위직 직원들은 개인정보 사항이므로 제출을 거부한다고 하여 회피하였지만, 조합장, 상임이사, 각 상무, 지점장 등은 회피할 수도, 제출할 수도 없습니다.

A 임직원의 연말정산 자료는 조합의 업무에 대하여 의욕이 넘치는 감사께서 가끔 요구하는 경우가 있습니다. 그리고 감사는 조합의 사업과 업무 전반을 감사할 수 있으므로 연말정산 업무도 조합의 업무 중 한 부분으로 보아 감사하고자 하는 것이라 생각됩니다.

그러나 연말정산 업무가 조합에서 일어나는 일이기는 하지만, 농협의 업무가 아니라 국세징수법에 의한 세무당국의 업무입니다. 또 농협의 사업이나 업무와 관련이 없는 임직원 개개인의 납세 관련 사항이므로 굳이 감사가 열람할 필요가 없고, 그 내용이 농협의 사업이나 업무와 관련되는 것도 없습니다. 따라서 감사가 열람하여야 할 필요나 열람을 요구할 근거가 없는 업무 분야입니다.

아울러 연말정산 자료에는 임직원 개개인이 밝히기를 원하지 않는

제6부 감사 | 45

개인정보가 모두 수록되어 있으므로 제3자인 감사가 열람하고자 한다면, 해당 임직원의 개별적인 동의를 서면으로 받은 다음에 열람을 요청할 수 있습니다.

즉 연말정산 자료에는 각 개인의 가족관계, 가족의 학력사항, 가족의 질병과 치료사항, 소비내역과 소비생활 패턴 등 개인적인 사생활 정보가 모두 수록되어 있으며, 이러한 정보는 「개인정보 보호법」에 따라 해당자의 동의가 없으면 열람할 수 없고, 반드시 열람하여야 할 사유가 있지 않으면 열람을 요구해서도 안 되는 것이며 동의 없이 열람하면 형사처벌 대상이 됩니다.

이러한 사항을 감사에게 잘 설명하여 열람 요청을 철회하도록 하고, 그래도 열람을 요청한다면 서면으로 '열람요청서'를 받아서 해당 임직원의 '서면동의서'를 받은 다음, 그 내용을 '업무감사 이외의 용도에 사용하지 않을 것과 누설이나 공표 시 법률에 따라 처벌되는 것을 감수한다'는 '각서'를 감사로부터 받은 다음에 열람에 동의한 임직원의 자료에 한하여 열람에 응할 수 있을 것입니다.

그러나 조합의 업무감사에는 이러한 개인정보를 사용하여야 할 경우가 없으므로 열람을 요청하는 일이 성립할 수 없을 것이고 사고 수사를 위한 목적일 경우에는 영장이 발부되므로 그에 따르면 될 것입니다.

282 감사의 주의사항은?

Q 감사업무를 수행하는 과정에서 감사가 주의할 사항이 무엇입니까?

A 전국의 일선 농협에는 조합마다 감사가 있지만, 감사의 역할과 임무, 행동요령에 대하여 감사 자신은 물론, 다른 임원도 잘 알지 못합니다. 농협 감사의 역할에 대하여 농협법 제46조(임원의 직무) 제6항, 제7항, 제8항, 제9항에 아주 간략히 서술되어 있을 뿐이기 때문입니다. 그래서 농협의 감사들은 대부분 감사의 역할과 임무, 책임, 한계, 주의사항 등을 정확히 알지 못하고 혼자의 생각과 판단으로 권한을 남용, 오용하고 있습니다.

첫째, 감사의 역할은 조합의 재산 상태와 사업에 대한 감사를 하고, 부정한 사실의 발견 시 총회에 보고하며, 총회와 이사회에 출석하여 의견을 진술할 수 있는 것입니다. 즉 감사의 역할은 농협 내부적으로 경영의 평가자, 조합원에 대하여 조합 경영 상태의 진단과 해설자, 조합의 외부에 대하여 조합 신용의 보증인이 됩니다.

따라서 감사는 직무수행에 있어서 가장 공명정대하여야 하고, 특히 감사업무 과정에서 알게 된 조합의 경영 내용이나 문제점과 의문점을 대내외에 발표할 때, 또 감사의견을 표명할 때 대단히 신중하여야 합니다.

둘째, 감사의 함정에 주의하여야 합니다. 감사는 스스로 타인의 업무를 감사할 뿐, 감사업무는 다른 기구나 상급기관으로부터 따로 감사나 견제를 받지 않는 특수한 권력이므로 자칫 제동장치 없는 폭주차량이 될 수 있습니다.

그리고 감사의 기준과 한계에 대하여 농협법이나 정관에 명문화된 규정이 없기 때문에 감사업무의 기준과 한계를 알지 못하여 오류를 범하기 쉽고, 감사의 오류나 전횡에 대하여 지적할 기관도 없습니다.

셋째, 감사의 한계를 명심하여야 합니다. 감사업무는 감사가 마음대로 할 수 있는 것이 아니라 농협법 제1조에 명시한 농협의 목적을 달성하기 위한 수단이므로 감사도 언제나 자신의 행위가 농협의 목적 달성에 이바지한다는 명확한 인식을 가져야 합니다.

농협의 목적을 달성하는 실질적인 업무는 집행부의 임무이자 책임이므로 감사는 감사업무에 임하여 감사 횟수, 감사 기간, 감사징구자료, 감사 범위, 소환 직원이 모두 다 가능한 한 최소한이 되도록 하여야 합니다.

그리고 감사징구자료는 조합의 서류이므로 매일 업무종료 시 담당직원에게 맡겨 조합에 보관하고 익일 출근 시에 제출받아 열람 및 검토하며, 감사종료 시에는 감사록과 함께 편철, 조합 사무실에 별도로 보관하여야 하고 조합이 아닌 외부로 반출하거나, 복사, 촬영, 메모 등을 해서는 안 됩니다.

넷째, 감사는 이사회나 총회에서 발언권이 없고 의견진술권이 있을 뿐입니다. 감사는 총회와 이사회에 출석하여 의견을 진술할 수 있지만, 감사는 총회와 이사회의 구성원이 아니므로 발언권과 의결권이 없고 의견진술권만 있으며, 의결 결과에 대한 책임도 없으므로 안건에 대한 찬반의견을 말하거나 토론에 참여할 수 없습니다. 또 회의와 관련한 의사진행 발언도 할 수 없으며, 만약 회의 안건이나 의사진행에 관련한 의견을 표명하더라도 효력이 없습니다.

감사는 오직 의장이 의견을 요구하거나 허용할 때에만, 의장이 요청하거나 승낙한 범위 내에서, '회의의 내용과 절차상의 위법사항이나 위규사항 여부에 대한 감사로서의 의견'만을 말할 수 있을 뿐입니다.

283 감사의 역할과 주의사항

Q 감사의 역할과 임무, 주의사항에 대하여 농협법에 자세한 내용이 없습니다. 또 감사는 조합원 중에서 선거로 선출되다 보니 감사업무에 대한 경험이나 지식을 갖춘 감사도 거의 없는 실정입니다. 그렇기 때문에 감사들은 각자 자기가 알고 있는 지식과 경험, 나름대로의 생각에 의지하여 감사업무를 수행하게 되고, 지나친 열정과 권위의식으로 자신을 해치는 경우도 있어 감사업무에 대한 교육과 주의 환기가 절실합니다.

A 전국의 일선 농협에는 조합마다 감사가 있지만, 감사의 역할과 임무, 행동요령에 대하여 감사 자신은 물론, 다른 임원도 잘 알지 못합니다. 그렇기 때문에 농협의 감사들은 대부분 감사의 역할과 임무, 책임, 한계, 주의사항 등을 정확히 알지 못하고 혼자의 생각과 판단으로 권한을 남용, 오용하고 있으므로 이에 대하여 감사 자신이 스스로 학습하고 연구하여 소양과 실력을 높이도록 하여야 합니다.

감사는 조합의 재산 상태와 사업에 대한 감사를 하고, 부정한 사실의 발견 시 총회에 보고하며, 총회와 이사회에 출석하여 의견을 진술할 수 있습니다. 즉 감사의 역할은 농협 내부적으로 경영의 평가자, 조합원에 대하여 조합 경영 상태의 진단과 해설자, 조합의 외부에 대하여 조합 신용의 보증인이 됩니다.

이 밖에 감사는 결산보고서에 의견을 첨부할 권리, 필요할 경우 중앙회에 회계감사의뢰권, 총회에 제출하는 의안과 서류의 조사보고권, 자회사에 대한 영업보고 요구 및 조사권, 임원의 위법행위에 대한 유지청구권, 총회 이사회에서의 의견진술권, 특수한 경우의 조합대표권과 특수한 경우 총회소집권 및 의장역할권 등이 있습니다.

따라서 감사는 직무수행에 있어서 가장 공명정대하여야 하고, 특히 감사업무 과정에서 알게 된 조합의 경영 내용이나 문제점과 의문점을 대내외에 발표할 때, 또 감사의견을 표명할 때 대단히 신중하여야 합니다.

감사가 감사업무 수행 과정에서 알게 된 농협의 업무상 문제는 모두 중대한 경영기밀이고 경쟁업체에 알려지면 안 되는 영업비밀이며, 또 그 내용 중에는 조합과 임직원, 조합원, 고객의 명예와 직결되거나 사업의 성패와 관련되는 것이 많기 때문입니다.

284 업무감사의 목표와 주요 내용

Q 감사가 감사업무를 수행하면서도 감사업무의 정확한 내용과 목표를 잘 알지 못하는 것이 현실입니다. 또, 감사에게 그러한 사항을 전달할 방법이 마땅하지 않습니다.

A 감사업무는 업무의 수행이나 집행자가 아닌 제3자가 이미 이루어진 업무 결과에 대하여 객관적으로 조감, 검토, 분석하고 비판적으로 평가하는 일이며, 농협 감사의 일반적인 역할은 조직의 건전화, 조직 내 업무와 사업 추진 장해 요소의 발굴과 제거, 조직의 경영 상황에 대한 진단, 조직의 건전성에 대한 대외적 보증 등입니다.

농협 감사의 실질적 역할은 조직 내 부정과 비리의 적발 및 시정, 경영 진단과 사업 부문 간 균형발전 방안 제시, 미래의 위험에 대한 대비 등입니다. 그런데 우리나라 일부 농협의 감사업무는 이러한 본원적인 이상을 실현하는 것이 아니라 조합 집행부의 비리와 부정의 발견, 조합 집행부의 공적(功績) 달성의 방해, 임직원에 대한 군기 잡기, 조합원과 대의원들에 대한 과장된 발표와 공로의 과시에 흐르는 경향이 있습니다.

그리고 감사업무는 조합의 가장 어려운 부문, 부진한 사업, 문제점 등을 깊이 파고들고 그 원인과 과정, 예상되는 문제 등을 고민하고 향후 문제가 될 수 있는 요소, 경영상의 위험 등을 중점적으로 지적하여야 합니다. 비유컨대 감사의 역할은 내무사열하는 당직사관이 아니라 안전점검을 하는 소방관이 되어야 하는 것입니다.

285 감사의 함정

Q 감사업무에는 큰 함정이 있다고 합니다. 그런데 그 함정이 무엇이며 함정에 빠질 경우 어떤 문제에 이르게 되는지를 설명해 주는 사람은 없습니다. 감사의 함정이란 무엇입니까?

A 감사는 스스로 타인의 업무를 감사할 뿐, 감사업무에 대해 다른 기구나 상급기관으로부터 따로 감사나 견제를 받지 않는 특수한 권력이므로 자칫하면 독선과 오류에 빠져서 조직에 큰 피해를 입힘은 물론,

자기 자신을 해치게 되는 것을 감사의 함정이라고 합니다. 비유하자면 감사란 '제동장치 없는 폭주차량'이라고 할 수 있으며, 이러한 차량은 스스로 멈추지 못하고 심각한 사고를 일으킨 다음에 멈추게 된다는 뜻입니다.

즉 감사의 기준과 한계에 대하여 농협법이나 정관에 명문화된 규정이 없기 때문에 감사는 감사업무의 기준과 한계를 알지 못하여 오류를 범하기 쉽고, 감사의 오류나 전횡에 대하여 지적할 기관도 없습니다.

이 때문에 감사는 스스로 판단하고 결정하여야 하므로 업무상 오류와 실수, 권한 남용, 의욕 과잉, 독선과 고집, 판단 착오 등의 위험이 대단히 높으며, 지나친 의욕과 책임감 때문에 잦은 감사, 장기간 감사, 감사자료의 과도한 징구 등을 하게 되고, 감사 과정에서는 위압적인 감사 자세, 지적사항 남발, 불합리한 지적, 징계에 대한 간여 등을, 감사 결과보고에서는 내용 없는 감사보고, 감사보고 생략 등이 발생하는데, 이를 감사의 함정이라고 합니다.

감사가 '감사의 함정'에 빠지게 되면 조합의 사업에 엄청난 차질을 가져오고 조합원에게 큰 손해를 끼치며, 결국 감사 자신까지 해치게 됩니다.

286 감사의 주의사항과 징구자료

Q 감사가 감사업무를 실시할 때 주의할 사항이 명문화되어 있지 않습니다. 그 때문에 지나친 열정과 의무감으로 '오버액션'이 발생하게 되고 감

사의 부작용, 역기능이 발생하게 되는데 이런 문제에 대한 지도가 절실합니다.

A 감사는 자신에게 주어진 역할과 책임의 중차대함을 앞세워 감사업무에서 지나친 의욕과 열정으로 조합 경영진과 임직원을 당황스럽게 하거나 업무나 사업에 차질을 가져오는 경우가 있습니다.

그러나 감사 업무는 감사가 마음대로 할 수 있는 것이 아니라 농협법 제1조에 명시한 농협의 목적을 달성하기 위한 수단이므로 감사도 언제나 자신의 행위가 농협의 목적 달성에 이바지한다는 명확한 인식을 가져야 하고, 또 그것이 바로 감사업무와 감사행위의 한계임을 명심하여야 합니다.

그리고 농협의 목적을 달성하는 실질적인 업무는 집행부의 임무이자 책임이므로 감사는 감사업무에 임하여 감사 횟수, 감사 기간, 감사 징구자료, 감사 범위, 소환 직원이 모두 다 가능한 한 최소한이 되도록 하여야 합니다.

또 '감사징구자료'는 감사업무의 객관적인 증빙이자 감사지적사항의 기초자료이므로 1. 감사징구자료 목록을 교부하여 요구와 수불(受拂)을 명확히 하고 2. 감사의 개인서류가 아니라 조합의 서류이므로 매일 업무종료 시 담당 직원에게 맡겨 조합에 보관하고 익일 출근 시에 제출받아 열람 및 검토하며 3. 감사종료 시에는 감사록과 함께 편철, 조합 사무실에 보관하여야 하고 4. 외부로 반출하거나, 복사, 촬영, 메모 등을 해서는 안 됩니다.

감사징구자료의 내용은 농협의 중요한 영업비밀이자 경영전략이며 고객정보, 개인정보가 섞여 있으므로 법률적으로 공개할 수 없는 것이고, 이 자료가 조합외부로 반출되거나 공표되면 곧 경쟁기관과 농협 반대인사들에게 악용되어 조합에 심각한 피해를 입히게 되기 때문입니다.

특히 조합의 사고나 문제에 대하여 조합 외부에 누설하거나 공표할 수 없고 공표 시에는 반드시 조합 내부의 승인이나 법 절차에 따라야 하며, 임직원 징계나 변상에 관한 사항은 집행부의 소관이므로 간여할 수 없습니다. 만약 감사가 이를 위반하면 감사 해임 사유, 조합원 제명 사유, 형사처벌 대상, 손해배상 사유가 됩니다.

287 감사의 발언권

Q 감사는 총회와 이사회에서 발언할 수 있다고 하는데, 우리 조합 감사의 경우에는 그 정도가 너무 심하여 회의 참석자 중에서 가장 발언을 많이 하고 또 안건에 대한 찬반의견을 주장하는가 하면 심지어 의사진행 발언까지 합니다. 이에 대한 정확한 설명이 필요합니다.

A 감사는 총회와 이사회에 출석하여 의견을 진술할 수 있는 의견진술권이 있습니다. 그러나 감사는 총회와 이사회의 구성원이 아니고, 의결권이 없으며, 의결 결과와 경영 결과에 대한 책임도 없으므로 안건에 대한 '찬반의견'을 말하거나 토론에 참여할 수 없고, '의사진행 발언'도 할 수 없으며, 만약 의견을 표명하더라도 효력이 없습니다. 즉 감사는 이사회와 총회에서 '의견진술권'이 있을 뿐, '발언권'은 없습니다.

'의견진술권'이란 오직 의장이 발언을 요구하거나 허용할 때에만, 의장이 요청하거나 승낙한 범위 내에서, '회의의 내용과 절차상의 위법 사항이나 위규사항 여부에 대한 감사로서의 의견'만을 말할 수 있는 것 입니다.

'발언권'이란 회의 구성원이 안건에 대한 찬반의견이나 의사진행 발 언을 하는 것을 가리키는 것으로서 이는 회의 구성원, 즉 이사회에서는 이사에게만, 대의원회에서는 대의원에게만 주어지는 것이고 감사에게 는 주어지지 않습니다. 또, 대의원회에서 이사와 간부직원은 참석하여 의견진술을 할 수 있지만, 발언권은 없는 것과 같습니다.

비유컨대 감사는 운동경기에서 심판과 같고, 이사와 대의원은 운동 선수와 같아서 심판인 감사가 운동선수의 영역인 경기에 참여할 수 없 는 것이므로 운동경기에 해당하는 회의 안건의 심의에 참여나 의견진 술을 할 수 없는 것입니다.

288 발언권과 의견진술권이 다른가?

Q 농협법상 감사의 의견진술권, 이사의 대의원회 의견진술권이 있는데, 의견진술권과 발언권이 혼동되기도 하고 따로 쓰이기도 합니다. 발언권 과 의견진술권은 어떤 차이가 있는지, 또 이것을 구분해야 하는지 궁금합 니다.

A 발언권이란 회의의 구성원들이 안건에 대하여 찬반의견을 제시하 고 토론을 하거나 의사진행 발언을 하는 권한을 가리키는 것이고, 의

견진술권이란 회의 구성원은 아니지만 경영상의 필요나 판단에 따라 구성원이 아닌 사람에게 의견을 표현할 기회를 주는 것을 가리킵니다.

농협의 경우에 이사회에서 이사회 구성원인 이사와 조합장은 안건에 대한 발언권이 있지만, 감사는 이사회에 참석은 하되 발언권이 없고 의견진술권만 있습니다. 또 대의원회의 경우 구성원인 대의원과 조합장은 발언권이 있지만, 감사, 이사, 간부직원은 회의장에 참석은 하되 발언권이 없고 의견진술권이 있습니다.

즉 발언권이란 안건에 대하여 찬반의견을 말할 권리와 의사진행 발언을 할 권리이고 의견진술권은 안건에 대한 찬반의견을 발표하는 것이 아니라 의장이 요구하거나 허용하는 범위 이내에서 회의 구성원이 아닌 감사로서, 혹은 이사나 간부직원으로서 회의의 진행에 참고가 될 의견을 진술하는 것입니다.

따라서 회의 구성원의 발언은 모두 의사록에 기록되고 의결 결과도 명확히 기록되어 후일 책임을 져야 하는데, 구성원이 아닌 사람이 진술한 의견은 회의 과정에서 의사결정에 참고하는 사항일 뿐이고, 의견진술자는 의결에 참여하지 않으며 후일 의결에 대한 책임도 없으므로 발언권과 의견진술권을 명확히 구분하여야 하는 것입니다.

---

289 이사회, 총회에서 '감사의 의견진술권'의 내용과 한계는?

Q 법에 명시된 '감사의 의견진술권'이 있습니다. 그런데 우리 감사님은

이사회와 총회에서 의장인 조합장보다 더 많이 발언하고 안건에 대한 의견은 물론 의사진행 발언까지도 독점하고 있습니다. 감사의 의견진술권은 내용이나 형식에 제한이 없이 무한정입니까?

A 법률에 감사의 '의견진술권'이 명시되어 있습니다. 그런데 의견진술권의 정확한 개념, 범위와 방법, 한계에 대한 명문 규정이 없고 '발언권'으로 오해되거나 발언권과 혼동되어 쓰이고 있습니다.

그 때문에 감사의 의견진술권 내용과 의미를 잘 몰라 조합마다 이렇듯 감사의 안건찬반 발언과 의사진행 발언이 있으므로 이러한 상담을 해 오게 됩니다.

농협법에 감사의 의견진술권이 명문화되어 있고 그 내용이나 한계에 대한 명문 규정이 없다고 하여 감사의 의견진술이 무제한 허용되고 끝없이 보장되는 것이 아닙니다.

모든 회의에는 회의참석자 모두에게 동등한 발언권이 주어지지 않습니다. 회의 구성원에게는 발언권과 의결권이 주어지지만, 구성원이 아닌 참석자에게는 의견진술권만 주어지며 발언권이나 의결권은 주어지지 않습니다. 즉 이사회의 경우, 이사회 구성원인 이사와 조합장에게는 '발언권'과 '의결권'이 주어지므로 안건에 대한 토론과 찬반의견의 발언을 할 수 있고, 표결도 할 수 있습니다. 그러나 구성원이 아님에도 참석한 감사와 집행간부에게는 발언권과 의결권이 없고 오직 의견진술권만 있을 뿐입니다.

발언권은 안건에 대한 의견을 발표할 권리이지만, 의견진술권은 회의가 종료되었을 때나 도중에 회의의 의제와 경과에 대하여 위법성이나 부당함이 있는지를 의장이 감사에게 질문하고 의견을 요청할 경우에 감사가 의견을 표명할 수 있는 것입니다. 그리고 감사는 의장이 요청하는 범위, 시간, 방법을 벗어나지 않게 감사로서의 견해를 간략하고 분명하게 진술하는 것입니다.

의견진술권은 감사뿐 아니라 집행간부나 관련 직원에게도 주어지는 것으로서 의장이 필요하다고 판단하면 집행간부나 직원에게 안건과 관련한 의견을 표명하도록 합니다. 따라서 '감사의 의견진술권'은 '감사로서의 의견진술권'일 뿐, 다른 기관의 권한이나 역할을 침범할 수 없고 영역을 침범해서도 안 되는 것이므로 이사회에서 의사진행 발언을 할 수 없고, 안건에 대한 찬반의견이나 소감을 표명할 수 없습니다.

또 이사회에서 의견진술도 의장이 의견을 요구할 때에만 한하여 의안의 내용에 대한 것이나 찬반 의견이 아닌 '감사로서 적법성, 혹은 위규나 위법성에 대한 부분'만 답변할 수 있습니다. 다른 의견이나 발언은 할 수 없고 해서도 안 되며, 하더라도 모두 효력이 없고 이사회 심의의 의견으로 기록이나 채택이 되지 않습니다.

또한 감사는 이사회의 안건에 찬반 의견을 표명할 수 없고 의결에 참여하지도 않기 때문에 이사회의 의결 결과에 대해 신분상이나 재정상 책임을 지지 않습니다. 총회에서도 마찬가지로 총회 의장이 발언을 허용할 경우에 '감사로서의 의견'에 한정하여 의견을 공표하여야 하고, 다른 의안에 대한 찬반 의견이나 소감 등을 공표하거나 발언해서는 안되는 것이며, 만약 발언을 하면 감사의 직무 권한을 넘어서는 월권이므로 발언 내용 자체가 효력이 없습니다. 감사는 이사가 아니고, 대의원도 아니며, 조합원으로부터 '감사의 직무'를 수행하도록 임무를 부여받은 사람이기 때문입니다.

비유한다면 대의원이나 이사는 경기장의 선수에 해당하고, 감사는 경기 심판에 해당하는데, 심판이 선수를 겸하거나 선수의 역할을 할 수는 없는 것과 같습니다.

290 이사의 '발언권'과 감사의 '의견진술권'의 차이는?

Q 우리 조합에서는 이사회에서 이사와 감사가 발언권을 두고 서로 다투고 감사가 안건에 대해 찬반의견을 내는가 하면 의사진행 발언까지 하여 회의가 혼란스럽습니다. '이사의 발언권'과 '감사의 의견진술권'이 다른 것인지, 다르다면 어떻게 다른지 명확한 설명이 필요합니다.

A 흔히 '이사의 발언권'과 '감사의 의견진술권'을 같은 것으로 오해하는 경우가 있는데, 이것은 두 기관의 업무 권한과 성격이 다르듯 완전히 다른 내용입니다.

'이사의 발언권'은 '조합이사로서의 발언권'이고, '감사의 의견진술권'은 '감사로서 의견을 표현하는 권한'입니다.

이사는 이사회를 통하여 조합의 경영과 업무를 집행하는 집행기관으로서 조합 경영과 업무에 대한 상세한 부분을 '심의하고 결정'하는 것입니다. 감사는 감사기관으로서 조합의 재산 상태와 업무집행 상황에 대하여 '감사로서의 의견'을 총회(대의원회)나 이사회에서 '필요할 경우에 진술할 수 있는 것'입니다.

또, 발언의 결과에 대한 영향이 서로 다릅니다.

이사회에서 이사의 발언은 조합 경영행위, 업무 집행행위이므로 이사의 안건에 대한 심의와 토론, 의결 결과는 바로 조합의 경영 방침으로 직원과 내부 조직장에게 시달되고, 조합원과 고객에게 영향을 미치게 됩니다.

감사의 의견은 조합의 경영행위가 아니라 조합 재산과 업무에 대하여 감사한 의견이거나 이사회 및 대의원회의 운영상의 합법성 문제에 대한 것이므로 그에 국한되어 효력과 영향을 미치게 됩니다.

이사회는 집행기관으로서 조합의 최고 경영 결정기관이므로 그 결정에 따라서 조합의 경영방향과 사업 내용이 달라지고 조합, 조합원과 고객 및 지역사회·지역경제에까지도 영향을 미치게 됩니다.

즉 이사는 이사회 구성원이므로 매번 이사회 때마다 주어지는 안건에 대하여 자신의 경험과 지식을 모두 표출하고 다른 이사의 의견을 경청하며 상호 토의의 의견통합을 통해 의견수렴과 집단지성이 발현되도록 하여 최선의 결과를 도출하여야 하는 것입니다. 그리고 이사회의 결정이 잘못되어 조합이나 제3자에게 손해를 입혔을 경우에는 그 안건에 대하여 명백히 반대한 이사를 제외한 이사회 구성원 전원은 배상할 책임이 있게 됩니다.

감사는 총회와 이사회에 출석하여 '의견을 진술할 수' 있습니다. 그렇지만 감사는 총회와 이사회의 구성원이 아니고 의결기관(총회, 대의원회)도 아니며 업무집행기관(조합장, 이사회)도 아닌 데다가 오직 감사기관(監査機關)이므로 '감사에 관한 의견'만을 진술할 수 있습니다.

즉 감사는 총회나 이사회에 참석할 수 있지만 발언권이 없고, 부의된 회의목적 안건에 대하여 토론에 참여하거나 찬반의견을 표현할 수 없으며 표현하더라도 아무런 효력이나 의미, 기속력(羈束力)이나 영향력이 없습니다.

또한 이사회의 결정으로 어떤 손해나 피해가 발생하여 이사들이 재정적 책임(변상책임)을 지게 되더라도 감사는 책임을 지지 않아도 되는 것입니다. 즉 감사가 총회나 이사회에 참석하여 의견을 진술하는 것은 지난번 감사 결과에 대한 보고, 총회와 이사회의 의사진행 과정과 결과에 대한 감사로서의 평가인 위법성, 부당성에 대한 의견을 표명할 수 있을 뿐인 것입니다.

그리고 이사회 회의가 종결되거나 혹은 회의 마지막에 의장의 평가 발언 요청이 있을 때 검토 판단한 내용을 간략히 발표하면 되는 것이고 그것이 감사의 의견진술권의 전부입니다.

291 감사가 직원의 책상과 컴퓨터를 압수수색할 수 있는지

Q 농협의 감사입니다. 조합원 3인이 조합장의 업무상 비리 혐의를 제보하므로 그 혐의 사실을 확인하기 위해 다음 주 중에 특별감사를 실시하여 불시에 관련 직원의 책상과 소지품, 컴퓨터에 대한 압수수색을 하고자 합니다. 그리하여 책상 서랍과 사물함, 가방 등에 있는 수첩, 비망록, 메모지 등을 압수, 확보하고, 업무용컴퓨터에 수록된 각종 기록, 문서, 비망록, 일지나 일기 등과 함께 최근 작성 후 삭제된 기록을 수색, 복원하여 비리 혐의를 확인하고자 합니다. 이러한 압수수색은 감사의 당연한 권한이라고 생각합니다.

A 감사에게는 조합의 재산 상황과 업무집행 상황을 감사할 수 있는 '감사권'이 있지만 '수사권'은 없습니다.

감사(監査)는 사무나 업무의 집행 또는 재산의 상황·회계의 진실성을 검사하여 그 정당성 여부를 조사하는 일이고, 수사(搜査)는 범죄가 발생하였거나 발생한 것으로 생각되는 경우에 범죄의 혐의 유무를 밝혀 공소(公訴)의 제기와 유지 여부를 결정하기 위하여 범인과 증거를 찾고 수집하는 '수사기관의 활동'을 말합니다.

직원의 책상을 수색하고 물품을 압수하는 일을 '압수수색(押收搜索)'이라고 하는데, 압수수색은 증거물 또는 몰수할 것으로 예상되는 물건의 점유를 취득하여 유지하는 처분인 '압수'와 사람의 신체, 물건, 주거 기타의 장소에서 압수할 물건이나 사람을 발견하기 위해 이를 찾는 처분인 '수색'을 말합니다. 압수수색을 위해서는 반드시 법관이 발부한 영장이 있어야 하며, 헌법은 모든 국민을 불법적인 압수수색으로부터 보호받을 권리를 보장하고 있습니다.

따라서 헌법 제12조, 형사소송법 제109조, 제215조에 따라 법관이 발부한 영장이 있어야 압수수색이 가능하며, 영장 없이 압수수색을 할 수 없고, 설령 압수수색으로 어떤 증거를 얻는다고 하더라도 영장 없이 이루어진 위법한 수집은 증거능력이 부인(否認)되고, 피의자가 사후에 동의하더라도 치유가 불가능하므로 증거 능력이 전혀 없게 됩니다.

따라서 감사는 범죄 혐의에 대한 조사에 필요하다고 하더라도 조합이나 직원의 시설, 장비, 문서, 소지품 등에 대해 압수나 수색을 할 수 없고, 만약 강제로 압수수색을 하더라도 실익이나 효과가 없습니다.

292 농협의 감사 방법

Q 감사가 감사업무를 수행하는 구체적인 기준이나 절차, 방법에 대한 상세한 매뉴얼이 없습니다. 그 때문에 감사업무의 방식과 방법 등에 대하여 항상 의문과 미진함을 느끼게 되는데, 이에 대한 기준이나 지식이 절실합니다.

A 감사업무는 농협의 업무에서 사업추진과 함께 가장 중요한 업무로서 생략할 수 없고 가볍게 다룰 수도 없는 대단히 중요한 업무입니다. 그런데, 감사업무의 방식이나 구체적인 방법이 법률에 명시되어 있지 않으므로 감사는 모두 큰 책임감과 의무감, 중압감에 시달리며 때문에 감사업무 방법에 대해 깊이 연구하고 고민하게 됩니다.

그러나 농협 감사는 감사업무전문가가 아니고, 회계전문가도 아니므로 감사업무에 대하여 부담이나 책임감을 크게 가질 필요는 없으며, 농협의 임원으로서 보통사람의 상식과 지혜의 범위에서 선량한 관리자의 의무를 다하면 됩니다.

즉, 감사방법은 열람과 확인 가능한 서류와 장부를 확인하고 현장 확인이 필요한 경우 현장 감사를 하면 되는 것이고 그 과정에서 드러난 문제점과 최종적인 판단 결과를 감사보고서로 작성하는 것이며, 반드시 서류의 뒤에 숨은 진실을 캐내거나 비리를 적발하여야만 하는 것이 아닙니다. 간혹 감사가 조합원과 고객을 상대로 설문조사를 하거나, 거래처를 직접 방문하여 확인을 하거나, 서류나 자료를 압수하거나, 감사자료를 외부에 반출하여 외부기관이나 인사에게 감정이나 검토를 요청하는 경우가 있는데, 이러한 방법은 모두 크게 잘못된 것입니다. 전문적인 회계감사가 필요하거나 심각한 의혹이 있을 경우 감사는 중앙회에 감사를 요청하여 그에 따르는 것이 현명합니다.

특히 감사에 임하여 어떠한 선입견이나 고정관념도 갖지 않고, 감사의 표적이나 목표도 설정하지 않으며, 결과를 예정하거나 예단하는 행위를 하지 말고, 감사자료에서 드러나는 사항을 잘 검토하고 해석하여 객관적으로 타당한 결론을 도출하여야 합니다. 또 감사가 조합장이나 이사회와 대립하고 힘겨루기를 하는 경우도 있는데, 이는 농협법의 내용을 오해하기 때문에 발생하는 것입니다.

결론적으로 감사는 감사업무에 임하여 책임감이나 중압감 때문에 무리하거나 결과물에 집착할 것이 아니라, 전문적인 영역이나 큰 의혹은 모두 중앙회의 전문인력에게 맡기고, 일상 업무에 대하여 건전한 상식에 기반하여 조사하고 논리적으로 판단하며, 어떠한 예단이나 선입견도 갖지 말아야 하고, 감사업무를 이용하여 특정인이나 특정기관을 공격하거나 임직원을 표적으로 하여서는 안 되는 것입니다.

감사과정에서 의문점이나 미진한 점은 언제든 중앙회의 관련부서에 조회하고 의견을 구하며, 법률적인 사항은 농협법전문가나 법률고문의 자문을 구하는 것이 현명한 일입니다.

293 감사가 '시재금 검사'까지?

Q 새로 취임한 감사님이 조합 본점과 지점의 시재금 검사를 한다고 하여

복잡 소란해졌습니다.

A 신임 감사는 흔히 본지점의 시재금, 중요용지, 증서, 재고품 조사에 공을 들입니다. 이러한 일은 감사가 가장 기초적인 부문부터 성실하고 분명하게 업무를 수행하겠다는 의지와 열정의 표명이자 결의의 한 측면일 것입니다. 그러나 감사는 그러한 지엽말단적인 부문에 집중하거나 작고 세밀한 일에 구애되고 몰입하는 데 감사 일정을 허비하면 곤란합니다.

감사는 이사회의 의결사항, 조합장의 경영방침과 전략, 전체 사업의 목표달성도, 사업 부문 간의 균형, 조합 내의 지역별·작목별·계층별 균형 등을 살피는 것이 중요합니다. 시재금 검사, 중요용지와 재고물품 검사는 담당 책임자가 규정에 정한 대로 주기적으로, 합당한 방법으로 잘 수행하고 있는가를 살피는 것으로 충분합니다. 창고의 정리정돈, 사업장의 청결문제, 직원의 용모와 복장, 고객응대 자세 등도 마찬가지로 감사가 언급할 만한 부분이나 대상이 되지 않습니다.

감사는 조합의 경영 전체에 대해 제3자의 입장에서 객관적으로 평가를 하는 사람이고, 시재금 검사나 청결 상태, 재고조사 같은 일은 해당 부문의 팀장이나 자점 감사 담당자의 업무 소관이며 조합 집행부의 책임이기 때문입니다.

그러한 지엽적인 문제는 모두 다 한 건으로 묶음하여 경영진을 대상으로 주의나 시정요구, 관리강화 요구를 하면 되는 것이며 감사가 간여할 필요는 없습니다.

294 범죄혐의에 대한 감사의 조치

Q 감사업무를 수행하는 과정에서 범죄 혐의를 발견하였을 때 감사가 조치할 수 있는 방법은 무엇입니까?

A 감사가 감사 결과 범죄 혐의나 범죄 사실을 발견하였을 경우에는 그 내용에 따라 몇 가지로 나누어 조치를 하여야 합니다.

먼저 시정이 가능한 비리나 문제라면 집행부에 시정을 요구하거나 해당자에 대한 징계를 요구하고, 대의원들이 의견을 모아서 처리하여야 할 내용이면 총회에 보고하도록 하고, 중대한 범죄로서 즉시 범죄자를 체포하여야 할 경우라면 수사기관에 고발할 수도 있습니다. 또 개선이나 시정이 요구되는 일은 개선 요구, 시정 요구를 하고 종결합니다.

그런데 가끔 의욕이 넘치는 감사가 직원의 징계와 변상을 직접 요구하고 그 절차와 징계량까지도 직접 처리 또는 간여하려 하는 경우가 있으며 심한 경우 임원이나 직원에 대해 직무정지를 선언 또는 명령하는 경우도 있으나, 오류나 잘못의 시정, 손해의 복구, 문제의 해결 등은 집행부의 소관이고 책임이므로 감사는 잘못된 사항을 지적하는 것으로 끝내고 나머지 절차는 집행부에 일임하여야 합니다.

집행부에서 시행한 징계와 변상의 수준이 합당하지 않다고 판단될 때, 감사의 의견을 다음번 총회에 보고하면 되고, 감사의견을 보고받은 총회의 조치나 결정, 즉 감사보고에 대한 반응과 의결이 어떤 것으로 결정이 되더라도 감사의 직분은 총회에 보고하는 것으로 종결되고, 그 후의 사태에 대하여는 감사가 간여할 필요도, 간여할 수도 없습니다.

특별히 중요한 사항, 중대한 범죄라고 판단한 부분에 대하여도 집행부에 조사한 내용과 감사의 의견을 통보하여 조합장으로 하여금 조합의 피해를 회복하고 범죄자에 대한 징벌이나 고발 등 적절한 조치를 취하도록 하는 것이 현명하고 올바른 방안입니다. 사고나 범죄가 발생하였을 경우 그 원인과 결과에 대한 책임이 모두 조합 집행부에 있는 것이고, 사후수습과 피해구상, 관련자 처벌, 형사고발 등의 책임도 모두 조합 집행부에 있으며, 감사는 그 사항을 지적하고 사후조치를 요구하는 것으로서 임무가 모두 완결되는 것입니다. 감사가 직접 수사기관에 고발하는 것은 현명하지 못한 일이고, 문제의 수습을 더 어렵게 하며 조합이나 조합원, 감사에게 결코 유익한 일이 아닙니다.

그런데 조합장이나 조합 집행부가 직접 범죄에 연루된 범죄 혐의가 상당히 높고 즉각 조치를 취하지 않을 시 그 피해가 너무 커지게 되거나 앞으로 회복할 수 없는 수준의 피해가 예상된다면 감사는 범죄 혐의가 있는 사업이나 업무의 해당 부분에 대하여 법원에 '업무정지가처분신청'을 할 수 있고, 조합원은 100인 또는 1/100 이상의 동의를 받아서 해당 업무에 대한 '유지(留止, 중지)청구'를 할 수 있습니다.

295 감사가 계약사무 현장에 입회하겠다는데

Q 우리 조합은 감사님께서 '조합의 계약사무 현장에 입회하겠다'고 하여 논란이 분분합니다. 감사님께서 계약사무에 간여하거나 입회하는 일이 법률적으로 타당합니까?

A 농협은 조합원에 의한 민주적인 지배구조를 갖고 있으며, 권력구조를 3부분으로 나누어 3권분립(三權分立) 체제를 이루고 있습니다.

가장 중요한 3부문의 기관은 총회, 조합장과 이사회, 감사 등이며, 선거관리위원회나 경영평가자문위원회 등은 그 기능과 역할이 대단히 제한적이고 조합의 경영에서 비중이 작으므로 중요한 부문에서 제외합니다.

3권분립의 구체적 형태 중에서 총회는 조합의 최고의결기구로서 조합 경영과 관련한 중요한 방침을 결정하게 되고, 조합장과 이사회는 조합의 경영전략과 세부적인 경영활동을 담당하며, 감사(監事)는 감사(監査)기관으로서 조합의 재산과 업무 집행 상황을 감사(監査)하는 역할을 담당합니다.

감사업무란 '집행기관이 집행한 업무 또는 추진한 사업에 대하여 사후에 객관적이고 공정한 제3자로서 검증하고 판단하는 것'을 가리키는 것입니다. 감사(監事)나 감사업무(監査業務)는 스스로 업무를 집행하거나, 사업을 추진하거나, 업무에 간여 또는 업무 과정에 참여하는 것이 아니라, 타인인 집행기관이나 임직원들이 수행한 업무의 결과에 대하여 평가하고 그 결과를 전체 구성원의 대의기관인 총회에 보고하는 것이 임무입니다. 즉 감사는 농협법에 정한 대로 오직 업무 수행의 결과에 대하여 판단과 평가를 할 수 있을 뿐이고 집행기관의 업무 수행 과정에는 참여나 개입, 간여할 수 없습니다.

따라서 조합 업무상의 모든 계약이나 특정 계약에 감사가 입회하거나 간여하는 일은 감사가 조합장의 직무를 대신하거나 조합장과 이사회의 직무 영역과 권한을 침범하는 일이 되므로 정중하게 퇴장을 요구하고, 감사는 그 요구를 존중하여 지체 없이 퇴장하여야 합니다. 감사는 업무 집행기관이 아니라 감사기관이므로 진행 중인 업무에 대하여 감사가 간여할 수 없고, 만약 억지로 어떤 의견이나 소감을 피력하더라도 그 자체가 중대한 위법행위이고 무효입니다.

　나아가 감사가 계약사무나 입찰 과정에 참가하거나 개입하면 곧 '농협법 위반'이고 형법상 '업무방해죄'에 해당하게 되며, 그 정도가 지나칠 경우에는 감사 해임 사유, 조합원 제명 사유, 손해배상청구 사유, 형사처벌 사유가 됩니다.

296　감사가 감사 실시를 대의원에게 통지하고 민원 사항을 접수하겠다는데…

Q 감사님께서 수시감사를 실시하면서 '감사 실시 공고문'을 영업장에 게시하고 대의원 전원에게 통지하여 감사와 관련한 의견과 정보, 조언을 하고 입회도 하도록 하라고 하십니다. 또 조합원이나 고객에 대하여는 조합에 대한 민원이나 불편사항을 감사님께 신고하도록 안내문을 게시하라고 합니다. 이런 지시가 합당한 일입니까?

A 신임 감사님의 의욕과 열정이 넘치는 모습이 눈에 보일 듯합니다. 아마도 본점 영업장에 감사 실시 안내문을 게시하여 조합원과 고객이 알도록 하고 혹시 감사와 관련한 의견이나 정보사항이 있을 경우 감사님을 면담할 수 있도록 하라는 취지로 보이는데, 이러한 일은 매우 위험합니다.

첫째, 농협과 경쟁관계에 있는 사업체에서 악용할 빌미를 주게 됩니다.

농협 창구 밖에 있는 은행, 신협, 마을금고, 우체국, 슈퍼마켓, 편의점, 정육점, 과일가게, 채소가게, 쌀가게, 농약상, 농자재상, 종묘상, 보험대리점 등 거의 대부분의 사업자가 농협사업과 경쟁관계 혹은 경합관계인데, 그들은 농협의 사업에 문제가 발생하여 고객의 외면을 받게 되는 것이 최고의 희망사항입니다.

농협이 정기감사 기간도 아닌데 갑자기 돌발적인 감사를 받는다는 사실만으로 농협에 문제가 있다는 뉘앙스의 소문을 퍼뜨리게 되는데, 실제로 과거에 농협이 감사원 감사를 받을 때 은행, 우체국, 보험회사가 감사장 사진을 찍어서 영업장에 게시하고 농협의 감사 내용에 대한 신문보도 내용을 스크랩하여 확대 복사한 다음 고객들에게 배포한 일도 있었습니다.

둘째, 감사업무는 가능한 한 조용히, 최소의 기간, 최소의 징구자료, 최소한의 직원 소환으로 수행하여야 합니다. 감사를 통해 사업 실적이 오르거나 업무 추진이 활발해지는 것이 아니라 감사 기간 중 해당 직원은 사실상 업무 추진을 중단하고 감사에 집중하게 되며, 감사를 받는다는 사실만으로도 농협의 업무추진력, 대외신인도가 낮아질 수 있습니다.

대기업의 경우에도 세무조사를 받거나 공정거래위원회 조사, 금감원의 조사를 받게 되면 그 사실만으로도 주가가 하락하고 금융 경색이 일어나는데, 농협도 마찬가지로 감사가 잦은 조합, 감사가 요란한 조합은 고객이 회피하며, 인근의 다른 기관이나 다른 농협으로 향하게 되는 것입니다.

셋째, 농협 역사상 감사받는 사실, 감사 실시 사실을 대외적으로 공공연하게 공표한 사실이 없습니다. 감사를 실시하는 사무실 문에도 '감사 실시 중'이라 하지 않고 '회의 중'이라고 하는데, 이는 '감사'라는 업무의 의미와 느낌이 부정적이기 때문입니다. 따라서 조합은 감사의 요청이나 지시라고 하더라도 그 내용을 잘 설명하고 감사가 지시를 철회하도록 하여야 합니다.

넷째, 감사 실시 사실을 대의원에게 공지하거나 대의원의 참여를 유도하는 일은 농협법의 정신을 위반하는 것입니다.

농협은 권력구조가 엄격한 3권분립이고 각 부문은 다른 부문을 침해하거나 간여할 수 없게 엄격히 구분되어 있는데, 감사가 대의원에게 감사 실시와 관련하여 개별적이든 단체로든 통지하거나 참여 또는 협조를 요청하는 일은 대의원회의 권한과 영역을 침범하는 매우 위험한 일이며, 감사가 대의원회를 지배하려는 의도이거나, 반대로 감사가 대의원에게 아첨하는 일이기 때문입니다. 대의원에게 감사 내용을 누설하거나 대의원을 감사업무에 끌어들일 경우 감사 해임 사유, 조합원 제명 사유에 해당하는 것입니다.

또 감사가 조합원이나 고객에 대하여는 감사 실시를 계기로 조합에 대한 민원이나 불편사항을 감사에게 직접 신고하도록 안내문을 게시하라고 하였다지만, 민원업무는 법률에 조합장의 고유한 업무로 정해진 것으로서 민원의 접수와 조사, 회신, 해결 책임이 모두 조합장의 업무 영역이고 권한이므로 감사의 월권이고 조합장의 업무 권한을 침해하는 것입니다.

297 감사가 위법하지 않다는 증거를 제시하라고 하는데

Q 우리 조합에서는 감사의 감사지적사항이 법률에 맞지 않는다고 판단되어 농협법 전문가에게 법률자문을 요청, 위법한 사실을 확인받은 사실이 있습니다. 그런데 감사는 그 직후 법률자문에 대한 특별감사를 실시하면서 자문료 지급처리에 대한 법률적 정당성을 취급자에게 제시하라고 요구하고 있습니다. 또, 법률자문 비용의 집행이 위법할 수 있는데, 위법하지 않다는 증거를 취급자가 제시하라고 합니다.

A 이는 조합의 업무집행 결과를 감사하고 평가, 판단하는 감사로서 요구할 수 없는 사항임은 물론, 언급하여서도 안 되는 일입니다.

첫째, 행위자의 업무처리 결과가 위법인지 아닌지의 평가와 판단은 감사가 하는 것이고, 행위당사자에게 판단을 요구하거나 위법 또는 합법의 증거를 요구하는 일은 있을 수 없습니다. 이는 감사가 스스로 평가와 판단을 하지 못한다는 뜻이므로 감사를 하지 않거나 감사의 직책을 스스로 사임하여야 옳은 일일 것입니다.

둘째, 행위자에게 그 행위가 정당하다는 증거를 요구하는 일은 있을 수 없습니다. 만약 행위가 위법 부당하다는 혐의가 있다면 감사가 위법 부당의 증거를 제시하여야 하는 것입니다. 행위자에게 정당하다는 근거를 요구하는 일은 예컨대 경찰관이 길을 막고 지나가는 행인에게 "당신은 죄인이 확실하다. 당신이 죄인이 아니라는 증거를 가져오라"고 요구하는 것과 같은 것입니다. 범죄의 증거는 경찰관이 찾아서 제출하는 것이지, 피의자에게 무죄의 증거를 찾아오라고 하는 일은 그 자체가 범죄인 것입니다.

셋째, 그 감사는 농협법을 전혀 알지 못하는 사람으로 판단됩니다.

농협법 제39조 제2항은 '지역농협과 조합원의 이해가 상반되는 의사(議事)를 의결할 때에는 해당 조합원은 그 의결에 참여할 수 없다'고 명시하고 있으며, 그 정신은 임원의 이사회 발언이나 감사의 직무 수행에 있어서도 변함없이 지켜져야 하는 원칙입니다. 그런데 감사가 감사 자신의 업무 수행과 관련한 사항에 대한 법률자문 사실을 문제 삼고 있음은 실로 한심한 일입니다. 또 이러한 행위는 법률과 상식에 무식함과 함께 참으로 곤란한 인품이라는 평가를 면할 수 없다고 하겠습니다.

아울러 이런 수준의 실력이면서 이러한 인격과 품성을 가진 사람을 감사로 선출한 대의원들은 조합의 운명에 대해 무성의한 것인지, 혹은 악의적인 것인지, 판단력이 부족한 것인지 진지하게 반성하여야 할 것이고, 즉시 감사 해임 절차를 진행하여 대의원회의 중대한 과오를 시정하도록 하여야 할 것입니다.

298 감사가 비용 지출에 대해 합법임을 증명하라고 하는데…

Q 우리 조합 감사는 고집이 무척 세고 독선이 심합니다. 어떤 항목의 비용 지출에 대해 그 비용 집행이 합법적인 것임을 담당 직원에게 증명해 보라고 합니다. 이럴 때 어떻게 답변하여야 합니까?

🅰 농협의 사업 추진이나 업무집행 과정에서 지출한 비용이 위법 부당한 혐의가 있으면 감사가 그 사실을 지적하고 위법이나 부당함을 증명하는 것이 당연합니다. 그런데 감사가 업무용 비용의 지출에 대하여 법률적 정당성을 취급자에게 제시하라고 요구하는 일은 농협 역사상 처음 있는 일일 뿐 아니라 다른 기관, 단체, 기업에서도 전례가 없는 일입니다.

감사의 이러한 요구나 주장은 다음과 같은 큰 문제로 이어지는 것입니다.

첫째, 감사의 판단 능력에 심각한 문제가 있음을 스스로 밝힌 것입니다. 행위자의 업무처리 결과가 위법인지 아닌지의 평가와 판단은 감사가 하는 것이 당연한데, 행위당사자에게 판단을 요구하거나 위법 또는 합법의 증거를 요구하는 일은 감사가 위법이나 부당함에 대한 판단 능력이 없거나 스스로 평가와 판단을 하지 못한다는 뜻이므로 감사를 하지 말거나 감사의 직책을 스스로 사임하여야 옳은 일일 것입니다.

둘째, 행위자에게 행위의 정당성을 내보일 증거를 요구한다는 것은 있을 수 없으며, 이는 마치 경찰관이 길을 막고 지나가는 행인에게 "당신은 죄인이 확실하다. 그렇지 않다면 당신이 죄인이 아니라는 증거를 가져오라"고 요구하는 것과 같은 것입니다. 만일, 위법 부당하다는 혐의가 있다면 감사가 위법 부당의 증거를 제시하여야 합니다. 또한 범죄의 증거는 경찰관이 찾아서 제출하는 것이지, 피의자에게 무죄의 증거를 찾아오라고 하는 일은 그 자체가 범죄인 것입니다.

셋째, 감사는 법률의 구조나 원리를 전혀 모르는 사람인 것으로 보입니다. 법률에 대한 기초적인 상식을 가진 사람이라면 도저히 할 수 없는 주장을 하고 있기 때문이며, 법률상식 이전에 기본적인 사회생활의 상식에 대한 소양에 의문이 있습니다.

　이 감사는 이 사실만으로도 해임 사유가 되며, 이런 사람을 감사로 선출한 대의원들에게도 심각한 문제가 있다고 할 것입니다.

299　법률자문이 경영기밀 누설이라고?

Q 우리 조합에서는 감사의 독선이 심하여 감사지적사항에 대해 감독기관이나 계통기관, 농협법 전문가에게 법률자문을 요청하여 해답을 구하는 경우가 많습니다. 그리고 당연히 감사의 감사행위나 감사지적사항, 조치요구사항 등에 대해 법률에 부합하지 않는 점, 위법한 내용 등이 밝혀져 바로잡게 됩니다. 그러자 감사는 감사지적사항은 물론, 업무상의 문제에 대한 법률자문 요청이 경영기밀의 누설이라며 담당 직원에 대한 문책을 요구합니다.

A 경영기밀이란, 부정경쟁방지 및 영업비밀보호에 관한 법률에 그 중요 내용이 명시되어 있습니다. 영업비밀 보유자는 영업비밀 침해행위를 하거나 하려는 자에 대해 그 행위에 의해 영업상의 이익이 침해되거나 침해될 우려가 있는 경우 법원에 그 행위의 금지 또는 예방을 청구할 수 있으며(동법 제10조), 고의 또는 과실에 의한 영업비밀 침해행위로 영업비밀 보유자의 영업상 이익을 침해하여 손해를 입힌 자는 그 손해를 배상할 책임을 집니다. (동법 제11조)

　조합의 내부 문서나 경영기밀을 누설하지 말라는 것은 그 내용이 경쟁관계에 있는 사람이나 업체, 기관에 알려짐으로써 조합의 사업에 차질이나 경쟁력 저하, 사업추진력 상실 등을 유발할 수 있기 때문입니다.

그런데 조합의 감사지적사항이나 업무 내용에 대해 감독기관이나 계통기관, 법률고문에게 법률자문을 요청하는 일은 업무를 수행함에 있어서 법률적으로 미진하거나 전문가의 판단이 필요한 사항에 대해 전문가에게 자문을 요청하여 그 의견을 듣고 그것을 기준으로 업무를 처리하고자 하는 것으로서 기밀누설과는 전혀 관련이 없는 사항입니다.

이를 문제 삼는 것은 과거 제5공화국 시절에 "전두환은 돌대가리다"라고 말한 사람을 '국가기밀누설죄'로 처벌했다는 이야기와 똑같은 것입니다. 즉 감사의 무지하고 무리한 주장을 감독기관이나 법률고문이 법률지식과 경험 및 이성의 기준으로 평가해 주어 조합의 업무와 진로를 바로잡아 준 일을 기밀누설이라고 하는 것이 5공 때의 우스개와 똑같은 일입니다.

그런데 5공 얘기는 코미디였고 우스개 농담이었지만 현재 감사의 행위는 매우 진지하고 공식적인 점에서 엄청난 비극이자 희극인 점이 큰 차이라 할 것입니다.

그리고 감사의 주장은 실제로 감사 개인의 무지와 독선으로 조합을 경영 파탄으로 이끌고 있으며, 법률자문을 경영기밀 누설로 몰아가는 행위는 이런 사태를 바로잡으려는 최소한의 합리적 노력마저도 방해하는 행위이므로 조합을 보호하고 조합원의 이익을 지켜주기 위해서는 이런 현실을 대의원들에게 호소하고 설득하여 감사 해임을 추진하여야 할 것입니다.

300 대의원의 감사보고서 교부요청은?

Q 대의원총회에서 대의원들이 감사보고서 전문과 지적사항까지를 모두 대의원들에게 교부해 달라고 요청하였습니다. 대의원들은 조합원의 알 권리 차원에서, 또 대의원으로서 경영의 내용에 대한 검증을 위해 꼭 교부받아야 한다고 주장합니다.

A 농협 조합원은 소속 농협에 대해 '알 권리'가 있지만 그 권리가 무한정 주어지는 것이 아닙니다.

농협법은 '조합 운영의 공개'와 '조합장의 서류비치의무' '조합 운영 평가자문회의' 등 3가지를 조합원의 권리 측면에서 '조합원의 알 권리'의 실천으로 보고 있습니다. 그래서 농협법은 '조합장이 정관에서 정하는 바에 따라 '사업보고서'를 작성하여 운영 상황을 공개하도록' 하고 있습니다. (법 제65조 제1항)

또 조합장은 조합 정관, 총회의사록(대의원회 의사록), 조합원 명부를 주사무소와 신용사업을 하는 지사무소에 갖추어 두도록 하고 있습니다. (법 제65조 제2항)

아울러 조합의 운영 상태를 평가하고 그 내용을 조합원들이 알 수 있게 하는 기회를 제공하기 위하여 '조합운영평가자문회의'를 두도록 하고 있습니다. (법 제44조)

이 밖에 조합원은 소속 농협의 특정한 서류를 열람할 수 있는 서류열람 및 사본교부 청구권이 있는데, 그 내용은 1. 단독조합원권으로서의 서류열람 및 사본교부 청구권과(법 제65조 제3항) 2. 소수조합원권으로서 회계장부 등의 서류열람 및 사본교부 청구권(법 제65조 제4항)이 있습니다.

그리고 조합원의 알 권리를 보장하는 차원이라고 하더라도 감사보고서나 감사 관련 서류는 모두 다 공개나 열람 대상이 아닙니다. 감사업무는 조합의 가장 어렵고 미흡한 부분을 지적하는 것으로서 집행부가 시정 보완하여야 할 과제일 뿐이고 대의원의 책임소관이 아니며, 그 내용은 모두 영업비밀이거나 경영기밀이기 때문입니다.

또 대의원이 법률상 허용된 범위 이외의 자료를 감사에게 요청할 경우에 경영상 중요한 문제가 아닐 때 교부하게 되면 불필요한 행위, 즉 무익한 법률행위가 되고 대의원 개인이 감사에 대하여 감사권을 침해하는 결과가 되거나 대의원회에 의한 감사 지배현상 또는 감사의 무력화가 됩니다.

나아가 그 내용이 집행부의 업무와 관련되는 사항인 경우에는 대의원이나 대의원회의 집행부 경영권에 대한 침해 결과가 되는 것입니다.

아울러 정보 요구사항이 중대한 사실의 경우 대의원의 요청이 아니라 감사의 판단으로 총회에 보고하여야 하는 대상이고, 감사가 총회소집청구 및 직접소집 절차까지도 가능한 일이므로 대의원의 요구는 무의미하거나 무익한 행위가 됩니다.

따라서 대의원이 감사에게 요구하는 자료나 정보가 감사보고서이든 감사 관련 다른 정보이든 관계없이 또, 경미한 사안이든 중대한 사안이든 대의원의 요청으로 교부하는 일은 불합리하고 불법인 법률행위로서 있을 수 없고 있어서도 안 되는 일입니다.

301 감사가 감사보고서와 지적사항을 대의원에게 교부하라는데…

Q 감사님이 감사보고서 전문과 지적사항을 모두 인쇄하여 대의원들에게 배부하라고 하는데, 감사보고서의 내용 중에는 외부로 알려지면 곤란한 사항이 있어서 직원들이 그것을 막고 있는 형편입니다. 감사의 지시나 요구가 있을 때 감사보고서 전문을 대의원 전원, 혹은 신청한 대의원에게 교부하여야 하는지, 교부할 수 없다면 그 근거는 무엇인지요?

A 법률적으로 볼 때, 감사(監事)는 일반적인 감사 결과나 감사 경위, 감사보고서를 총회나 이사회에 보고할 의무가 없고 보고할 필요도 없습니다. 감사결과통보서나 감사보고서, 혹은 감사 결과 조치요구사항, 감사지적사항 등으로 표현되는 감사보고서를 집행부인 조합장에게 교부하고 시정 및 개선할 사항을 이행하도록 요구하는 것으로서 감사의 임무는 완결되는 것입니다.

다만 감사 결과 '부정한 사실이 발견되었을 경우'에 총회에 보고하도록 법률에 규정되어 있을 뿐입니다. (법 제46조 제7항) '부정한 사실'을 총회에 보고하도록 한 것은 발견된 부정사실에 대하여 총회에서 의사결정을 하기 위한 기초적인 자료를 제공하게 하려는 것입니다.

감사(監事)의 보고 내용을 어느 정도 상세하게 할 것인지에 대하여는 명문 규정이 없지만, 감사 결과 조치요구사항은 시정 및 개선사항에 대하여는 명확하게 표현하여야 할 것이고, 총회에 보고하는 경우에는 감사업무의 대략적인 윤곽과 범위, 주안점, 감사총평과 주요 지적사항을 요약하여 보고하면 될 것입니다.

감사의 총회보고가 아주 자세한데 그 내용이 중요한 것이 아닐 경우에는 대의원이나 조합원들에게 의미 없는 시간낭비를 가져오게 되고, 반대로 중대한 문제일 경우에는 조합의 영업비밀이나 경영기밀이 누설되는 결과가 될 것입니다.

부정한 사항을 발견하였을 경우에는 먼저 조합의 명예와 공신력이 손상되지 않도록 주의하여야 하며, 그 내용을 정확하게 보고하되 보고의 수준은 총회에서 문제점을 인식하고 수습을 위한 의사결정을 하는 데 참고할 수 있을 정도이면 충분할 것입니다.

감사보고서는 업무감사의 내용과 성격이 집행부의 업무집행 결과에 대한 비판적인 평가서이기 때문에 결산보고서에 부속되는 결산감사보고서 이외에는 어느 기관, 단체, 기업도 이를 외부에 공표하거나 공개하지 않습니다. 특히 결산감사가 아닌 수시감사나 특별감사는 그 내용이 조직 내부의 문제를 발굴, 지적하여 시정함으로써 미래의 도전과 시련에 대비하고 지속가능한 성장을 유지하기 위한 처방으로 이루어져 있기 때문이며 그 자체가 영업비밀이기 때문입니다.

감사는 감사 결과 '부정한 사실을 발견하였을 경우'에 총회에 보고하도록 법률에 규정되어 있는데(법 제46조 제7항), 부정한 사실을 총회에 직접 보고하도록 한 것은 발견된 부정사실에 대하여 총회에서 판단하고 사후 대책에 대한 의사결정을 하는 데 기초자료를 제공하게 하려는 것입니다. 즉 감사는 부정한 사실이 발견된 경우에는 총회보고가 의무이지만, 부정사실이 발견된 경우가 아닌 일반적인 감사보고서에 대하여는 총회보고가 의무사항이 아닙니다.

또 감사보고서는 대의원이나 조합원이 열람 및 사본교부를 청구할 수 있는 대상 서류가 아니고, 감사가 교부할 수 있는 서류도 아닙니다. 그리고 조합의 대의원이라고 하여 조합의 경영과 관련되는 모든 서류를 다 열람하거나 사본을 교부받을 수 있는 것이 아니며, 조합원과 대의원이 열람하거나 사본교부를 요청할 수 있는 서류는 법률로 정해져 있고, 그 이외의 서류는 열람이나 사본교부의 대상이 아닙니다.

또, 감사의 업무와 감사보고서는 대의원의 직무 영역이 아니고 감사의 고유한 업무 영역이자 전담 권한이므로 대의원 개인은 물론, 대의원회 의결로도 이에 대한 요구나 간섭을 할 수 없으며, 대의원이 감사에게 감사보고서 교부를 요구하는 일은 3권분립 정신에 어긋날 뿐 아니라 위법한 행위이고 나아가 경영권 침해행위가 되는 것입니다.

또한 감사보고서는 그 내용 중에 중요하고 대외에 알려지지 않은 영업비밀, 경영기밀이 포함되어 있는 것으로 간주하여야 하는 것으로서 조합원이나 대의원에게 공개 대상 서류가 아니며, 대의원이나 조합원이 공개나 열람, 사본교부를 신청할 수 있는 서류가 아닙니다.

그리고 감사는 대의원의 요구나 대의원회의 의결에 기속되거나 구애받지 않는 독립된 기관이며, 감사보고서는 그 내용과 성격상 집행부 이외의 기관이나 조합원, 대의원에게 공개되지 않아야 합니다.

감사보고서는 이사회에 대한 감사의 요구사항이며 집행부에 대한 견제와 격려의 내용으로서, 구체적인 세부사항에서 경영상 문제점을 적시한 부분이 많으므로 어느 조직이든 이를 대외에 공개하지 않음은 물론, 내부 임직원이나 구성원, 주주나 조합원에게도 공개하지 않습니다. 참고로 감사 재직 시절, 감사보고서를 대의원에게 교부하였다가 조합장에 당선된 사람이 그 문제로 조합장 당선무효에 해당하는 형벌을 받은 사례가 있습니다.

그러므로 감사는 대의원에 대하여 감사보고서의 주요 내용을 아주 간략하게 요약하여 보고하고, 그 요약 내용만을 교부함이 마땅할 것입니다.

302 결산보고서 제출 지연을 이유로 결산감사를 연장하겠다는데

Q 우리 조합은 결산총회를 앞두고 결산감사를 실시하고 있습니다. 그런데 감사께서 장기간 감사를 하였음에도 결산보고서의 완결과 제출이 늦었다는 이유로 감사 기간을 연장하겠다고 하여 문제가 되고 있습니다. 결산보고서의 완성이 늦은 것을 이유로 하여 감사 기간을 마음대로 연장할 수 있습니까?

A '결산'이란 회계연도 말에 당해 회계 기간의 경영성과와 재무상태를 특정한 방식에 따라 명시하는 회계상의 절차를 가리킵니다. '농협의 회계 기간'은 1월 1일부터 12월 31일까지이므로 12월 31일을 결산기준 일자로 하고 결산을 실시합니다.

'결산보고서'가 작성되면 조합장은 정기총회 1주일 전까지 감사에게 결산보고서를 제출하고 이를 주사무소와 신용사업을 영위하는 지사무소에 비치하여 조합원이 열람할 수 있도록 하여야 합니다. (법 제71조, 정관 제139조)

'결산보고서'란, 한 가지 서류가 아니라 사업보고서, 재무상태표, 손익계산서, 잉여금처분안 또는 손실금처리안 등입니다. (법 제71조, 정관 제139조) 감사의 결산감사가 끝나면 감사의견서를 첨부하여 총회의 승인을 받게 됩니다. '결산감사'는 이렇듯 법정사항으로서 대단히 중요한 절차이지만 실무적으로는 큰 어려움이 없는 단순한 과정입니다.

결산감사에서는 회계부정이나 사업의 적정성, 사업 부문 간 균형, 목표 대 성과 등을 검토하고 판단하는 것이 아니라, 결산보고서가 법률에 정한 회계 기준과 감독기관에서 지도한 내용에 맞게 작성되었는지를 검토하여 그 결과를 감사의견으로 하는 '결산감사보고서'를 결산보고서에 첨부하는 것으로 종료되는 것이기 때문입니다.

그러므로 결산감사는 통상 1~2일에 걸쳐서 결산보고서를 검토하고 결산보고서와 밀접한 관련이 있는 몇 가지 서류를 검증하는 정도로 종결되며, 실제로 더 깊게, 또는 광범위하게 감사할 사항이 없습니다.

농협의 결산감사가 이토록 단순한 이유는 '조합의 회계처리 기준'은 모두 다 금융위원회와 농림축산식품부가 중요한 기준과 지침을 정하여 시달하고 농협중앙회장이 정하는데(법 제63조), 농협중앙회는 100여 년의 역사 동안 반복되고 수정·발전시켜 온 회계지식과 경험을 발휘하기 때문입니다.

그래서 농협법에 조합장은 정기총회 1주일 전까지 감사에게 결산보고서를 제출하도록 명문화하고 있으며, 감사는 결산보고서를 검토하여 적어도 정기총회 4일 전까지는 감사의견서를 제출하여야 할 것입니다. 이는 정기총회에 감사의견이 첨부된 결산보고서를 제출하여야 하는데, 결산보고서의 인쇄작업에 필요한 시간이 3일 정도 소요되기 때문입니다.

감사가 결산감사 기간에 감사보고서가 제출되지 않았음을 이유로 결산감사 기간을 연장하려고 할 수 있지만, 그 조치에는 대단히 크고도 민감한 문제가 수반됩니다.

첫째, 결산보고서가 작성되지 않았는데도 결산감사 일정을 확정하여 통지한 감사의 일방적인 행위에 문제가 있습니다. 결산감사는 조합장이 결산보고서를 감사에게 제출한 다음에 이루어져야 하는데, 이 기일은 정기총회 1주일 전으로 법률에 명문화되어 있으므로(법 제71조) 결산보고서가 제출되기 전에 결산감사를 실시한 감사가 위법행위를 한 것이 됩니다.

둘째, 결산보고서가 제출되지 않은 기간 동안 결산감사를 수행하였거나, 혹은 수행하지 않았다면 어느 쪽이든 감사 자신에게 심각한 문제가 있는 것입니다. 즉 결산감사 일정을 통보해두었더라도 결산보고서 없이 결산감사를 수행할 수 없었을 것이므로 그 기간은 결산감사가 이루어지지 않은 것이고, 결산감사를 실제로 수행하지 않았다면 그 기간은 결산감사 기간에서 삭제하고 감사 기간을 결산보고서 작성 이후로 변경하여야 하는 것입니다.

반대로 그 기간에 결산감사를 수행하였다면 이는 결산보고서 없이 결산감사를 수행한 것이므로 '허위의 감사행위'를 한 것이 되고, 또 새롭게 결산감사 일정이 필요하다는 주장과는 모순되는 것이어서 성립할 수 없으며, 이는 결국 감사 수당 횡령이라는 범죄혐의로 이어지는 것입니다.

셋째, 이미 통보한 결산감사 기간 동안 결산감사가 이루어지지 않았음에도 감사 기간으로 계산하고 새롭게 결산보고서 작성 이후에 결산감사 기간을 추가한다면 감사 수당 부풀리기와 '수당 횡령의 확대행위'가 되는 것입니다.

303 결산보고서를 조합장이 직접 제출하라고?

Q 우리 조합에서는 감사가 결산감사를 실시하면서 농협법의 규정에 '조합장이 결산보고서를 감사에게 제출하고'라는 표현이 있으므로 '다른 직원을 시키지 말고 조합장이 직접 감사에게 결산보고서를 제출하여야 한다'고 주장하는데, 이러한 요구가 정당한 것인지 궁금합니다.

> **농업협동조합법 제71조 (결산보고서의 제출, 비치와 총회승인)** ① 조합장은 정기총회일 1주 전까지 결산보고서(사업보고서, 대차대조표, 손익계산서, 잉여금처분안 또는 손실금처리안 등을 말한다)를 감사에게 제출하고 이를 주된 사무소에 비치하여야 한다.

A 조합장은 조합의 대표이므로 조합의 모든 법률행위는 조합장 이름으로 이루어집니다. 그러므로 대외기관에 대한 문서의 발송, 계약과 협약 및 협정체결, 증서와 통장의 발행, 공고와 최고, 등기 등 모든 법률행위가 조합장 명의로 이루어지는 것입니다.

또 3권분립의 원리에 따라 조합장은 조합 집행부, 즉 조합 행정부의 수반으로서 총회에 대한 안건의 제안과 가결 확정된 안건의 공포, 시행 등을 모두 조합장 명의로 하게 됩니다.

그런데 그 모든 과정의 실무적인 업무 수행은 조합장이 직접 수행할 수 없고, 또 직접 수행하는 것이 능률적이지 않으며 현실적으로 할 수 없고, 하는 것이 바람직한 것도 아닙니다.

그래서 총회에 대한 안건의 제안이나 부의, 총회 소집통지, 총회 가결안건의 공표와 집행은 모두 실무를 담당하는 직원이 전부 수행하고,

또 실무직원이 조합장 명의의 업무를 수행하는 것이 정당한 일이고 정상적이며 법률적으로 아무런 문제도 없습니다.

감사에게 결산보고서를 제출하는 일 역시 조합장이 직접 수행하여야 할 이유가 없고, 그럴 필요나 의미가 전혀 없는 것입니다. '조합장이 결산보고서를 감사에게 제출한다'는 것은 조합장이 직접 서류를 지참하여 운반한다는 뜻이 아니라 '조합장 책임 아래 조합장의 명의로 결산보고서를 작성하여 감사에게 제출한다'는 뜻이고 실제 문서의 운반과 제출은 담당 직원이 맡아 수행하는 것입니다.

국가의 운영에 있어서 대통령이 법안을 국회에 제출하고, 또 국정감사자료를 제출하고 국정감사를 수감하는 데, 법안서류나 국정감사자료를 대통령이 직접 국회에 들고 가서 제출하는 경우는 없습니다. '대통령이 제출한다'는 의미는 '대통령의 명의와 책임으로 국회에 제출한다'는 뜻이며 실제 문서의 운반과 접수는 실무 공무원에 의해 이루어지는 것이고, 기업과 기관, 단체의 경우에도 대표자나 최고책임자가 직접 서류를 운반하여 업무를 수행하는 사례는 없습니다.

단지 홍보영상을 촬영할 경우나 의전행사상 필요한 경우, 예컨대 협약서나 계약서 서명식 같은 경우, 1천만인 개헌서명서를 제출하는 경우 등과 같이 대외홍보를 위한 행사의 경우 기관장이나 단체장, 기업체 대표가 잠시 해당 문서를 들고 사진을 촬영하는 경우가 있을 뿐입니다.

감사가 농협법의 조문을 들어 조합장에게 직접 서류를 제출하라고 하는 행위는 법률을 모르는 무지함에서 비롯되었든가, 아니면 고의적인 행위일 것입니다.

감사가 이러한 기초적인 사항을 알지 못하였다면 감사의 자질이 부족한 것으로서 감사 해임 사유에 해당하고, 알면서 행위를 하였다면 고의범으로서 업무방해죄, 강요죄, 모욕죄를 범한 것이 되어 형사처벌 대상입니다. 아울러, 고의든 과실이든 무지이든 모두 다 감사 해임 사유, 조합원 제명 사유, 손해배상청구 사유가 되는 중대한 행위입니다.

304 결산감사의 지연에 대한 문제

Q 우리 조합은 결산총회를 앞두고 결산감사를 실시하고 있습니다. 그런데 감사께서 장기간 감사를 하였는데, 재고자산의 기표문제 등이 문제된다고 하여 '결산감사의견서'의 제출을 보류하고 감사를 계속하고 있어서 결산총회 일정에 차질이 우려되고 있으며, 또 결산감사보고서에 업무처리와 관련한 내용이 수록될 우려도 있습니다. 이러한 상황에서 결산총회를 법정기간 내에 무난히 치르고, 결산감사보고서 역시 원만하게 종결되도록 할 방법을 알려 주십시오.

A 흔히 감사업무는 감사가 필요하다고 판단할 경우 감사 일자나 기간, 항목, 방법에 제한이 없이 이루어지게 된다고 하는데, 결산감사는 이러한 수시감사와 달리 감사 시기와 감사 범위, 감사 기간에 대하여 엄격한 제한이 있습니다.

'결산'이란 회계연도 말에 당해 회계기간의 경영성과와 재무상태를 특정한 방식에 따라 명시하는 회계상의 절차를 가리키는 것이고, '결산을 하는 목적'은 당해 회계 기간의 경영성과와 회계기간 말의 재무 상태를 파악하고 파악된 내용을 구성원인 조합원과 이해관계자에게 알리며, 미래의 경영방침과 경영전략 수립에 참고자료로 하려는 것입니다.

'결산보고서'가 작성되면 조합장은 정기총회 1주일 전까지 감사에게 결산보고서를 제출하여야 하고, 감사의 결산감사가 끝나면 결산보고서와 감사의 의견서를 총회에 제출하여 승인을 얻어야 합니다. (법 제107조, 정관 제137조)

'결산감사'는 이렇듯 법정사항으로서 대단히 중요한 절차이지만 실무적으로는 큰 어려움이 없는데, 통상 1~2일에 걸쳐서 결산보고서를 검토하고 결산보고서와 밀접한 관련이 있는 몇 가지 서류를 검증하는 정도로 종결되며, 실제로 더 깊게, 또는 광범위하게 감사할 사항이 없습니다.

이와 같이 단시간에 종결될 수 있는 결산감사를 뒤로 미루어놓고 다른 분야의 감사에 집중하거나, 결산감사보고서의 제출을 미루는 일은 대단히 곤란한 일인데, 결산감사는 '감사의 법정의무'로서 반드시 기일 내에 감사를 마치고 감사의견을 제출하여야 하는 것이기 때문입니다.

따라서 결산감사 도중에 다른 실무 부문에 대한 감사 필요성이 생겼다면 먼저 결산감사를 종결하여 결산감사보고서를 제출하고, 추가적으로 살펴볼 업무 분야에 대하여는 새로이 그 부문에 대한 수시감사를 실시하는 것이 마땅하고 당연한 일입니다.

결산감사 기간에 결산감사와 관련이 없는 실무 부문의 감사활동을 벌이고 그것을 이유로 결산감사보고를 지연시키면 이는 임원의 성실의무 위반으로 해임 사유이고, 나아가 조합의 결산총회 등 법정 절차를 방해하는 업무방해죄, 감사수당 횡령, 조합의 사업 차질을 가져와 손해를 발생시키는 결과를 유발하므로 조합원 제명 사유 및 손해배상 사유가 됩니다.

305 감사가 '감사의견'과 '감사보고서'를 생략할 수 있습니까?

Q 감사가 결산감사를 하였는데 감사의견이나 감사보고서를 내지 않습니다. 이런 경우 어떤 문제가 있습니까?

A 감사가 감사를 실시하면 감사 때마다 '감사보고서'를 제출해야 하는지에 대해 명문 규정은 없지만, 결산감사를 하였을 경우에는 반드시 감사의견을 결산보고서에 첨부하여야 합니다. (법 제71조)

그리고 감사제도의 취지나 농협법의 다른 조항을 볼 때 감사를 실시하면 그때마다 감사보고서를 작성하여야 하는 것이 온당하고 합리적인 것으로 해석됩니다. 즉 감사보고서의 작성과 제출은 조합의 임원으로서 성실의무이므로 당연한 것이고, 감사업무를 위임한 조합원에 대한 예의이며, 공직을 담당한 사람으로서 기본적인 자세입니다.

특히 조합의 다양한 감사 중에서 '결산감사'를 하였다면 반드시 '감사보고서'와 '감사의견'을 제출해야 합니다.

이는 기업과 조합은 예외 없이 회계연도마다 법률에 따라 결산을 하고 그 결과에 대해 법률에 따라 '감사의견을 첨부하여 결산보고서를 공표'하는데, 그 결산보고서는 바로 해당 기업과 조합이 공식적으로 공표하는 경영 현황으로서 주주나 조합원, 거래처, 유관기관, 관련 업체, 감독기관 등에 있어서는 가장 중요한 경영 정보이자 기초적인 참고자료입니다.

그런데 모든 기업과 조합이 다 당연히 감사의 감사의견이 첨부된 결산보고서를 공표하였는데 어느 한 기업이나 한 조합이 '감사의 의견이 없거나' '감사 2인 중 1인만의 의견이 첨부'된 결산보고서가 공표되었다면 감사 1인은 '적정의견'인데, 다른 1인은 '의견거절'을 한 결과가 됩니다.

감사 2인 중 1인이라도 '의견거절'을 하였다면 그 기업의 신뢰도와 평가는 급속히 추락할 것이고 주주나 투자자의 우려가 무척 높아질 것이며, 거래처의 불신과 신용하락이 당연하고, 감독기관이나 수사기관, 시민단체의 주목을 받게 되어 경계와 주시의 대상으로 떠오르게 될 것입니다.

상장기업은 의견거절 1회만으로 즉시 상장폐지 되므로 해당 기업은 바로 도산하는 것입니다. 그렇기에 감사가 감사를 실시한 후 합당한 이유가 없이 보고서나 감사의견을 제출하지 않는 것은 있을 수 없음은 물론 상상할 수도 없습니다.

감사가 감사 실시 후 감사의견을 내지 않은 일이 실제로 있었다면, 법률적으로 '업무상 배임'에 해당하며, 감사를 선출하고 감사업무를 위임해 준 '조합원에 대한 배신'이 확실하고, '조합 경영진에 대한 경영훼방, 업무방해', 조합사업과 경영에 대하여는 명백한 '사업방해'로 해석되고 달리 변명을 할 방법이 없는 것이므로 어떠한 이유나 핑계로도 용서받을 수 없습니다.

실제로 결산감사 후 감사보고서나 감사의견을 제출하지 않았다면 그 자체만으로 조합의 경영과 사업에 심각한 해악을 끼치는 행위가 분명해지는 것이고, 감사 해임 사유, 조합원 제명 사유, 형사처벌 사유, 손해배상 사유에 해당하므로 조합 경영진과 대의원들은 즉시 그에 합당한 조치를 하여야 합니다.

306 '감사의견'의 내용과 한계는 무엇입니까?

Q 감사의 '감사의견'은 어떤 것이 있으며 그 효력은 어떠합니까?

A 감사가 감사를 실시하고 나면 감사보고서를 작성하여 감사 결과를 총회에 보고해야 하는데, '감사의견'을 내는 경우는 '결산감사'를 하였을 경우에만 해당합니다.

감사는 결산감사에 임하여 조합 재무제표를 감사하여 그 결과에 대한 의견을 표명하게 되는데, 이를 감사의견이라고 하며, 그 의견은 간명하게 적정의견, 한정의견, 부적정의견, 의견거절 등 4가지로 구분됩니다.

'적정의견'은 농협의 경우 대부분이 해당하는데, 재무제표가 기업회계기준이나 원칙에 따라 적정하게 작성돼 신뢰할 수 있다는 뜻이며, 실제로 농협의 모든 회원조합은 이 적정의견 범위에 해당합니다.

'한정의견'은 기업회계 준칙에 따르지 않은 몇 가지 사항이 있지만 해당 사항이 재무제표에 그다지 큰 영향을 미치지 않는다고 판단한 경우에 제시하는 의견이고, '부적정의견'은 기업회계기준에 위배되는 사항이 재무제표에 중대한 영향을 미쳐 기업 경영상태가 전체적으로 왜곡됐다고 판단된 경우이며, '의견거절'은 재무제표 전체에 대한 의견 표명이 불가능한 경우나 기업의 존립에 의문을 제기할 만한 객관적인 사항이 중대한 경우, 또는 감사가 독립적인 감사업무를 수행할 수 없는 경우의 감사의견입니다.

증권거래소에 주식이 상장된 상장기업의 경우 한정의견 2회이면 상장폐지, 부적정의견이거나 의견거절은 1회로서 즉시 상장폐지가 되는데, 상장폐지는 상장기업에 대한 공식적인 사망선고에 해당하는 일입니다.

만약 농협감사가 '한정의견' 이하의 의견을 표명하였거나 '감사의견을 내지 않았다'면 외부인이나 고객이 볼 때 그 조합은 즉시 영업정지나 해산 또는 합병 대상으로 보아야 하는 것이고 농협조직 내부에서도 최소한 중앙회의 '특별관리 대상 조합'으로 간주되는 것과 마찬가지가 됩니다.

조합의 경영 상태가 명백히 나쁜 것이 아니고, 회계처리에 불법행위가 적발되지 않았음에도 감사가 '한정의견 이하'나 '의견거절'을 하였다면, 그러한 행위를 한 감사는 고의로 조합사업 방해, 또는 조합에 손해를 끼친 사실이 분명하므로 해임 및 조합원 제명과 형사고소, 손해배상청구 대상이 되는 것입니다.

307 결산보고서 감사의견이 '부적정'이라는데…

Q 우리 농협 결산보고서에 첨부된 감사의견서의 내용이 '부적정'으로 명시되어 있습니다. '감사의견 부적정'의 뜻이 무엇이며, 우리 농협의 경영상태가 어떠한 경우를 가리키는 것인지, 또 부적정한 상태일 경우 조합의 미래에는 어떤 영향이 있는 것인지 궁금합니다.

A 감사의견이란 기업의 결산 결과 공표되는 재무제표가 해당 기업의

재무 상태와 경영성과를 정확하게 반영하고 있는지를 공인회계사, 또는 감사가 객관적으로 감사하여 그 의견을 표시하는 것입니다.

결산이 끝나면 기업마다 일간지에 대차대조표 등 재무 상태 자료를 공고 또는 게재하는데, 이때 첨부된 감사의견은 해당 기업에 대한 감사의 객관적 진단서로서 기업의 주주나 투자자에게는 기업의 현황과 회계의 공정성, 정직성을 알려주는 신호등의 역할을 하는 것입니다.

또한 해당 기업의 이해관계자, 거래선에게는 기업의 신용과 경영 능력 등을 보여주어 거래의 지속이나 확대 등을 결정하게 하는 중요한 지표가 됩니다.

감사의견은 △적정의견 △한정의견 △부적정의견 △의견거절 등 4가지로 나뉘며, 이 기준은 감사 대상 기업이 외부감사인이나 감사가 회계감사를 하기에 충분하고 적합한 증거자료를 제공했는가, 혹은 획득하도록 하였는가가 판정의 잣대가 되는 것입니다.

'적정의견'은 대상 기업이 기업회계기준을 잘 준수한 경우입니다. 농협의 경우 모두가 이 범위에 있습니다.

'한정의견'은 감사 범위의 제한이나 회계 기준 위배로 인해 적정의견을 표명할 수 없는 경우입니다. 다만 그 정도가 심각하지 않은 경우입니다.

'부적정의견'은 회계 기준 위배가 심각하여 기업 경영 상태가 전체적으로 왜곡됐다고 판단된 경우입니다.

'의견거절'은 의견 표명이 불가능하거나 기업의 존립에 의문을 제기할 만한 객관적인 사항이 중대한 경우입니다.

감사의견이 '부적정'이나 '의견거절'이면 상장폐지 사유가 되고, 해당 기업이 7일 이내에 이의신청하지 않으면 상장폐지 절차가 진행되는

데, 상장폐지란 곧 기업 정리, 즉 기업의 도산입니다. 농협의 경우 부적정 의견이 있을 수 없지만, 부적정의견이라고 하더라도 증권시장에 상장된 상장기업이 아니므로 상장폐지 조치나 기업정리 단계로 가지는 않습니다. 그러나 심각한 피해를 입게 됩니다.

결산보고서와 감사의견은 해당 기관이나 기업이 대외에 발표하는 자기 성적표인데, 특히 해당 기업의 임원인 자체 감사의 감사의견이 부정적인 경우에는 그 자체로서 경영상의 심각한 위험, 즉 파산단계임을 선언한다는 의미이므로 투자자나 합작선, 주요 거래선이 예정된 투자, 주문을 취소하거나 미루게 되고 자금의 결제 역시 뒤로 미루게 됩니다.

예금고객이나 대출고객, 농산물 바이어, 영농자재와 생필품 공급선 등은 모두가 당연히 해당 농협과 거래량을 줄이거나 기피하게 되고, 자금결제 기일을 단축하며, 외상공급을 폐지하거나 추가담보를 요구하게 되는 것은 당연하고도 합리적인 조치가 되는 것입니다.

그리고 농협중앙회와 농림축산식품부에서는 해당 조합을 합병 대상이나 중점관리 대상으로 분류하여 집중적인 감시와 감독을 하게 되며, 자금차입이나 사업 지원에도 대단히 불리해지는 것은 당연한 일입니다.

따라서 해당 조합의 사업경쟁력은 급속히 낮아지고 업무추진력도 최악의 상태로 낮아지며 다음 결산기에 적정의견을 공표하여 모든 사항이 정상으로 돌아올 때까지 사업추진이 대단히 부진해지게 됩니다.

308 부당한 감사의견의 문제

Q 농협은 건실한데, 농협 감사의 감사의견이 명확한 근거가 없이 '한정의견'이나 '부적정의견'으로 나타난 경우 감사에게는 어떤 책임이 있습니까?

A 감사의견이 한정 이하, 즉 한정의견, 부적정의견, 의견거절 등으로 명시된 경우 해당 농협은 '기업회계기준에 위배되는 사항이 재무제표에 중대한 영향을 미쳐 기업경영 상태가 전체적으로 왜곡됐다고 판단된 경우'입니다.

그런데 이러한 판단을 내리기 위해서는 1. 기업회계기준에 위배되는 회계 처리 사례의 다수 발생 2. 기업회계기준 위배사항이 재무제표에 중대한 영향을 미쳤을 것 3. 그 결과 조합의 경영 상태가 전체적으로 왜곡되었을 것이라는 3가지 요건을 모두 충족해야 합니다. 그리고 이러한 요건은 개인적인 판단이나 느낌으로 결정할 수 있는 것이 아니고 반드시 회계장부상의 실제 발생 사례가 적시되어야 합니다.

그러나 농협회계에서는 이러한 정도의 회계 기준 위배가 발생할 수 없고, 발생하였던 사례도 없었습니다. 농협의 회계 방식과 기준은 모두 정부 금융위원회와 금융감독원의 지도사항이 농협중앙회를 거쳐서 시달되어 실시간으로 현실에 반영되는 등 회계처리 절차와 관행이 투명하기 때문입니다.

그리고 회계에 대한 감시와 감독이 중앙회의 전산 시스템, 통일된 회계 시스템과 계정과목, 중앙회와 조합 자체의 다중의 감시장치, 정부당국의 감독과 지도 등의 통제와 감시가 있고 현재까지 잘 작동하고 있는 점도 중요한 이유입니다.

따라서 감사인이나 감사가 감사의견을 '한정'이나 '부적정'으로 하였다면 그 증거를 제시하여야 하고 증거를 제시하지 못한다면 '감사의견 오류'나 '감사의견 허위공표'가 되는 것이며, 감사의견은 오류가 있을 수 없는 감사의 '고의적 결정'이므로 곧 범죄로서 그 책임을 면할 수 없습니다.

즉 그 감사인은 '고의로 농협의 신용을 훼손하고 사업을 방해한 것'이며, 그 결과 농협이 입게 된 유형무형의 손해와 임직원 조합원의 사기 저하 및 열패감(劣敗感)은 금액으로 환산하기 어려운 엄청난 수준이 됩니다.

따라서 그러한 행위로 농협에 피해를 끼친 감사인에 대하여 반드시 그 '부당행위에 상응하는 조치'와 '피해의 구상(求償)'을 하여야 합니다.

첫째, 외부감사인이라면 감사인의 부당행위에 대하여 감독기관에 보고하고 수사기관에 고발하여 징계와 처벌이 이루어지도록 하고, 조합 자체 감사라면 임원 해임, 조합원 제명, 손해배상청구, 형사고발 등을 해야 할 것입니다.

둘째, 조합이 입게 된 유형무형의 손해를 전문 감정인에게 감정하여 손해배상청구를 하며, 조합원과 임직원의 정신적 피해와 경영 차질에 대한 부분을 위자료로 따로 청구하여야 할 것입니다. 조합과 조합원, 임직원의 손해와 손해 규모의 산정은 무형자산에 대한 전문 감정기관이 있으므로 그 의견을 들어서 결정하면 될 것입니다.

309 대의원 1인이 감사를 청구하였는데

Q 대의원 1인이 조합의 이사회의 특별성과급 지급 의결에 대하여 감사를 상대로 감사요청서를 제출하였는데, 그 감사요청에 대하여 감사는 감사를 하여야 하는지요?

A 농업협동조합법이나 정관에 조합원이나 대의원이 개별적으로 자체 감사에게 감사를 청구하는 근거나 제도와 절차가 없습니다. 또 대의원 여러 명이, 혹은 대의원회 의결로서도 감사를 요청할 수 없고, 이사의 경우에도 마찬가지로 감사를 요청할 권한이나 방법이 없습니다.

감사는 법정기관으로서 법률과 정관에 규정한 직무 권한을 행사하여 조합의 재산 상태와 업무집행 상황을 감사하는 것이며, 감사의 권한 행사에 있어서 따로 간섭이나 감독을 받지 않고 독립적으로 양심에 따라 감사업무를 수행하는 것입니다. 또한 감사는 조합의 민주적관리 원칙과 3권분립 원리에 따라 감사는 조합원 개인이나 대의원의 요구 또는 대의원회 결의에 기속되지 않습니다.

예컨대 감사가 대의원회나 이사회의 안건과 의결에 대하여 간여하지 않듯, 조합원 개인이나 대의원도 감사의 직무 권한인 감사권에 대하여 간여도, 간섭도 할 수 없습니다. 간혹 이러한 법률을 잘 알지 못하는 대의원이 감사권에 속하는 사항에 대하여 어떤 요구를 하거나 심지어 대의원회에서 감사에게 어떤 부문에 대한 감사를 실시할 것을 요구하고 의결하는 경우도 있는데, 감사는 그러한 요구나 의결에 전혀 기속(羈束, 얽매임)되지 않습니다.

또 대의원의 감사요청서는 위법한 요구이며, 감사가 위법한 요구에 응하여 감사를 실시하는 것 자체가 새로운 위법행위를 자행하는 일이 되므로 위법한 요구에 근거한 감사 실시를 할 수 없는 것입니다.

다만, 특정 조합원이나 일부 대의원이 볼 때 감사를 희망하는 사항이므로 후일 조합의 업무에 대해 정기감사나 수시감사를 실시할 때 참고할 여론이나 정보 정도로 활용할 수는 있을 것입니다. 감사요청서의 내용이 '일부 직원에 대하여 특별성과급의 지급을 금지하는 것이 옳다'는 주장을 토대로 그 내용에 맞는 내용의 감사 지적을 요구하고 있는데 이 주장은 농협법에 대한 법리 오해로서 성립될 수 없는 주장입니다.

특별성과급의 지급 여부, 지급률, 지급 대상을 결정하는 일은 조합 집행부의 중요한 경영행위이며, 조합원이나 대의원이 특별성과급의 지급문제에 대하여 선악과 시비를 따지는 일은 조합 집행부의 경영권에 대한 중대한 침해입니다. 또한 직원의 급여를 두고 급여지급 수준이나 다과(多寡)에 대하여 공개적으로 시비하는 일은 전체 직원의 사기를 심각하게 저해하여 조합의 사업 추진 동력과 경쟁력을 극한까지 실추시키는 행위로서 이적행위(利敵行爲)에 비견될 정도로 조합의 성장 발전을 해치는 일이며, 법률적으로는 업무방해죄에 해당합니다.

310 감사의 이사회 안건제안과 의사록 등재에 대하여

Q 얼마 전 우리 조합의 감사가 대의원과 조합원 다수의 의견을 이사회에 제안하여 심의까지 하였으나 표결에서는 부결되어 무산된 일이 있습

니다. 그런데 후일 당시의 이사회의사록을 열람하였더니 감사의 안건제안 부분이 등재되지 않았습니다. 감사가 이사회에 안건을 제안하였고 심의와 표결까지 이루어진 일이 의사록에 누락된 것은 중대한 위규라고 생각합니다.

🅐 해당 조합의 감사께서 다수 조합원의 의견을 듣고 그 내용을 이사회 안건으로까지 제안하였으나 부결된 것으로 보입니다.

　감사는 이사회에 '발언권'이나 '의안제안권'이 있는 것이 아니라, '의견진술권'이 있습니다. (법 제46조 제8항)

　'발언권'은 원칙적으로 회의 구성원에게 주어진 것인데, 이사회는 조합장과 이사로 구성되고, 감사는 이사회 구성원이 아니므로 '발언권'이라고 하지 않고 '의견진술권'이라고 합니다. 발언권과 의견진술권은 비슷해 보이지만 차이점이 큽니다.

　'발언권'은 '안건제안, 안건에 대한 심의와 토론, 찬성과 반대 의견의 발표, 의사진행 발언 등을 할 수 있는 권한'을 가리키는 것이고, '의견진술권'은 안건의 제안이나 안건에 대한 찬반의견이 아니라, '회의 안건과 토론 과정 및 의결 결과에 대하여 감사의 시각에서 느낀 소감이나 위법 부당한 점 등 감사로서의 의견을 표현하는 것'입니다.

　이사회와 총회는 모두 원칙적으로 사전에 통지한 안건에 대하여 심의 및 의결할 수 있고, 미리 통지하지 않고 돌발적으로 제안되는 안건은 심의나 의결 대상이 아니며, 이사회에 안건을 제안할 수 있는 사람은 이사회 의장인 조합장, 상임이사, 이사 등입니다.

　'조합원의 안건제안'은 총회 안건에 대하여 조합원 100인 이상 또는 조합원 총원의 3/100 이상의 동의로 회의 개최일 30일 전까지 서면을 통해 조합장에게 어떤 사항을 총회 안건으로 추가하여 줄 것을 요청하도록 되어 있습니다. (법 제39조, 정관 제41조, 상법 제363조의 2)

이사회의 안건, 즉 이사회 의결사항은 법률과 정관으로 정해져 있으며, 법률과 정관에 명시되지 않은 사항을 안건으로 하려면 조합장이나 상임이사 또는 이사 1/3 이상이 필요하다고 제안하는 경우에 그 사항을 안건으로 상정하여 심의 및 의결할 수 있습니다.

그러나 이사회에는 감사나 조합원이 안건을 제안하는 절차나 방법이 없고 허락되지도 않습니다. 감사는 이사회 안건제안권이 없으므로 감사를 통한 안건제안은 불가능하고 설혹 이사회의 의견진술 기회에 안건을 제안하더라도 법률에 어긋나므로 안건으로 채택될 수 없으며, 안건으로 채택하거나 의결한다고 하더라도 위법한 절차이므로 원인무효가 됩니다. 그런데 이사회에서 논의는 되었으나 그 안건 자체가 불법적인 것이었거나 의미가 없는 것이었을 경우에는 의사록에 기록하지 않을 수 있습니다. 이는 의사록에 등재함으로써 오히려 이사회가 위법으로 진행된 사실, 이사회 운영에 문제가 있는 점 등을 공식화하는 일이므로 등재하지 않는 것이 합당할 것입니다.

감사가 안건으로 제안한 안건이 이사회에서 심의 결과 부결되었다고 하였는데, 그 사항을 이사회의사록에 등재하지 않은 것은 추측건대, 이사회 회의 중에는 감사의 제안에 대하여 의장이 안건으로 접수하는 형식을 취해주어 심의 및 의결까지 함으로써 감사의 입장과 체면을 존중하여 주었으나, 이사회의사록 작성 과정에서 혹은 그 이전에 그 과정 전체가 위법이라는 점이 확인되었기에 그 전체를 등재하지 않았을 것으로 생각되며, 의사록에 등재를 하지 않는 것이 올바른 업무이고 당연한 것입니다.

311 감사의 징계량 결정, 변상액 결정, 환입 결정은?

Q 우리 감사는 의욕과 열정이 넘칩니다. 그래서 감사를 실시한 후에 직원별로 징계량과 변상액, 환입액까지 결정하여 주고 그대로 시행하라고 합니다.

A 감사는 감사 결과를 집행부에 통보하고 시정 또는 개선 요구나 문책 요구를 하면 되고, 심각한 부정행위에 대하여는 총회에 보고하는 것으로 임무와 역할이 종결됩니다. 집행부에 대한 요구사항은 집행부에서 자체적으로 개선이나 시정 절차를 진행하게 되므로 그에 따르도록 하고, 문책사항은 인사위원회 의결을 통해 징계와 변상이 이루어지므로 그에 따르면 됩니다.

감사가 담당 직원별 징계량이나 징계 수준, 변상금액, 환입액을 결정한다고 하더라도 그것은 권한을 넘어서는 일이자 법률과 절차를 무시한 행위로서 위법한 일이므로 법률적으로 무효입니다.

또 중대한 부정행위라고 하여 총회에 그 사실을 보고하였을 경우, 감사의 보고로써 감사의 의무는 모두 충족된 것이며, 총회에서 어떤 결정이나 반응이 나오더라도 그것은 총회의 결정이므로 간여하거나 간섭해서는 안 되는 것입니다.

만약 무리하게 직원 징계나 변상을 요구 또는 주장하거나 총회의 결의를 요구하는 행위는 그 자체로서 감사 해임 사유가 되는 것입니다.

Q 감사의 감사지적사항이 위법한 내용인 것이 분명한 경우 조합 집행부는 어떻게 하여야 합니까?

A 감사지적사항이 위법한 내용일 경우가 종종 있습니다. 예컨대 조합원 전화번호부를 제작하여 배포하도록 요구하는 일은 개인정보 보호법을 위반하는 내용입니다. 또 실현 불가능한 사항을 지적하여 실행을 고집하는 경우도 있습니다. 예컨대 연체채권을 즉시 회수 정화하라는 요구사항 등이 대표적입니다.

이렇듯 위법하거나 부당한 감사 지적, 실현이 불가능한 지적사항에 대하여 집행부는 감사 지적이 위법, 부당하거나 실현이 불가능함을 잘 설명하고 지적사항의 수정 변경을 요청하여야 합니다.

설명으로 수정 변경이 받아들여지지 않을 경우에는 문서로써 지적사항의 부당함을 설명하고 지적사항의 수정을 요청하며, 이러한 요구가 거부될 경우에는 지적사항을 이행할 수 없는 이유서를 작성하여 감사에게 통보하고 조합원들에게도 설명하도록 하여야 합니다.

그리고 조합원들은 이러한 사태에 대하여 전문가에게 자문을 구하고 중앙회에 업무지도를 요청하며 그 결과에 따라 감사해임안을 발의하여 의결, 해임 조치하여야 할 것입니다.

313 감사가 개인정보, 고객정보를 요구할 수 있는가?

Q 감사가 감사업무에 필요하다는 이유로 임직원과 조합원, 고객의 개인 정보를 요구할 경우 어떻게 대응하여야 합니까?

A 감사업무를 위하여 자료를 요구할 경우 원칙적으로 그에 응하여 최대한 협조하는 것이 원칙입니다. 그러나 감사의 요구라고 하여 모든 자료를 예외 없이 무조건 다 제공하여야 하는 것은 아닙니다. 특히 개인 정보와 관련되는 사항은 반드시 법률에 정한 기준과 절차에 따라 제공하여야 하며, 감사라고 하더라도 예외가 아닙니다.

또한 감사가 자료를 요구하는 이유와 동기, 해당 자료의 필요성, 감사업무 수행상 불가피한지의 여부 등을 판단하여 제공 여부를 판단하고 결정하여야 합니다. 그리고 과거에 감사징구자료를 외부로 반출한 전력이 있든가, 자료의 징구목적이 농협의 경영건전성과는 관련이 없이 농협 공격이나 임직원 비판에 사용될 우려가 있거나 사용된 전력이 있을 경우에는 제공을 거부할 수 있습니다. 감사라고 하더라도 감사업무를 통해 확보한 정보와 지식을 농협의 건전한 발전을 위한 목적으로만 사용하여야 하고 농협이나 임직원 공격, 선거나 경쟁관계인 사업에 사용하는 경우에는 감사 해임 대상이 되고, 심하면 조합원 제명 사유, 형사처벌 사유, 손해배상 사유가 됩니다. 따라서 감사가 요구하는 자료에 대하여 그 이유와 용도를 잘 여쭈어보고 사유가 분명하지 않을 경우에는 그것을 이유로 완곡히 거절하여야 하며, 업무상 불가피한 경우에는 개인정보 해당사항을 삭제하고 제공하도록 하여야 합니다.

Q 감사가 감사를 마치자마자 총회 소집을 요구하면서 이는 농협법에 명시된 감사의 권한이라고 주장하고 있습니다.

A 감사가 총회 소집을 요구할 수 있습니다. 그러나 감사가 감사 마음대로 아무 때나, 내키는 대로 소집을 할 수 있는 것이 아닙니다.

감사는 지역농협의 재산 상황이나 업무 집행에 부정한 사실이 있는 것을 발견하면 총회에 보고하여야 하고, 그 내용을 총회에 신속히 보고하여야 할 필요가 있으면 정관으로 정하는 바에 따라 조합장에게 총회의 소집을 요구하거나 총회를 소집할 수 있습니다. (법 제46조 제7항)

또 조합원이 법률에 정한 요건을 갖추어 조합장에게 총회 소집을 요구하였는데, 총회를 소집할 사람이 없거나 법률에 정한 기간 이내에 정당한 사유 없이 조합장이 총회소집통지서를 발송하지 아니할 때에는 감사가 5일 이내에 총회소집통지서를 발송하여야 합니다. (법 제36조 제3항)

즉 감사가 총회 소집을 요구하기 위해서는 농협의 재산이나 업무 집행에 부정한 사실이 발견되어 이를 총회에 보고할 필요가 있다고 판단될 때 먼저 조합장에게 총회 소집을 요구할 수 있는 것입니다.

이때, 부정한 사실이란 단순히 업무 처리 불성실이나 업무 미흡, 또는 업적 부진 등이 아닌 부정행위를 가리키는 것으로서, 사전적인 의미의 부정행위(不正行爲)는 '정당하지 않은 행위'를 가리킵니다. 곧 업무 수행 과정에서 이득을 취하기 위해 규칙을 깨는 행위이며, 위법행위나 부당행위를 뜻합니다.

따라서 감사가 총회 소집을 요구하려면 임시총회를 요구할 정도의 심각한 위법행위가 발견되어야 하고, 그 정도가 다음의 총회까지 기다릴 여유가 없이 즉시 막대한 비용과 번잡한 절차를 거쳐 총회에서 논의하여야 할 정도로 심각한 것이라야 합니다.

그 정도로 심각한 부정의 경우란, 지금 즉시 중대한 조치를 취하지 않으면 농협에 막대한 피해를 끼칠 정도로 사태가 커지거나 손해가 급속히 증가하게 되거나 혹은 임직원이나 조합원이 중대한 처벌을 받고 손해를 입게 되는 사태를 가리키는 것입니다.

그러한 조건이 충족되지 않았음에도 감사 개인의 독단으로 임시총회를 소집하였다면, 총회소집비용 등 조합의 손해에 대한 배상책임이 따르게 됩니다.

315 감사의 권한남용 시 대응은?

Q 감사가 조합장의 업무에 간섭하고 이사회와 총회의 안건에 대한 찬반 토론에까지 참여하는 등 권한남용을 할 경우의 대응 방법이 무엇입니까?

A 감사는 조합장의 업무 영역에 간섭할 수 없고, 이사회와 총회에서 발언을 할 수 없습니다. 그런데 상당수 농협에서 감사가 이러한 원칙을 무시하고 감사가 월권을 자행하거나 총회나 이사회에서 안건에 대하여 찬반의견을 말하기도 하고 심지어 의사진행 발언을 하는 경우까지 있습니다. 그러나 이러한 모든 행위는 감사가 농협법을 정확히 이

해하지 못하고 있거나, 개인적인 성격상 자제력이 없고 경솔하기 때문인 경우가 많습니다.

실제로 감사가 이렇게 지나친 행동, 위법한 행위를 한다면 농협의 운영에 막대한 지장을 받게 되고, 사업 추진이나 업무 수행에도 심각한 지장과 차질을 빚게 됩니다. 이러한 경우 조합장은 감사에게 감사의 행위가 부당함과 자제하여야 함을 서면으로 통지하고 별도로 잘 설명하여 자제토록 하여야 합니다. 그럼에도 고쳐지지 않는다면 감사의 해임을 추진하여야 할 것입니다.

316 감사가 직원 인사, 사업 집행에 대한 의견을 제시하였다면?

Q 감사가 직원 인사나 사업 집행에 의견을 제시하였을 경우 그 효력은 무엇입니까?

A 감사는 과거에 처리한 업무에 대하여 그 잘잘못을 평가하는 것이 직무이므로 현재 진행 중인 사업이나 업무에 간여하고 개입할 수 없습니다.

그런데 감사가 직원 인사나 사업 집행, 업무 추진 등에 대하여 자신의 의견을 제안하였다면 조합장은 그 의견을 참고할 수 있을 것입니다. 이때, 조합장이 참고한다 함은 감사의 의견을 무겁게 받아들이거나 업무에 반드시 반영하여야 하는 것이 아니라, 다만 감사의 시각과 의견이 그러하다는 것을 알 수 있다는 것뿐입니다.

즉, 감사의 의견을 반영하거나 반영하지 않거나 하는 문제는 전적으로 조합장의 판단이자 결정에 달린 것이며, 직원인사나 사업 집행, 업무 추진은 조합장의 고유 권한으로서 누구에게도 간섭이나 통제를 받지 않는 것입니다.

따라서 감사가 당면한 업무나 사업에 대해 어떤 의견을 냈다면 그 의견이 타당한 내용인지 살펴보고 타당성이 있으면 반영하여 농협의 사업상 문제 발생을 사전에 방지하여야 할 것이지만, 타당성이 없고 자의적이라고 판단되면 그 의견에 구애되지 않고 조합장의 당초 구상과 전략대로 나아가야 합니다.

감사는 과거의 권력이라는 말로 상징되듯 흘러간 과거의 업무에 대하여 잘한 점과 잘못한 점을 밝혀내어 미래의 업무에 참고하도록 하는 것뿐이고, 만약 중대한 사고가 있어서 총회에 보고할 필요가 있을 경우에는 총회에 보고하면 되는 것입니다. 현재의 업무에 대한 감사의 의견은 참고사항일 뿐이며 법적인 효력은 없습니다.

317 감사가 서로를 감사하는 상호 감사 및 검증은?

Q 감사가 다른 감사의 감사업무 수행에 대하여 감사할 수 있습니까? 혹은 상호 비판과 감사를 하여 검증하는 방안은 없습니까?

A 감사는 조합의 모든 재산 상황과 업무집행에 대하여 감사할 수 있습

니다. 그리고 조합원들은 감사가 감사업무를 공정 성실하고 정확하게 수행하는지, 감사업무 수행 과정에서 오류나 과실, 비위가 있는지에 대하여 무척 궁금해 하는 것은 당연합니다.

감사가 감사업무를 소홀히 하거나 편파적으로 수행하거나 감사업무를 감당하기 어려울 정도로 무능력할 경우에 해당 감사의 감사활동이 곧 조합의 사업과 업무를 망치게 되고 결국 조합원의 이익을 크게 해치게 될 것이기 때문입니다.

그러나 감사를 감독하는 절차나 방법이 없고, 감사를 감사하는 기구가 없으며, 감사를 적절히 통제할 수 있는 방법도 없습니다. 또 한 사람의 감사가 감사한 부분에 대하여 다른 감사가 재감사를 할 수 있지만, 다른 감사의 감사행위를 평가할 수는 없습니다.

감사는 감사업무에 대한 모든 권한을 전체 조합원으로부터 위임받았고, 그 권한과 역할은 3권분립의 원칙에 의하여 완전히 독립적이므로 이사회나 총회에서도 간섭하거나 통제할 수 없습니다. 그렇지만 감사는 이러한 점이 감사권의 무제한 보장이나 신성불가침을 의미하는 것이 아니라 더욱 어려운 일임을 명심하여야 합니다.

감사는 감사를 받지 않는 유일한 기관이며, 견제받지 않는 권력이므로 행동이 자유롭고 권한이 막강할 것으로 생각하기 쉽지만, 오히려 감사에 대한 평가와 비판이 가장 신랄하고 감사 결과에 대한 처분 역시 가장 혹독합니다.

즉 감사보고서나 감사지적사항은 감사업무를 수행한 감사가 작성하여 제출하는 것으로서 누구도 그 내용이나 형식에 대하여 간섭도 검증도 하지 않으며, 보고서를 검증하거나 수정 보완할 기회가 없으므로 감사의 자질과 역량, 지적 수준, 업무 능력, 판단력, 문장력, 도덕성 등이 적나라하게 표출되고 전체 조합원과 대의원에게 그대로 생생하게 전달되게 됩니다.

따라서 미흡한 점, 부족한 점, 보충할 점 등이 여과나 보완 없이 표현되며 그 결과는 곧 감사에 대한 평가로 이어지게 됩니다. 그리고 평가 결과가 부정적일 경우 조합원이나 대의원은 곧 감사의 연임 거부, 감사의 다른 임원직 선임 거부 등으로 이어지고 심할 경우에는 감사 해임으로 나타나게 됩니다.

따라서 감사는 검증이나 견제를 받지 않는 독특한 기관인 만큼 더 어렵고 위험하므로 다른 기관보다 더 많이 학습하고 더 깊이 연구하여야 하며 감사업무는 물론 임직원에 대한 언행과 사생활에서까지 자기 스스로 검증과 단속을 하는 자기감찰에 더욱 철저하여야 합니다.

조합장이나 이사는 장기간 연임하는 경우가 많지만, 감사의 장기 연임이 희귀한 것은 이러한 이유도 한 원인임을 명심하여야 할 것입니다.

318 감사가 감사할 수 없는 부분은?

Q 감사가 감사할 수 없는 부분이나 감사가 건드려서는 안 되는 영역이 있습니까?

A 농협법의 규정에 따라 조합의 재산 상황과 업무집행에 관련되는 사항이라면 감사는 모든 부문에 대하여 감사할 수 있다고 보아야 마땅합니다.

그러나 농협법에 규정되지 않았지만 다른 법률에서 규제하는 내용에 대하여는 감사라고 하더라도 함부로 감사할 수 없습니다. 또 농협에서 이루어지고 있는 업무이기는 하지만, 농협의 재산 상황이나 업무집행이 아닌 사항 역시 감사할 수 없습니다.

예컨대, 개인정보 보호법과 같이 다른 법률로써 보호되어야 하는 정보나 자료에 대하여 감사가 해당 법률에 정한 절차와 요건을 충족하지 않은 채 자료 제출이나 열람, 확인, 검토를 요구하거나 주장하는 일은 곧 해당 법률을 위반하는 위법한 행위가 됩니다.

그리고 농협에서 이루어지고 있지만 농협의 업무가 아닌 사항, 예컨대 임직원의 급여와 세무신고 업무, 즉 연말세금정산 업무와 관련하여 임직원의 연말정산자료를 요구하거나 열람하고자 하는 일은 감사업무의 범위가 아니므로 위법한 행위가 되는 것입니다.

또한 감사 방법에 있어서도 담당 직원이 제출하지 않은 서류나 증서, 장부 등을 강제로 열람, 복사, 촬영, 메모, 전사(轉寫, 베껴 쓰는 일)하는 일은 위법한 행위입니다. 아울러 서고나 서류함, 캐비닛, 책상, 서랍, 사물함 등을 개방하려고 하거나 수색, 검사하는 일도 역시 위법한 행위입니다.

이뿐만 아니라 중요한 영업비밀이나 경영전략과 관련한 사항에 대하여는 감사라고 하더라도 이사회에서 발표되고 논의된 내용까지만 알면 되고, 그 이상의 자세한 부속자료나 기초자료의 제출을 요구하거나 열람하려고 하면 곤란합니다.

제7부
직원

319 직원의 임면, 승진, 전보는?

Q 직원의 임명과 승진, 이동은 어떤 기준으로 누가 시행합니까?

A 농협의 직원은 민법상 고용관계 내지는 근로기준법에 의한 근로계약관계로 조합에 고용되어 있으며, 사용자는 조합장이 아니라 조합입니다.

조합의 직원은 정관에 따라 조합장이 임면합니다. (법 제56조)

임면(任免)이란 채용, 승진, 전보, 해고 등을 모두 포함하는 것이므로 직원에 대한 인사권이 조합장에게 있다는 뜻입니다.

여기에서 직원의 면직은 농협법에 명문 규정이 없으므로 근로기준법 등 노동관계 법률을 따라야 하는데, 노동관계 법률은 근로자의 무단해고를 엄격히 규제하고 있으므로 해고에 있어서는 확실한 사유와 요건을 살피는 것이 중요합니다.

320 직원의 권리, 의무, 책임은?

Q 직원의 권리와 의무, 책임은 어떤 내용입니까?

A 직원은 조합과 계약관계이므로 서로가 권리와 의무, 책임이 있는데, 이는 서로 독립적인 것이 아니라 불가분의 관계입니다.

직원의 권리는 1. 보수를 받을 권리 2. 보호를 받을 권리가 있습니다.

보수를 받을 권리는 직원이 노동을 제공하는 만큼 그에 대한 급부로 서 보수를 청구하고 받을 수 있는 권리입니다.

보호를 받을 수 있는 권리란, 직원은 근무 과정에서 상해를 받지 않 도록 생명, 건강, 풍기 등에 관한 시설과 적당한 휴양 등의 보호를 받을 권리가 있다는 뜻입니다. 이는 농협법상의 권리가 아니라 근로기준법 과 고용계약상의 권리입니다.

직원의 의무는 1. 노무의 제공의무 2. 성실의무 3. 농협 내 겸직금지 의무 4.공무원 겸직금지의무 5. 경업금지의무 6. 신원보증 등 근로계약 에 의한 의무 등이 있습니다.

직원의 책임은 1. 의무불이행 또는 위법행위 시 농협에 대한 책임 2. 제3자에 대한 책임 3. 고용계약에 의한 신분상 책임 4. 형벌책임 등이 있습니다. 이 책임은 농협법의 규정이 아니라 복무규정으로 정한 책임 입니다.

중앙회의 감사 결과에 따라 회원조합 임직원에 대한 징계 및 문책요 구 등을 의결하고 이 결정에 따라 회장이 관련 직원에 대한 조치를 요 구하면 회원조합은 2개월 이내에 조치를 해야 합니다. (법 제145조, 제146조)

농림축산식품부장관은 감독권에 의거하여 임직원에 대한 조치를 할 수 있고(법 제164조, 농협구조개선에 관한 법률 제4조), 감사원도 조합 임직원에 대한 징계를 요구할 권한이 있습니다. (감사원법 제31조에서 제34조의 2)

321 간부직원이란?

Q 조합의 간부직원은 누구를 가리키는 것입니까?

A 조합은 반드시 '간부직원'을 두어야 하고, 그 인원은 정관으로 정합니다. (법 제56조)

'간부직원'이란 조합의 직원 중에서 일반 직원과 달리 특별한 지위를 가지며 특별한 권리와 의무를 가지게 되고 등기 대상인 직원입니다. 간부직원은 상법상의 지배인 관련 규정을 준용합니다. (법 제56조, 상법 제11조, 제12조, 제13조, 제17조)

조합의 간부직원은 전무, 상무로 임명된 직원인데, 조합의 전무, 상무는 주식회사에서 운용하는 전무이사, 상무이사와는 완전히 다른 것으로서 임원이 아닙니다.

조합에 간부직원을 두는 이유는 조합도 하나의 경영체이므로 조합을 경영함에 있어서 선출된 임기제 비전문가인 임원만으로는 경영에 어려움이 있으며, 급변하는 외부의 경제·사회 여건과 내부의 변화 발전에 잘 부응하기 어렵습니다. 그렇기 때문에 경영관리에 전문적 지식과 경험이 있는 전문경영인인 전무, 상무를 두어서 조합 경영을 원활하게 하려는 것입니다.

그러므로 간부직원은 직원 중에서 일정한 자격과 경험, 공로와 열정, 책임감 등을 갖춘 사람으로서 이사회에서 임면을 결정합니다. 간부직원은 전무, 상무, 지점장, 사업소장 등의 직책을 맡아 소관업무 분야에서 책임경영을 하도록 합니다.

간부직원은 직급의 개념이 아니고 직책에 대한 법률상의 개념이므로 전무, 상무와 같은 직급인 직원이라도 다른 직명을 사용하고 있으면 간부직원이 아니라 일반 직원입니다.

322 상무, 전무가 임원이 아니라고?

Q 모든 기업의 임원을 살펴보면 대표이사 사장, 전무, 상무, 이사, 감사로 구성되어 있고 상무나 전무가 임원이라는 것은 당연한 일이고 상식입니다. 그런데 농협은 상무, 전무가 임원이 아니라 직원이라는 점이 의문입니다. 혹 법률적 제재를 피하기 위한 꼼수가 아닙니까?

A 주식회사의 경우 전무, 상무는 모두 이사 중에서 전무직책, 상무직책을 맡은 이사를 가리키므로 이들은 모두 이사입니다. 상법은 사장, 부사장, 전무, 상무 기타 회사를 대표할 권한이 있는 것으로 인정될 만한 임원 명칭을 사용한 이사의 행위에 대하여는 그 이사가 회사를 대표할 권한이 없는 경우에도 회사는 선의의 제3자에 대하여 책임을 진다고 하였으며(상법 제395조), 이것이 이른바 표현대표이사(表見代表理事)의 제도입니다.

그런데 농협은 이사가 아닌 직원 중에서 간부직원을 선발하여 전무, 상무의 직함을 주어 권한과 책임을 부여하고 있습니다. 그것은 농협의 사업량이 많아지고 사업의 내용도 복잡해짐에 따라 고도의 전문지식과 경험, 훈련을 받은 검증된 인력으로 하여금 경영의 안정과 책임경영을 이루도록 하려는 것입니다.

조합은 필요에 따라 간부직원을 두어 전무, 상무, 지점장, 사업소장 등의 직무를 수행하게 하는데, 이러한 간부직원에게는 상법상의 지배인 관련 조항을 준용하도록 합니다. (법 제131조)

이러한 제도는 처벌이나 제재, 책임을 피하려는 목적이 아니라, 농협사업과 업무의 규모가 커지고 복잡해짐에 따라 농협의 한 사업 부문 (신용, 경제, 기획, 관리 등)을 책임지는 전담 지휘직원이나 사무소장 (지점장, 사업소장)은 전문지식과 경험, 능력이 절실하게 되었는데, 조합원 중에서 선출하는 이사들은 이러한 분야에 전문지식이 없으므로 직원 중에서 선발하여 상법상 지배인에 해당하는 권한과 책임을 주어 경영의 능률을 높이고 업무수행의 안정성, 경영의 책임 등을 확실히 하고자 한 것입니다.

즉 농협에서 전무, 상무는 임원이 아니라 간부직원이라고 불리는 직원으로서 그 직함에 걸맞은 권한과 책임을 갖고 있습니다.

323 간부직원의 임면은?

Q 간부직원은 누가 어떤 절차로 임명합니까?

A 간부직원은 중앙회장이 실시하는 시험에 합격한 직원, 또는 심사 결과 그에 상응하는 자격을 갖춘 직원 중에서 이사회 의결을 거쳐 조합장이 임면합니다. (법 제56조)

중앙회장의 시험에 합격한 직원이나 상응하는 능력을 갖춘 직원으로 자격을 제한한 것은 조합의 전문경영체제 확립을 위하여 유능하고 경영능력을 갖춘 검증된 인재를 선발하여 활용하려는 것입니다.

간부직원의 임명과 함께 면직도 이사회의 의결을 얻어서 조합장이 시행합니다. 간부직원의 임명, 면직 시에 이사회 의결을 거치도록 한 것은 조합장의 독자적인 판단보다 이사회의 판단을 거치도록 하는 것이 합리적이라고 보기 때문입니다.

간부직원의 선임과 대리권의 소멸, 공동대리 등 변동에 관한 사항은 등기하여야 합니다. (법 제56조)

이는 간부직원의 임명과 해임, 변경 등을 등기하지 않으면 선의의 제3자에게 대항하지 못하기 때문입니다. 그리고 조합원이나 대의원이 간부직원의 해임을 요구하는 권리나 절차는 법률에 없으며, 총회나 대의원회에서 특정 간부직원의 해임요구안을 의결할 수 있지만, 이는 권리로서 요구하는 것이 아니라 하나의 건의이므로 조합장이 이에 기속되지 않습니다.

324 간부직원의 권한은?

Q 간부직원의 권한이 따로 규정되어 있습니까?

A 간부직원의 권한은 간부직원으로서의 업무집행권이 있는데, 전무는 조합장의 명을 받아 업무를 처리하고, 상무는 조합장, 또는 전무를

보좌하여 분장된 업무를 처리합니다.

간부직원은 상법상의 지배인 자격이 있으므로 조합을 갈음하여 조합 업무에 관한 재판상, 재판외의 행위를 할 수 있습니다. (법 제56조, 상법 제11조)

'재판상의 행위'란 간략히 민사소송을 말하며, 간부직원이 조합을 대신하여 직접 소송을 수행할 수도 있고 변호사를 선임하여 소송을 위임할 수도 있습니다. '재판외의 행위'란 사법(私法)상의 모든 적법한 행위를 가리키며, 법률행위, 준법률행위를 포함합니다.

간부직원이 갖는 재판상, 재판외의 행위는 '소속 농협의 업무에 관한 행위'라야 하고 업무와 관계없는 행위는 포함되지 않습니다.

※ 지배인(支配人)

영업주(상인)에 갈음하여 그 영업에 관한 모든 재판상 및 재판외의 행위를 하는 대리권을 가진 상업사용인. (상법 제10조 이하)

지배인의 대리권(지배권이라고도 함)은 포괄적인 것이고, 상인이 이에 제한을 가하여도 선의의 제3자에 대항할 수 없다. 다만 이 대리권의 남용을 피하기 위하여 수인의 공동지배인을 둘 수도 있다. (제12조)

지배인의 선임, 대리권의 소멸 등은 거래의 안전을 위하여 등기사항으로 되어 있으며, 또 영업부장·지점장 등과 같이 본·지점의 영업의 주임자와 유사한 명칭을 가진 사람은 지배인이 아니더라도 거래상 지배인과 같은 권한이 있는 것으로 본다. (제14조)

영업주와의 사이에는 민법상의 고용관계가 인정되지만, 그 밖에 상법상 경업피지(競業避止) 의무가 있다.

※ 법률행위(法律行爲)

의사표시(意思表示)를 불가결의 요소로 하는 법률요건을 가리킨다. 사람의 행위 중 일정한 법률효과를 의욕하고서 이루어지는 행위를 말한다. 그러므로 법률행위는 일정한 법률효과를 원하는 의사표시를 불가결의 요소로 한다.

법률행위에는 하나 이상의 의사표시가 반드시 포함되어 있으며, 따라서 의사표시의 결함은 그대로 법률행위에 영향을 미친다. 그러나 법률행위는 의사표시만으로 이루어지는 것은 아니며 의사표시 이외의 다른 법률사실을 요소로 하기도 한다. 물건(物件)의 인도(引渡), 증서(證書)의 작성 등이 그 예이다.

근대 이후의 사법(私法)은 자유인격의 이념에 따라 사법상의 법률관계는 각자가 원하는 대로 자유롭게 형성하여 나갈 수 있다는 사적(私的)자치의 원칙을 인정하고 있다. 그런데 사적자치를 실현하는 법적수단이 법률행위이고 법률행위의 주된 것이 계약이므로, '사적자치의 원칙'은 '법률행위자유의 원칙' 또는 '계약자유의 원칙'이라고도 한다.

법률행위자유의 원칙은 법률행위를 위한 자기결정을 기초로 하며, 법률행위에 대한 자기책임을 전제로 한다. 그러나 법률행위자유의 원칙을 기반으로 하여 자본주의경제가 크게 발전하였으나, 자본주의경제의 고도화는 현저한 빈부(貧富)의 격차와 더불어 경제적·사회적으로 많은 불평등을 야기시켰다.

그리하여 국가의 개입을 통하여 경제적·사회적 약자를 보호하고 공공복리(公共福利)를 실현하기 위하여 법률행위자유의 원칙에 대하여 수정과 제한을 가하게 되었으며, 그에 대한 입법이 날로 증가하고 있다.

법률행위는 성립요건과 효력요건을 갖추어야 한다.

일반성립요건으로서 당사자(當事者), 목적과 의사표시가 있어야 하며, 일반효력요건으로서 당사자가 능력을 갖고, 목적이 확정되고 가능하며 적법하고 사회적 타당성이 있으며, 의사표시의 의사와 표시가 일치하고 하자(瑕疵)가 없어야 한다. 특별성립요건 또는 특별효력요건은 법률의 개별적인 규정에 의하여 정하여진다. 법률행위가 성립요건을 결여하면 부존재(不存在)의 하자가 되며, 효력요건을 결여하면 무효 또는 취소의 하자가 된다.

※ 준법률행위(準法律行爲)

의사표시에는 미치지 못하나 법률의 규정에 의하여 법률효과가 주어지는 법률사실. 사법상(私法上)으로는 적법행위 중 의사행위에 효과의사가 따르지 않는 행위를 말하고, 행정법상으로는 직접 법규에 의거하여 효과가 발생되는 행위를 가리킨다.

(1) 사법상 : 법률질서를 유지하기 위하여 당사자의 의사와는 관계없이 법률에 의하여 일정한 법률효과가 부여되는 사람의 행위이다.

이것은 의욕(意慾)하였기 때문에 법률효과가 생긴다고 하는 의사표시의 본질을 결여(缺如)하는 것이기 때문에, 의사표시를 요소로 하는 법률행위와는 달리 의사표시의 통칙인 행위능력·착오·대리 등에 관한 규정은 원칙적으로 적용되지 않는다. 준법률행위에는 일정한 의식 내용의 표현과 관련하여 일정한 효력이 인정되는 표현행위와 법률이 의사 내용을 전제로 하는 일정한 행위의 객관적 가치에 중점을 두고, 이에 일정한 법률효과가 인정되는 실행행위가 있다.

의사의 통지(최고, 이행의 청구 등), 관념의 통지(채권양도의 통지, 사원총회소집의 통지 등), 감정의 표시 등은 표현행위이며, 유실물습득·선점(先占, 민법 제252조)·사무관리(제734조) 등은 실행행위이다.

(2) 행정법상 : 의사표시를 요소로 하는 행정행위에 대해, 확인·공인·통지·수리(受理)와 같이 행위자가 그 효과를 의욕하였기 때문이 아닌, 일정한 정신작용의 발현으로 직접 법규에 의거해 효과를 발생시키는 행위를 말한다.

325 직원의 행위에 대한 사용자책임은?

Q 직원의 과실로 고객이나 거래선에게 손해를 끼쳤을 때 조합은 '사용자책임'을 져야 한다고 합니다. 그 책임의 내용과 범위는 어떤 것입니까?

A 조합의 직원이 업무를 수행하는 과정에서 제3자에게 손해를 입혔을 때, 그 직원을 사용 또는 지휘하여 사무에 종사하게 한 사용자나 사용자를 갈음하여 그 사무를 감독하는 관리자가 손해배상책임을 지는 것을 '사용자책임'이라고 합니다. (민법 제756조)

'사용자책임'이란 어떤 사업을 위하여 타인을 사용하는 자는 피용자(被傭者)가 그 사업의 집행에 관하여 제3자에게 가한 불법행위로 인한 손해를 배상할 책임을 말하며(민법 제756조 1항 본문), 민법이 규정하는 특수적 불법행위의 일종입니다. '사용자의 배상책임'이라고도 하는데, 농협직원이 업무를 수행하는 과정에서 조합원이나 고객에게 어떤 손해를 입혔을 때 그 직원의 사용자(고용주)인 농협이 그 손해에 대해 배상할 책임이 있다는 뜻입니다.

근대법은 자기의 과실에 대해서만 책임을 진다고 하는 자기책임(自己責任), 과실책임(果實責任)의 원칙을 취하는데 사용자책임(使用者責任)은 타인의 불법행위에 관하여 책임을 지고 자기의 직접적인 과실이 없이도 책임을 진다고 하는 점에서 예외적으로 책임을 부여하고 있습니다.

비슷한 경우로서 책임무능력(責任無能力)자의 감독자의 책임(제755조), 공작물점유자(工作物占有者) 등의 책임(제758조), 동물점유자(動物占有者)의 책임(제759조)이 있습니다. 그러나 사용자가 고용된 자의 모든 행위에 대해 전체를 무조건 책임지는 것이 아니라, 피용자의 선임 및 그 사무감독에 상당한 주의를 한 때, 또는 상당한 주의를 하여도 손해가 있을 경우에는 책임을 면한다(제756조 1항 단서)는 규정이 있습니다.

또한 사용자가 책임을 진 때에는 피용자에 대하여 구상권(求償權)을 사용할 수 있으며(제756조 3항), 사용자에 갈음하여 그 사무를 감독하는 자도 사용자와 같은 책임을 집니다. (제756조 2항)

다만 사용자나 관리자는 직원의 선임과 사무감독을 게을리하지 않았음을 입증하면 그 책임을 면하거나 감경받을 수 있습니다.

사용자책임의 요건은

1. 어떤 사무에 종사시키기 위하여 타인(직원)을 사용할 것

2. 직원이 사무집행과 관련하여 제3자에게 손해를 주었을 것

3. 직원이 제3자에게 손해를 입혔을 것

4. 직원의 고의, 과실, 책임능력이 있을 것

5. 사용자가 면책 사유가 있음을 입증하지 못할 것 등입니다.

제3자의 청구에 의해 사용자 또는 관리자가 배상책임자가 되어 배상

을 하여야 합니다. 이때 사건의 과정을 살펴보고 피해자에게도 손해의 발생이나 확대에 기여한 과실이 있다면 사용자책임의 범위를 정하게 될 때 이러한 과실을 고려하게 됩니다.

사용자책임이 생기면 사건의 책임이 있는 직원은 책임을 면하는 것이 아니라, 직원에게 따로 불법행위가 성립하므로 직원 자신도 불법행위 책임을 져야 합니다. 그리고 직원은 사용자가 제3자에게 손해배상을 한 경우 사용자의 구상권 행사에 대해 배상책임을 지게 됩니다. (민법 제756조)

또한 직원은 고용계약상의 의무인 채무불이행에 의한 손해배상책임으로서도 소속 조합의 손해를 배상할 책임이 있습니다.

※ 사용자책임

어떤 사업을 위하여 타인을 사용하는 자(사용자)는 피용자(被傭者)가 그 사업의 집행에 관하여 제3자에게 가한 불법행위로 인한 손해를 배상할 책임을 말한다. (민법 제756조 1항 본문) '사용자의 배상책임'이라고도 하며, 사용자책임은 민법이 규정하는 특수적 불법행위의 일종이다.

근대법은 자기의 과실에 대해서만 책임을 진다고 하는 자기책임(自己責任), 과실책임(過失責任)의 원칙을 취하는데 사용자책임(使用者責任)은 타인의 불법행위에 관하여 책임을 지고 자기의 직접적인 과실 없이 책임을 진다고 하는 점에서 책임무능력(責任無能力)자의 감독자의 책임(민법 제755조), 공작물점유자(工作物占有者) 등의 책임(민법 제758조), 동물점유자(動物占有者)의 책임(민법 제759조)과 함께 예외를 이루고 있다.

그러나 사용자는 피용자의 선임 및 그 사무감독에 상당한 주의를 한 때, 또는 상당한 주의를 하여도 손해가 있을 경우에는 책임을 면한다. (민법 제756조 1항 단서) 또한 사용자가 책임을 진 때에는 피용자에 대하여 구상권(求償權)을 사용할 수 있다. (민법 제756조 3항)

이러한 점에서는 보상책임(補償責任) 또는 기업책임(企業責任)의 원리가 약화되었다고 볼 수 있다. 그리고 사용자에 갈음하여 그 사무를 감독하는 자도 사용자와 같은 책임을 진다. (민법 제756조 2항)

326 농협직원의 급여 수준이 높다는데…

Q 농업의 현실은 무척 어렵고 미래의 전망도 밝지 않습니다. 그런데 농협직원의 급여 수준이 무척 높다고 합니다. 신(神)의 직장이니 하는 말도 있다는데 이는 부당한 것 아닙니까?

A 직원에 대한 급여를 두고 매년 노사교섭이나 연말상여금 지급을 논의할 때마다 말이 무척 많습니다. 어떤 조합원은 '직원 급여는 머슴살이 때의 새경이나 마찬가지이니 수고한 만큼 충분히 주어 보람을 느끼도록 하여야 한다'고 하고, 어떤 조합원은 '연간 총지급액을 쌀로 환산하거나 벼농사의 생산성과 비교하면 대농가의 수입과 맞먹으니 부당하다'고 하기도 합니다. 직원의 급여를 두고 같은 조합원끼리도 이렇게 생각이 크게 다르니 급여에 대한 논의가 있을 때마다 관련 임원들은 판단과 결정이 어려운 것입니다.

그런데 직원의 급여를 결정할 때 조합원의 농업소득과 비교하는 것은 합리적이지 않을 뿐 아니라 대단히 부당한 비유입니다.

농협직원이 농사일을 하는 것이 아니라 농협이 사업경쟁에서 이기기 위해 다른 기관, 업체와 치열하게 싸워서 조합원에 대한 봉사와 배당을 실현하고 있으므로 경쟁상대인 은행, 보험, 유통업체와 비교하여야 하는 것입니다. 농협직원의 급여를 농가소득을 기준으로 한다면 대통령의 연봉과 식사, 의복은 전국 국민의 평균으로 강제하여야 한다는 것과 같은 논리가 됩니다.

직원급여의 적정선은 사람마다, 입장에 따라, 시기에 따라, 주변 여건에 따라 매번 달라지므로 완전하거나 적정한 수준을 찾는 것은 불가능하기 때문에 매번 조합이나 직원 모두가 불만인 상태로 결정되고 또 지급됩니다. 그러나 직원급여의 적정선은 있는 것이며, 이를 찾는 방법을 알아보았습니다.

직원에 대한 급여는 직원의 노동에 대한 대가이고, 노동자의 생계비이며, 창의력 발휘와 헌신 봉사한 데 대한 보상이고, 직원의 자부심이자 긍지이며, 조직에 대한 충성심의 기본적인 조건이자, 직업에 대한 긍지의 구체적 동기입니다. 따라서 조합으로서는 직원급여에 대한 생각과 자세가 다음과 같아야 합니다.

1. 우리 조합이 다른 동종업계나 유사한 직종과 비교하여 우수한 조직임을 선언하는 상징적인 행위이고

2. 직원이 조직에 기여한 부분에 대한 보상의 한 형태이며

3. 조직의 성장 발전을 위해 미래에 창의력 발휘와 봉사를 요청하는 것이고

4. 조합의 명예와 자존심, 긍지를 직원을 통해 확인하고 과시하는 계기이며

5. 직원의 개인적인 희생과 헌신에 대한 부분적인 실비보상의 성격이자 상징적인 포상인 것입니다.

그리고 직원은 누구나 급여 수준과 노동 조건에 유인되며, 또 이직과 전직의 동기가 되기도 하는 것입니다.

그래서 직원에 대한 급여는 지나치게 낮으면 우수한 인재가 모두 농협을 떠나게 되고 오갈 데 없는 무능한 직원만이 남게 되어 조합의 성장 발전을 기약할 수 없게 됩니다. 그리고 현재의 기계적이고 관행적인 업무수행 패턴과 습성을 창의적이고 진취적인 분위기로 바꾸어 노

동생산성을 높이도록 해야 하는데 이 일은 바로 급여라는 보상으로써 가능한 것입니다.

그래서 이러한 조건에 맞추는 급여와 급여 이외의 복지 및 처우를 생각하여 적절한 대우를 해 주어야 하며 직원급여 수준의 적정선은 다음과 같이 정의할 수 있습니다.

1. 직원이 다른 유사업계의 종사자를 부러워하거나 다른 직장으로 전직을 꿈꾸게 하지 않는 수준이 되어야 하고

2. 생계유지와 자녀교육비, 노후생계비가 걱정되어 두 가지 일을 하거나(투 잡, two-job) 부업에 몰두하거나 유혹에 빠지는 일이 없도록 하고

3. 나아가 농협인이라는 직업에 남다른 자존심과 긍지를 갖고 평생직장, 인생의 의미 발견이라는 점을 느낄 수 있게 해 주고

4. 조합의 발전을 위해 창의력을 최대로 발휘하고 조직의 목표 달성을 위해 신명을 다 바쳐 헌신할 수 있게 하며

5. 헌신과 희생에 대해 충분한 보상이 주어진다는 확실한 믿음에 입각하여 업무를 수행할 수 있게 해주는 것입니다.

요약하면 고정급은 남부럽지 않게, 성과급은 창의력과 희생을 극대화하도록 반드시 지급하며, 또 충분한 수준으로 지급한다는 원칙을 확립해야 합니다.

그리고 우리 조합이 이러한 생각과 판단으로 적정한 수준의 급여를 지급하는지 돌아보고, 쓸데없이 직원급여 수준을 두고 왈가왈부하는 일은 직원의 사기를 극한적으로 떨어뜨리고, 조합에 대한 소속감과 충성도를 해치는 자해행위임을 임원과 대의원, 조합원들이 명심해야 합니다.

327 조합직원의 조합원 가입을 제한할 수 있는가?

Q 우리 조합은 조합의 직원 대부분이 조합원으로 가입하여 있습니다. 그러다 보니 조합직원들이 조합원의 여론 형성에 큰 영향을 미치게 되고 조합장도 계속하여 조합직원 출신 중에서 배출되고 있습니다. 그런데 조합직원과 실제 농사짓는 농업인은 여러 가지에서 차이가 있으니 조합직원의 조합원 가입을 제한해야 한다는 의견이 있습니다.

A 실제로 그러한 의견을 가진 조합원들이 일부 있고 그 의견이 외부로 표출되기도 하는데, 조합의 직원이라는 이유로 조합원 가입을 제한하는 일은 있을 수 없습니다.

첫째, 직원이든 아니든 조합원 가입에 어떤 조건이나 제한조건을 붙인다면 그것이 바로 법률위반이 되므로 무효가 됩니다. (법 제28조)

따라서 이사회나 총회에서 직원의 조합원 가입을 제한하는 결의를 하거나 규약을 만들거나 가입 신청을 할 때 거부나 보류를 하더라도 모두 위법한 행위로서 무효가 되므로 의미가 없는 일이 될 뿐입니다.

둘째, 조합직원을 경영에 참여시키고 경영의 성과를 함께 누리게 하는 것이 경영상의 큰 이점을 가져옵니다.

우수한 기업들은 '우리사주제도'를 채택하여 종업원과 근로자들에게 회사 주식을 배부하거나 구입하도록 하여 그들이 회사의 성장 발전의 과실을 함께 얻고 누릴 수 있도록 적극 권장하고 있으며, 그 결과 직원들의 회사에 대한 소속감과 충성도가 높아지고 노동의 품질 또한 최고로 높아질 수 있는 것입니다.

셋째, 협동조합은 되도록 많은 사람이 참여하고, 또 사업을 더 많이 이용하도록 하는 것이 경영 성공의 지름길입니다.

협동조합은 인적단체이며 경영체이므로 조합원의 가입을 통제하고 배척한다면 곧바로 사업의 위축과 경영부진에 빠지게 됩니다. 또한 협동조합은 조합원이 가장 큰 고객인데, 스스로 고객을 제한하고 내쫓는 일이 되므로 스스로 쇠퇴와 파멸의 길을 선택하는 것입니다.

직원들이 조합원인 경우 그들이 조합장에 당선되는 경우가 많기 때문에 일반 농업인 조합원은 반감이 생길 수 있으나, 직원생활을 통해 협동조합의 실무와 경영에 대한 수업을 하고 또 능력과 성실성은 업무를 통해 검증된 것이며 직원 출신의 우수함을 조합원들이 투표를 통해 확인한 것입니다.

따라서 그러한 우수 인재를 놓치거나 내쫓지 말고 적극 영입하여 활용하는 것이 조합원에게 이익이 되므로 오히려 직원의 조합원 가입을 장려하는 것이 조합 발전과 조합원의 이익에 더 도움이 될 것입니다.

만약 이사회에서 직원이라는 이유로 조합원 가입 신청을 반려하거나 가입을 거절 또는 보류한 경우가 있다면 이는 농협법을 정면으로 위반한 것이자 이사회 권한을 넘어선 월권이고 배임행위이며 농협에 대한 파괴행위입니다. 집행부와 직원들은 그 사실을 전체 대의원과 조합원에게 알려야 하고, 감사는 이 사실이 대단히 부당한 횡포이자 중대한 비리임을 지적하고 총회 소집을 청구하여야 마땅할 것입니다. 이 경우 대의원들은 즉시 관련 이사 전원에 대한 임원 해임과 조합원 제명을 추진하여야 합니다. 또 가입을 거절당한 직원은 조합이나 해당 이사들을 상대로 손해배상청구 및 위자료청구 소송을 할 수 있습니다.

328 직원의 결격 사유가 있다고?

Q 농협직원은 노동을 제공하고 급여를 받는 노동자이고, 다른 직종에 비해 특별히 높은 대우나 특수한 직무 권한이 있는 것도 아닙니다. 또 다른 직업인에 비해 사회적 존경이나 어떤 보이지 않는 우월한 요소가 있는 것이 아님에도 농협직원에게는 대단히 엄격한 결격 사유를 적용하고 있어서 다른 부문의 노동자들이 이상하게 생각하고 또 재직 중인 직원은 공적인 업무 수행에서는 물론 사생활에서까지 많은 제약을 감수하여야 합니다. 이렇게 이유 없고 지나친 제약을 하는 이유는 무엇 때문입니까?

A 실제로 농협은 임직원에 대하여 국가공무원 수준의 도덕적 기준을 요구하고 있고, 그러한 내용을 농협법과 규정으로 법제화·명문화하고 있는데, 다른 사기업의 경우에는 없는 기준이자 제한인 것은 분명합니다. 그런데 농협이 다른 사기업과 달리 임직원에 대해 이토록 높고 엄격한 기준을 요구하는 데는 그만한 이유가 있습니다.

농협은 1905년, 대한제국 시절에 근대식 금융보험 제도를 도입하여 역사상 최초로 전 국민을 상대로 영원히 변치 않는 공신력을 바탕으로 금융보험 서비스를 시작하였으며, 정권과 정부, 체제가 변화하고 심지어는 국가의 국체마저 변동(대한제국 → 일본제국 → 미군정 → 대한민국정부 수립 등으로 변동)하고 수많은 전란(청일전쟁, 러일전쟁, 1·2차 세계대전, 6·25전쟁 등)과 재해로 전 국토가 쑥대밭이 되고 전 국민이 유랑하는 현대사의 소용돌이 속에서도 농협이 유일하게 불변하는 가치의 중심으로서 가장 확실하고 안정된 기준이 되어 왔습니다.

또 농협은 과거 우리나라가 농업국으로서 전 국민의 80%가 농업에 종사할 때부터 산업화·정보화로 현대화를 이룬 현재에까지도 가장 중요한 경제단체로서 위상을 확실히 하고 각 산업 부문의 발전과 현대화에 큰 역할을 담당해 왔습니다.

그뿐 아니라 농협은 화폐 개혁, 농어촌 고리채 정리, 영농자금과 영어자금 조성과 지원, 산림녹화자금과 수리시설자금 지원, 농업기계화자금과 농산물유통현대화자금의 조성 및 지원, 새마을운동의 지원, 농어촌소득증대사업의 개발과 추진, 낙도의 철부선사업, 한국은행 자금 임치점 사업 등 중요한 국가 기능의 상당한 부분을 대행하여 왔습니다.

이러한 각종 사업은 국민 개인의 삶과도 밀접할 뿐 아니라 정부의 경제개발전략, 산업구조 조정정책, 농어업 부문의 균형발전시책 등과 맞물려 국가 정책 추진의 긴밀한 동반자이자 국정 운영의 대체 불가능한 파트너로서 책임과 의무를 성실히 수행하여 왔습니다.

그 때문에 농협은 농협 임직원에게 특별한 사명감과 도덕적 책무를 부여하고 「농업협동조합법」에 임직원의 결격 사유를 법률로써 명문화하고 있으며, 그 주요 내용은 결격 사유에 저촉되는 자는 임직원이 될 수 없고, 재직 중에도 결격 사유에 저촉되면 자연퇴직 되는 것으로 명확히 규정하고 있습니다.

이러한 내용은 국가공무원의 채용 기준과 거의 동일한데, 그것은 농협 임직원이 실제로 국가 기능을 대신 수행하기도 하고, 경우에 따라서는 국가보다도 더 안정되고 신뢰하는 대상이 되어야 하기 때문에 그만한 도덕적 기준과 현실적 책임을 요구하는 것입니다.

이에 따라 농협은 임원의 취임이나 직원의 채용 시 범죄경력조회회보서의 제출을 의무화하고 있고 채용 당시는 물론, 재직 중에도 이 조항에 저촉되면 자연면직(당연퇴직) 되며, 자연면직의 경우 해당 사유가 발생한 순간이 곧 면직 시점이고 별도의 통지나 절차가 필요하지 않습니다.

농협의 이러한 조항은 형법 제43조의 자격상실과 똑같으며, 공무원의 경우에 해당 조항에 저촉되면 다른 절차나 조치 없이 즉시 당연히 효력이 발생하여 자연면직 되는 것과 같습니다.

농협직원에 대한 이러한 결격 사유는 해당자에게는 분명히 규제의 하나이지만, 농협직원에게만 요구되는 특수한 윤리의식과 행동지침이며, 그만큼 사회적 기대와 국가적 요구가 높은 것으로서 다른 직업인과 차별되는 역할과 책임, 공로와 기대에 따른 제약이므로 불편한 점도 있지만, 오히려 자긍심으로 생각하여야 할 점입니다.

그리고 조합원과 임원, 대의원들도 농협직원이 빈약한 보수로 과중한 사회적 부담과 기대를 받고 있으며, 대부분이 상록수 정신으로 인생을 농촌운동에 헌신하고 있음을 이해하고 언제나 격려와 칭찬에 인색하지 않아야 할 것입니다.

329 조합원자녀장학금과 직원자녀학자금이 서로 다른데

Q 임시총회를 맞아 대의원들이 조합원자녀장학금과 직원자녀학자금의 금액이 차등 지급되는 것은 문제라고 주장하며 이를 대의원회에서 문제 삼을 기세입니다. 이에 대하여 어떤 설명을 하는 것이 좋겠습니까?

A 조합원자녀장학금은 농업인 조합원의 자녀 학자금 부담을 줄여주고 자녀의 교육을 통한 다음 세대의 향상과 발전을 촉진하기 위해 농협의 사업예산으로 조합원 자녀 중에서 학자금이 필요한 조합원에게 지원하는 장학금입니다. 과거 농협 경영이 어려울 때는 일률적으로 지급하지 못하고 공제환원사업의 일환으로 공제장학금을 지급하였으며, 그나마도 학업성적을 기준으로 선발함에 따라 많은 논란과 다툼이 있었습니다.

그런데 얼마 전부터 전국 농협의 경영이 봉사경영단계로 접어들게 되어 조합원자녀장학금이 제도화하기에 이르렀고, 성적순 차별이나 연령순 지급 같은 제한을 철폐하기에 이르렀습니다. 또 조합별로 경영 여건이 허락하면 석사 과정, 박사 과정 등 가능한 한 더 많은 학생에게 더 높은 수준의 장학금을 지급하려는 노력도 있습니다. 이와 함께 정부에서도 얼마 전 중학교 의무교육제를 실시한 데 이어 고등학교 의무교육제도를 추진 중에 있으므로 앞으로 우리 조합원 자녀의 교육비 부담 문제와 진학문제는 거의 다 사라지게 될 전망입니다.

농협직원 자녀 학자금 지원제도는 조합원자녀학자금 지원과 다른 동기와 배경을 갖고 있습니다. 과거 권위주의 정부는 저임금구조를 통한 수출 경쟁력 확보를 국책으로 삼았는데, 공기업과 금융기관의 직원 급여 역시 올리지 못하도록 정부가 통제하면서 그 대안으로 시행된 제도입니다.

과거에 정부는 전국의 모든 노동자들이 직종 간 임금격차 때문에 노동쟁의를 벌이거나 근로의욕이 저하되거나 정부를 비판하게 되는 점 등을 우려하여 금융기관과 공기업의 임직원 급여를 엄격히 통제하고 인상을 억제하였습니다. 그러나 도시 생활의 기본적 비용, 서비스 분야의 고비용 구조, 고학력 엘리트의 상대적 저임금 현실 등의 문제가 지적되고 우수 인력의 이직이 잇따르게 되자 임금의 표면적인 인상을 하지 않는 대신에 자녀 학자금 지원 등을 통해 부족한 임금을 보충해주는 방안을 시행하였습니다.

즉 다른 부문의 노동자를 의식하여 명목상 임금인 본봉과 수당은 낮게 유지하면서 자녀 학자금 지원 등을 통해 실질임금을 최소한이나마 보충해 주고자 한 것입니다. 그리고 당시에 정부와 금융노련, 사무노련 등이 약정한 내용에 따라 노동자 자녀 학자금 실비를 지급하기로 하였으며, 그 때문에 직원자녀학자금은 학자금 실비를 전액 지급하므로 개별적인 지원액이 높은 것처럼 보이는 것입니다.

그러나 이러한 구조는 임금체계에 새로운 혼란을 야기하고 통상임금에 산입되지 않으므로 퇴직금 계산이나 산업재해 및 교통사고배상금 산정의 경우에 노동자에게 대단히 불리하게 작용하여 노동조합과 개별 노동자의 큰 불만과 반발을 사고 있기도 합니다. 같은 농협에 소속된 조합원과 직원이 자녀 장학금을 지원받음에 있어서 서로 다른 금액을 지급받는 것이 문제로 지적될 수 있지만, 조합원과 직원이 같은 비율, 같은 금액으로 지원받아야 한다는 원칙이 있는 것이 아니고, 서로 다른 금액을 지원받는다고 하여 잘못된 것이거나 불공정한 것도 아닙니다.

'조합원자녀학자금'은 농협의 주인인 조합원에 대해 자녀의 진학이나 학업을 축하하고 권장하기 위해 조합마다 경영 형편에 따라 서로 약간씩 차이가 있지만, 대상 조합원 모두에게 일률적으로 지원하는 장학금입니다.

'직원자녀학자금'은 직원의 노동에 대한 급여가 충분하지 않은 탓에 그 부분을 보충해주기 위해 제정된 실비 보상 제도로서 학자금 실비를 기준으로 하기 때문에 1건당 지급금액이 높은 것으로 보이기 쉽지만 매년 수령하는 직원이 소수이므로 지급하는 총액은 많지 않은 반면, 조합원자녀장학금은 수령자가 다수인 관계로 총지급액은 조합원자녀장학금이 훨씬 더 많습니다.

이러한 문제는 공정과 불공정의 문제가 아니라 실제로 자금이 절실히 필요한 사람에게 적시에 지원하여 어려운 고비를 넘기고 사기를 북돋우는 일로 이해하여야 합니다.

즉 조합원자녀장학금과 직원자녀학자금은 그 지원 동기와 탄생 배경, 지원의 의미가 모두 다르므로 수평적 비교를 하거나 공정 여부를 논할 수 없는 성격의 제도입니다.

나아가 직원자녀학자금 지원은 농협의 주인인 조합원들이, 머슴인 직원들에게 충분한 급여를 주지 못했던 것에 대해 따로 베풀어주는 호의이자 격려의 상징으로 이해되어야 할 것입니다.

330 복리후생비 중 '복지연금'이 무엇인지

Q. 사업계획의 심의 과정에서 대의원들이 직원의 인건비 항목 이외에 복리후생비에 직원복지연금이 책정되어 있는 것을 발견하고 이를 '임금의 편법 인상'이거나 '예산의 횡령'이라며 크게 문제 삼고 있습니다. 그런데 이 문제에 대한 정확한 설명자료가 없어서 대의원들에게 해답을 주기도 어렵습니다.

A 노동자로 평생 근무한 사람은 따로 재산을 마련하기 어렵기 때문에 노후대책을 퇴직금이나 연금제도에 의존하게 됩니다.

'복지연금'이란, 노동자로 평생을 근무한 사람이 노령이나 신체장애 등으로 근로수입이 없게 되었을 때 생계를 보장하기 위하여 미리 급여의 일부를 유보하여 노후나 퇴직 후에 연금 형태나 봉급 형태로 생활비를 지급받을 수 있게 하는 제도입니다. 우리나라에서는 공무원연금, 군인연금, 사립학교 교직원연금 등이 있지만, 일반 회사원이나 농협직원을 위한 연금제도는 없으므로 복지연금으로 그 기능을 담당하게 하고 있습니다.

농협을 비롯한 금융기관이 복지연금 제도를 도입한 경위는 1997년에 우리나라는 외화보유액이 부족하고 경제가 어려워지면서 국제통화기금(IMF, International Monetary Fund)에 도움을 요청, 소위 'IMF 사태'에 직면했을 때입니다. 1997년 11월 21일, 우리나라는 IMF에 자금차입을 요청했고, 그 후 IMF의 관리를 받게 되었는데, IMF는 돈을 빌려주는 대가로 우리나라에 경제구조 개선과 기업 구조조정을 요구하는 등 적극적이고 가혹할 정도의 간섭을 했습니다.

그 파장으로 금융기관과 공기업의 직원퇴직금 제도가 크게 변화, 정부는 퇴직금누진제를 폐지하고, 또 퇴직금 중간정산 제도를 도입했습니다.

'퇴직금누진제(退職金累進制)'는 근속연한이 오래된 직원은 퇴직금이 매우 높아지는 것으로서 노동자에게는 매우 좋은 제도이지만, 기업이나 사용자에게는 시간이 흐르면서 부담이 점점 커지기 때문에 이 제도를 철폐하였던 것이고 퇴직금 누적금을 그 당시에 중간정산 방식으로 강제로 지급하여 기업의 퇴직금 부담을 크게 줄인 것입니다.

　그러나 이 조치는 근로자에게 매우 불리한 것이므로 근로자들의 집단적인 반발과 저항이 심했는데, '급여나 퇴직금의 제도를 노동자에게 불리한 방향으로 개정할 경우에는 반드시 직원 과반 이상이나 노동조합의 동의가 있어야 하는 법률의 규정 때문에' 근로자와 직원들을 설득하는 방편으로 복지연금 제도를 도입하도록 하였던 것입니다.

　복지연금은 고용자인 농협과 노동자인 직원이 각각 일정 금액을 내어 금융상품에 가입하여 자산을 적립한 다음에 퇴직 후 노후의 자산으로 삼도록 한 제도로서 지금도 모든 농협은 직원의 급여 일부와 농협 부담금 일부를 합하여 적당한 금융상품에 가입하여 운용하고 있습니다. 복지연금의 취지는 사업자 농협과 노동자 직원이 서로 적정한 분담을 하고 그 자금을 장기간 잘 운용하여 직원이 농협을 퇴직한 후 생활안정 자원이 되도록 하려는 것입니다.

　그런데 직원 개개인이 모두 의견과 소신이 다르고 금융자산에 대한 견해와 운용전략이 다른 관계로 사무소 단위로 통일되게 장기간 같은 상품에 운용하기가 어려운 것이 현실입니다. 또 조합마다 복지기금의 운용 형태와 방법이 각각 다른데, 이는 조합이 직원들의 의사를 존중하여 자율적 운용에 위임하고 있기 때문입니다.

　최근에 이런 내용을 알지 못하는 어떤 조합에서 복지연금의 폐지를 주장하는 의견이 나오기도 했는데, 복지연금은 정부에서 제정한 제도로서 한 사업장이나 특정한 경영자가, 혹은 대의원회 결의로 폐지나 축소가 불가능합니다. 이는 정부와 노동자 전원과의 약속이고, 중요한 복지시책이며 노동자에 대한 급여의 한 방식이므로 폐지나 축소를 하기 위해서는 노동조합의 동의와 정부의 승인이 있어야 하기 때문입니다.

　그러나 복지연금 제도 자체가 노동자들이 퇴직금누진제라는 큰 혜택을 포기하고 그 대신에 고통 분담 차원에서 손해를 감내하며 수용한 제도이므로 이를 폐지하거나 축소하는 일은 법률적으로나 도덕적으로 불가능한 일이며, 만약 위력으로 폐지할 경우 퇴직금누진제가 부활하여 소급 적용되어야 하므로 조합의 부담은 몇 배나 더 커지게 되는 것입니다.

대의원들은 농협의 주인이자 조합원의 대표로서 직원들이 안심하고 업무와 사업 추진에 전념할 수 있도록 이러한 문제에 대해 불필요한 논쟁이나 주장을 삼가야 할 것입니다. 농협의 사업과 경영은 '시설, 상품, 직원'의 3요소로서 이루어지며, 직원은 농협의 이상과 목표를 직접 달성하여 조합원에게 제공하는 가장 중요한 일꾼인데, 그들의 복지나 후생을 축소하는 논의나 주장이 있을 경우 사기(士氣)가 극한으로 저하되기 때문입니다.

331 단체협약, 임직원 급여, 외상거래 등의 정보공개요구는?

Q 최근 우리 조합의 일부 조합원들이 연명으로 조합 서류와 자료의 교부를 요청하고 있는데, 그 요청이 법률적으로 합당한 것인지 자문을 구합니다. 요청서류는 단체협약서, 조합장 연봉, 직원의 직급별 연봉, 외상매출금 개인별 내역 등입니다.

A 조합원에게는 단독조합원권으로서 서류열람 및 사본교부 청구권이

있는데, 이 권리를 통해 열람 및 사본교부를 청구할 수 있는 서류는 '정관, 총회의사록, 이사회의사록, 조합원 명부'에 국한되고 그 이외의 서류나 장부는 대상이 아닙니다. (법 제65조)

이러한 권리를 인정하는 이유는 조합원에게 소속 농협의 조직, 사업, 운영 등에 관한 사항을 알게 하여 농협이 더욱 민주적으로 운영되고 또 조합원의 애정과 적극적 참여를 유도하기 위한 것입니다.

소수조합원권으로서 회계장부와 서류를 열람 또는 사본교부 청구는 조합원 100인 이상, 또는 조합원 총원의 3/100 이상의 동의를 얻어서 신청하여야 합니다. (법 제65조 제4항)

소수조합원권으로 신청하더라도 그 범위는 법률에 정한 대로 회계장부와 서류에 한정하며, 회계장부란 분개장, 원장, 일기장, 전표 등이고, 회계서류란 회계장부에 속하지는 않지만, 회계장부 작성의 근거가 되는 계약서, 납품서, 청구서 등입니다.

사전적 의미의 회계장부(會計帳簿, account book)란 기업활동에서 발생하는 회계상의 거래를 기록, 정리하기 위한 문서로서, 재무제표의 기초가 되는 회계자료라 할 수 있으며, 회계장부는 날짜별로 관, 항, 목의 내용을 입력하고, 수입 및 지출내역을 통해 잔액을 산출한 후 그 결과를 기록하는 것입니다.

그렇지만 이러한 과정을 통해 취득한 정보와 자료는 조합 경영의 건전화와 부조리 방지 등 조합 발전을 위한 정당한 목적에만 사용하여야 하고, 임원 선거를 위한 상대방 비방이나 경영기밀의 누설, 개인적인 이익을 위한 목적 등에 사용하여서는 아니 되며(정관 제140조의 2 제6항), 만약 정관을 위반하여 사용하게 될 경우 조합원 제명 사유가 됩니다. (법 제30조 제1항 3호)

그러나 조합원이 개별적으로 신청하든, 일정한 숫자 이상이 연명으로 신청하든 그 신청에 대하여 조합은 '거절할 수 있는 특별한 사유'가 없는 한 공개하는 것이 원칙입니다. (법 제65조 제5항)

그런데 거절할 수 있는 특별한 사유에 대한 법원의 판례는 '조합원의 서류열람 및 사본교부 요구에 대하여 그 요구를 하게 된 경위, 정보를 취득하고자 하는 목적, 악의성 유무 등 제반사항을 종합적으로 고려하여 판단하여야 하며, 특히 다음의 경우에는 정당한 목적을 결여하여 부당한 것으로 보아야 한다' (대법원 2004. 12. 24 2003마1575호)고 합니다.

○ 이 권리행사가 조직이나 구성원의 공동이익을 해치는 경우

○ 취득한 정보를 경업이나 개인적 이익을 위한 목적에 사용할 우려가 있는 경우

○ 총회, 선거 등 조직에 불리한 시기를 택하여 행사되는 경우 등

따라서 조합원의 요구라 하더라도 사회통념과 상식에 비추어 판단할 때, 그 요구가 조합의 건전한 발전이나 조합원의 단결, 조합원 전체의 이익에 무관하거나 해치는 결과에 이르게 될 우려가 있다면 그러한 요구를 거절할 정당한 사유가 된다고 하겠습니다.

'단체협약서'는 사용자인 조합장과 이사회가 피고용자를 대상으로 한 약속이며 계약인데, 그 내용을 조합원 개인에게 알릴 이유가 없고, 조합원 개인의 이익과 관련이 없을 뿐 아니라 전체 조합원의 경우에도 그 내용이 특별한 의미를 가지는 것이 아닙니다. 그리고 노사 간의 단체협약서는 농협법에 정한 공개 대상 회계장부나 회계서류가 아니므로 단체협약서는 공개요구가 있더라도 공개할 수 없는 서류입니다.

'조합장의 연봉'은 별도의 연봉표가 있는 것이 아니라 임원보수규약으로 정하여 매년 대의원회에서 심의하여 의결하는 사항이므로, 따로

공개할 내용이 없고 공개의 대상이 될 수 없으며, 농협법에 정한 공개 대상 회계장부나 회계서류에 해당하지 않습니다.

'직원의 직급별 연봉'은 조합원의 개인적인 이익과 아무런 관련이 없고 그 내용이 외부로 누설될 경우 조합과 조합원에게 큰 불이익이 발생하는 부작용이 있을 뿐, 긍정적인 효과는 전혀 없고 기대할 수도 없으며, 긍정적 효과가 발생했던 경험도 없습니다. 오히려 농협의 경쟁조직, 농협과 농업에 반대하는 단체에서 악용하여 농협사업에 심각한 차질을 가져오고 조합원의 이익을 크게 해친 경험만이 있을 뿐이며, 공개 대상 회계장부가 아니고 회계서류도 아닙니다.

'외상매출금'은 조합이 사업을 수행하는 과정에서 불가피한 일일 뿐아니라 사업 추진의 메리트로서, 혹은 거래선에 대한 지원과 혜택으로 활용되는 중요한 경영상의 요소이고 기술입니다. 거래선에 대한 외상매출금의 개인별 내역이 공개될 경우 조합의 판매사업은 즉각 마비됨은 물론, 수십 년 쌓아온 사업기반이 완전히 붕괴되는 결과를 초래하게 됩니다.

그리고 거래처 개인의 명단과 개인별 외상매출금 명세는 법률로써 공개가 금지된 것입니다. (개인정보 보호법 제17조, 제18조) (공공기관의 정보공개에 관한 법률 제9조 제1항 6호, 7호)

332 특별성과급 꼭 필요한 것인가?

Q 우리 농협은 연말 경영업적을 평가한 결과 목표 대비는 물론 예년에

비해 월등하게 우수한 성과를 거둔 것으로 평가되어 임직원들에게 특별 성과급을 지급하고자 하는데, 일부 대의원들이나 조합원들이 반대의견을 제시하고 심지어 배임, 횡령이라는 주장까지 나오고 있어서 조심스럽습니다. 특별성과급의 성격과 지급에 대한 법률적 근거나 논리를 찾아주십시오.

Ⓐ 농협이 시장경쟁에서 승리하여 경영업적이나 성과를 획기적으로 높이는 일은 불가능에 가깝습니다. 우리나라의 농협은 '사업 종류'와 '사업 방식'이 법률에 명시되어 있는 데다가 '조합구역'이라는 한계에 직면해 있고, '사업의 내용'과 '사업마진율'마저도 모두 '법률과 감독기관에 의해 통제'되고 있으며, 자기자본이 적은 관계로 대규모 사업이나 거액대출이 어려운 데다, 조합구역 관내에 수많은 경쟁기관과 경쟁업체가 있어서 사업점유율을 높이는 것도 어렵기 때문입니다.

이런 경영환경에서 농협의 경영업적을 높이는 방법은 경영요소의 생산성을 높이는 방법이 사실상 유일하고 효과적인 방안입니다. 그런데 생산요소 중에서 토지생산성과 자본생산성은 고정되어 있으므로 높일 수 있는 것이 노동생산성뿐인데, 노동생산성을 높이는 방법은 노동자인 직원에 대해 성과에 비례하는 인센티브를 지급하는 것이 실현가능한 유일한 방안입니다.

이러한 제약은 기업에서도 비슷하여 기업은 대부분 경영이익에 따라 직원들에게 이윤을 배분하는 '경영성과배분(PS, Profit Sharing) 제도'를 운영함으로써 직원들에게 급여 이외에 추가적인 소득이 발생할 가능성을 부여해줌으로써 직원들의 근무 의욕을 높이고 회사의 성과에 보다 적극적으로 기여할 수 있도록 유도하고 있습니다. 즉 특별성과급은 직원들의 더 많은 노력, 더 높은 성과를 유도하기 위한 경영상의 기법이자 장치인 것입니다.

기업이나 농협은 공히 사업을 하여 수익을 내고 그 수익 규모가 일정한 수준을 넘게 되면 목표나 예상을 초과한 수익 중 일부를 노력한 임직원에게 특별보너스 형태로 환원해주어 노고를 치하하고 다음 해에도 똑같은 성과를 내도록 독려하고 약속하여 임직원의 능력과 열정을 사업성과 거양에 충분히 활용하고 있습니다.

특별성과급은 조합 경영행위의 하나로서 집행부의 고유한 권한이므로 이사회의 의결로써 지급이 결정되고 이사회의 승인을 받으면 임원에 대한 지급도 가능하며 그 집행이나 지급에 대해 이사회가 아닌 누구도 이의제기나 문제제기를 할 수 없습니다.

즉, 특별성과급은 직원이나 임원에게 특혜를 주는 것이 아니라 조합의 사업 성장과 수익 증대를 위한 경영상의 기법이며, 그 결과는 조합과 조합원의 이익이 함께 늘어나는 일입니다. 이것을 문제 삼는 사람은 대부분 농협과 경쟁관계에 있기 때문에 농협의 사업 성장을 방해하려는 동기에서 자꾸 화제로 삼고 엉뚱한 주장을 하는 것입니다.

333 특별성과급 지급이 조합에 손해를 가져오는 것이 아닌가?

Q 특별성과급은 원래 사업계획에 편성되어 있지 않은 특별상여금을 직원들에게 베푸는 일입니다. 조합원 중에는 이 특별성과급 지급이 조합에

손해를 끼치는 일로 생각하는데, 이것이 조합에 손해를 입히는 일이라면 자칫 조합장과 이사들이 배임혐의를 받을 수도 있게 될 것입니다.

A 특별성과급은 조합의 사업 실적이나 수익 규모가 목표를 초과하여 달성하였거나 기대나 기준 이상의 성과를 거두었을 때, 혹은 경영전략상 필요할 때 이사회의 승인으로 임직원들에게 특별상여금을 지급하는 것입니다.

그런데 이 특별상여금은 매년 고정적으로 주는 것이 아니고 또 조합마다 주는 경우와 주지 않는 경우가 혼재되어 있고, 지급률도 조합마다 매년 제각각 다르기 때문에 '특별성과급 지급이 조합에 손해를 일으키는 것이 아닌가'라는 의문을 제기하는 조합원이 있을 수 있습니다. 그러나 특별성과급의 지급으로 조합이 손해를 입었다고 판단하거나 주장할 정황이나 근거가 전혀 없습니다.

농협은 특별성과급을 주어도 좋을 정도의 막대한 이익을 얻었기 때문에 새로 얻은 초과이익의 일부를 이익창출에 공헌한 임직원에게 특별성과급으로 지급함으로써 노고에 대한 보답을 하면서, 동시에 내년에도 같은 성과를 낸다면 역시 같은 보수로 보답을 할 것이라는 약속과 새로운 약정을 한 것이며, 이 약속이 틀림없이 실현된다는 상징으로서 금년도 특별성과급을 지급하는 것입니다.

따라서 특별성과급을 지급한 것은 조합에 손해가 발생한 것이 아니라 조합이 얻은 초과이익의 일부를 사용 또는 희생한 것이므로 조합에 손해가 발생할 여지가 전혀 없고 이익이 일부 줄어든 것이며, 실제로 조합에는 어떠한 손해나 추가비용도 발생한 사실이 없습니다.

비유컨대 대형마트에서 대규모로 물품을 구입한 고객에게 물품대금

끝전 일부를 감액하여 할인해 준다든가, 상품교환 쿠폰을 증정하는 일이 있는데, 이러한 일에 대해 누구도 마트의 손해발생이라고 생각하지 않으며, 그 물품거래에서 일어난 돌발적인 초과이익의 일부를 다음번 매출 유도를 위해 투자하는 것으로, 당연한 경영상의 기술이자 관행이라고 생각하는 것과 같습니다.

이렇듯 오히려 소액의 특별상여금을 지급함으로써 임직원들의 사기와 업무추진 동기가 고무되어 충만한 긍지와 자부심으로 해당 농협 전체의 활발한 사업 추진과 품질 높은 고객봉사로 더욱 활발한 업무 추진, 더 높은 고객 서비스, 더 높은 열정이 발휘되어 더욱 안정적인 농협 성장과 더 높은 배당을 기약하게 되는 것입니다.

특별성과급을 조합의 손해라고 생각하는 사람은 조합의 수익 창출 메커니즘을 전혀 알지 못하고 조합과 임직원을 '제로섬 관계'로 이해하고 있기 때문인데, 제로섬 관계라면 조합원에 대한 배당과 교육지원사업비, 환원사업이 모두 조합에 손해를 가져온다는 뜻이 됩니다.

특별보너스인 특별성과급은 항상 기업이나 농협이 원래 보유했던 고유 재산으로 주는 것이 아니라, 기업이나 농협이 새로이 얻어낸 성과 즉 새로이 벌어들인 초과수익의 범위 안에서 그 일부를 떼어 나누어 주는 것입니다. 그러므로 특별보너스, 특별성과급은 기업과 농협에 재산상의 손실이나 손해가 발생하는 것이 아니라, 당해연도 총이익이 증가한 것이고 초과이익의 일부가 감소되는 것입니다.

만약 이익이 전혀 없는 경우에도 큰 손해가 예상되는 문제를 작은 희생으로 수습하였다면 역시 특별성과급 대상이 되는 것이며, 이때에도 특별성과급이 농협의 재산을 축낸 것이 아니라 큰 손실을 예방한 것임을 이해하여야 합니다.

그리고 기준 이상의 이익, 또는 기대 이상의 이익을 내어 조합원에게 큰 이익을 준 데 대해 조합원들이 그러한 초과된 이익의 일부를 노사 단체협약을 통해 약정하여 그에 따라 되돌려주는 일은 다음연도와 미래의 이익 확대를 약속하는 상징이므로 전체적인 이익의 확대, 사기의 진작, 조합 경영의 확대재생산구조 진입, 경영의 선순환 사이클 완성 등으로 평가받게 되는 것입니다.

따라서 임직원 특별성과급 지급은 조합의 '재산상의 손해발생'과 관련이 없으며 앞으로도 발생할 전망이 없고, 오히려 내년도의 수익 창출에 대한 결의와 다짐의 징표라고 하겠습니다.

334 감정노동자, 왜 문제인가?

Q 최근 '감정노동' '감정노동자'라는 말이 자주 들리는데, 고객이 각별히 주의해야 한다고 합니다. 감정노동이란 무엇이며, 농협에도 그러한 성격의 노동이 있습니까?

A '감정노동(感情勞動)'이란 자신의 감정을 억누르고 업무상 정해진 감정만을 표현하는 일을 가리킵니다. 고객을 직접 응대하는 서비스직 종사자들은 어떤 상황에서도 친절함을 잃지 않아야 하는데, 노동의 과정에서 자신의 감정을 관리해야 하는 일이 업무의 40% 이상이라면 감정노동에 해당하며, 이런 직종에 일하는 사람들을 감정노동자라 부르는 것입니다.

우리나라에는 대략 740만 명의 감정노동자가 있으며, 콜센터 직원, 텔레마케터(전화통신판매원), 항공기 승무원, 식당 종업원, 백화점 판매원, 은행 창구직원 등이 감정노동자에 속합니다.

'손님은 왕이다'를 넘어 고객만족, 고객감동 마케팅이 대세로 자리 잡으면서 감정노동자들의 노동 강도도 높아졌습니다. 기업은 고객이 제품과 서비스에 만족하고 감동하면 재구입을 하게 되어 매출과 이익이 늘어날 것으로 기대해 고객관리를 더 강화하는데, 그럴수록 고객을 상대하는 직원의 감정노동 강도는 높아지게 마련입니다.

최근 고객 앞에서 직원이 무릎을 꿇는 일이 발생하면서 정치권도 감정노동자를 보호하기 위해 나섰습니다. 국회는 감정노동자를 보호하기 위하여 관련법을 제정하고, 정부도 감정노동자의 '적응장애'와 '우울병'을 업무상 질병으로 인정하기로 했습니다.

왜 감정노동자에게 신체적·정신적 폭력을 가하는 고객들이 늘고 있을까요? 과거에는 질 좋은 제품만 있으면 충분히 경쟁력이 있었으나, 산업이 발달하고 사람들의 생활수준이 높아지면서 더 이상 제품만으로는 경쟁력을 갖추기 어려워졌습니다. 이에 기업은 서비스 제공으로 경쟁력을 확보하기 시작하였고, 그때부터 '고객은 왕이다'라는 구호 아래 서비스를 제공하는 노동자들에게 고객을 왕으로 대우할 것을 강요하여 왔습니다.

이는 서비스를 제공하는 노동자와 서비스를 누리는 고객 모두에게 영향을 미쳐 고객이 합리적인 이유 없이 소리를 지르더라도 노동자는 당당하게 대응하지 못하게 되었고, 결국 노동자가 고객에게 종속되는 상태가 되고 말았습니다. 이러한 현실은 감정노동자를 폭력적인 상황으로 내몰고 있으며, 우리 농협의 창구나 사업장의 현실도 마찬가지입니다.

 농협의 경우 금융창구 근무자, 하나로마트 고객응대 담당자, 영농자재창고 담당자, 판매사업 현장 근무자, 콜센터 근무자 등이 감정노동자에 해당합니다. 약간 상황은 다르지만 가축 질병과 치료 담당, 가축 전염병 발생 시 매몰 처분 담당자 등도 격심한 스트레스에 시달리는 점에서 감정노동자로 보아야 합니다.

 이에 우리 조합원부터 농협 현장 직원을 대하는 자세와 태도를 바꾸어 다른 고객들이 함부로 하지 못하게 하는 분위기를 만들어야 합니다. 조합원들도 감정노동의 성격을 이해하고, 내가 소유한 농협에서 종사 직원들이 이러한 어려움을 겪고 있음을 잘 알아서 그들이 상처받지 않도록 함은 물론, 위로와 격려를 아끼지 말아야 할 것입니다.

 또한 업무 현장에 대한 녹음·녹화 시설과 고객불만 처리 시스템의 적극적인 확충, 직원의 보호와 '갑질'하는 조합원·고객에 대한 대응 방침의 수립 등의 대책이 필요한 시점입니다.

제8부

사업

335 농협사업의 이유와 목적은?

Q 농협이 사업을 하는 이유와 목적은 같은 업종의 사업자와는 분명히 차별되는 어떤 다른 내용이 있을 것이라고 생각합니다. 그런데 임원이나 직원이 그것을 설명하지 못하여 묻습니다. 무엇입니까?

A 농협과 똑같거나 비슷한 사업을 하는 기관이나 단체, 기업이 많이 있습니다. 예컨대 은행이나 새마을금고, 카드회사, 보험회사, 대형마트, 비료판매상, 농약상, 농기계대리점, 도정공장, 슈퍼마켓, 종묘상 등은 농협과 같은 일을 하면서 각자 자기 분야에 전문화되어 있고, 나름대로 열심히 사업을 꾸려가며 고객을 유치하기 위해 농협과 치열한 경쟁을 하고 있습니다.

그런데 경쟁업체들은 사업을 하는 이유와 목적이 따로 있고 농협이 사업을 하는 목적도 따로 있습니다. 경쟁업체는 대부분 주식회사이거나 개인기업, 자영업자로서 그 사업을 통해 수익을 올려 부자가 되어 잘사는 것이 사업의 이유이자 목적이므로 이윤을 높이기 위해 수단과 방법을 가리지 않고, 만약 해당 사업의 수익이 낮아지거나 어떤 장해가 생기면 바로 업종을 바꾸게 됩니다.

농협이 사업을 하는 이유와 목적은 경쟁업체와 정반대입니다.

농협이 사업을 하는 이유는 농협의 목적을 달성하는 수단이 바로 사업이기 때문이고 구성원인 조합원에게 최대봉사하는 방법도 사업활동이기 때문이며, 지역사회와 고객의 편익과 복지를 증진하는 일도 역시 사업을 통해서 달성할 수 있기 때문입니다.

즉 농협이 사업을 하는 목적은 사업이윤을 얻고자 하는 것이 아니라, 조합원의 영농과 생활, 농산물 판매를 전방위로 지원하여 농업생산과 농가소득을 높여주는 것이고, 사업을 통해 조합원의 경제생활의 향상을 이루며, 나아가 조합원이 사회적·문화적 지위 향상을 이루게 하는 것이기 때문입니다.

그리하여 조합원이 경제적으로 풍요하고 안정된 생활을 이루고 사회적으로 다른 직업인에 못지않은 대우와 존경을 받으며, 개인적으로 문화적 여유와 인격적 고양을 이루어 인간적인 행복을 누리게 하는 것이 농협의 궁극적인 지향점인 것입니다. 이와 동시에 도시의 소비자들에 대하여는 식료품인 농산물의 수급과 가격안정을 이루어 가계비를 절약해주고 경제와 사회의 안정을 이루어주며, 사업이나 생활에 필요한 자금과 자재, 상품을 원활히 공급하는 것입니다.

따라서 농협은 경쟁관계에 있는 다른 기업이나 업체들과 비교할 때 하는 일이나 내용이 똑같아 보일지라도 그 일을 하는 이유와 목적과 지향하는 꿈은 전혀 다른 데 있는 것이며 이 역할을 대신할 기업, 기관이 없으므로 힘들고 적자가 나고 어렵더라도 농협이 여러 가지 사업을 수행하는 것입니다.

336 농협사업의 특징과 한계는?

Q 농협사업은 똑같은 업종을 경영하는 다른 사업자와 구별되는 어떤 특징이 있을 것입니다. 농협사업의 특징과 한계를 알려 주십시오.

A 농협의 경쟁업체는 자기의 계산으로 자신의 이익을 위해 사업을 하고, 영리를 추구하는 점, 어떤 한 분야에 집중하여 특화된 점, 사업 성공과 수익 증대를 위해 아이디어와 수단 방법을 총동원하는 점이 특징일 것입니다.

반대로 농협의 사업은 조합 자체의 수익을 위한 것이 아니라 구성원인 조합원 농업인의 경제활동을 직간접으로 지원하고 조성(助成)하여 조합원의 사업을 성공시키기 위해 사업을 하고, 영리나 이윤이 목표가 아니라 비영리로 사업 자체를 목표로 하고 있으며, 조합원이 필요로 하는 여러 가지 사업을 동시에 수행하면서 각 사업 부문 간에 유기적인 연결로 시너지 효과를 거두고 있는 점이 특징입니다.

이러한 특징은 농협사업의 도덕성과 윤리성을 잘 보여주는 측면이 있지만, 바로 이러한 특징 때문에 사업의 종류나 부문, 사업 방식 등에 한계가 드러나기도 합니다.

농협사업의 첫째 한계는 구성원인 조합원에게 최대봉사를 할 수 있는 것이어야 한다는 것이고 최대봉사가 곤란한 사업은 할 수 없다는 것입니다. 즉 조합원이 이용할 필요가 있고, 이용할 수 있으며, 이용을 통해 조합원이 이익을 얻을 수 있는 사업만 가능하고 조합원과 관계가 적은 사업은 아무리 이윤이나 부가가치가 높더라도 할 수가 없다는 것입니다.

둘째 한계는 구성원에게 최대봉사를 하는 사업이라고 하더라도 일부 구성원만이 혜택을 보는 사업은 할 수가 없는 점입니다. 농협은 구성원 전체에게 차별 없는 최대봉사를 해야 하는데, 일부 구성원에게만 치우치는 사업은 곤란해지는 것입니다.

셋째 문제는 조합원은 더 높은 배당을 원하지만, 배당의 근원인 고수익사업이나 수익 목적의 사업을 할 수 없는 점입니다. 농협이 영리 목적의 사업을 하게 되면 바로 주식회사와 차별성이 없어지고 협동조합의 정체성까지도 잃어버리게 되기 때문입니다.

협동조합은 이러한 사업의 특징과 함께 사업체로서 가져서는 안 되는 한계와 약점을 갖고 있으므로 조합원과 대의원들이 잘 이해하고 명심하여 조합사업의 성장 발전을 위해 더 많이 참여하고 이용하고 더욱 많은 고객을 유치하도록 함께 노력해야 하는 것입니다.

그리고 농협은 영리를 목적으로 하지 않는다고 하면서 모든 취급물품에 이윤을 붙이는 점을 비판하는 사람이 있는데, 최소한의 이윤을 부가하는 것은 그 상품의 취급에 필요한 인건비와 운반비 등 소요비용이 발생하고, 사업을 지속하려면 적자가 나지 않는 수준의 이윤을 유지해야만 하기 때문입니다.

그리고 일반 사업자는 상거래의 목적이 더 많은 이윤을 얻어 부자가 되는 데 있지만, 협동조합이 사업을 하는 목적은 그 사업을 통해 조합원과 지역사회에 봉사하는 것이 목적이므로 사업의 결과나 성과를 조합원과 지역사회, 지역주민이 모두 누리게 되는 데 차이가 있는 것입니다.

337 농협사업의 범위는?

Q 농협사업의 범위는 어디까지입니까? 혹시 문어발식으로 무한정 확장하여 국가경제 전체를 접수하려는 것은 아닙니까?

A 농협은 조합원이 원하는 사업은 그 분야와 종목을 가리지 않고 또 수익성을 따지지 않고 모두 개척하고 수행하였으며 앞으로도 계속할 것입니다. 그렇지만 조합원을 위해, 조합원이 필요로 하기 때문이라는 이유나 명분으로 무한정 사업 영역이나 사업 종목, 사업량을 늘려갈 수는 없습니다.

농협이 실시 가능한 사업의 범위와 종류, 종목은 농협법에 일일이 열거하여 그 사업만 하도록 하는 '제한열거주의'를 택하고 있습니다. (법 제57조)

농협의 사업에 제한열거주의를 채택한 이유는 농협의 목적 이외의 사업을 하지 못하도록 제한을 가하려는 것이고, 새로운 사업이 필요한 경우에는 국민의 동의를 토대로 하여 감독기관인 정부 주무부처의 승인 절차를 통함으로써 적절한 통제와 관리를 하기 위해서입니다. 그리고 앞으로 사업의 종목을 늘리거나 새로운 사업을 추진하려면 그때마다 법률을 개정하는 절차를 밟아야 하고 조합은 정관을 개정하여 새로운 사업 종목을 정관에 추가하는 절차를 밟아야 합니다.

그러므로 농협의 사업이 조합원이 필요로 하는 모든 부문에 걸쳐 있고, 또 각 부문이 활발하게 성장하여 마치 문어발식 확장을 연상시킨다고 하여도 그것은 모두 농협법의 범위 안에서 정부의 적절한 통제와 관리를 받고 있는 점을 이해하여야 합니다.

그리고 농협은 영리를 목적으로 하는 것이 아니라 비영리이며 사업을 통해 봉사를 실현하는 형식이고, 조합원에 대한 지원, 지역경제에 대한 기여, 국민경제에 대한 균형발전을 목표로 하고 있으므로 문어발식 확장과는 아무 관련이 없습니다.

따라서 농협사업이 앞으로 무한정 확장될 수 있는 것이 아니라 농업인 조합원이 꼭 필요로 하는 부문과 종목에 한하여 정부의 승인과 관리하에 법률 개정을 거쳐 진출하게 되므로 문어발식 확장의 위험이 전혀 없음은 물론, 농협사업의 확장은 농협의 공정하고 섬세한 손길이 전국 방방곡곡과 국민 모두에게 따뜻하게 닿아 모두를 도와주게 되는 것입니다.

338 농협은 상법을 적용받지 않고 사업을 할 수 있다고요?

Q 우리나라에서 크든 작든 사업을 하려면 수많은 법률의 제약과 규제를 받아야만 합니다. 그런데 농협은 자동차를 운행하면서 운수사업법 적용을 받지 않고, 도소매업을 하면서도 상법의 적용을 받지 않는다고 합니다. 이것은 부당하고 불공평한 일입니다.

A 우선 농협은 '농업협동조합법'이라는 특별법에 의해 만들어진 비영리 특별법인입니다. 그리고 농협이 설립되어 사업을 하는 목적은 '농업인의 자주적인 협동조직을 바탕으로 농업인의 경제적·사회적·문화적 지위를 향상시키고, 농업의 경쟁력 강화를 통하여 농업인의 삶의 질을 높이며, 국민경제의 균형 있는 발전에 이바지함을 목적으로' 하고 있습니다. (법 제1조)

그리고 이러한 목적을 달성하기 위해서는 다양한 사업을 하여야 하는데, 매번 해당 법률의 규제 때문에 사업이 지연되거나 제한을 받는다면 농업인의 삶 개선이나 농업생산의 향상이 어려워지며, 나아가 국민경제의 균형 있는 발전이 저해되므로 정부의 정책목표 달성이 어려워지는 결과가 됩니다.

그래서 정부는 정부의 정책목표 달성을 위해 농협의 사업에 대하여는 다른 업종에 대한 규제를 적용하지 않고 농업과 농업 관련 부문에 한정하여 자유롭게 사업활동을 보장하여 주었으며 그 내용을 법률로써 뒷받침하고 있습니다. 이것은 농협에 대한 특혜나 지원이 아니고 농업 부문이 갖고 있는 근본적인 어려움을 감안하고 배려함으로써 낮은 성장과 상대적 박탈감, 사회적 소외 등으로 항상 어려워하는 농업 부문을 격려하는 차원입니다.

그러한 배려와 혜택을 입었다고 하더라도 농업 부문이나 농산물유통 부문은 본래부터 부가가치가 낮고 자본의 회임 기간이 길며 성장세가 낮은 데다 기후의 영향, 외국 농산물의 시장개방 압력과의 투쟁 등으로 큰 이익을 거두는 것이 아닙니다.

그리고 농협의 사업은 농업인 조합원에 대한 이익에 그치는 것이 아니라 도시의 소비자나 근로자, 기업인, 자영업자 등 전 국민 모두에게 골고루 혜택이 돌아가는 일이므로 특혜라는 말이 성립할 수 없습니다.

339 농협사업, 전문회사가 맡는 것이 당연한데

Q 농협의 다양한 사업은 모두 비전문가인 농협 임원의 지휘 아래 역시 비전문가인 직원의 활동으로 이루어집니다. 그래서 능률이 오르지 않고,

목표한 성과를 거두기 어려우며 어떤 부문은 적자를 내고 있다고 합니다. 이런 사업은 정리하여 전문기업에서 경영관리 전문가가 수행하도록 하는 것이 옳을 것입니다.

A 경영관리란 경영조직체를 만들고 그것을 운영하는 일을 말합니다. 이 경영관리의 기능은 경영상에서의 각종 업무 수행이 경영 목적을 위하여 가장 효과적으로 행해질 수 있도록 여러 가지 시책을 체계적으로 연구하고 경영조직체를 만들어 이를 운영하는 일을 의미하는데 구체적으로 ① 계획 ② 조직 ③ 지휘 ④ 조정 ⑤ 통제 등 다섯 가지 요소로 이루어집니다.

초기의 경영관리는 경영자의 경험과 직관력(直觀力)을 바탕으로 행해졌으나, 경영규모의 확대, 경영내용의 복잡화, 경영환경의 급격한 변화 등으로 경영관리의 과학화가 필연적으로 필요하게 되었습니다. 그리고 그것은 20세기 초의 과학적 관리법에서부터 시작되었습니다.

그런데 농협은 경영체이면서 운동체이고, 조합원의 민주적인 절차에 따른 지배가 확립되어 있으며, 경영자를 선거로 선출합니다. 그런 점에서만 보면 농협의 경영자는 경영 능력이 검증되지 않았고 경영의 경험이 부족한 인사가 맡게 되는 경우가 많아서 우려하는 것도 타당합니다.

그렇지만 농협은 중앙회의 경영지도 체제가 잘 갖추어져 있고, 중앙회와 정부의 지도 감독이 활성화되어 있으며, 3권분립 형태의 경영의사 결정과 사업 집행 및 감독의 분리, 전문경영인인 상임이사 제도, 시험과 훈련을 거친 간부직원, 여러 겹의 내부통제 시스템, 이사회를 통한 집단지성의 발휘 등 합리적인 경영관리를 달성하기 위한 제도와 방법이 잘 갖추어져 있습니다.

따라서 농협 경영은 지금의 체제인 조합원에 의한 지배, 전문가에 의한 경영, 경영상의 오류를 막기 위한 내부통제와 계통지도 정부 감독 등이 잘 기능하도록 하고 꾸준하고 다양한 교육제도를 갖추는 것이 중요한데, 농협은 이를 잘 수행하여 왔으며, 현재의 농협 발전상이 그 증거라 하겠습니다.

340 조합시설이용권이란?

Q 조합원의 권리 중에 '조합시설이용권'이 있는데 우리 조합은 특별히 이용할 시설도 없습니다. 조합시설이용권의 구체적인 내용이 궁금합니다.

A 조합원의 권리 중에서 '조합시설이용권'은 가장 기본적인 자익권(自益權)에 해당하는 중요한 권리입니다. '자익권'이란 조합원이 소속 농협으로부터 개인적인 경제적 이익을 얻는 것을 내용으로 하는 권리입니다.

농협은 사업을 통해 조합원에게 봉사하는 것이고, 사업은 시설과 장비를 통해 이루어지는 것이며, 조합원은 그 시설을 이용하여 경제적인 이익을 얻게 되는 것입니다. 이러한 권리는 주식회사의 주주에게는 없는 것으로서 협동조합의 특질을 잘 보여주는 것이기도 합니다.

'조합의 시설'이라고 하는 것은 놀이동산처럼 특정한 용도로 건축되어 운영하는 특정한 것을 가리키는 것이 아니라, 조합이 조합사업과 조합원에 대한 서비스를 위해 설치, 운영하는 모든 조합의 자산과 설비,

그리고 다양한 금융제도와 보험제도, 영농자재 공급과 농산물의 판매, 교육사업과 정보 제공 등 업무 시스템까지를 총망라하는 개념입니다. 구체적인 형태로는 금융점포, 하나로마트, 영농자재센터, 농산물창고, 주유소, 농기계수리센터, 공판장, 교육장, 화물차량 등 업무용 설비와 장비, 각종 금융·보험제도와 교육 등이 있습니다.

조합이 조합원을 위해 봉사하는 일이란, 이러한 시설에서 조합원을 위해 봉사하는 프로그램이나 서비스를 따로 만들어서 운용하는 것이 아니라 이러한 시설과 업무를 통해 조합원에게 경제적인 편익을 제공함으로써 조합원이 자신의 사업을 성공적으로 잘 수행하도록 하여 경제적인 이익과 생활의 안정 및 향상을 이루게 해준다는 뜻입니다.

조합원의 조합사업 이용은 조합원의 권리이면서 동시에 의무이므로, 조합원이 1년 이상 조합의 사업을 이용하지 않을 경우에는 조합원 제명 사유가 되고, 이용을 하면 이용량에 비례하여 매년 결산기마다 '이용고배당'을 따로 받는 혜택까지 주어집니다.

341 교육지원사업의 내용과 재원은?

Q '교육지원사업'이라는 사업은 무슨 일을 한다는 것인지 알 수가 없습니다. 간단하게 '교육사업'이라고 하면 될 것을 '교육을 지원한다'고 하여 의미가 혼란스럽고 모호합니다.

A 사실 용어의 제정과 사용에 문제가 있는데, '교육지원사업'은 '교육

을 지원하는 사업'이 아니라 '교육사업'과 '조합원에 대한 복지 및 지원사업'을 하나로 합하여 호칭하다 보니 이상한 이름이 되었습니다.

이 사업은 원래 '지도사업(指導事業)'이라 하였는데, 민주화 이후 사회 각계의 권위주의 잔재와 비민주적 요소의 제거 작업 때 '지도'라는 표현이 봉건적 상하관계를 연상시키므로 수평적이고 동등한 느낌의 이름으로 급하게 바꾸다 보니 그렇게 된 것입니다. '지도사업'이라는 이름은 마치 조합이 조합원의 스승이 된 입장에서 무엇을 가르치고 깨우친다는 어감이 강하여 권위적인 데다가 계몽주의적 느낌을 주므로 고친 것입니다.

교육지원사업, 종전의 지도사업은 협동조합이 경제단체로서 경제적 이익을 공유하는 수준에서 나아가 조합원과 그 가족에 대한 지속적인 계몽과 체계적인 교육을 실시함으로써 조합원의 사업이나 생활의 향상을 기함은 물론, 사회적·문화적으로도 더욱 향상되는 계기를 마련하고자 하는 것으로서 비영리인 협동조합이 사업이윤을 남기는 이유이자 목적이고 또 사기업과 구분되는 가장 큰 특징입니다.

교육지원사업의 구체적인 형태는 영농교육, 생활향상교육, 건강교육, 주부대학, 장수대학, 고향주부모임, 영농회, 작목반, 부녀회 지원, 선진지 견학, 해외연수, 각종 행사, 신문과 잡지 보급, 농업인법률구조사업, 조합원 건강검진 등 매우 다양하여 조합원의 생활 전반에 세밀한 손길이 미치도록 하고 있습니다.

교육지원사업이라는 용어는 처음 대면할 때는 어색한 느낌이지만, 농협에 가입하여 사업을 이용하다 보면 무척 자연스럽고 친밀하며 정겹고 고마운 용어로 자리매김하게 됩니다.

342 교육사업, 왜 굳이 해야 하는가?

Q 모든 경영체나 기업은 이익금을 다음번 사업의 성공과 발전을 위한 부문에 집중 투자합니다. 그런데 농협은 교육사업 부문에 가장 많은 비용을 들입니다. 이것은 조합의 사업 성장 및 조합 발전과 관련이 거의 없습니다. 이런 사업을 해야 합니까?

A 협동조합은 자본을 모아 사업을 하여 시장을 지배함으로써 막대한 이익이나 부를 쌓아서 구성원의 경제적 이익을 얻으려는 조직이 아닙니다. 또 조직과 조합원의 숫자를 내세워서 사회적 변혁이나 정치적인 성취, 또는 혁명을 이룩하려는 집단도 아닙니다.

협동조합은 경제적으로나 사회적으로 약자인 사람들이 모여서 스스로 조성한 작은 자본과 단결된 힘을 토대로 하여 생활 주변의 작은 개선과제를 하나하나 해결, 극복해나가고 궁극적으로 조직 구성원인 조합원의 경제적·사회적 지위 향상을 이룩하려는 조직입니다. 그런데 그 목적을 이루는 과정에서 자본과 사업, 단결된 행동은 무척 소중하지만, 더 중요한 것이 바로 구성원 개개인의 의식이 깨어나고 행동양식이 변화하는 것입니다.

즉, 구성원 개개인에게 조금 더 많은 배당이나 환원을 한다고 하더라도 그 과실이 낭비나 그릇된 소비로 이어지면 아무런 의미가 없고, 경우에 따라서 극단적으로 과시형 소비, 투기나 도박에 사용된다면 오히려 구성원인 조합원의 미래와 가정을 파탄시키는 결과로 이어질 수도 있습니다. 그래서 초기에 많은 시행착오를 겪은 협동조합운동가, 협동조합지도자들은 '구성원에 대한 교육'을 협동조합원칙으로 천명하고 지금도 변할 수 없는 확고한 원칙으로 지켜오고 있습니다.

이러한 배경에서 협동조합은 조합원에 대한 교육사업을 빠뜨릴 수 없는 원칙으로 하고 있으며, 법률에서도 매년 당기순이익의 일정 부분(보통 20%)을 다음연도의 교육사업에 사용하도록 의무화하고 있습니다. 조합원에 대한 교육을 의무화한 점이 다른 어떤 기업이나 회사와도 다른 협동조합의 특징이며, 이러한 특징이 어렵게 축적한 이윤을 낭비하는 것이 아니라 오히려 험난한 경쟁체제 속에서 협동조합의 단결력과 지속가능한 성장을 보장하는 요소라고 평가받고 있습니다.

따라서 사업에 대한 경쟁이 치열하고 외부의 경영환경이 나쁘다고 하여 교육을 포기하거나 위축시키면 안 되고 오히려 교육을 강화하여 조합원의 삶의 질과 정서적인 풍요를 추구하는 것이 협동조합원칙과 법률에 충실한 길이자 경영 성공의 길이 되는 것입니다.

이러한 현상은 기업이나 산업 분야에서는 전혀 상상할 수 없는 협동조합의 독특한 방식이면서 성장과 발전의 저해요인이라 할 교육사업비가 거꾸로 농협의 성장과 발전을 견인하고 있는 점에서 '협동조합의 역설(co-operative paradox)'이라고 할 만한 것입니다.

343 금융업무는 전문적인 기관이 맡아야 할 텐데

Q 금융업무는 대단히 높은 전문성이 필요하고 세계의 경제 흐름을 실시간으로 파악하는 정보력이 있어야 하며, 시시각각 변화하는 주변 상황에

맞추어 의사결정을 해야 하는 아주 민감하고 어려운 업무입니다. 그래서 수십 년 은행에 근무한 사람도 어렵다고 하고, 해외 유학과 외국은행 근무를 한 사람도 힘겨워 하는 전문 분야인데, 농협의 아마추어 같은 임직원들이 수행하는 것은 문제가 있다고 생각합니다.

A 금융이란 이자를 받고 자금을 융통하여 주는 것, 즉 일정 기간을 정하고, 앞으로 있을 원금의 상환과 이자 변제에 대해 상대방을 신용하여 자금을 이전, 제공하여 사용하게 하는 것입니다.

금융은 약속된 상환 기간의 길고 짧음에 따라서 단기금융과 장기금융으로 분류하는데, 단기금융은 주로 운전자금의 지원이, 장기금융은 설비자금의 지원이 많으며, 또한 금융선(金融先)의 산업 부문 종류에 따라서 상업금융, 공업금융, 농업금융 등으로 나누어집니다.

상인이 상품을 구입하고, 제조업자가 원료, 연료를 조달하기 위해서 요하는 자금을 조달 공급하는 것이 상업금융인데, 그 전형적인 형태는 대출과 어음할인이고, 이를 주로 담당하는 것이 이른바 상업은행이며, 우리나라의 일반 시중은행이 이에 해당합니다.

공업금융은 산업금융 혹은 생산금융이라고도 하는데, 이는 생산에 필요한 자금, 특히 설비 자금의 조달 공급을 가리킵니다. 공업금융의 특색은 근대공업에 있어서 생산설비 등 거대한 고정자본을 필요로 하기 때문에 자금의 회수가 장기화되는 점이며, 기업 자체의 유보(留保), 주식 및 사채의 발행, 산업은행 등의 장기대출 등에 의해서 이루어집니다.

농협이 담당하는 금융은 농업경영에 필요한 자금의 조달 공급인 농업금융이 주류입니다. 우리나라의 농업은 상공업 부문과 확연히 다른 특징을 보이는데, 경영 규모의 영세성, 융자에 필요한 확실한 담보물건의 부족, 농작물의 수확이 연 1회 내지 2회로 수입이 계절적으로 집중되는 점, 잦은 천재(天災) 때문에 생산과 소득이 극히 불안정한 성격을 지니고 있습니다.

그렇기 때문에 1건당의 농업자금의 수요액은 소액이지만 그 회수에는 항상 위험성이 뒤따르므로 농업금융은 영리적인 금융기관의 영업 대상으로는 되기 어렵고, 시중의 상업은행이 자금 지원을 기피하므로 농업협동조합이 농업금융을 담당하여 금융산업으로서는 가장 어렵고 취약하고 수익성이 낮은 부문을 맡아서 노력한 결과 지금은 가장 뛰어난 금융기관으로 자리매김하였습니다.

그 과정에서 농협금융의 특성이 생겨났고, 경쟁력과 위기관리 능력, 위험분산과 수익구조 다양화, 사고예방 시스템, 다양한 직원교육 프로그램 등 현대적이고 선진적인 금융업무 체계를 갖추고 강한 체질까지 얻게 되었습니다.

따라서 농협의 금융업무는 일반 시중은행이나 투자은행의 업무와는 그 구조와 성격이 다르고 사업의 목적도 수익성 중심이 아니라 대출선의 사업성, 안정성을 중심으로 하고 있으므로 리스크가 가장 낮고, 자금의 회수불능 비율인 대손율도 가장 낮은 특성을 보이고 있습니다.

이러한 특성을 가진 농업금융, 상호금융은 농협이 가장 역사가 깊고 경험이 많으며, 농협 내부에 아주 다양하고 체계적인 직원 교육훈련 시스템이 갖추어져 있어서 어떤 금융회사보다도 효율적인 교육훈련을 실시하고 있고, 최고의 전문가를 양성하여 현장에서 활용토록 하고 있습니다.

그리고 가장 오래된 역사와 현장의 실무 경험, 탄탄한 조합원 조직과 고객망, 전국을 읍·면·동까지 빠짐없이 연결하는 점포망이 있고, 가장 견실한 내부통제 시스템, 중앙회의 전문적인 지원, 가장 다양한 감사제도 등이 농협금융의 안정성과 경쟁력을 국내 최고 수준으로 끌어올리고 있습니다. 또 그 경험과 자금력을 바탕으로 지금은 자영업이나 기업에 대한 금융 부문에도 진출하여 큰 성과를 거두고 있습니다. 다른 금융회사의 겉모습이 번드르르하고 직원들도 외양만 그럴듯할 뿐인 허세에 현혹될 필요가 없습니다.

협동조합 방식의 금융은 안정성과 도덕성, 고객 밀착을 토대로 하므로 가장 안전하고 현대화된 것입니다. 즉 투기적 거래나 높은 수익성을 아예 배제하므로 국제투기자본으로부터 확실히 격리되어 국제금융시장에서도 가장 안전하며, 자본구조 면에서도 경영안정성이 가장 높고, 실제로 국제금융위기 상황에서 수많은 금융회사가 도산하였지만 협동조합이 경영하는 곳은 모두 안전하게 잘 유지되고 있습니다.

즉 농협은 금융 전문가가 필요한 것이 아니라 농업금융 전문가를 스스로 육성하여 최고의 인재로 양성하고 관련 시스템과 제도를 발전시켰으며 그 수준과 내실은 세계에서 손꼽힐 정도입니다.

344 금융기관 예금보장이 5000만 원인데 굳이 농협만을?

Q 금융기관의 예금보장금액이 5000만 원입니다. 그래서 제 지인은 저축은행과 지방은행의 고금리 상품을 선택하여 가족과 친지 명의로 각각

4500만 원씩 모두 수억 원을 예금하고 있습니다. 이럴 경우 농협에 예금할 때보다 수익률이 훨씬 높고 예금을 되돌려 받지 못할 위험도 없다고 합니다.

Ⓐ 예금보장한도란, 금융기관에 맡긴 돈을 예금보험공사가 보장해 주는 한도의 크기를 말합니다. 만약, 금융기관에 예금한 돈을 찾을 수 없게 될 위험이 존재한다면 사람들은 금융회사에 돈을 맡기지 않게 될 것입니다.

이에 각 국가는 은행 등의 금융회사가 파산 또는 도산할 경우 고객이 맡긴 돈을 정부가 일정 한도까지 보장해 주도록 하는 '예금자보호제'를 채택하고 있으며, 우리나라는 예금보험공사가 이 업무를 담당하고 있습니다. 따라서 금융회사는 정기적으로 예금보험료를 납부하게 되고, 예금보험공사는 금융회사가 예금 지급불능 상태에 빠질 경우 금융회사를 대신해 고객에게 돈을 지급하게 됩니다.

예금보장한도는 이때 고객의 돈을 얼마까지 보장해 줄 것인가를 가리키는데, 각 금융상품의 종류에 따라 다르며, 최고 보장한도는 1인당 5000만 원입니다.

이때 주의할 사항은 모든 금융기관의 모든 금융상품이 다 보장 대상이 되는 것이 아니고, 채권상품 등은 보호 대상에서 제외되며, 또 사실상 동일인의 예금인데 가족이나 친지 명의로 분산한 경우, 차명거래의 혐의가 있는 경우, 정황상 동일인의 예금으로 판단되는 경우에는 1인의 예금으로 보아 5000만 원만 보장하게 됩니다.

이 때문에 동양그룹의 도산 사태 때 동양저축은행에 예금한 고객들이 예금이 아닌 후순위채권임이 밝혀져 모두 예금자보호 대상에서 제외됨으로써 단 한 푼도 되돌려 받지 못한 사실이 있었습니다.

또 저축은행의 연쇄도산 사태 때 가족명의로 분산 예치한 고객, 여러 계좌의 비밀번호와 인감이 같은 경우, 여러 계좌의 예금이자가 한 통장으로 모이는 경우, 수표 한 장으로 여러 계좌에 분산 입금된 경우 등은 1인의 예금으로 판정받아 총예금이 수억 원인 경우라 하더라도 1인당 보장한도인 5000만 원만 지급된 경우가 많았습니다.

한편, 새마을금고, 농협·수협의 회원조합 등은 이 제도에 포함되지 않으므로 주의해야 하는데, 농협의 경우에는 예수금 전액을 농협중앙회와 정부가 지급을 보증하므로 회원조합의 파산이나 해산의 경우에도 어떤 금융상품이든 원리금 전액의 지급이 보장됩니다.

예금보장제도라고 하여 무조건 안심할 것이 아니라 이렇듯 세부 사항에서는 많은 문제와 위험이 있으므로 고수익 보장에 현혹되어 모험을 하기보다는 영업 정지나 파산의 위험이 전혀 없고, 예금의 지급이 전액 보장되는 농협을 이용하는 것이 가장 안전하고 현명한 일입니다.

345 상호금융과 은행금융이 다른가?

Q 금융이라고 하면 누구나 은행을 가장 먼저 떠올립니다. 그런데 농협에 거래를 할 때면 상호금융이라고 하면서 은행금융과 여러 가지 차이를 설명하는데 그 내용을 이해하기 어렵고, 다만 시중은행보다 여러 면에서 뒤떨어지는 듯한데 제가 제대로 이해하고 있는 것인가요?

A 상호금융이란, 농협·수협·신협 등 협동조합이 자체 사업으로 예금과 대출을 취급하는 금융업무를 가리킵니다.

은행금융이 주식회사 형태의 은행이라는 금융회사가 주도하는 금융업무인 것과 달리 상호금융은 협동조합의 정신과 시스템으로 각 조합원의 영세한 자금을 예탁받아 이를 조합원에게 융자함으로써 조합원 상호 간의 원활한 자금융통을 꾀하는 호혜금융의 일종입니다. 따라서 농협중앙회가 아닌 회원농협을 통한 금융거래는 모두 상호금융으로 보면 됩니다.

회원조합은 원칙적으로 조합원만이 예금과 대출을 이용할 수 있고 조합원의 이용에 지장이 없는 범위 내에서 비조합원이나 일반인도 이용할 수 있습니다. 따라서 제2금융권으로 분류되는데 금리는 농림축산식품부장관이 금융위원장과 협의해 결정하고 감독권도 농림축산식품부에서 행사합니다. 그리고 금리는 은행보다 0.2~2%포인트 정도 높은 수준입니다.

은행금융은 수익성 중심, 시장 경쟁, 단기적 경영성과 등에 치우치고 오직 경제원리에 따라 주주의 이익만을 최고의 목표이자 선(善)으로 생각하고 추구하며 이익을 위해서는 수단과 방법을 가리지 않음은 물론, 위법과 부도덕한 행위도 서슴지 않습니다.

반면에 상호금융은 조합원의 경제활동과 생활 향상 지원, 지역사회의 개발과 발전, 영세 서민의 자립·자활 지원, 담보물 중심이 아닌 사업성 중심의 융자, 수익 중심이 아닌 사업성공 중심 지원, 조합원에 대한 지도 교육과 연계 등의 특징이 있는 점에서 차별성이 있습니다. 이런 특징 때문에 농협의 상호금융은 조합금융, 자주금융, 지도금융으로 불리기도 합니다. 또 이 제도가 극단적으로 발전하여 빈민에 대한 소액

생계자금 신용융자제도인 '마이크로크레디트사업' '빈민은행' 등의 형태로 나타나기도 합니다.

따라서 은행금융이 금융시장을 지배하는 국가는 선진국 금융자본의 침탈과 농간에 따라 국가경제가 고속 성장과 파탄 지경의 널뛰기 현상에서 헤어나지 못하는 것이 현실이지만, 상호금융의 비중이 높은 국가는 그만큼 안정적이고 대외 충격이나 국제투기자본의 농간으로부터 안전한 것입니다.

346 농협을 '제2중소기업은행'이라고 한다는데?

Q 농협을 제2중소기업은행이라고 하는 말을 들었습니다. 이 말이 무슨 뜻인지 궁금합니다.

A 중소기업은행은 중소기업 육성을 위한 전문금융기관으로서 국책은행으로 출발하였다가 민영화를 거쳐 다시 공공기관이 된 은행입니다. 주요 업무는 중소기업자에 대한 자금의 대출과 어음의 할인, 예금과 적금 업무, 중소기업자의 주식의 응모·인수 및 사채(私債)의 응모·인수·보증, 내외국환 업무와 보호예수(保護豫受), 지급 승낙 등으로서 경제 발전에 큰 기여를 하였고, 지금도 국민적 사랑과 성원을 받고 있습니다.

그렇지만 중소기업은행이 전국의 모든 중소기업에 대하여 최상의 금융서비스를 제공할 수 있는 것은 아니므로 지원받지 못하고 소외된 기업이 있고, 특히 영세 자영업자에 대한 금융 지원은 대단히 어려우며, 금융 지원 이외의 사업 지원은 사실상 어려운 것이 현실입니다.

그런데 농협은 전국의 모든 지역에 금융점포를 개설하여 모든 직종과 업체를 대상으로 금융서비스를 비롯한 종합적인 서비스를 제공하고 있습니다. 특히 지방의 중소기업이나 영세한 자영업자들은 중소기업은행을 통한 정책금융이나 은행금융의 혜택을 받는 데 어려움이 많은데, 그러한 부분을 농협이 담당하고 있습니다.

그 결과 중소기업은행의 중소기업 지원에 대한 자금 지원 다음으로 농협이 중소기업과 소상공인에 대한 금융 지원을 전담하다시피 하고 있는 관계로 금융계와 상공업계에서 농협을 '제2중소기업은행'으로 부르고 있는 것입니다.

또한 농협은 중소기업에 대한 자금 지원에만 그치는 것이 아니라 지방의 인력수급 지원, 원자재 수매 지원, 제품의 판로 알선과 지원도 하고 있으며, 원자재가 농산물인 경우에는 해당 기업과 약정하여 농업인과 계약재배를 추진하기도 하고, 중소기업의 생산제품이 생활필수품인 경우에는 농협 하나로마트를 이용하여 판로를 개척해주기도 합니다. 이뿐만 아니라 기업경영분석과 경영컨설팅, 재무설계, 재해대책을 위한 각종 보험서비스, 농협계열사를 통한 수출과 수입, 임직원 해외연수, 국내여행, 휴양 지원 등에까지 다양한 지원을 해줌으로써 기업의 성공을 확실하게 돕고 있습니다.

그러므로 모든 중소기업이나 소상공인, 자영업자는 '제2중소기업은행'인 농협과 거래를 돈독히 하여 농협의 다양한 사업과 방대한 자금력, 시장교섭력과 판촉 기능을 활용하여 사업을 성공으로 이끌어 갈 수 있습니다.

347 이차보상이란?

Q 시중은행에서 근무하는 친구가 농협은 이차보상이라는 명목으로 막대한 정부자금을 수입으로 가져간다고 합니다. 이차보상이란 무엇이며, 농협이 왜 그런 막대한 수익을 얻는 것인지, 또 그 수익을 조합원에게 환원하지 않는지 궁금합니다.

A 이차보상이란, 이자차액에 대한 보상(利子差額 補償)이라는 뜻입니다. 농협은 도시인이나 상공인, 직장인들로부터 여유자금이나 저축금을 예탁금으로 인수하여 그 자금을 필요로 하는 농업인이나 상공인, 직장인에게 대출하여 줍니다. 이 일이 신용사업, 즉 금융업무의 핵심입니다.

그렇지만 농업 부문은 언제나 자금을 대출 지원한다고 하더라도 농업의 특성 때문에 융자기간이 길어야 하고, 이자는 낮아야 하는데, 고객으로부터 자금을 모집하거나 유치할 때에는 다른 금융기관보다 더 높은 이자를 주어야 합니다. 그리고 금융고객을 더 많이 유치하고 예탁금을 더 많이 유치하여야 신용사업이 성장하는 것인데, 대출이나 고객에 대한 지원을 더 확대하여야 금융 부문의 경쟁력이 높아지는 것은 당연한 일입니다.

그런데 농협은 어렵게 유치해 온 예탁금을 고객이나 상공인에 대해 저축 추진을 위한 대출이나 사업 추진 용도로 쓰지 못하고 대부분을 농업자금으로 공급하게 됩니다. 그리고 농업 분야에 대한 자금 중 상당부분이 정책자금이 되어 지원되므로 장기 저리의 조건으로 농업인에게 융자됩니다.

그 결과는 농협이 예금으로 유치할 때의 예탁금 이자보다 농업자금으로 공급할 때의 이자가 더 낮아져 금리의 역전(逆轉) 현상, 즉 예탁금 금리보다 대출금 금리가 더 낮아져 농협에 큰 손실이 발생하게 됩니다. 그리고 이러한 금리의 역전은 금융업무를 열심히 하여 사업이 성장할수록 그에 비례하여 손실이 더 커지게 되는 것입니다.

그래서 농협이 금융업무로 조달한 예탁금 자금을 농업정책자금으로 공급할 경우에 농협이 입게 되는 손해금을 정부가 대신 부담해주어 농가는 더 낮은 금리로 농업개발자금을 지원받을 수 있게 하고, 정부는 정부의 자금부담 없이 농협자금을 활용하여 정책목표를 달성하고, 농협에 대하여는 정책자금 공급에 따른 손해를 보전(補塡)해 주는 것입니다.

그러나 이러한 이차보전이 농협에 수익이 되는 것이 아니고, 사업 추진에 도움이 되는 것도 아닙니다. 금융시장에서 농협은 오직 이익만을 목표로 어떤 규제나 부담, 의무도 없이 영업하는 주식회사 체제의 은행, 저축은행, 대부업체, 보험회사, 증권회사 등과 치열하게 경쟁하여야 합니다. 그러나 농협은 영업으로 모집한 자금의 상당 부분을 농업개발자금으로 사용하고 다음번 영업 추진에는 활용하지 못하므로 오직 임직원의 땀과 창의성, 헌신만으로 다시 금융시장에서 자금유치 경쟁을 하여야 합니다.

따라서 이차보상자금은 농협사업의 족쇄이자 강요된 희생에 대한 최소한의 실비보상에 지나지 않으며 농협에 특별한 혜택을 주는 것이 아니고 이익도 없는 것입니다.

348 지방자치단체의 금고업무를 농협은행이 독점한다는데

Q 지방자치단체의 금고업무를 농협이 독점한다고 비난과 원성이 자자합니다.

A 정부나 지방정부(지방자치단체)는 세입세출과 관련한 업무에 관하여 특정 금융기관을 정하여 두고 전담하여 처리하도록 법률로 정하고 있습니다. 그리고 중앙정부와 지방정부 금고업무의 상당 부분을 농협, 정확하게는 농협은행이 수행하고 있는 것이 사실입니다.

농협이 정부 금고업무를 대부분 수행하는 것을 두고 경쟁관계인 은행, 특히 지방은행이 자주 문제를 제기하는데, 정부의 금고업무를 농협이 부당하게 독점하고 있는 것이 아니라 법률과 원칙, 기준에 따라 농협이 수행하도록 결정된 것뿐입니다.

정부의 금고업무는 반드시 자격과 실력을 갖춘 은행이 수행하여야 하고 특히 업무를 수행하는 과정이나 다른 사업을 수행하는 과정에서 국가경제나 지역경제, 지역의 산업에 직간접으로 도움을 주어 지역경제를 발전시키고 지역주민의 복지를 향상시키는 역할이 중요할 것은 당연한 일입니다.

이러한 점에서 농협은 기본적으로 국민을 부양하는 생명산업인 농축산업과 불가분의 관계이고, 지자체 관내에 금융점포와 종사 인원이 가장 많으며, 시·군·읍·면에 빠짐없이 점포망을 갖추고 있고, 행정기관과의 업무협조나 공조체제, 공동사업이 가장 활발할 뿐 아니라 정책자

제8부 사업

금 지원, 농림수산업자 신용보증, 농업재해보험, 한국은행 자금임치점, 낙도 연락선 업무, 하나로마트를 통한 생활물자의 안정적 공급 등 국가 기능의 상당 부분을 대행하고 있습니다.

또한 각 지방의 중소상공인, 영세 자영업자, 근로자 등에 대한 자금 지원이 가장 많아서 '제2중소기업은행'이라고 자타가 공인할 정도입니다. 또한 농업생산을 위한 영농자재 지원, 농산물의 유통과 저장·보관, 추곡과 하곡의 수매와 가공·공급, 농산물 수급안정, 농업인법률구조사업, 농어촌소비자보호사업, 농촌건강검진사업 등은 국가의 책임을 농협이 자진하여 수행하고 있는 일이기도 합니다.

아울러 농협은 외국인주주가 단 1명도 없는 순수한 국내자본이고 각종 경영평가 지표와 비율이 가장 우수하므로 안정성과 신뢰성, 보안문제 등에서 다른 금융기관에 비해 월등히 높은 평가를 받게 되는 것입니다.

국가의 금고업무를 수행하는 금융기관이 어느 날 갑자기 은행 폐쇄, 청산 정리, 합병을 하거나 국제정세의 변화로 대주주나 지배주주, 경영자가 적대적인 국가의 국민이 될 경우 우리나라가 안게 될 위험과 부담은 상상할 수 없을 정도가 될 것입니다.

그리고 중앙정부와 지방정부가 금고업무 담당 기관을 선정할 때, 이러한 모든 요소를 엄격히 평가하고 또 공개경쟁입찰과 공정한 심사 절차를 거치므로 농협이 선정된 것은 특혜가 아니라 오히려 그 공정함을 증명하는 것이라 할 것입니다.

349 월가 점령 시위와 협동조합은?

Q 몇 년 전 미국 뉴욕에서 '월가를 점령하라'는 시위가 벌어져 은행과 금융기관의 비리문제, 부도덕을 질타한 적이 있었고, 많은 시민운동가와 지식인이 그에 동조한 것을 보고 충격을 받았습니다. 농협금융도 월가를 점령하라는 시위대의 외침에 해당하는지요?

A '월가 시위(Occupy Wall Street)'란 2011년 빈부격차 심화와 금융기관의 부도덕성에 반발하면서 미국 월가에서 일어난 시위입니다.

시위는 미국 전역으로 확산되었고 수많은 지식인과 근로자, 중산층의 지지를 받았으며, 사회적인 반향이 무척 컸으나 뚜렷한 시위 목표를 제시하지 못한 한계, 정책 대안을 마련하지 못한 미숙함, 시위를 조직하고 주도할 지도부의 부재 등의 문제 때문에 사회적인 경종과 여운을 남기며 73일 만에 막을 내리게 되었습니다. 그 과정에서 빈부격차가 심화되고 있는 신자본주의의 문제점과 금융기관들의 부도덕성, 정책 당국의 무능함 등에 대해 경종을 울렸다는 점에서 큰 의미가 있습니다.

발단은 온라인 잡지 〈애드버스터스〉가 2011년 7월 13일 트위터 등 SNS를 통해 제안하면서 그해 9월 17일부터 시작되었는데, 'Occupy Wall Street(월가를 점령하라)'를 구호로 한 시위의 첫날은 발원지인 뉴욕 맨해튼 주코티 공원에 1000여 명이 모이는 데 그쳤으나, 경찰의 강제진압 사실이 알려지며 시위대에 대한 공감이 확산돼 점차 그 인원이 늘어났습니다. 이후 시위는 보스턴, 시애틀, 로스앤젤레스, 수도 워싱턴 D.C. 등 미국의 주요 도시로 번져나가며 점차 그 규모가 커졌습니다.

시위대는 10월 15일을 '국제행동의 날'로 지정하여 시위를 전 세계로 파급시켰습니다. 이날 우리나라를 비롯한 유럽과 아시아 등 82개국, 900여 개 도시에서 유사한 형태의 시위가 동시다발적으로 발생해 '1% 대 99%'라는 빈부격차 심화에 대한 공감과 분노가 전 세계적 현상임을 반영했습니다.

월가 시위의 핵심은 '최고 부자 1%에 저항하는 99% 미국인의 입장을 대변한다'는 구호에 잘 나타나 있습니다. 시위대의 직접적인 불만은 빈부격차로, 1 대 99라는 자극적인 구도가 등장한 것은 2008년 글로벌 금융위기 이후 누적된 상대적 박탈감에 기반한 것입니다.

미국 정부는 2008년 발생한 리먼 브라더스 사태 이후 금융회사 등을 살리기 위해 국민 혈세로 모은 천문학적 규모의 구제금융을 월가에 투입했으나, 월가 금융회사들은 보너스만으로 200억 달러, 한화로 260조 원을 나눠 갖는 등 돈 잔치를 벌였습니다. 반면 2011년 8월 말 미국에서 압류주택 통보를 받은 주택은 전달보다 7% 늘어나며 9개월 연속 증가하는 등 2008년 이래 국민의 삶은 갈수록 피폐해졌고, 이러한 사상 최대에 다다른 빈부격차가 이러한 갈등을 촉발시키기에 이른 것입니다. 로스앤젤레스와 필라델피아에 남아 있던 시위대가 2011년 11월 30일 경찰에 의해 해산되면서 반(反)월가 시위는 사실상 73일 만에 막을 내렸습니다.

자본주의 체제에 대한 근원적 물음을 바탕으로 시작된 시위는 뚜렷한 시위 목표와 요구사항을 제시하지 못했다는 한계를 남겼지만, 금융회사의 사회적 책무에 대해 경종을 울렸고, 소득 양극화에 대한 근본적인 성찰을 확산시켰다는 점에서 그 의미를 찾을 수 있습니다. 이때 거대한 은행과 증권사 등 기존 금융회사의 부도덕함이 여실히 드러나 시위에 참여하거나 동조하는 시민들이 '예금계좌 옮기기 운동'을 벌여 은행권 예금의 상당 부분을 '협동조합'으로 옮겼습니다.

이 사실은 기존 금융조직의 부도덕성과 자본주의 신자유주의의 폐단을 시정할 유일한 대안이 '협동조합주의'와 '협동조합 방식'임을 모두 공감하고 실천했다는 점에서 큰 의미를 갖는 것이며 '협동조합금융이 바로 미래의 대안임을 확인한 것'이 소득이라고 하겠습니다.

우리나라의 금융체계도 미국과 똑같거나 미국식 운영에 매몰되어 있는 현실에서 월가 시위는 모두에게 신선한 충격이자 경종이었으며, 우리 농협이 바로 미래의 대안임을 확인시켜 준 계기였습니다.

350 세계금융위기로 명문은행도 도산하는데 협동조합은?

Q 세계금융위기, 미국 서브프라임모기지 사태, 그리스발 금융위기, 러시아 위기, 브라질 위기 등등 세계금융위기의 원인과 진원지가 제각각인데, 그때마다 세계 굴지의 은행이 마구 도산합니다. 농협은 이러한 위기 속에서 생존할 어떤 전략이 있습니까?

A 리먼 브라더스 파산으로 전 세계가 경기침체에 돌입하였는데 그 사태의 내용은 다음과 같습니다.

사실은 리먼 브라더스에 대하여 이미 수 개월간 경고와 우려의 시각이 있었습니다. 신용 등급이 낮은 '서브프라임' 대출을 함부로 할 때,

많은 금융 전문가와 경제 전문가들이 우려했지만, 은행 경영진의 의사 결정을 막을 수는 없었던 것입니다.

리먼 브라더스는 신용도가 아주 낮은 계층에 대해 주택구입자금을 넉넉히 빌려주어 집을 사게 한 다음 그 채권을 다른 우량한 금융상품과 혼합하여 금융시장에 매각하는 마술과 같은 재주를 발휘하였습니다. 그 후 주택구입자들의 채무 연체가 증가하여 관련된 대형 금융기관들을 위협했으며, 매번 결제위기를 해소하기 위해 필요한 자금을 마련하기가 날이 갈수록 어려워졌습니다.

이 문제를 해결하고자 10여 년간 월스트리트 마법은 전 세계에 위험한 불장난을 확산시켰으며, 형식적인 담보만 있어도 신용대출을 해주었고, 그것으로 위험한 고비를 넘기며 경제 불안을 잠재우기는 했지만, 결국은 대출금 상환불능이라는 폭풍에 휩싸이게 되었습니다. 리먼 브라더스는 150년의 역사를 자랑하던 금융기관이었지만 2008년 2분기, 리먼의 손실이 28억 달러에 달하면서 주가는 곤두박질쳤습니다. 인수자를 찾으려 했지만 실패한 후 9월 15일 파산 보호를 신청했고 결국 몰락했던 것입니다.

리먼의 몰락은 전 세계 금융 시스템에 도미노 현상을 불러일으켜, 은행 간 대출이 전면 중지되다시피 했으며, 미국·영국과 다른 국가들에서도 주요 금융기관의 붕괴를 막기 위해 천문학적인 액수의 공적자금이 투입되었습니다. 그러나 아이슬란드의 은행들은 결국 부도를 피하지 못했고, 위기의 연쇄 작용으로 전 세계에서 기업과 개인에 대한 대출이 얼어붙었으며 그 결과는 대규모 경기 침체로 나타났습니다.

리먼 사태는 금융인들이 이제는 '부실 자산'이 되어버린 것들을 되팔아 이득을 챙기고 거액의 연봉과 천문학적인 스톡옵션을 챙긴 결과로서 전 세계가 금융인들의 오만과 탐욕의 대가를 지불해야만 했던 사건입니다. 리먼과 같이 오직 이익만을 위해 행동하는 금융회사의 문제점을 잘 보여주었습니다.

반면에 농협의 금융사업은 이익을 목표로 하지 않고 또 파생상품 같은 사기성 농간을 부리는 것도 아니며, 오직 조합원과 지역사회를 위한 자금 지원이라는 원론적이고 우직하며 확실한 부문에 그치고 있어 기본적으로 리먼 사태 같은 일이 일어날 수 없고, 또 이중 삼중의 감시와 감독, 리스크관리위원회 운영 등 내부통제 장치가 잘 갖추어져 있으므로 염려하지 않아도 됩니다.

여러 차례 반복된 세계적인 금융위기 사태는 원칙에 충실한 농협의 금융사업이 위험한 것이 아니라 오히려 가장 건실하다는 것을 증명해 주었습니다.

351 대출금의 이자계산을 두고 항상 다툼이

Q 대출금이자의 계산을 두고 항상 다툼이 생기는데, 그 기준이 불공정합니다. 예를 들어 원리금 전액을 갚지 못하고 끝전이 남을 경우, 차주는 원금부터 모두 갚고 이자만 남겨놓고자 하는데 조합은 이자부터 계산할 것을 고집합니다. 이는 부당하고 불공정한 일입니다.

A 대출금 이자의 계산 방법은 법률에 명시되어 있으며, 누구도 마음대로 할 수 없습니다.

법률에서 이자는 유동자본(流動資本)인 원본채권액(元本債權額)과 존속기간(存續期間)에 비례하여 지급되는 금전 기타의 대체물(代替物)로서 법정과실(法定果實)의 일종이라고 정의하고 있습니다. (민법 제101조)

이 말은 이자는 대출금의 금액과 대출 기간에 비례하여 채무자가 금전이나 다른 것으로 상환하여야 한다는 뜻입니다.

이자율은 원본채권인 대출금에 대하여 연 1할, 일변(日邊) 2전(錢), 연리 ○%라고 하는 것처럼 일정한 이율로 정기적으로 계산하게 됩니다. 그러므로 원본채권이 없는 대금(代金)이나 원본을 소각하는 월부상환금(月賦償還金)은 모두 이자가 아니라고 할 수 있습니다. 또한 고정자본(固定資本)을 사용하고 치르는 대가인 임료(賃料)는 이자가 아닙니다. 이자는 법률에 규정되어 있는 경우에는 법정이자라 하고, 특약이 있는 경우에는 약정이자라고 하여 약정에 따라 발생합니다.

채권자와 채무자 간의 원금과 이자 비용의 상환순서를 두고 많은 다툼이 발생하는데, 자금을 차용한 사람은 이자의 발생을 줄이고자 하므로 언제나 원금을 먼저 갚으려 하고, 자금을 대여한 사람은 이자수입이 목적이므로 언제나 원금을 가장 나중에 상환받는 것으로 계산하게 됩니다.

이러한 계산의 순서 때문에 언제나 이자계산을 둘러싸고 다툼이 생기는데 대출금의 회수 순서는 법률에 명확히 규정되어 있습니다. 법률은 '원금, 이자, 비용에 있어서는 이에 관하여 특약이 없는 한 비용, 이자, 원본의 순으로 충당한다(민법 제479조)'고 되어 있습니다.

따라서 농협의 이자계산 방식이 잘못되었거나 가혹한 것이 아니라 모든 금융기관과 금융회사, 금융업자는 예외 없이 비용과 이자를 먼저 계산하고 원금을 가장 나중에 상환받는 형태이고 또 그것이 법률에 정해진 것이므로 문제 삼을 수 없는 것입니다.

아울러 대출금 원리금의 회수뿐 아니라 경제사업 외상매출금이나 경제사업 채권의 회수에서도 이 원칙은 똑같습니다.

352 복잡한 대출 절차, 너무 많은 징구서류

Q 대출 한 번 하려면 상담, 심사, 담보물 감정, 저당 설정 등 절차가 복잡하고 그 과정에서 많은 서류를 요구하는 번거로움이 있습니다. 대출금을 연체하지도 않고 기일에 모두 상환하는 사람에게는 불필요한 일입니다.

A 농협에서 고액의 융자를 받거나 신용대출 한도를 초과하여 대출을 받으려면 대출 상담, 대출 심사, 담보물 감정, 담보물 평가, 저당 설정 등의 절차를 거치게 됩니다. 그리고 그 과정에서 시간과 인력, 비용이 추가로 발생하고 불편도 따르게 되는데, 고가의 담보물을 저당하고 융자를 받은 사람이 융자금을 갚지 않으면 손해가 더 커지므로 어떤 경우이든 대출금을 상환하게 됩니다. 그리고 대부분의 경우 대출금을 원만하게 상환하므로 앞서 밟았던 복잡한 절차와 인력 소요, 소비한 시간과 비용 등은 모두 불필요한 것으로 생각될 수 있습니다.

그렇지만 1000명의 고객 중 999명이 원만하게 대출금을 상환하더라도 1명이 대출금을 기한 내 상환하지 못하거나 아예 상환불능일 경우 그 대출 금액은 조합의 손실이 되고 결국 조합원 전체의 손해가 됩니다.

따라서 조합은 자금을 대출함에 있어서 성실한 고객 999명에게 번거로운 절차를 요구하는 한이 있더라도 1명의 대출금 상환불능을 예방하여야 합니다. 1명의 대출금 상환불능 사태를 예방하는 방법은 대출금에 대하여 확실한 담보물을 확보하는 것이 최선의 방안입니다. 그리고 요즘에는 부동산담보 이외에도 신용보증제도 등을 잘 활용하여 담보물 부담을 줄여나가고 있습니다.

또 모든 대출금은 반드시 상환되어야 하고, 조합의 대출금은 떼어먹을 수 없다는 인식이 확고해질 때 조합원의 조합 이용도 더 수월해지는 것이며, 이러한 담보나 보증장치가 없다면 대출고객의 도덕적 해이(moral hazard)나 부도덕한 행위에 대한 유혹이나 상환거부 시도가 발생하게 될 위험이 높아질 것입니다.

결국 대출 절차가 까다로운 것은 조합을 위한 행위나 절차가 아니라 조합원의 이익을 보호하고 사회 전체의 건전한 기풍을 진작하기 위한 것이라 하겠습니다.

353 고객도 규정을 지켜야 하는가?

Q 업무 감사 도중에 감사가 직원에게 호통을 치는 과정에서 "고객은 규정을 지키지 않아도 된다는 말이냐?"고 하여 그 말이 문제가 되었습니다. 고객도 규정을 지켜야 합니까?

A '규정(規程)'이란 조합의 임직원이 사업 추진과 업무 수행을 하는 과정에서 꼭 지켜야 할 내용을 규범으로 만들어놓은 것입니다. 농협에서

는 중앙회장이 시달하는 규정례에 맞추어 이사회에서 제정 또는 개정하여 그 조합의 규정으로 채택하면 모든 임직원이 그 규정에 따라 업무를 수행하게 됩니다.

그런데 고객은 조합과 거래함에 있어서 고객과 조합과의 약속만 지키면 되고 다른 추가적인 의무사항은 없습니다. 즉, 고객은 계약서, 약정서, 약관 등으로 표현되는 조합과의 약정을 잘 지키면 그만입니다. 규정은 고객이 동의한 것이 아니고 고객이 지켜야 할 내용도 아니므로 고객에게 지키라고 할 수 없습니다. 규정은 내부 규범으로서 임직원에게만 적용되는 것이며 고객에게는 미치지 않는 것이므로 고객에게 규정을 지키라고 할 수 없고, 고객이 지켜야 할 규정의 내용도 없으며, 지키라고 할 법률적 근거도 없습니다.

해당 감사의 의욕과 열정이 지나친 나머지, 또 농협 규정을 절대적 기준으로 생각한 나머지 "고객도 규정을 지켜야 하지 않느냐"는 발언을 한 것이겠지만, 그 발언은 착오와 혼동에서 빚어진 것이므로 바로잡아야 합니다. 고객은 어떤 경우에도 규정의 통제나 구애를 받지 않습니다.

354 은행보다 높은 이자는 아무래도 문제

Q 조합의 대출에서 이자율이 은행보다는 아무래도 높습니다. 조합원을 위해 최대봉사한다는 농협이 주주가 아닌 일반 고객을 대상으로 영업하는 은행보다 더 높은 점은 문제일 것입니다.

A은행은 은행법에 의해 구성되어 전 국민을 대상으로 무차별적인 영업을 하는 전문금융업자입니다. 반면에 협동조합은 상호금융제도 내 조합원 간의 유무상통을 통해 자주적이고 자조적인 금융을 하는 기관입니다.

은행으로 표현되는 금융업체들을 제1금융권이라고 하고, 상호금융기관을 제2금융권이라고 하는데 제1금융과 제2금융은 업무 영역과 방법, 목표와 행태 등에서 많은 차이점이 있습니다. 그리고 제1금융은 제2금융에서는 할 수 없는 국제금융시장에서의 자금 모집과 자금 운용, 국고업무의 대리 등 많은 제도적 혜택이 있고, 정책적으로 보호되는 측면이 있습니다.

이에 따라 금융감독당국은 제1금융권과 제2금융권의 사업과 금리체계에 대해 엄격한 구분을 두고 있습니다. 그 때문에 예수금 금리와 대출금 금리가 제2금융권인 협동조합이 약간씩 더 높은 것은 사실이지만, 예수금 금리는 자금의 조달원가이므로 자금대출 시 이율이 그만큼 높아지는 것은 당연한 일입니다.

그러나 자금을 대출받을 때 제1금융권보다 더 유리한 담보 비율을 적용받을 수 있어서 똑같은 담보물로 더 많은 대출금을 얻을 수 있는 장점이 있습니다.

그뿐 아니라, 농협의 경우 조합원과 고객에 대한 세제, 배당 등에서 혜택이 있으므로 금리차이에 의한 보상이 이루어져 엄밀하게 계산해 보면 조합원의 경우 금리 차이에 따른 손해가 거의 없습니다. 오히려 이용고배당, 출자배당, 환원사업 등을 통해 금리 차이보다도 훨씬 더 높은 혜택을 누리고 있습니다.

355 파생금융상품이란?

Q 파생금융상품을 이용해 수익도 올리고 자금 조달이나 자금 운용을 할수 있다고 하는데, 파생금융상품이 무엇입니까?

A 파생금융상품(派生金融商品)은 금융기관에서 취급하는 예금·보험·대출 등 전통적인 금융상품이 아니라 채권·통화·주식·원자재 등 기초자산을 응용하여 다양하게 만든 금융상품으로서, 대표적인 것으로는 선도거래·선물·옵션·스와프 등이 있습니다.

채권, 통화, 주식, 원자재·곡물 등의 기초자산은 국제적으로 유통되는 중요한 재화이지만 미래의 시장 상황이나 가격을 예측하기 어려우므로, 이 상품을 바탕으로 가격이 미래에 크게 오르거나 떨어질 경우 손실을 입을 수 있는 위험을 사전에 피하기 위해 만들어진 금융상품을 가리킵니다.

예컨대 기업이 수출 대금을 1개월 뒤 달러로 받을 경우, 그사이 달러 대비 원화 환율이 떨어지면 손실을 보게 되므로 이러한 손실 위험을 피하기 위해 현재의 환율을 적용하는 선물환(先物換)이라는 파생상품 거래를 하는 것입니다. 다시 말해 현재 원화 환율이 1000원(상품원가에 이익이 포함된 가격)이라고 하면 이 금액으로 파생상품 거래를 약정하고, 일정 기간 후 대금을 지불받을 때 원화 환율이 700원으로 떨어진다고 하더라도 미리 약정한 1000원을 보장받을 수 있어 환율 변동에 따른 위험을 피할 수 있게 됩니다. 물론 원화 환율이 오를 경우 더 많은 이익을 얻을 수 있겠지만, 그보다는 위험을 피해 안정적인 수입 금액을 확정함으로써 경영의 안정을 기할 수 있는 것입니다.

최근에는 기초자산이 되는 파생상품의 투자 대상이 기존 금융상품은 물론 기업 신용(기업의 부도 확률을 상품화한 것), 곡물, 전력 등으로까지 확대되는 추세입니다.

한편, 파생상품은 본래 금융자산 등에 투자할 때 생기는 가격 변동 위험을 피하기 위한 목적에서 만들어졌으나 거래 규모가 늘면서 투기 목적에 이용되는 경우가 더 많아지고 있습니다. 대표적인 사례로 1995년 발생한 영국 베어링스 은행 파산을 들 수 있는데, 당시 베어링스 은행의 싱가포르지점 수석 트레이더였던 닉 리슨(Nick Leeson)은 일본 주가지수 선물에 투자했다가 14억 달러를 날린 후 손실 은폐를 시도했고, 그 결과 회사는 233년 역사를 끝으로 파산하여 네덜란드 ING사에 단 1달러에 매각되었습니다. 베어링스 은행을 파산으로 몰고 간 닉 리슨에게는 '악마의 손'이라는 별칭이 붙었습니다.

우리 농협에서 파생상품을 활용한 자금 운용이나 수익 증대는 아직 대단히 위험한 투자 방식이라 하겠습니다.

356 법과 규정을 위반하여 지원된 대출금, 무효인가?

Q 법률과 규정을 위반하여 지원된 대출금에 대하여 대출받은 사람이 위법한 대출이므로 무효라며 상환을 거부합니다. 위법한 대출금은 무효입니까?

A 자금을 대출함에 있어서 법률의 규정과 지침에 어긋나지 않게 하여야 하는 것은 당연합니다.

그리고 법률을 위반하여 대출할 수 없는 업종이나 대상에게 대출하였거나, 정부와 조합에서 정한 규정이나 지침을 어겨서 대출한 경우에도 역시 무효라고 하여야 할 것입니다. 그러면 위법한 대출, 위규인 자금 지원은 모두 무효가 되어 대출금의 상환을 청구할 수 없게 되는 것일까요?

그렇지 않습니다. 대출금의 지원 대상이나 절차를 어겨서 위반 대출이 되었을 때 대출 과정과 대출 서류는 무효라 할 것이지만, 이미 지원된 대출금은 분명히 대출된 것이고 그만한 현금이 흘러간 것이므로 차주는 무슨 이유를 동원하더라도 상환하여야 할 의무가 있습니다.

그리고 위법사항 때문에 대출금이 무효라는 말은 대출금의 상환의무가 없어진다는 뜻이 아니라 대출금약정서의 상환기일이나 이자율 등 약정이 무효이므로 위법한 사실이 밝혀진 순간, 바로 대출금의 기한의 이익이 상실되어 상환일자가 소멸되었다고 할 것이므로 즉시 상환하여야 하고, 이자율도 약정이자율은 무효이므로 즉시 연체이율로 계산하여야 합니다.

또 담보대출의 경우에는 즉시 담보물 경매 절차에 들어가야 하고, 신용보증부 대출일 경우에는 즉시 보증금을 청구하여야 하며, 신용대출의 경우에는 바로 재산 탐색과 가압류 등 연체 채권회수 절차에 들어가야 하는 것입니다.

357 소멸시효가 완성된 채권, 받으면 안 되는가?

Q 소멸시효가 완성된 채권을 회수한 일이 위법이라고 주장합니다.

A 어느 농협에나 오래전에 대출되어 지금은 법률상 소멸시효가 완성된 채권이 있습니다. 그러나 이 채권의 증서를 모두 소각해버리지 않고 보관하며 후일 일부라도 회수하면 해당 차주의 이름으로 정리합니다.

이러한 소멸시효가 완성된 채권의 일부가 회수되었는데 차주가 소멸시효가 완성된 채권을 독촉 및 회수한 사실이 위법이라고 주장하는 경우가 있습니다. 그러나 소멸시효의 완성이 곧 채권의 소멸이 아니고 소멸시효가 완성되었다고 하여 독촉이나 회수를 하지 못하는 것도 아니며, 차주가 소멸시효 완성된 채권을 상환하는 것도 위법하거나 부당한 일이 아닙니다.

누구나 자금을 대출받았으면 약정한 기한 이내에 약정한 이자와 대출한 원금을 상환하는 것이 당연한 일이고 또 반드시 이행하여야 할 의무입니다. 그런데 어떤 사정으로 약정을 지키지 못하고 연체하는 경우가 있는가 하면 소멸시효가 완성되도록 상환하지 못하는 경우도 있고, 아예 파산 절차를 밟아서 채무로부터 벗어나기도 합니다.

그렇지만 채권의 소멸시효라는 것은 채권의 당초 원인을 없던 일로 하는 것이 아니라 일정한 시일이 경과하면 채권에 대하여 시효의 완성을 주장하여 채무 독촉과 상환 부담으로부터 채무자를 벗어나게 해주는 제도입니다. 그리고 채권의 소멸시효가 완성되었다고 하더라도 형편이 나아지거나 새로운 사업을 하는 데 유리하다면 채무를 상환하는 것이 일반적이고, 명예로운 일입니다.

따라서 모든 금융기관이 소멸시효가 완성된 채권이라고 하여 모두 포기하는 것이 아니라 채권증서를 보관하고 채무자의 명예회복이나 새 출발에 대비하고 있으며, 소멸시효가 완성된 채권을 상환하는 일은 매우 바람직하고도 명예로운 일입니다.

358 보이스피싱에 대한 지식과 대책을…

Q 최근 '보이스피싱' 기술과 수법이 대단히 정교해지고 세련되어져 속지 않을 도리가 없다고 합니다. 왜 이렇게 정교해졌는지, 조합원과 고객의 대책은 무엇인지요?

A '보이스피싱(Voice Phishing)'은 최근에 유행하고 있는 사기수법의 하나로서 전화를 통한 사기를 일컫는 말로 음성(voice)과 개인정보(private data), 낚시(fishing)를 합성한 신조어입니다.

보이스피싱은 대부분 통장 명의자와 사용자가 다른 소위 대포통장 등을 범죄에 이용하는데, 전화를 무작위로 거는 수법으로 수사기관, 국민건강보험공단, 각종 금융기관 등을 사칭하여 금전을 편취하는 일종의 사기수법입니다. 정보통신산업의 발달은 일상생활의 많은 부분을 변화시키고 있는데 새로운 정보통신기술은 일상생활을 편리하게 하는 것과 동시에 새로운 형태의 범죄에도 이용되고 있으며, 보이스피싱 범죄가 그중 대표적입니다.

보이스피싱 범죄는 특성상 주범을 찾기가 쉽지 않고, 피해자의 피해 회복이 어려우며 가해자를 찾기도 대단히 어렵습니다. 「전기통신금융사기 피해 방지 및 피해금 환급에 관한 특별법」을 통한 피해금 환급제도가 있으나 실질적으로 피해자들의 손해를 상당 부분 보전하여 주는 수준에는 이르지 못하고 있기 때문에 보이스피싱 범죄의 손해배상은 주로 피해자가 사기이용 계좌의 명의인을 상대로 한 민사소송을 하게 됩니다.

이와 관련하여 대법원 판례는 아직 찾아보기 어렵고, 하급심 판례들은 주로 피해자의 과실에 의한 방조를 인정하여 일부 손해를 배상할 것을 인정하고 있습니다.

사기이용 계좌의 명의인이 보이스피싱 사기단에 통장을 제공할 당시 보이스피싱 범죄에 이용될 것임을 예견할 수 있었고, 나아가 범죄자의 범죄행위를 용이하게 하여 방조하였다는 것인데, 과연 사기이용 계좌의 명의인에게 예견 가능성을 인정할 수 있는지는 의문입니다. 현실적으로는 사기이용 계좌의 명의인이 노숙자이거나 당장 급전이 필요하여 대출을 미끼로 통장을 제공하게 된 경우가 많아 법원에서 승소 판결을 받는다 한들 그들을 상대로 배상을 받기란 사실상 불가능한 일입니다.

보이스피싱은 전화를 이용하여 개인정보를 불법적으로 알아내어 이를 토대로 예금을 인출해가는 사기수법으로 처음 일본에서 개발되었고, 대만에서 성행하면서 그 수법이 지능화된 다음 우리나라에 들어와 많은 피해를 입히고 있습니다.

초기에는 주로 중국 동포들을 이용한 경우가 많았으나 지금은 거의 모두가 내국인들로 이루어진 전문조직입니다. 최근에는 퇴직한 공무원, 은행원 등이 필리핀, 캄보디아, 미얀마 등 해외에 사무실과 콜센터를 차려놓고 국내의 젊은 청년들을 고용하여 아주 지능적인 사기를 자행하므로 누구나 표적이 되면 빠져나가기 어려울 정도로 정교하고 세련된 수법을 구사하고 있습니다.

농협 조합원이나 고객들은 여러 가지 그럴듯한 정보나 제안으로 유혹이나 협박이 들어올 경우 그에 따르기에 앞서 반드시 농협의 직원이나 책임자에게 문의하고 상담하는 자세를 갖는다면 어떠한 경우에도 피해를 예방할 수 있습니다. 때로는 "지금 농협직원이 사고를 저지르고 있으니 농협에도 얘기하지 말고 안전조치를 취하라"고도 하는데, 이때에도 반드시 농협과 상담해야 합니다. 설혹 실제로 농협직원이 사고를 자행하였다면, 농협에서 고객의 피해금액을 전액 변상하여 주게 되는 것이니 놀라거나 경솔하게 행동하지 않도록 해야 합니다.

359 은행이 파산하면 대출금을 갚지 않아도 됩니까?

Q 은행이나 협동조합도 경영체인 만큼 파산할 수 있습니다. 그런데 은행이나 조합이 파산하면 그 은행과 조합으로부터 받은 대출금은 상환할 곳도, 회수할 임직원도 없으니 갚지 않아도 되는 것입니까?

A 실제로 외국에서는 은행 도산이 일상이라고 하고 우리나라에서도 최근 저축은행의 연쇄 도산, IMF 시절 시중은행의 도산을 목격하였습니다. 이 때문에 예금을 할 때는 건실한 은행인지, 내 예금을 안전하게

지켜줄 수 있는지를 따져보게 됩니다.

한편 은행이 파산하거나 도산해 정리 절차를 끝마치면 은행이 소멸되는 것이므로 은행이 가졌던 각종 권리와 함께 대출금 채권도 소멸되는 것으로 생각하기 쉽습니다. 그러나 은행이 파산할 경우 모든 자산을 정리해 예금자 등 채권자들의 청구에 충당하게 되는데, 대출금은 상환 기일이 남아 있을 경우 은행 파산을 이유로 상환을 요구할 수 없으므로 대출금은 회수가 되지 않은 채 파산과 정리가 이루어지게 됩니다.

그렇지만 대출금 등 은행의 자산과 권리는 모두 예금보험공사 또는 자산을 인수하는 은행으로 이관되거나 추심업체에 매각되므로, 대출금의 상환은 피할 수 없게 됩니다. 그리고 고액 대출금은 대부분 담보 등 채권 보전 조치가 확실하게 이루어져 있으므로 파산관재인이나 예금보험공사, 채권추심업체 등 채권 인수자들이 회수에 대한 문제를 걱정하지 않습니다.

결국 은행이나 조합이 파산하더라도 대출금은 상환해야 하고, 상환하지 않을 방안도 없다고 하겠습니다.

360 핀테크와 재테크는?

Q 최근 핀테크라는 말이 있는데, 재테크와 다른 것인가요?

A 재테크란, 보유자금을 효율적으로 운용하여 최대 이익을 창출하는 방법을 의미하며, 한자 '재무(財務)'와 영어 '테크놀로지(technology)'

의 합성어인 '재무 테크놀로지'를 줄여 만든 말로 '하이 테크놀로지'의 합성 줄임말인 '하이테크'를 본떠 만들었습니다.

재테크는 본래 기업 경영에서 사용되던 용어지만, IMF 외환위기 이후 경제에 대한 관심이 높아지면서 자산을 안전하게 불려 나가려는 일반 가계에서도 쓰이게 된 말입니다. 일반 가정의 고전적인 재산축적 방법이던 저축이 2000년대 들어와 연이은 금리 인하와 소액 저축 비과세 제도의 축소 및 폐지에 따라 재산축적으로서의 적절한 역할을 할 수 없게 되자 부동산 투자나 특히 고소득층을 중심으로 한 주식과 펀드 투자 등 위험부담이 높은 투자 방법이 인기를 끌게 되었습니다.

이러한 재테크에 대한 일반적 관심과 함께 금융상품의 다양화에 따른 재테크 전문 지식이 요구되자, 국내 각 금융기관은 투자 상담 전문가를 은행에 배치했고, 이와 함께 합리적 세금 납부를 통한 세테크와 부동산 투자를 통한 땅테크 상담을 포함하여 개인의 자산을 재테크 관점에서 종합관리해주는 자산관리사(financial planner, 파이낸셜 플래너)라는 직업도 생겨났습니다. 핀테크(FinTech)는 Finance(금융)와 Technology(기술)의 합성어로, 금융과 IT의 융합을 통한 금융서비스 및 산업의 변화를 통칭하는 말입니다.

금융서비스의 변화로는 모바일, SNS, 빅데이터 등 새로운 IT 기술 등을 활용하여 기존 금융기법과 차별화된 금융서비스를 제공하는 기술기반 금융서비스 혁신이 대표적이며 최근 사례는 모바일뱅킹과 앱카드 등이 있습니다. 산업의 변화로는 혁신적 비금융기업이 보유 기술을 활용하여 지급결제와 같은 금융서비스를 이용자에게 직접 제공하는 현상이 있는데 애플페이, 알리페이 등을 예로 들 수 있습니다.

핀테크라는 용어를 가장 빈번하게 사용하는 영국의 경우, 기술기반

금융서비스 혁신을 전통 핀테크(Traditional Fintech)로, 혁신적 비금융기업의 금융서비스 직접 제공을 신생 핀테크(Emergent Fintech)로 정의합니다.

정리하면 재테크는 저금리 추세에서 재산을 효과적으로 불려보자는 소박한 동기에서 출발하여 부동산, 증권, 원자재 등 실물재화 등을 투자 대상으로 삼아 수익을 올려보려는 기술이고, 핀테크는 금융기관이 첨단기술과 금융을 결합하여 서비스를 혁신한 기술적 진보를 가리킨다고 하겠습니다.

미국, 영국을 중심으로 핀테크서비스에 대한 투자가 지속적으로 증가하고 있고, 각국 정부는 적극적인 정책적 지원에 나서고 있으며, 우리나라는 틈새시장 이익이 비교적 적고 규제에 따른 서비스 제한과 금융 보안에 대한 우려로 핀테크에 적극적이지 않았으나, 금융산업의 성숙도와 IT 강국으로서의 지위를 고려할 때 국내 IT·금융 융합 산업의 잠재적 성장가능 규모가 대단히 클 것으로 예상됩니다.

361 농협보험은 설명이 부족해

Q 보험회사의 보험모집인은 청산유수로 보험상품을 설명하면서 해박한 지식으로 고객이 미처 생각하지 못하는 부분까지 자세히 응대함은 물론 고객의 요구마다 모두 장담합니다. 그런데 농협의 보험담당 직원은 상품 설명뿐 아니라 질문을 받은 후 책자를 찾아보고 나서도 대답이 매끄럽지 못합니다. 왜 그렇습니까?

A 실제로 보험회사의 모집인은 설명이 무척 세련되고, 깔끔하면서 고객이 추가적으로 묻는 것마다 모두 걱정하지 말라고 하며 자세히 설명하고 확실하게 보증해 줍니다.

반면, 농협의 보험담당자는 약관에 쓰인 문구를 설명하면서도 어눌하고, 질문이라도 하게 되면 그것을 책임자나 다른 직원에게 물어가며 답변을 하거나 어디론가 전화로 확인하여 겨우 답변을 하는데, 그 내용도 깔끔하지 못한 경우가 많습니다. 만약 답변에 대해 추가로 질문을 할라치면 또다시 한참 동안 여러 곳에 묻고 전화하여 규정집을 펼쳐가면서야 겨우 몇 마디 얻어들을 정도이니 아예 질문을 참게 되기도 합니다. 이런 면에서 일반 민영보험의 마케팅 수준과 농협보험의 마케팅 수준이 비교되기도 하는데 이러한 차이가 마케팅 수준의 차이 때문만은 아닙니다.

먼저 기본적으로 보험모집인은 해당 보험상품에 대해서만 집중적으로 연수받고 연구하므로 아무래도 설명이 매끄럽지만, 농협 담당자는 보험상품 한 가지 일만 하는 것이 아니라 예금, 대출, 내국환, 출자, 구매, 판매, 교육사업 등 농협사업 전반에 걸쳐 학습·연구해야 하므로 집중도에서 차이가 있을 것입니다.

또 보험 업무라고 하더라도 보험회사 모집인은 생명보험이나 손해보험이 나뉘어 있으므로 둘 중의 하나만 취급하기에 한 가지만 알면 되지만, 농협보험은 생명보험, 손해보험을 모두 다 취급하면서 민영보험에는 없는 가축보험, 농작업상해보험, 농업재해보험까지 모두 다루어야 합니다.

따라서 갑자기 보험상품에 대한 질문을 받았을 때 민영보험사의 모집인보다 5~6배 많은 상품, 각각 전혀 다른 특성의 보험상품에 대해 설명해야 하는 어려움이 있는 것입니다.

이뿐만 아니라 보험모집인은 자신의 설명에서 착오나 오류, 과장이 있어서 후일 문제가 되더라도 그때쯤이면 이미 퇴직하였거나 아직 재직 중이어도 모집 설명 과정에서 오류가 생긴 것은 책임을 지지 않아도 됩니다. 그런데 농협직원은 만약 보험상품에 대해 틀린 설명을 하였거나 착오가 발생하였을 경우라도 조합원이나 가입자가 "농협직원의 설명과 장담을 믿고 가입했으니, 무조건 그 설명대로 다 이행하라"고 주장하기 일쑤입니다. 그리고 보험회사의 모집인과 농협직원의 권위나 책임은 전혀 다릅니다.

그러한 경험이 있기 때문에 농협의 보험담당 직원은 고객의 질문에 대해 확실하고 분명한 해답을 드리기 위해 상급자나 전문가, 상급기관에 조회하고 확인하여 설명을 하는 것이고 설명하는 내용 하나하나마다 신중하고도 분명하게 답변을 하지 않으면 안 되는 것입니다.

따라서 농협의 보험담당자가 민영보험 모집인에 비해 설명이 매끄럽지 않은 것은 실력이나 정성의 차이에서 비롯된 문제가 아니라 확실하고도 책임 있는 분명한 설명을 올리려는 성실하고 분명한 자세 때문임을 이해하여야 할 것입니다.

362 농협보험이 우수한 점과 그 이유

Q 농협보험이 다른 보험보다 우수하다는 말을 자주 듣습니다. 그런데 왜 우수한지는 체계적으로 설명 듣지 못하였습니다.

A보험업체의 우수성은 요란한 광고 선전과 알 수 없는 외국어 남용이 결정하는 것이 아니라 고객에 대한 서비스의 내용과 품질에 달려 있는 것입니다. 그리고 고객서비스의 품질은 경영자의 도덕성과 윤리의식, 보험업 경영의 탁월함에서 결정됩니다. 즉 경영자가 수익만 밝힌다면 고객의 이익이 희생될 것이고, 보험사업 경영이 어렵다면 고객에 대한 서비스를 기대할 수 없을 것이기 때문입니다.

경영자의 도덕성과 윤리의식은 각 보험회사가 고객을 상대로 소송을 얼마나 많이 하는가가 가장 중요한 지표입니다. 보험회사가 고객을 상대로 보험금 지급을 회피하기 위하여 갖은 수단과 방법을 다 동원한 다음에 결국 소송까지 하게 되는데, 특히 고액의 계약에 예외 없이 소송하는 보험회사는 그만큼 불량하고 부도덕하다는 뜻입니다.

농협은 원래 설립 목적이 비영리 공익을 위한 조직으로서 사업수익이 목적이 아니라 사업을 널리 확산하여 사업혜택을 전 국민에게 제공하는 것이 목적이고, 특히 고객을 상대로 소송을 하는 일이 거의 없습니다.

보험업 경영에서 수익이 높아야 고객에 대한 서비스가 충실해지는 것인데, 이 수익의 기본적인 원천은 1. 사고율 차이 2. 자금운용수익 차이 3. 사업비용의 차이 등 3가지 차이에서 결정됩니다. 사고율 차이는 생명보험은 사망률, 손해보험은 사고발생률이 높으면 보험회사의 손해가 커지고, 낮으면 보험회사에 여유가 생기는 것입니다.

자금운용수익 차이는 보험회사가 보험료로 수집한 자금을 금융시장에서 운용하여 높은 수익을 낼수록 우수한 것이며, 사업비용의 차이는 보험 모집과 행정 처리, 고객 지원 등 사업비용이 높을수록 곤란한 것이고 낮을수록 우수한 것입니다.

농협의 경우 일반 보험회사와 달리 생명보험의 주력가입자가 농업인, 공무원, 회사원 등으로서 사망위험이나 직업적 위험이 가장 낮아 그만큼 안정적이고 사망률이 낮으며, 손해보험의 경우에도 농가주택, 농업시설, 관공서, 지방자치단체 등이 주요 가입 대상이므로 화재나 사고의 위험이 가장 낮습니다. 또 농협중앙회가 은행, 증권, 보험 등을 직접 거느린 종합금융그룹인 데다 세계 각국에 금융지점을 두고 있어서 자금운용과 금융수익에 대한 정보력이 최고 수준이고 자금운용 노하우와 경험 역시 가장 뛰어납니다.

사업비용에 있어서는 농협보험이 지사무소를 최소한으로 운용하고 농협중앙회와 회원농협의 점포망과 인력을 모두 활용하므로 비용이 크게 절감될 뿐 아니라 전국 방방곡곡에 지사무소와 10만 명이 넘는 인력을 두는 효과가 있습니다.

이러한 경쟁력을 바탕으로 농협은 1960년대부터 보험사업의 수익을 계약자에게 돌려주는 '계약자배당'을 실시해 왔는데, 다른 보험회사들이 대부분 2000년대 이후에야 계약자배당 제도를 도입하고 있을 정도로 차이가 있습니다. 이러한 보험사업의 중요한 구조마다 일반 보험보다 월등히 우수한 조건이 있기 때문에 농협보험이 우수하다는 것입니다.

363 생명보험과 손해보험을 분리한 이유는?

Q 농협공제보험이 있었는데, 갑자기 농협생명과 농협손해보험으로 분리되었습니다. 그 이유가 임원 자리 늘리기라는 소문이 있는데….

Ⓐ 2011년 3월 농협법 개정으로 농협중앙회를 사업 부문에 따라 분리하고 지주회사를 설립하는 방식으로 개편하였습니다. 그 과정에서 농축산물 판매 활성화를 중앙회와 조합, 농협경제지주회사의 주요 책무로 명문화하고, 필요한 조직과 시설을 갖추도록 하였으며, 중앙회가 보유한 자본 배분 시에도 경제사업에 우선적으로 배분하도록 하여 경제사업이 보다 안정적이고 독자적으로 운영되도록 하였습니다.

또한 중앙회가 농협 명칭을 사용하는 영리법인 등에 영업수익 또는 매출액의 2.5% 내에서 명칭 사용료를 부과할 수 있도록 규정해 산지유통 활성화사업 등 조합과 농업인에 대한 중앙회의 지원이 안정적으로 이루어질 수 있도록 하였습니다.

이로써 농협의 경제사업은 독립된 조직과 안정적인 자본을 바탕으로 농축산물 수급조절 기능을 갖추게 돼 농업인에게는 소득안정을, 소비자에게는 안정된 가격의 농축산물을 공급할 수 있을 것입니다.

이때 농협공제 부문을 별도의 회사로 독립시켜야 하게 되었는데, 보험업법에 생명보험과 손해보험을 같은 회사에서 함께 운영(兼營, 겸영)할 수 없다는 규정에 따라 부득이 농협생명보험과 농협손해보험 2개의 회사로 분리하게 되었습니다. (보험업법 제10조)

그리고 보험회사는 원활한 운영과 경영의 안정 및 효율을 위해 기본적인 기구와 조직을 갖추어야 하므로 조직과 임직원이 갖추어진 것입니다.

> **보험업법 제10조(보험업 겸영의 제한)** 보험회사는 생명보험업과 손해보험업을 겸영(兼營)하지 못한다. 다만, 다음 각 호의 어느 하나에 해당하는 보험종목은 그러하지 아니하다.

364 유사보험이 있다는데, 무엇입니까?

Q 최근 보험모집인과 대화 도중에 유사보험은 보장을 제대로 받지 못한 다는 말을 들었습니다. 그리고 우체국보험과 농협보험을 유사보험이라고 하였는데 사실입니까?

A 얼마 전부터 일부 보험설계사들이 우체국이나 농협 등에서 판매하는 보험상품을 '유사보험'이라고 부르며 제대로 보장이 되지 않는다는 취지로 설명한 일이 있습니다. 그런데 이것은 유사보험을 유사수신 등의 단어와 엮어 부정적 이미지를 부각하여 보험을 갈아타도록 유도하며 피해자를 양산하고 있어서 사회문제가 되기도 했습니다.

참고로 유사수신은 허가를 받지 않고 고액의 확정수익 등을 공언한 뒤 불특정 다수에게 돈을 끌어모으는 불법 자금조달 행위를 가리키지만, 유사보험은 판매 주체의 성격 차이에 따라 '보험과 유사한 성격'이라는 의미일 뿐, 불법적 요소는 없는 것입니다.

실제로 부산시 동래구에 사는 김 모 씨(여)는 최근 한 보험설계사가 "우체국보험은 '유사보험'인 까닭에 사고가 발생해도 제대로 보장받지 못할 수 있다"며 김 씨의 불안을 증폭시키자 3년 넘게 불입하던 우체국보험을 해약하고 설계사가 소개해주는 보험상품으로 가입했는데, 보험료가 더 비싼 것은 물론 우체국보험에서는 가능했던 상해를 보장받을 수 없었다고 합니다.

그리고 '유사보험(Quasi-Insurance)'이란 위험을 담보로 하는 보험과 동일하지만 특정 지역 및 업종에 종사하는 조합원을 대상으로 판매하는 공제상품을 일컫는 말이며, 현재 민영보험사가 아닌 수협, 새마을금고 등에서 판매하는 보험으로서 감독 주체만 다를 뿐, '유사보험'이라는 이유로 보장을 못 받는 경우는 발생하지 않습니다.

그리고 농협보험은 유사보험이 아니라 정상적인 정규보험이고, 보험회사 중에서 자본력과 영업력, 보장이나 고객서비스가 가장 충실한 보험입니다.

365 보험금 지급에 딴죽걸기가 성행한다는데

Q 얼마 전 뉴스에 보험회사가 보험금을 지급할 때 지급을 지연하거나 회피하는 관행이 보도되었습니다. 보험회사가 왜 그런 행태를 보이는지, 농협은 그렇지 않은지 궁금합니다.

A 얼마 전 언론에 보도된 내용에 따르면, 보험회사의 보험금 지급 거절이 1년에 10만여 건에 이르는 것으로 알려졌으며, 생명보험과 손해보험이 모두 해당됩니다. 특히 대형 보험회사일수록 보험금 지급 거절 사례가 많은데, 이는 보험가입자가 많기 때문에 그에 비례하여 보험금 지급 거절도 더 많은 것으로 보입니다.

또 보험금 지급 의무가 없다고 보험소비자에게 소송을 제기한 사례도 수백 건, 금액으로는 100억 원이 넘는 것으로 나타났으며, 보험금 지급 지연과 관련하여 금융감독원에 접수된 분쟁조정 신청 건수도 수천 건에 이르고 있습니다.

이런 사태에 대해 민병두 국회의원은 "빈번하게 발생하는 불완전판매와 지급할 보험금을 무리하게 깎으려는 행태가 선량한 보험소비자에게 피해를 주는 것은 물론 보험에 대한 신뢰까지 깎고 있다"고 지적했습니다. 심지어 보험금 지급을 청구한 고객을 보험사기범으로 모는 기막힌 일이 벌어졌으며, 보험금을 주지 않으려고 보험사가 소송을 남발하는 일도 비일비재합니다.

　사업가 홍 모 씨는 2001년 당뇨에 걸려 양발이 괴사하더니 한쪽 눈이 멀기 시작했습니다. 질병보험에 가입했던 홍 씨는 보험금을 청구했는데, 보험사는 덜컥 사기혐의로 경찰에 진정을 냈습니다. '통원치료가 가능한데, 불필요하게 입원했다'는 것입니다.

　수사 결과는 무혐의 처리되었지만, 보험사는 검찰에 고소했습니다. 그러나 다시 무혐의 판단이 났고, 보험사는 이에 항고하여 끝내 고등검찰청까지 갔지만 역시 무혐의였습니다. 그 후 홍 씨는 뇌경색으로 두 차례 수술을 받고 보험금을 청구했는데, 보험사가 또 고소하여 검찰과 경찰 수사에 시달리던 홍 씨는 결국 보험을 해지했습니다.

　이렇듯 보험회사는 소비자를 상대로 소송이나 고소·고발을 남발하며 '소송해서 안 되면 말고, 되면 좋고…'와 같은 행태를 보이는 탓에 보험가입자는 '고객으로서 왕'이 아닌 '을'로 전락하고 있습니다.

　이러한 언론보도에서 보듯 보험회사의 보험금 지급 회피를 위한 수단은 다양하고도 집요한데, 보험가입자가 보험금을 청구했을 때 엉뚱한 이유를 들어 거절하고, 감독기관에 민원을 내면 보험회사는 소송으로 대응하여 민원을 무력화시킵니다. '재판 중인 사건은 민원으로 보지 않는다'는 법률 규정을 악용하는 것입니다. (민원처리에 관한 법률 제21조)

　보험회사의 소송에 대해 가입자가 승소하더라도 보험회사가 보험금을 지급하지 않으면 가입자가 다시 소송을 해야 하는데, 기술적으로 소송을 지연시키고 재판을 반복하면 대법원 확정까지 10여 년이나 소요됩니다. 결국 가입자는 소송을 하는 동안에 사망하거나 다른 일을 하지 못해 가세가 기울어 파산하므로 결국 투쟁을 포기하거나 아주 불리한 조건으로 합의를 할 수밖에 없는 것입니다.

그래서 보험에 가입할 때는 자신의 미래 운명이 걸린 일이라고 생각하며 보험회사를 잘 보고 가입해야 합니다. 특히 고객을 대상으로 소송을 하지 않는 보험회사를 골라야 합니다. 고객을 상대로 먼저 소송을 하지 않는 보험회사가 우리나라에 단 한 곳 있는데, 바로 '농협보험'입니다. 농협보험은 조합원과 회원조합이 주인이며, 조합원이 가입자 고객이므로 농협보험의 주인인 가입 고객을 대상으로 소송을 할 수 없습니다. 마치 재벌그룹 보험회사가 재벌 오너를 상대로 소송을 할 수 없는 것과 같습니다.

이런 점 하나만으로도 농협보험이 얼마나 도덕적이고 윤리적인지, 우리 모두가 주인인 협동조합 체제가 얼마나 소중한 것인지 다시 한 번 확인할 수 있는 것입니다.

366 공제와 보험은 같은가, 다른가?

Q 보험회사는 처음부터 보험이라는 용어를 썼는데, 농협은 '공제'라고 하더니 '공제보험'이라고 하다가 지금은 '보험'이라고 합니다. 보험과 공제는 어떤 차이가 있으며, 상품에서도 어떤 차이점이 있습니까?

Ⓐ보험(保險)은 동질의 위험에 처한 다수의 경제주체에게 우연한 사고가 발생했을 경우 재산상의 도움을 주기 위해 미리 일정률의 금액(보험료)을 출연(醵出, 갹출)하여 공동 준비재산을 마련하고, 현실적으로 사고를 당한 사람에게 일정한 금액 또는 기타의 급부(보험금)를 제공함으로써 경제생활상의 불안을 제거 또는 경감시키는 제도입니다.

공제(共濟)란 동일한 직업 또는 같은 종류의 사업에 종사하는 다수의 경제주체가 상호구제를 위하여 보험료에 상당하는 금전을 납입하고 가입자에게 소정의 사고가 발생한 경우에 미리 정해진 일정한 금액을 지급하는 것을 말합니다. 즉 보험은 '동질의 위험에 처한 다수'가 대상인 데 반해 공제는 '동일한 직업 또는 사업에 종사하는 다수'가 대상으로서 공제는 가입자의 범위가 구성원 또는 지역적으로 한정된다는 측면에서 보험과 다릅니다. 그렇지만 공제의 경우에 조합원이나 회원의 이용에 지장이 없다면 외부인이나 일반 고객에게도 가입이 허용되므로 영업 면에서는 보험과 차이가 없게 됩니다.

우리나라 농협공제의 경우 공제 가입 대상을 농민 조합원으로 출발하였으나 조합원에 국한하지 않고 오래전부터 일반인에게도 가입을 허용하고 있었습니다. 그 이유는 우리나라의 보험사업이 충분히 발달하지 않은 상태에서 농촌 주민이나 공무원, 회사원, 영세 자영업자에 대한 보험 혜택을 주어야 하는데, 농협이 그 역할을 할 수 있는 유일한 조직이었기 때문입니다.

결국 보험이란 가입자 개인의 입장에서 볼 때 위험으로부터 보호된다는 점에서 보험(保險)이라고 인식하는 것이고, 보험사업 전체를 보면 다수의 가입자가 힘을 모아서 불행에 빠진 한 사람을 구제하는 시스템이라 할 것이므로 '공동의 힘으로 구제', 줄여서 공제(共濟)라고 하는 것이므로 본질과 구조, 내용이 모두 같은 것입니다.

그러나 보험업법이 있어서 보험의 주관자인 보험자는 주식회사가 되어야 하고, 공제는 다른 법률에 따라 조합이나 협동조합, 협회 등이 주관자, 공제자가 되도록 하고 있으므로 농협은 공제라는 이름을 써야 했던 것입니다.

그런데 최근 농협법의 개정으로 농협공제가 모두 다 농협보험으로 변경되었습니다. 그리고 농협보험의 가입자 수와 자산 규모, 자산 운용의 건전성, 회계의 독립성과 투명성 등에서 단연 국내 모든 보험 중 으뜸이며, 특히 가입자에 대한 각종 편의와 보호에서는 어느 보험회사도 따라오지 못하는 최고 수준입니다.

367 농협증권, 증권회사와 농업이 무슨 관련이?

Q 농협중앙회가 얼마 전 증권회사를 인수하여 국내 최대의 종합금융그룹으로 거듭났다고 합니다. 도대체 증권이며 종합금융그룹이 농업과 무슨 관계입니까?

A 농협중앙회는 회원농협과 달리 은행금융을 수행하고 또 생명보험과 손해보험업을 경영하며, 투자금융사, 증권사 등을 모두 거느린 종합금융기업입니다. 종합금융기업은 다른 종합금융그룹과 경쟁하여야 하고 제휴와 협력도 하면서 세계시장을 무대로 금융사업을 하여 성과를 거두어야 합니다.

세계시장을 무대로 금융사업을 한다는 의미는 어떤 지방에서 목 좋은 사거리에 점포를 열어서 금융사업을 하는 것과는 차원이 전혀 다른 영역입니다. 기본적으로 자본력, 정보력, 자금력, 연합세력 등이 충분하여야 하고 세계무대에서 활동한 경험과 능력이 있어야 합니다. 농협이 대형 증권사를 인수하여 종합금융그룹 체제를 갖춘 것은 그러한 경쟁력의 기초를 갖춘 것이라 하겠습니다.

그리고 종합금융그룹이 되어 세계시장에서 자금을 끌어오고 국내의 여유자금을 세계시장에서 운용할 수 있다면, 더 많은 자금을 더 유리한 조건으로 조달하여 국내 농업개발자금으로 공급할 수 있는 것이고, 여유자금도 더 안정적이고 유리한 조건으로 운용하여 수익을 국내 농업이나 회원농협 지원에도 사용할 수 있게 되는 것입니다.

농협은 과거에 이러한 기능을 다른 종합금융그룹을 통하여 수행하였는데, 그때마다 수수료나 이자 조로 비용을 지불해야 했고, 자금조달이나 운용에 농협의 목소리를 반영하기 어려웠던 것을 이제는 세계시장의 자금선과의 직거래를 이루어 업무를 더욱 신속하고 유리하게 할 수 있게 되는 것입니다. 즉 종합금융그룹으로 성장하는 것은 농협중앙회 혼자만의 발전이 아니라 회원농협과 조합원, 농협 거래선 모두에게 큰 편익을 주는 일이 되는 것입니다.

368 상속예탁금 지급 요청에 대한 답변은?

Q 예탁금의 소유자가 사망하여 소유권이 상속되었습니다. 그런데 상속

인 5명의 의견이 서로 맞지 않아 예탁금을 지급하지 못하고 있습니다. 이에 일부 상속인들이 예탁금 총액에 대한 법정상속지분을 지급해 달라고 요청하고 있으며, 그들의 변호사도 그렇게 하는 것이 옳다고 주장합니다. 내점 가능한 상속인들은 4명의 각 상속분만큼 지급을 요청하고 있으며, 내점 불가능한 상속인 지분은 농협에서 별도로 보관 후 후일 그 1인이 내점 시 지급하도록 하라고 요청하는데, 올바른 업무처리가 궁금합니다.

A 상속이란, 사람이 사망한 경우 그가 살아 있을 때의 재산상의 지위가 법률의 규정에 따라 특정한 사람에게 포괄적으로 승계되는 것을 말합니다. 상속은 피상속인의 사망으로 개시되고 상속인은 피상속인의 재산에 관한 권리의무를 포괄적으로 승계하므로 상속인이 상속을 포기하지 않는 이상 채무도 승계됩니다.

금융기관은 예금주와의 계약 후 예금주의 금전을 수탁하여 보관, 활용하고 약정한 이자를 지급하게 되며, 예금주의 청구에 의하여 예탁금을 지급하게 됩니다. 예금주가 사망할 경우에는 법률에 따라 상속 혹은 유증 등의 절차를 거쳐 새로운 권리자에게 예탁금을 지급하게 됩니다.

이때 금융기관은 상속의 집행자나 판단자 역할을 할 수 없습니다. 단순히 예탁금의 보관자이므로 상속에 대해 어떠한 판단이나 관여를 할 수 없고 하지도 않으며, 오직 정당한 상속인인지의 여부만을 판단하여 정당한 상속인에게 예탁금을 승계, 혹은 지급할 뿐입니다.

정당한 상속인인지의 판단은 1. 법원의 판결이나 결정 2. 상속인 전원의 합의 3. 유언증서에 의한 확인 등에 따르게 됩니다.

상속인은 자신이 합법적이고 정당한 상속인임을 증명하면 예탁금을 상속받을 수 있는데, 상속인이 복수(複數)인 경우에는 복수의 상속인 전원의 확인이나 동의가 필요함은 당연합니다. 상속에 있어서 금융기관은 상속의 내용이나 지분, 절차 등에 대해 판단하거나 결정할 권한이 없기 때문입니다.

본 사건은 상속인 중 1인의 동의나 확인이 불가능하여 전체 상속인들의 상속지분 확정이 불가능한 점인데, 이에 대하여 금융기관은 임의로 상속지분을 재단하거나 자의적으로 판단하여서는 안 되고, 또 판단할 권한이 없습니다.

상속인들이 지급받고자 하는 예탁금은 피상속인의 사망 순간에 이미 상속인 전원에게 상속된 재산이지만, 상속인들이 복수이므로 상속재산의 분할이나 지급을 어떻게 하여야 하는지 함부로 결정할 수 없으며, 상속재산의 분할이나 처리는 전적으로 상속인의 권리이고 의지이므로 상속인들이 결정하여야 합니다. 상속재산을 관리하는 금융기관은 상속문제의 제3자로서 표면에 드러난 사항인 상속인 숫자 이외의 요소는 전혀 알 수 없기 때문입니다.

재산의 상속에 있어서 별도의 유증 증서나 유언장, 상속인 간의 약속이나 상속지분의 변화, 기여분, 대습상속인의 존재, 특별수익자 여부 등에 대하여 금융기관에서는 파악하기 어렵고 그러한 부분이 항상 문제가 되기 때문에 상속재산의 관리자나 관리기관은 반드시 상속인 전원의 합의와 확인을 필요로 하는 것입니다.

또 상속재산이 오직 예탁금뿐이고 다른 재산이나 부채가 전혀 없다면 예탁금을 상속인들의 법정지분대로 분할할 수 있을 것이지만, 다른 재산이나 부채, 상속인 간의 지분율 등은 상속인들이 결정하고 확인해주어야 합니다. 따라서 상속인들은 예탁금을 갖고 있는 금융기관에 개별적, 혹은 단체로 상속지분을 청구하여서는 안 되고, 상속인 전원의 합의로 상속예금 전액을 인출하거나, 개인별로 상속지분을 확정하여 금융기관에 제시하여야 합니다.

상속지분을 확정하는 방법은 상속인 전원의 합의 혹은 법원의 결정이나 판결 등의 방법이 있습니다.

참고로 상속재산의 분할이나 처리는 가정법원, 또는 지방법원 가사부에 신청하면 됩니다.

369 소멸시효의 중단 방법은?

Q 소멸시효는 무엇이며 소멸시효를 중단하는 방법은?

A 소멸시효(消滅時效)는 그 본질이 권리의 불행사(不行使)라고 하는 상태가 법정기간 동안 계속되면 권리를 소멸시키는 제도입니다. 그러므로 시효기간의 진행 중에 권리의 불행사를 중단케 하는 권리자 또는 의무자의 일정한 행위가 있는 경우에는 이미 경과한 시효기간을 소멸하게 하고 그때부터 다시 소멸시효를 진행하게 하는 제도를 시효의 중단이라고 합니다.

민법상 시효중단의 사유에는 권리자가 자기의 권리를 주장하는 것으로서 청구(請求)와 압류(押留) 또는 가압류(假押留)·가처분(假處分)이 있고, 의무자가 진실한 권리를 인정하는 것으로 승인(承認)이 있습니다.

시효의 진행 중에 시효의 기초가 되는 사실 상태의 계속이 중단되는 어떤 사실(권리자의 권리행사, 의무자의 의무승인)이 발생했을 경우에 시효기간의 진행을 중단시키는 것입니다. 시효가 중단되면 이미 진행한 시효기간은 효력을 전부 상실하게 되며, 그 중단 사유가 종료하였을 때로부터 다시 시효기간을 계산하게 됩니다. (민법 제178조)

  시효중단 사유로 민법이 정하고 있는 법정중단 사유는 다음과 같습니다.

  - 청구(민법 제168조 1호) : 권리자가 시효의 완성으로 이익을 얻는 자에 대하여 그의 권리 내용을 주장하는 것, 즉 재판상의 청구인 소의 제기와 권리자가 의무자에 대하여 의무의 이행을 촉구하는 최고 등이 주요한 것이고 그 밖에도 지급명령, 화해를 위한 소환, 임의출석, 파산 절차의 참가(민법 제170~174조) 등이 있습니다. 다만 최고는 이를 한 후에 6개월 이내에 다시 소의 제기나 강제집행 등의 강력한 중단행위를 하여야 합니다.

  - 압류, 가압류, 가처분(제168조 2호) : 압류는 확정판결 기타의 집행권원(채무명의)에 기하여 행하는 강제 집행이며 가압류와 가처분은 강제 집행을 보전하는 수단입니다.

  - 승인(제168조 3호) : 즉 시효의 이익을 받을 당사자가 상대방의 권리의 존재를 인정하는 뜻을 표시하는 것입니다. (제177조)

370 채권의 준점유자란?

Q 통장과 인감을 소지한 사람의 권리 능력은?

A K씨는 출근길에 핸드백을 도난당했는데, 핸드백에는 300만 원이 예금된 통장과 도장이 들어 있었습니다. K씨는 곧 경찰서에 도난 사실을 신고하고 급히 은행으로 달려갔지만, 벌써 30분 전에 웬 남자가 통장과 도장을 지참하고 와서 300만 원을 다 찾아갔다고 합니다. K씨는 통장 주인의 이름이 여자로 되어 있는데 은행 측에서 조금만 주의했으면 남자가 찾아가는 것을 수상하다고 판단할 수 있지 않았겠냐고 항의했습니다. 즉, 은행이 남자에게 예금을 내준 행위가 유효한가 하는 문제가 제기된 것입니다.

'채권의 준점유'는 현장의 실무 과정에서 자주 발생하는 이 같은 문제에 해당합니다. 예탁금의 지급, 즉 채권의 변제는 진정한 채권자에게 해야만 유효한 것이지만, '채권을 사실상 행사하는 자'에게 하더라도 '선의' '무과실'일 때는 유효하다는 것이 법의 취지입니다. 여기서 채권을 사실상 행사하는 자를 법률상 '채권의 준점유자'라고 하는데, 이 사람에 대한 변제(예탁금의 지급)도 변제하는 측에서 그가 채권자인 줄 믿고(선의), 또 그렇게 믿는 데 잘못이 없었다면(무과실), 그 변제의 유효성을 인정하게 된다는 것입니다.

그 이유는 거래의 신속을 위해서입니다. 가령 차용증이나 도장, 또는 권리 증서를 소지하고 있더라도 그 사람이 진정한 권리자인지를 확인하고 검증하도록 한다면 모든 예탁금 거래에 엄청난 시간과 노력이 소요될 뿐 아니라 금융거래 때문에 다른 경제활동이나 사회활동을 할 수 없게 될 것입니다. 그러므로 통장, 증서나 도장 등을 소지한 사람이 채권자나 대리인을 사칭할 때에도, 그 사람이 수령할 권한이 있다고 믿었고 그렇게 믿는 데 잘못이 없었다면 법은 이 변제를 유효하다고 보는 것입니다.

이 사건처럼, 은행 거래는 통장과 도장을 지참한 자를 채권자 또는 채권의 준점유자로 보아야 하고, 또 그렇게 해서 이루어진 거래의 유효를 인정해야만 은행 거래 자체가 성립할 수 있는 것입니다. 만일 은행이 통장과 도장을 지참한 사람에 대해 일일이 채권자인지를 확인한다면 은행 거래의 신속성은 기대하기 어려울 것입니다.

다만, 인출자가 외관상 어울리지 않게 거액을 인출하는 경우이거나 만기가 되지 않은 적금을 해지하려고 하는 경우라면 사정이 다른데, 이때는 은행이 인출자의 신원을 확인하거나 예금주에게 확인할 필요가 있고, 확인하지 않았을 경우에는 결론이 달라질 것입니다.

즉 이 사건의 결론은 은행원에게 잘못이 없다는 것을 전제로 하고 있지만, 은행원의 과실로 예금 인출의 권한이 없는 사람에게 예금을 지급한 경우 그 지급은 효력이 없다는 판례도 있었음을 기억할 필요가 있습니다.

> **민법 제470조(채권의 준점유자에 대한 변제)** 채권의 준점유자에 대한 변제는 변제자가 선의이며 과실 없는 때에 한하여 효력이 있다.

371 완전경쟁시장이란 무엇입니까?

Q 농산물의 가격불안정이나 수급불안을 얘기할 때마다 '완전경쟁시장'이라는 용어가 튀어나와 그곳부터 대화가 막히게 됩니다. 완전경쟁시장이라는 게 무엇입니까?

🅐 농업인이 노력하여 생산한 농산물은 시장이라는 기구를 통하여 소비자에게 전달되고 소비자가 지불한 가격이 그 시장을 거슬러 농업인에게 소득으로 돌아오게 됩니다. 이러한 시장을 이해하려면 먼저 완전경쟁시장이라는 개념을 알아야 하는데, 완전경쟁시장이란, '완전한 정보를 가진 많은 수의 수요자와 많은 수의 공급자 사이에 동질적인 상품이 거래되는 시장'을 가리킵니다.

완전경쟁시장은 동질의 상품이 다수 생산자에 의해 공급되고 다수 소비자에 의해 수요되는 시장이므로 이러한 시장에서 개별 공급자와 개별 수요자는 시장가격에 영향을 미치지 못하고 시장가격을 주어진 것으로 받아들여야 합니다.

완전경쟁시장은 경제학에서 가장 이상적으로 간주하는 시장으로서 이 시장에서 결정되는 균형가격과 거래량은 사회적 후생이 극대화되는 지점이 되지만, 현실에서는 찾아보기 힘든 이론적인 시장이며 완전경쟁시장이 되기 위해서는 다음과 같은 조건을 충족시켜야 합니다.

1. 다수의 수요자와 공급자 : 시장에는 다수의 생산자와 소비자가 존재하므로 개별 생산자, 소비자는 가격에 아무런 영향을 미칠 수 없다. 즉 시장에서 결정된 가격을 주어진 것으로 받아들인다.

2. 자유로운 진입과 퇴출 : 산업에서 초과 이윤이 발생할 경우 그 산업에 진입하는 데 아무런 제한이 없으며 손실이 날 경우 퇴출하는 데 아무런 제한이 없다.

3. 재화의 동질성 : 모든 생산자가 생산하는 제품은 대체 가능하며, 용도와 품질에 아무런 차이가 없는 제품이다.

4. 완전한 정보 : 모든 경제주체가 완전한 정보를 보유하고 있으므로 정보의 비대칭성이 발생하지 않고, '일물일가의 법칙'이 성립한다.

우리나라의 농업생산과 농산물 소비구조가 이러한 완전경쟁시장에 가까운 것을 명심하고 농산물의 수급과 가격형성을 이해하여야 합니다.

372 농업의 공익적 기능이란?

Q 농업의 공익적 기능이라는 말이 자주 쓰이고 있는데, 그 의미는 무엇입니까?

A 우리는 농업과 농촌이라고 하면 누구나 식량생산, 농업노동, 작물재배, 가축사육 등 산업으로서의 농업을 떠올리거나 낙후된 지역, 노인층 주민 등을 연상하게 됩니다.

그러나 농업과 농촌은 식량을 공급하는 기능만 있는 것이 아니라 환경보전, 농촌경관 제공, 국토와 산림 보전, 농촌 지역사회에 활력 제공, 전통문화 유지 계승, 식량안보 등에 절대적인 기여를 하는데, 이러한 기능들을 '농업의 다원적 기능' 또는 '농업의 본원적 기능'이라 하는 것입니다. 즉 우리가 '농업'이라고 하면 단순히 농산물을 생산하고 공급하는 기능만을 생각할 수 있겠지만 그 외에도 다양한 공익적 가치를 갖고 있음을 가리키는 것입니다.

깨끗한 공기와 맑은 물은 생명 유지에 필수 불가결한 요소이지만 우리는 황사와 미세먼지 파동이 있을 때만 호들갑을 떨 뿐이고 평상시에는 그 부족함으로 인한 불편을 느끼지 못해 소중함을 잊고 살고 있습니다. 또 농산물의 과잉생산이나 가격폭락, 수급불안 등에 대해서 그 순간에 잠깐 관심을 보일 뿐이지만, 식량과 농산물이 넘쳐나면서 국내 농업생산의 의미를 잊고 있습니다.

농업이 국가기반산업으로서 매우 중요하다는 건 누구나 알고 있지만 농산물 생산 측면의 중요성을 더 강조하고 식량자급, 식량안보에 논점이 치우치다 보니 정말로 중요한 역할인 공익적 기능은 인식에서 사라지거나 소외되어 왔습니다.

농업·농촌 그리고 토양과 산림, 국토경관, 농작물이 가지고 있는 공익적 가치는 매우 커 환경보전, 수자원 함양, 경관보전, 전통문화 계승 등을 화폐로 환산하면 한 해 200조 원이 넘는다고 합니다.

실제로 프랑스, 스위스, 독일 등 서구 선진국들의 아름다운 경관, 그림엽서 같은 농촌풍경은 그 자체로 국민의 행복감과 자부심을 높이고 관광자원이 되어 소득으로 이어지고 있습니다. 우리는 이를 부러워합니다만, 이러한 농촌풍경은 농업의 공익적 기능에 일찍 눈뜬 국민과 정부의 노력에 의해 예산을 들여 가꾸고 다듬은 결과라는 점은 아직 잘 모르고 있습니다.

서구 선진국은 국토경관과 농촌풍경을 가꾸기 위해 농업과 축산업을 계획적으로 배치하고 정부계획에 호응하는 농가에는 각종 지원을 하며, 경관보전을 위한 초지와 화단, 수목을 가꾸는데 현지 농업인에게 수당을 지급하고 있을 정도입니다.

우리나라도 뒤늦게 이러한 것에 눈떠 지난번 대통령 개헌안에 '농어업의 공익적 기능'을 명시하였습니다. 지금까지 농업은 식량을 공급하는 1차적인 역할에만 의미를 두었으나 앞으로는 삶의 질 향상과 지속가능한 사회 실현을 뒷받침하는 더 큰 가치인 다원적 기능에 관심과 시책을 기울일 때가 된 것입니다.

농업과 농촌에 대한 지원을 통해 홍수 조절과 기상재해의 경감, 환경과 생태계 보전, 자연경관 유지, 힐링을 통한 정신건강 증진, 농촌의 관광자원화 등 농업의 다원적 기능과 가치에 대한 새로운 인식과 활용이 중요한 시점인 것입니다.

농업이 존재하고 그 역할을 다함으로써 국민식량의 안정적 공급과 식량안보의 해결, 논밭이 있음으로서 홍수와 가뭄 피해의 완화, 작물 재배를 통한 필수공공재인 산소의 공급, 국토경관의 미화, 휴식공간 제공, 취미활동과 정서생활 뒷받침 등 국가와 국민의 생존 및 인간다운 생활을 위한 기본 조건을 마련해 주는 데 있습니다.

도시인이나 다른 산업 종사자가 농업과 농촌에 대한 관심과 사랑이 단순한 애국심과 동정심의 발현이 아니라 우리 사회의 새로운 발전과 도약의 계기인 점을 인식하여야 할 것입니다.

373 농산물 수급불안의 이유는?

Q 매년 농산물 수확철이 되면 풍년이 들었기 때문에 걱정이 많다고 합니다. 또 농산물의 공급이 부족하여 문제가 되기도 합니다. 이렇게 농산물의 수급이 불안정한 이유는 무엇입니까?

A 농산물은 기본적으로 식품이거나 식품산업의 원자재인 경우가 대부분입니다. 그리고 농산물의 생산은 전국의 각 지방에서 수백만 농업

인에 의해 이루어지고, 생산된 농산물은 도시로 운반되어 수천만 소비자에게 전달되고 소비됩니다.

그 과정에서 농산물의 생산과 소비 간의 괴리(乖離)가 발생하는 일이 필연인데, 이 괴리 때문에 수급의 불안정이 발생합니다. 즉 생산지와 소비지, 생산자와 소비자, 생산 시기와 소비 시기, 생산 규모와 소비 규모가 각각 다르고 긴밀하게 연결되기 어렵기 때문에 생산과 소비 간의 수급불안이 발생합니다. 또 농산물의 생산을 조절하는 것이 매우 어려운데, 기본적으로 자유민주주의 체제 아래서 각 농가는 자신이 생산할 농산물을 자유롭게 결정하므로, 이러한 재배면적이나 생산량을 규제할 방법이 마땅치 않습니다.

그리고 특정한 작물을 같은 규모의 면적에 재배하더라도 매년 수확량이 일정하지 않습니다. 어떤 해는 평균적인 수확량을 보이다가도 이듬해는 흉작으로 생산량이 크게 줄어들 수 있고, 어떤 해는 생산량이 크게 늘어날 수 있는데, 농산물의 대부분은 장기간 저장이나 원거리 이동에 적합하지 않습니다.

아울러 농산물의 가격은 공급이 적정량의 10%만 늘어나도 가격은 절반으로 떨어지게 되고, 적정량의 10%만 줄어들면 가격은 2배로 뛰게 되는데, 이를 '킹의 법칙'이라고 합니다.

그러므로 농산물은 그 생산과 소비, 유통과 보관의 특성상 수급이 안정되는 경우보다는 수급이 불안정한 경우가 훨씬 더 많게 되는 것입니다. 따라서 이러한 수급불안정을 가능한 한 완화하기 위하여 전국 단위로 정부와 농협이 함께 노력하여야 하고 또 다양한 노력을 하고 있는데, 끊임없이 새로 발생하는 수급문제에 대하여 계속 대응해 나가는 것이 농산물 유통의 숙명이라 하겠습니다.

374 농협보다 싸게 파는 마트가 있습니다.

Q 농산물을 농협보다 싸게 파는 마트가 있습니다. 농협은 당연히 농산물을 다른 마트보다 더 싸게 팔고 있는 것으로 알았는데, 이것을 어떻게 설명할 수 있습니까?

A 모든 마트에서 농산물을 구입하여 판매할 때, 구입원가에 운반비와 다듬고 손질하는 조작비 등 직접비를 더하고 인건비와 관리비 등 간접비, 이윤 등을 가산하여 판매가격을 정하는 것이 일반적입니다. 농협 하나로마트나 일반 마트에서도 예외 없이 이러한 원리와 구조로 농산물 판매가격을 산출하고 결정하게 됩니다.

그런데 특정한 마트가 지역사회에서 관심을 끌고 고객을 유치하기 위해 사은품 증정이나 서비스 개선을 하기도 하지만, 특정 품목에 대한 파격적 세일을 하기도 합니다. 즉 어떤 품목에 대하여 판매원가 이하로 판매하거나 심지어 구입원가보다도 더 낮게 판매하는 경우가 있는 것입니다.

이러한 일을 반드시 위법 부당한 일이라 할 수 없는데, 시장경제 체제에서 더 많은 고객을 유치하기 위한 고객 유인책의 하나로 가격할인, 저가전략을 채택한 것이기 때문입니다. 결국 일반 마트의 저가판매는 시장에서 생존하기 위한 판매촉진 전략이자 고육책인데, 이런 일이 정상적인 것은 아니지만 사용해서는 안 되는 불법행위도 아닌 것입니다.

그러나 그럼에도 농협은 농산물에 대해 저가전략이나 세일행사를 함부로 할 수 없는데, 농협이 특정 농산물을 세일할 경우 그 영향은 곧 인근 마트의 기준가격이 되고 또 도매시장의 경매가격과 산지가격에도 영향을 미치게 되기 때문입니다. 즉 농협이 농산물 가격을 인하하면 전체 시장가격이 낮아지고 도매시장 경락가격과 산지가격까지 낮아져 결국 생산자 농업인의 손해로 귀결되는 것입니다.

그러므로 농협보다 더 싸게 판매하는 마트가 있는 것은 당연한 일이고 잘못이 아니며, 또 농협 하나로마트의 가격이 높은 것도 잘못된 일이 아닌 것입니다. 농협은 우리 농산물의 가격을 지지해주어 농가소득을 조금이라도 더 높이도록 하여야 하고, 또 전체 농산물 시장의 시장질서와 가격지지 분위기를 살려가야 하기 때문입니다.

따라서 농협 하나로마트보다 더 싼 마트가 있는 것이 자연스럽고 당연한 일이며, 그 자체가 문제가 있는 것이 아닙니다.

375 힘들고 어렵다는 판매사업은 왜 하는 것입니까?

Q 농협은 판매사업을 무척 강조하고 있습니다. 그런데 판매사업은 사업도 어렵고 수익도 나지 않으며 힘은 훨씬 더 많이 들고 위험은 무척 크다고 합니다. 다른 기업이라면 아예 포기할 사업인데 농협은 판매사업을 왜 그토록 강조합니까?

A '판매사업'이란 농업인 조합원이 생산한 농산물, 축산물을 조합을 통하여 판매처리 함으로써 조합원에게 유리한 가격을 실현시켜 주는 것과 그에 수반되는 운송, 보관, 가공, 제조, 수출, 판매 촉진, 홍보 등을

함께 가리키는 것입니다.

판매사업은 우리나라의 농업생산 구조상 농업인 숫자가 많고 개별 농가의 경영 규모가 영세하여 생산량이 적은 관계로 시장교섭력에서 언제나 상인들에 비해 열세인 탓에 항상 농축산물의 제값을 받을 수 없었던 점을 조합을 통한 거래의 대량화와 단결된 힘으로 시장에서 동등한 위상을 찾아 공정한 거래, 더 높은 수취가격을 실현하려는 것이 그 목적입니다.

나아가 우리 농산물의 소비 및 수요확대, 수급과 가격 안정, 농산물 유통구조 개선과 현대화 등을 꾸준히 추진하여 농업인 조합원의 이익을 지켜주는 것입니다.

그리고 이러한 역할은 상인이나 대기업, 유통자본에 맡길 수 없는 정책적 과제이며, 농업인과 도시 소비자 모두를 보호함으로써 농산물 시장을 안정화하는 것이므로 농협은 그 설립 목적상 판매사업을 추진하지 않을 수 없습니다. 이 사업을 대자본이나 상인에게 맡기면 농업인은 더욱 어려워지고 중간상인의 이윤은 더욱 많아지게 되어 농업인과 소비자 양쪽이 모두 큰 손해를 보게 될 것이 자명합니다.

그래서 당장 사업이 어렵고 수익이 나지 않고 위험과 고통이 따르더라도 농협 본연의 임무이며, 다른 주체에 전가할 수 없는 고유한 책무이기에, 또 반드시 수행해야 할 과업이기에 경영 적자와 수많은 어려움을 무릅쓰고 추진하는 것입니다.

그리고 이러한 사업에 필요한 자금은 당연히 정부의 재정이나 보조금으로 충당하여야 마땅하지만, 농협은 스스로 판매사업에 투자하거나 사용할 자금과 자본, 비용을 신용사업을 통해 마련하여 활용하고 있습니다.

이러한 점을 볼 때, 일부 농민단체 인사가 주장하는 '농협이 신용사업에 치중한다'는 비판은 현실을 잘 알지 못하는 이상주의자의 원칙론인 것입니다.

376 판매사업의 대상과 범위는?

Q 판매사업의 대상은 어떤 것이며 그 범위는 어디까지입니까?

A 판매사업의 대상 상품, 혹은 대상 물자는 농업인 조합원이 생산하는 농축산물 및 농업인과 조합이 생산한 농축산 가공품입니다. 농협법에서는 비조합원이 생산한 것이라도 농업인이 생산한 농축산물이라면 모두 무제한 대상으로 하도록 하고 있습니다.

판매사업의 수행 범위는 농업인이 생산한 농축산물의 유통과 집하, 운송, 보관, 분산 등 유통의 전 과정과 함께 농축산물의 가공, 제조, 판매, 무역 및 그에 따른 운송, 보관과 관련되는 일체의 부대업무까지입니다.

농협의 판매사업은 농산물의 판매만으로 끝나는 것이 아니라 농산물 유통 전 과정의 현대화, 유통구조 개선과 중간단계 축소, 중간마진의 축소, 유통 조성기능(助成機能)의 확충, 수급 안정, 가격 안정, 수요 증대, 소비 촉진 등의 기능까지를 포함합니다.

실제로 농산물 유통개선은 말은 쉽지만, 시장에서 수많은 관계자의 이해충돌을 원만히 조정하고 관행과 타성을 타파하여 새로운 질서와 선진적 제도를 도입·정착시키며 그에 수반되는 금융, 자금, 제도, 정책 등을 모두 개혁해 나가는 과정입니다. 이러한 개선까지가 농협 판매사업의 영역입니다.

377 농협 하나로마트에서 바나나를 팔면 안 된다고?

Q 하나로마트에서 바나나를 팔아야 되느니, 절대로 팔면 안 되느니 말이 많습니다. 바나나를 팔면 안 되는지, 혹은 팔아도 되는 것인지 궁금합니다.

A 농협 하나로마트에서 수입 과일인 바나나를 취급해야 하는가? 아니면 절대로 취급하지 말아야 하는가? 이 문제는 무척 오래전부터 논쟁이 되어 왔고 지금도 첨예한 논쟁이 계속되고 있는 민감한 문제입니다. 그리고 이 문제에 대해 규정한 법률상의 명문 조항은 없습니다. 따라서 이 문제는 법률문제가 아니라 농협사업의 노선문제, 이념문제라 하겠습니다.

먼저 바나나 판매에 반대하는 의견입니다.

바나나는 세계 인류가 다 같이 좋아하는 세계 최다 생산 과일이고 국내에서도 인기가 높으며, 가장 많이 소비되는 과일입니다. 그런데 과일들은 서로 대체효과가 있으므로 국내시장에서 팔리는 만큼 국내산 과일의 판매와 소비가 줄어들게 되므로 과수농가는 물론 농업인이나 농업 관련 단체, 농림 공직자라면 누구나 가리지 않고 외국 농산물의 반대운동에 나서고 그 운동에 힘을 보태야 하는 것이 당연합니다.

그런데 국내 농업단체 중에서 가장 크고 사업 종류와 사업량도 가장 많으며 농업인이 구성원인 농협 하나로마트에서 바나나를 판다는 것은 농업과 농업인에 대한 배신행위입니다. 특히 농협은 그 상징성이 크므로 바나나를 취급하지 말아야 하고 만약 농협이 바나나를 취급한다면 바나나의 확산과 국내 과일 대체효과로 국내 과수산업은 완전히 소멸하게 되는 것입니다.

반면 바나나의 판매에 찬성하는 의견은 다음과 같습니다.

바나나는 세계에서 가장 많이 생산되고 소비도 가장 많은 과일이며 최근 다이어트 식품으로 선풍적인 인기를 끌고 있습니다. 그래서 비만, 고혈압, 당뇨 등 성인병으로 건강관리 단계인 사람, 몸매관리에 신경을 쓰는 젊은 여성, 아침식사를 할 시간이 없는 젊은 직장인과 맞벌이 부부, 노인들의 간식, 학생들의 새참 등의 용도로 무척 많이 소비됩니다.

그리고 요즘 주부들은 농산물이나 식료품을 구입할 때 여러 가게나 재래시장을 찾는 것이 아니라 대형마트에서 한 번에 모든 품목을 다 구입합니다. 그리고 사과, 배, 단감과 함께 가족 중에 누군가는 반드시 찾고 있는 바나나도 사야 하는데, 하나로마트는 바나나를 취급하지 않으니 바나나를 사기 위해서는 다른 대형마트를 꼭 들러야 합니다.

그리고 대형마트에 들러 보니 바나나만 있는 것이 아니라 농협에 있는 우리 농산물이 다 있고 가격도 큰 차이가 없으므로 앞으로 하나로마트를 떠나서 대형마트에서 한 번에 장을 다 보는 것이 간단하고 편리합니다. 즉, 바나나 때문에 우리 고객을 다른 마트로 쫓아 보내게 되는 것입니다.

마트 방문 소비자는 한 번에 모든 일을 다 보는 원스톱 쇼핑을 하게 됩니다. 그래서 마트 경영자는 어디나 식료품, 주방용품, 위생용품, 내의 등을 모두 다 갖추어 고객이 다른 점포로 발걸음 할 기회를 주지 않으려고 합니다.

그런데 농협만 매대에서 바나나를 제외시켜 고객을 다른 마트로 쫓아 보내고 있으며, 최근 모 마트는 일부러 농협 하나로마트 인근에 마트를 열어 농협이 끌어모은 고객을 바나나 한 품목만으로 가볍게 모두 낚아가고 있습니다. 이런 점 때문에 농협이 바나나를 취급하면 인근 대형마트는 사람을 동원하여 농협을 비난하고 욕하고 행패까지 부립니다.

즉 하나로마트의 바나나 취급을 가장 격렬하게 반대하는 사람은 과수농가나 농민단체가 아니라, 대형마트 관계자들이며, 바로 우리 농협의 노선문제, 이념 과잉 현상이 농업을 보호하는 것이 아니라 거꾸로 농협 경쟁업체의 무기가 되어 우리 심장을 찌르고 있습니다. 또 외국 농산물이므로 취급하지 말아야 한다면, 밀가루와 국수, 라면, 빵을 모두 농협 매장에서 철수시켜야 할 것입니다. 아울러 바나나가 우리나라에서 가장 많이 소비되는 과일이지만, 바나나의 소비가 다른 과일의 수요와 소비에 큰 영향을 준다는 조사 결과가 있는 것도 아닙니다.

이제는 농협 하나로마트에서 바나나를 취급하는 문제에 대해 농업인들의 의견과 경제·경영적 관점의 의견을 모두 들어서 결단을 할 때입니다. 바로 잃어버린 고객, 지금도 대형마트로 쫓아 보내고 있는 고객을 하나로마트로 되돌리기 위해서 하나로마트에서는 바나나를 취급하여야 하는 것입니다.

오직 순수한 농업 보호의 구호를 지키며 말라죽을 것인지, 농업인의 이익과 농협의 사업 신장을 위할 것인지 선택의 기로입니다. 이제 농업인의 눈물과 구호는 교육과 시위 현장에 잘 모셔서 활용하도록 하고, 사업 현장은 소비자 중심의 경제논리를 채택하여 실질적인 농업인 실익, 농협사업의 성장 발전을 이루어야 할 것입니다.

378 밭떼기로 판매하면 장점도 있는데

제8부 사업

Q 배추, 무, 시금치, 과일 등을 밭떼기로 팔게 되면, 수확에 따른 일손과 노동문제, 가격 변동에 따른 문제, 기상 조건 등 여러 가지 문제에서 해방됩니다. 그런데 정부와 농협에서는 밭떼기 거래를 제약하거나 억제하려 합니다. 이는 부당합니다.

A 농산물의 매매거래는 농업인이 농산물을 수확하고 정선 및 선별하여 거래규격 단위로 포장한 다음 시장에 내다 파는 것이 보편적인 거래 형태입니다.

반면에 '농산물의 밭떼기 거래'는 아직 수확하지 않은 상태의 농작물을 포장에 있는 상태에서 상인에게 파는 일입니다. 밭떼기 거래는 농업인과 상인 양측에 각각 어떤 사정이 있거나, 편의를 위해 양측의 이해가 합치할 때 이루어지며, 밭떼기로 농산물을 거래하게 될 경우 매도자나 매수자 양측에 각각 일정한 이득이 있습니다.

매도자인 농업인 입장에서는 수확 작업에 따른 번거로움과 가격 폭락 및 판로문제 등의 위험에서 벗어날 수 있고, 자금의 조기 융통도 가능해집니다. 매수자인 상인의 입장에서는 적은 자금으로 대량의 농산물을 확보할 수 있게 되며, 수확 출하 시기의 엄청난 인력 수요와 업무 폭주에서 해방될 수 있고, 시장에 계획출하를 할 수 있어 시장예측의 결과를 금전적 이익으로 거두게 됩니다.

그러나 밭떼기 거래는 문제점도 무척 많고 또 큽니다.

밭떼기 거래의 1차적 문제점은 70% 이상이 서면계약이 아닌 구두계약에 의존한다는 것입니다. 농민이나 산지유통인이 서면계약서보다 안면 거래를 선호하고 있기 때문에 구두계약이 성행하면서 가격이 하락할 경우 농민들은 가격 조정 요구를 받게 되고, 직접 출하할 여건이 안 되는 농민들은 가격 조정에 응할 수밖에 없다는 점입니다.

두 번째 문제는 계약할 때 시장 정보와 자금을 갖고 있는 상인이 갑의 입장에서 거래 조건과 가격을 결정하게 되고 농업인은 그 조건을 수용하지 않을 수 없으므로 불공정거래, 부당거래의 가능성이 무척 높은 것입니다.

세 번째 문제는 실제로 가격 폭락 시 상인이 계약을 포기함으로써 모든 손해를 농업인이 부담하게 되는 경우가 많다는 점입니다.

네 번째로 밭떼기 거래는 기본적으로 농업인의 궁박판매의 한 형태이므로 정상적인 판매의 경우에 비하여 농업인의 수취가격이 무척 낮다는 점입니다. 또한 한 포장의 농산물 총량을 거래하게 되므로 개별 농산물의 특징이나 상품성 등이 모두 무시되고 평균적 품질로 간주되어 가격이 결정되는 점입니다.

따라서 농산물의 밭떼기 거래는 과거 식민지시대 입도선매(立稻先賣)와 같이 상업자본이 농촌을 수탈하던 형태이고 농업인에게 일방적인 희생을 강요하는 것이므로 반드시 없애거나 농업인의 이익을 보장하기 위한 관리와 통제가 이루어져야 하는 것입니다.

농협과 정부에서는 농업인이 이러한 밭떼기 거래의 유혹에서 벗어날 수 있도록 품목별 출하조절사업, 출하선도금 지원 등 다양한 시책을 추진하고 있습니다. 농업인들도 이러한 내용을 이해하고 농협과 정부의 뜻을 따라주어 농산물 유통을 농업인이 참여하고 주도하는 시스템 중심으로 개선·발전시켜야 할 것입니다.

그리고 부득이 밭떼기로 팔아야 할 경우에는 꼭 '농산물포전매매(밭떼기)계약서'를 작성하여 거래 내용을 분명히 하고 자금 결제와 수확 시기를 확실히 해 두어야 합니다. 농산물포전매매계약서 양식은 농협 홈페이지의 '농업인을 위한 계약서'나 농림축산식품부 홈페이지를 방문하면 쉽게 얻을 수 있습니다.

379 대형마트가 하나로마트보다 더 싸다는데

Q 농협 하나로마트와 재벌기업의 대형마트가 가까이 위치하며 서로 경쟁하고 있습니다. 그런데 하나로마트보다 대형마트가 더 싸다고 합니다. 그것도 쌀과 과일 등이 그렇다는데, 이는 크게 잘못된 일이 아닙니까?

A 하나로마트와 기업체의 대형마트는 기본적으로 같은 지역에서 한정된 대상 고객을 두고 경쟁하는 사이입니다. 그 마트는 경쟁에서 이기기 위해서 고객의 관심을 끌고 고객을 자기 상점으로 유인하는 것이 무엇보다도 중요합니다. 그래서 모든 판매점은 각종 기획행사, 바겐세일, 기획상품, 계절행사, 경품제공, 회원제 운영, 포인트제도 등 다양한

고객 유인책을 사용합니다.

그런데 이러한 행사나 이벤트가 일상화하여 큰 관심을 끌지 못하게 되고, 고객 역시 많은 정보와 경험을 갖고 있으므로 이러한 상술에 쉽게 현혹되지 않습니다. 그래서 '미끼상품'을 내세워서 소비자를 유인하는 전략을 사용합니다.

미끼상품이란, 판매점이 고객을 유인하기 위하여 통상의 판매가격보다 대폭 할인해 판매하는 상품을 가리키며 특매상품·유인상품·특수상품·로스리더 등 여러 가지 명칭으로 불립니다. 미끼상품은 일반적으로 소비자의 신뢰를 받는 공식 브랜드를 대상으로 하며, 수요탄력성이 높고 경쟁력이 강한 상품일수록 효과가 있습니다.

예를 들면 시중에서 배추 1포기에 500원 하는데 어떤 백화점에서 100원 정도의 값으로 판매한다는 광고를 하는 경우 소비자들은 너무도 값이 싸기 때문에 그 백화점을 찾게 됩니다. 값싼 배추를 미끼로 사용하여 소비자들을 불러 모은 다음 다른 상품의 판매 증가를 도모하는 판매전략입니다. 그런데 대형마트에서 농산물 등을 미끼상품으로 고객을 유인하고 다른 품목은 비싸게 판매하여 소비자의 빈축을 사기도 합니다.

이런 이유 때문에 대형마트에서 농협 하나로마트와 똑같은 농산물, 예컨대 쌀, 과일, 채소 등을 농협보다 더 싸게 판매하여 고객의 관심과 발길을 유인하는 판매전략을 사용하므로 때때로 농협보다 더 싼 가격, 전략가격, 미끼가격이 형성되는 것입니다. 그렇지만, 그 손해만큼을 다른 상품에서 보충하여야 하므로 전체 상품가격은 농협보다 더 높게 되는 것입니다.

그런 점을 볼 때 농협 하나로마트의 존재만으로도 대형마트와 상업자본의 횡포를 견제하고 시장의 질서를 바로잡고 있으며, 소비자물가를 낮추는 데 결정적인 역할을 하고 있음을 증명하는 것입니다. 만약 하나로마트가 사라져서 대형마트가 전체 시장을 장악하여 독점체제가 되면 지금처럼 가격경쟁, 서비스경쟁, 미끼상품, 경품 등이 있지 않을 것입니다.

최근에는 소비자들도 그러한 판매전략을 이해하고 있으므로 대형마트에서는 세일품목, 미끼상품만을 쇼핑하고 다른 상품은 다시 농협 하나로마트에서 쇼핑하는 사람이 늘어나고 있는데, 이런 소비자를 체리 피커(cherry picker)라고 합니다. 즉, 케이크나 음식의 장식용 체리만을 골라서 먹듯 유통업체의 혜택만을 골라서 선택적으로 구매하는 약삭빠른 소비자를 가리키는 것입니다.

그리고 대형마트가 수익 증대를 위해 온갖 상술을 다 동원하고 부당한 일을 하더라도 농협 하나로마트는 언제나 정정당당하고 올바르며 정상적인 유통 방식과 가격으로 시장 질서를 지켜나갈 것이며, 이런 것이 결국은 소비자의 이익을 확실하게 보호하는 길임을 이해하고 농협운동과 하나로마트 이용에 참여하여 주시기 바랍니다.

380 농협은 도매단계까지만 맡고 소매단계는 일반 상인이

Q 농산물 유통에서 농협은 산지 집하와 도매시장 출하까지만 전담·특화하여 최고의 능률을 올리도록 하고, 소매단계는 도시의 기업자본과 기업

체에서 맡아 최고의 능률을 발휘하면 양 부문이 모두 전문화되어 농산물 유통개선은 쉽게 달성될 것입니다.

🅰오래전부터 있어 온 주장입니다. 그 주장의 요지는 농산물 유통개선에 있어서 농협은 생산자의 조직이므로 산지에서 소비지 도매시장에 이르는 단계에까지만 활동하고 소비지의 분산 소매단계는 도시의 전문 소매조직에 맡기는 것이 더 경제적이라는 것입니다. 도시의 농산물 소매조직은 마을마다, 상가마다 일정한 영역을 확보하고 치열한 경쟁과 노력으로 유통비용과 시간의 절감을 이루려 하는 만큼 농산물의 소매업무를 그들에게 모두 맡긴다면 최고의 능률과 효과를 거둘 수 있을 것이고, 농협으로서도 소매단계에서 일어나는 많은 부담과 업무량, 책임 등에서 해방될 수 있다는 것입니다.

그런데 농산물 유통개선사업은 농산물이 생산자에서 소비자에 이르는 전 과정에서 일어나는 비능률, 비효율, 문제점 등을 파악하여 제거, 또는 개선하는 과정입니다.

농산물의 유통 과정을 생산부터 도매단계까지, 또 도매단계에서 소비단계까지 구분하여 살펴볼 때 유통마진의 폭이 도매에서 소비단계에 이르는 과정이 가장 높았습니다. 즉 농산물 유통구조의 개선과 중간 유통마진의 절감은 산지에서 도매에 이르는 과정보다는 도매에서 소비자에 이르는 단계가 몇 배 더 중요하고 시급하다는 결론인 것입니다.

실제로 산지에서 소비지로 반출되는 농산물은 그 단위가 크고 물량이 많은 데 비해 필요경비를 제외한 마진은 그리 크지 않습니다. 그런데 도매단계에서 소비단계에 이르는 과정은 다시 여러 단계가 있고,

또 개별 소매상이 취급하는 물량이 많지 않으며, 도시의 점포는 임대료나 인건비 등 기본비용이 높고, 또 매일매일 발생하는 감모량도 대단한 수준입니다.

그렇지만 상인이나 상업자본은 기본적으로 사회적 의무나 필요 때문에 사업을 하는 것이 아니라 상업이윤을 얻기 위해 사업을 하는 것이므로 이들을 비난하거나 이들에게 어떤 책임·의무를 강요하기도 어렵습니다.

이러한 분산 소매단계의 유통능률과 효율을 높이고 중간마진을 절감하여야 하는데, 영세한 소매상인에게 행정명령이나 강제적인 요구를 할 수 없는 일이므로 그들을 경쟁체제에 편입시키고 스스로 최고의 효율을 추구하며 공정거래를 하도록 유도하는 방안이, 농협이 직영하거나 육성 지원하는 농산물 소매점인 것입니다.

그래서 농협은 도시농협에서 직접 운영하는 하나로마트와 농협중앙회가 개설한 하나로클럽, ㈜농협유통 등을 통해 도시 소비자에게 직접 질 좋은 농산물을 값싸게 공급함으로써 도시 소비자를 보호하고 또 농산물 소매상인에 대하여 최고의 유통능률과 공정한 거래를 강요하는 것이며, 이러한 사업으로 많은 성과를 거두고 있습니다.

즉 농산물 유통 중 도매에서 소매 및 소비단계는 유통마진이 가장 높은 곳이므로 가장 많이 개혁과 개선이 필요한 부분이고, 대부분의 주체가 개인으로 이루어진 상인이므로 그들에게 경쟁과 창의, 노력의 동기를 부여하기 위해서는 농협이 시범사업을 할 수밖에 없는 것이며, 지금까지 많은 성과를 거두었습니다.

381 농산물 등급선별, 너무 까다로워 말이 많은데

Q 농산물의 공동출하를 하거나, 농협을 통한 출하를 할 때 등급규격이 너무 높고 검사가 까다로워서 농업인의 불만요인이 되고 있습니다. 정말 그렇게 까다롭게 하면 농업인이 손해를 보게 되지 않나요?

A 먼저 농업인의 입장에서 볼 때 농산물 시장과 농업인의 처지를 살펴봅니다.

첫째, 농업인은 시장 조건의 변동에 대처하는 생산계획을 정확하게 조정할 수 없습니다.

농업인은 시장의 조건을 알지 못하므로 시장이 요구하는 물품의 양을 알 수가 없기에 때로는 수요에 비해 공급이 모자라는 현상이 일어나고 때로는 공급이 넘치기도 하는데, 그로 인한 손해가 막심합니다.

둘째, 농업인들은 가격결정자가 아니라 가격순응자, 가격수용자의 입장이므로 생산량 조절을 통해서 자신들의 농산물 가격을 조정하기 어렵습니다.

농산물은 경쟁력을 가질 수가 없습니다. 예를 들면 공산품처럼 특허를 내서 자사만 제조하는 물품에 대해선 물품 수량을 줄여서 가격을 올리는 방법을 쓸 수가 있지만 농산물은 그것이 불가능합니다. 재배되는 양이 워낙 방대하고 또한 경쟁력을 가지고 버틸 수 있는 부분들이 미약한 것이며 또 농산물은 보관 기간이 길지 못한 것도 큰 약점이 됩니다.

셋째, 농산물 상인에 비해 농민의 거래교섭력은 매우 취약합니다.

상인은 자신의 거래처 등을 통해 납품할 곳이 많고, 자신이 원하는 물량을 채우기에 별로 힘을 들이지 않으나 농민의 경우 농산물은 그 보관 기간이 길지 않기 때문에 조급함이 앞설 수밖에 없으며 그리하여 거래 함에 있어서 약자의 위치에 설 수밖에 없습니다.

소비자와 생산자가 있을 때, 생산량이 많다면 생산자는 소비자 쪽으로 갈수록(단계적으로) 약자의 위치가 되는데, 만약 생산량이 수요에 비해 적다면 반대의 현상이 일어나겠지만, 현실은 언제나 농산물 생산과 공급이 많습니다. 이러한 조건에서 농업인이 농산물을 가지고 시장에서 조금이라도 더 높은 가격, 더 유리한 거래 조건을 성취하려면 시장의 요구와 흐름에 맞추는 것이 최선이라는 결론에 도달하므로 시장의 요구, 즉 소비자의 희망이 무엇인지 파악하여 그에 맞추는 것이 시장교섭의 요점이 되는 것입니다.

그리고 시장에서 농업인이 농산물을 효과적으로 판매하는 전략을 요약하면 다음과 같습니다.

첫째, 작목선정과 생산조정입니다. 농산물의 가격은 생산량에 아주 큰 영향을 받으므로 가능한 한 수요량은 많으며 생산량은 적은 그런 작목을 선정하여야 합니다.

둘째, 고품질 안전농산물 생산입니다. 외국에서 수입되는 농산물에 비해 우리나라의 농산물들은 가격경쟁력에서 상당히 밀리므로 품질로 맞서 싸워야 합니다. 외국산 농산물은 대부분 유통 기간이 길기 때문에 변질을 막기 위해 각종 유해한 약품을 사용하는 경우가 많으므로 우리는 무농약 재배나 친환경적인 농산물로 경쟁하여야 할 것입니다.

셋째, 선별과 포장 개선입니다. 보기 좋은 떡이 먹기도 좋다는 말이 있듯 선별규격의 확실화와 포장의 개선은 경쟁력의 필수 조건입니다.

넷째, 상표 개발과 판매 촉진입니다. 이제는 농산물도 브랜드 시대이므로 자기만의 특정 상품과 장점을 찾아내어 홍보하여야 합니다.

다섯째, 판매처와 판매 방식의 선택입니다. 판매 형태가 가격에 상당한 영향을 미칩니다. 유통단계가 짧을수록 생산자의 판매가격은 높아지고 소비자의 구입가격은 낮아지는 점, 생산자의 이점을 충분히 살릴 수 있는 판로를 선택하는 일이 중요합니다.

즉 소비자에게 선택받고 소비자로부터 높은 평가를 받아야 하기 때문에 선별과 포장은 엄격하고 수준이 높아야 하며 이것은 농산물 시장의 구조상 피할 수 없는 운명입니다. 따라서 농산물의 등급별 선별과 포장 개선을 위한 노력은 농업의 생존에 직결되는 문제로 인식하여야 합니다.

382 농산물의 경매, 최상의 방식인가?

Q 농산물의 판매처리 과정에서 경매 방식이 가장 공정하다고 했었습니다. 그런데 최근에는 경매를 통하지 않는 방식의 거래 형태가 점점 늘어나고 있습니다. 그렇다면 경매의 공정성에서 멀어지는 것입니까? 아니면 경매제도 자체도 공정하지 않게 된 것입니까?

A 과거에 우리나라의 농산물 시장은 '객주'라 불리던 큰손들에 의해 가격과 물동량이 결정되었습니다. 그 결과 객주들은 도시 소비자가 필요로 하는 물량만을 인수하여 독점적으로 공급하면서 가격을 마음대로 정하여 많은 이윤을 얻었고 농민들은 생산한 농산물의 판로가 없어

썩혀야 했습니다. 이러한 폐단을 막기 위해 모든 농산물에 대하여 다수의 도매상인, 즉 중매인이 참여하는 경매제도를 도입하였습니다.

경매제도의 장점은 가격결정 과정이 투명하게 드러나고 몇 사람의 농간이나 협잡이 들어설 틈이 없는 것입니다. 그런데 경매제도가 정착한 후 문제점도 나타나고 있습니다. 한 품목의 출하물량이 약간만 많아도 가격이 폭락하거나 물량이 조금만 부족해도 가격이 폭등하여 생산자나 유통인, 소비자 모두에게 큰 부담을 주는 것입니다. 또 출하된 농산물의 내력이나 생산자의 정성, 품질의 차이 등이 무시되어 버리는 점도 경매의 특징입니다.

그리고 모든 농산물이 전부 다 경매를 통하여 거래되는 것이 아니라 이면거래, 사전 담합, 형식적 경매 등 많은 탈법행위도 있었습니다. 또 최근에는 생산자와 소비자 간의 직거래, 개별적인 거래, 인터넷 거래, 로컬푸드 운동 등 경매를 통하지 않은 거래의 비중이 높아져 경매의 역할과 기능에 많은 의문이 제기되어 왔습니다.

그 결과 최근 가락시장에서 '시장도매인제' 도입을 두고 논란이 많았습니다.

현재 가락시장 유통 체계는 크게 출하자 → 도매시장법인→ 중도매인 → 소매상인의 흐름입니다. 산지로부터 농산물을 수집한 도매시장법인이 경매제도 등을 통해 중도매인에게 물량을 분산하는 구조인 것입니다.

그런데 '시장도매인제'는 시장도매인으로 등록된 상인이 경매 과정 없이 산지에서 농산물을 수집해 분산까지 할 수 있는 제도입니다. 농산물의 수집과 분산이 하나로 통합되는 만큼 그로 인해 유통 비용을 절감할 수 있고, 농민들 입장에서는 판로 선택권을 확대할 수 있다는 것이 찬성론자들의 주장입니다.

그러나 이에 대한 반론도 거센데, 경매제도에 비해 가격 투명성이 떨어지고 대금 결제 안전성에도 문제가 생길 수 있다는 우려가 제기되는 것입니다. 시장도매인들이 상대적으로 도매시장법인에 비해 규모가 작기 때문이고, 또한 시장도매인을 선택하는 중도매인이 늘어나면 경매가격이 하락하기 마련이며 이는 다시 전국 가격 기준을 흔들 수 있다는 것이 반대론자들 주장입니다.

결국 농산물 유통개선을 이루는 일은 한 가지 철칙이 있는 것이 아니라 시대의 상황과 시장의 여건 변화에 따라 여러 가지 방안이 모색되어야 하고, 과거의 제도나 방식에 집착하여서는 안 된다는 것입니다. 즉 얼마 전까지 경매 방식이 가장 합리적인 절차였지만, 지금은 경매 방식과 함께 다른 유통 방식도 모두 다 활용되어야 하고, 또 계속하여 나타나는 문제점을 극복해 나가며 새로운 방식을 도입하고 또 보완하여 나가야 한다는 것입니다.

383 농산물 직거래, 최고의 유통개선 방식이라는데

Q 농산물의 유통마진을 줄이는 데는 산지와 소비지 직거래가 가장 효과적이라고 하여 한때 직거래운동이 있었습니다. 직거래는 어떤 경우라도 생산자와 소비자 양측에 모두 유리하고 중간마진을 줄이는 데도 큰 역할을 하는 것 같은데 왜 모든 품목에 확대되지 못합니까?

A 농산물을 생산자와 소비자가 직접 거래하게 되면 중간 유통단계가

모두 생략되므로 5~6단계인 유통단계를 1단계로 줄이게 되어 유통비용이나 유통마진이 최소화하게 됩니다. 또 그 중간에서 단계마다 발생하던 각종 문제인 보관, 저장, 운송, 상하차, 금융비용, 시간과 장소문제, 품질 저하, 감모 등의 문제로부터도 벗어날 수 있습니다. 그래서 한때 농산물 유통개선을 추진하면서 농산물 직거래를 하나의 대안으로 제시하고 전국적인 바람을 일으킨 일도 있었습니다.

그렇지만 농산물 직거래 방식에도 문제와 한계가 있습니다.

첫째는, 모든 농업인이 농산물 판매에 나서서 도시의 소비자를 찾아가 자신의 농산물을 판매하는 일이 결코 쉽지 않고, 경제적이지도 않다는 점입니다.

모든 생산자와 모든 소비자가 각각 거래를 하기 위해 나서는 것은 거래 1건으로만 보면 유통단계의 생략일 수 있지만, 전체적으로 보면 농산물의 판매와 유통능률이 기존의 유통 시스템을 통한 경우보다 훨씬 더 많은 비용과 낭비를 발생한다는 점입니다.

둘째는, 직거래가 적당하지 않은 품목도 아주 많습니다.

예컨대 쌀의 경우 수백만 농가에서 생산되어 도정공장에 모였다가 가공 처리되어 소비지로 옮겨진 다음 개별 소비자에게 분산되는 경로를 거치는데, 이것을 직거래로 할 경우 생산자와 소비자의 혼란과 비능률은 이루 말할 수 없을 정도이고 농업인 대부분이 1년 내내 쌀의 판매 처리에 매달려야 하고 소비자 역시 쌀을 구하기 위해 많은 노력을 해야 할 것입니다.

또 양파나 마늘, 생강처럼 1년에 한 번 생산되지만 연중 소비하여야하는 농산물은 각 농가가 저온저장고를 마련하여 관리하여야 할 것이고, 소비자는 품질과 가격이 들쭉날쭉한 농산물을 구하기 위해 엄청난 노력을 해야 하는 사태가 일어날 것입니다.

세 번째, 농산물의 수송 단위가 택배물품 수준으로 너무나 소분화되어 대량거래, 대량수송에 따른 '규모의 경제'를 잃어버리고 수송과 보관비용의 천문학적 증가를 유발하게 될 것입니다.

이는 유통비용의 절감을 위한 직거래운동이 반대로 유통비용의 폭증을 가져오는 일이 되는 것입니다.

네 번째, 시장에서는 수요와 공급에 따라 가격이 형성되고 발견되지만, 직거래 체제에서는 가격을 결정할 수 있는 시스템이 없습니다.

가격을 누가 어떤 기준으로 결정할 것인가의 문제는 매우 근본적이고 심각한 문제로서 이에 대한 해답이 매우 어려운 문제입니다.

다섯째, 시장에 대한 통제나 정보교류의 문제입니다.

종래의 시장에서는 소비자의 정보가 가격과 판매량에 의해 자연스럽게 생산자에게 전달되어 생산에 반영되었지만, 직거래 체제는 시장의 왜곡이나 정보의 단절 현상으로 소비자정보의 파악과 판단이 어렵게 됩니다.

그렇다고 정부나 농협이 직거래센터나 직거래정보센터를 운영하더라도 그것으로 문제가 해결될 것으로 기대할 수는 없습니다. 정부에서 민간 시장 업무를 맡거나 통제하는 일 자체가 위헌적 발상이고, 관료의 업무 처리 관행이 시장경제의 순환과 도저히 맞을 수 없습니다. 이러한 문제점이 있기 때문에 직거래 제도가 시장의 주류 거래 형태로 자리 잡지는 못하였지만, 농산물직거래운동은 그 자체로도 농산물 유통구조와 시장에 대하여 유통구조 개선의 압력이 되고 가장 쉽고도 단순한 지침이 되는 점에서 매우 효과적입니다.

그렇지만 농산물 직거래를 모든 농산물에 확대할 수 없고 일부 품목에 대해 제한적으로 활용할 수 있으며, 최근 인터넷 판매와 택배사업의 발전으로 이러한 흐름이 어느 정도 뒷받침되고 있습니다. 그래도 인터넷 직거래 역시 도매시장에서 결정되는 가격을 기초로 하고 있는 점에서 기존의 시장기구를 완전히 대체하기는 어렵다고 할 것입니다.

384 로컬푸드는 왜 필요한가?

Q 로컬푸드사업이라는 말은 자주 듣습니다. 그런데 로컬푸드의 개념과 의미, 효과, 목표 등을 쉽게 설명하는 사람이 없습니다. 로컬푸드사업에 대해 확실하게 설명해 주십시오.

A 로컬푸드(local food)란 장거리 운송을 거치지 않은 지역에서 생산된 농산물을 말하는데, 흔히 반경 50㎞ 이내에서 생산된 농산물을 가리킵니다.

로컬푸드운동은 생산자와 소비자 사이의 이동거리를 단축시켜 식품의 신선도를 극대화시키자는 취지로 출발했습니다. 즉, 먹을거리에 대한 생산자와 소비자 사이의 이동거리를 최대한 줄임으로써 농민과 소비자에게 이익이 돌아가도록 하자는 것입니다. 예컨대 미국의 100마일 다이어트운동, 일본의 지산지소(地産地消)운동 등이 대표적인 예가 될 것입니다.

로컬푸드운동이 처음 시작된 곳은 미국 뉴욕입니다. 유행을 선도하는 미국 '뉴요커'들이 비료와 농약을 쓰지 않는 유기농(organic) 농산물을 넘어 얼마나 가까이에서 직접 기른 과일과 채소, 쇠고기, 돼지고기인지를 따지는 데서 시작하였습니다.

부유한 만큼 까다로운 뉴요커들은 신선한 식품재료로 식단을 꾸미고, 뉴욕 인근의 소규모 농장들은 중간상인 없이 곧바로 소비자들을 만나 적정한 이윤을 챙깁니다. 이를 반영한 뉴욕시에서 반경 200마일(약 321㎞) 이내의 농장과 목장, 바다의 농부와 어부만이 참여할 수 있는 뉴욕시 '그린마켓'이 인기를 얻고 있는데, 그린마켓은 뉴욕시의 '윈윈(win-win) 도농(都農)협력 모델'인 셈입니다.

우리나라의 경우 식량자급률이 무척 낮고, 육식이 증가하면서 사료 역시 대량으로 수입되고 있으며 우리의 식탁은 여러 식품기업에 의해 수입되고 또한 정체를 알 수 없게 가공된 식품들로 채워지고 있습니다.

우리나라가 수입하는 칠레산 포도는 이동거리가 약 2만 480㎞, 미국 캘리포니아산 오렌지는 약 9604㎞를 달려 국내 소비자들에게 제공되고 있습니다. 이렇게 먼 거리를 이동하기 때문에 과일을 오랫동안 보관하기 위하여 농약, 왁스 등 화학물질을 사용하므로 우리 건강에 좋지 않은 영향을 줄 것이 분명합니다.

또한 장거리 이동 식품은 외국의 생산자와 우리나라의 소비자 사이에 수출기업, 수입기업, 운송업자, 도매업자, 소매업자 등 중간 행위자들이 많이 개입하게 되어 중간마진이 더 많이 발생하므로 생산자 농민들에게 돌아가는 몫은 줄고, 소비자들이 지불하는 가격은 올라가게 됩니다.

현재의 식품산업 체계의 심각한 문제는 세계를 누비며 식자재 관련 무역을 독점하고 농민들을 하청 노동자로 만들고 있는 글로벌 농식품 기업들에 의해 통제되고 있다는 점입니다. 몬산토(Monsanto), 카길

(Cargill), 아처 대니얼스 미들랜드(Archer Daniels Midland, ADM) 등 우리 귀에도 익숙해진 거대 농식품 회사들이 쇠고기, 사료, 비료, 농약, 종자, 유전자재조합식품(GMO) 등 농식품 관련 산업 전체를 지배하고 있는데, 이처럼 거대 농식품 기업들의 영향력 아래서 운영되고 있는 식품 체계를 '글로벌 식품 체계(global food system)'라고 합니다.

이에 '어떻게 하면 안전하고 믿을 수 있는 식품을 먹을 수 있을까?' '우리 가족이 먹는 농산물은 누가, 어떻게 생산하는지 알 수 없을까?' '농민들의 어려움을 함께 나누면서 동시에 건강한 먹을거리를 확보하는 방법은 무엇일까?' 같은 고민들에 대한 해법으로 등장한 것이 '로컬푸드운동(local food movement)'이며, 로컬푸드운동은 '지역에서 생산된 먹을거리를 지역에서 소비하자'는 운동입니다.

농장에서부터 식탁까지, 즉 생산지에서 소비지까지의 거리를 최대한 줄여 비교적 좁은 지역을 단위로 하는 농식품 수급 체계를 만들어 먹거리의 안전성을 확보하고 환경적 부담을 경감시키며, 나아가 생산자와 소비자 간의 사회적 거리를 줄여 공동체를 만들려는 노력입니다.

현재 우리나라에도 로컬푸드운동을 펴는 여러 제도들이 있는데, 농협의 로컬푸드매장을 비롯하여 파머스 마켓, 생활협동조합, 농산물 직거래, 농민 장터, 지역급식운동 등을 들 수 있습니다. 이러한 로컬푸드운동을 통해 우리는 안심하고 먹을 수 있는 식품 안전(food safety), 소비자들의 먹을거리에 관한 결정권을 보장하는 식품 시민권(food citizenship), 농민들에게 돌아가는 실질 소득을 높이는 푸드 달러(food dollar)를 확보할 수 있는 것입니다.

안전하고 건강한 먹거리란 어디서 누구의 손에 의해 생산되고 운송되어 왔는지를 알 수 있으며, 가급적 가까이서 생태계의 순환 질서에 맞추어 생산된, 안전성과 친환경성이 담보되는 농산물입니다. 안전하고 건강한 지역의 친환경 농산물을 선택하여 소비하는 것은 시장개방 속에서 심각한 변화와 위기의 소용돌이에 내몰리고 있는 우리 농업을 회생시키는 길을 열어가는 방안이기도 합니다.

그래서 로컬푸드에 대한 새로운 관심과 사랑이 필요한데, 로컬푸드 시스템이 곧 지역 농업과 우리의 건강을 살리는 최선의 처방이기 때문입니다.

385 '무조건위탁'이란 매우 일방적이고 강압적

Q 농협에 농산물판매를 의뢰할 때 농업인은 아무런 조건이나 희망을 걸지 않고 '무조건위탁'을 하라고 합니다. 이것은 생산자의 입장과 의견을 무시하는 것으로서 농협의 온당한 자세가 아니라고 생각합니다.

A 우리나라의 농산물 시장은 소비자와 공급자의 숫자가 대단히 많은 완전경쟁시장에 가까운 것이 그 특징입니다. 완전경쟁시장에서 농산물의 가격은 수요와 공급이 만나는 점에서 결정되며, 생산자인 농업인 한 사람, 혹은 몇 사람의 희망이나 생산원가 등은 아무런 의미가 없습니다.

예를 들어 오이를 판매하려는 농업인이 "나는 이 오이에 특별한 정성을 들였고 우리 농장 사정이 어려우니 이 오이는 다른 사람의 오이보다 50% 정도 더 높은 가격을 받아야겠습니다"라고 목메게 주장하고 호소

해도 소비자는 거들떠보지 않고 오직 오이의 품질과 등급만을 보고 가격을 지불할 뿐입니다. 즉 자본주의 체제의 시장원리는 오직 수요와 공급, 그리고 품질과 등급에 의해서만 냉정하게 평가가 될 뿐이고 개인적인 희망이나 소망, 정성을 반영할 방법이 전혀 없는 것입니다.

이러한 구조에서 농업인이 개별적으로 소량씩 출하하여 판매할 경우 시장교섭력의 문제, 시장정보, 출하의 특정 시장 편중, 출하비용의 과다 발생 등의 문제가 있기 때문에 언제나 약자의 입장에서 팔아야 합니다.

이러한 문제를 해결하기 위한 방안이 '공동출하'로서 농협을 통해 여러 농가가 농산물을 모아서 집단으로 출하하면 출하비용의 감축, 시장정보의 파악과 활용, 시기별·장소별 분산출하, 대규모 물량으로 시장교섭력 증대 등의 효과를 얻을 수 있으며, 더 나은 가격을 기대할 수도 있게 됩니다.

이때 각 농가가 자신이 출하한 농산물의 출하 장소, 시기, 방법 등을 개별적으로 각각 지정하여 위탁한다면 결국 대량거래의 이점이 모두 사라져버리고 개별출하와 다름없는 결과가 되는 것이며, 출하처, 판매 시기, 판매 방법 등이 제각각인 수많은 농산물을 판매 처리하는 일이 무척이나 번거롭고 사무도 번잡하며 시간과 노동력, 차량운행 등도 무척 많아져야 합니다. 또 그 결과는 공동출하가 개별적으로 출하할 때보다 조금도 유리하지 않을 것입니다.

따라서 농협에 농산물 판매를 위탁하는 농업인은 판매처, 판매 시기, 방법, 가격 등 일체의 조건을 붙이지 않고 오직 '무조건 맡길 터이니(위탁) 대량거래의 이점을 활용하여 최선의 가격을 받아오라'는 조건만 붙여야 하고, 그러한 조건일 때 판매 담당자는 시장 정보와 정보 판단을 바탕으로 시장교섭력, 혹은 시장지배력을 발휘하여 최상의 결과를 얻을 수 있습니다.

무조건위탁이라는 방식이 농업인의 소망과 기대를 무시하는 것이 아니라 농산물 시장의 구조와 원리가 농업인의 기대와 소망을 들어주지 않은 것이고, 그러한 시장 조건을 극복하는 방법으로서 무조건위탁이 유일한 방법이자 효과적인 전략인 것입니다.

386 '공동계산'이라는 용어에 저항감이

Q 농산물 판매사업에 있어서 '공동계산'이라는 용어가 자주 쓰입니다. 그런데 공동계산이라면 왠지 사회주의적이라는 느낌이 있고 개별적인 생산자의 인격이 무시되는 느낌이 들어 저항감이 생깁니다.

A 농업인이 생산한 농산물을 시장에 판매하는 일은 어렵지 않지만, 제값을 받는 일은 생각만큼 단순하지 않습니다. 생산자인 농업인과 농산물을 구매하려는 상인과의 사이에 치열한 눈치 싸움, 흥정, 가격과 품질에 대한 꼬투리 잡기, 가능한 한 높은 가격을 희망하는 농업인과 수단 방법을 가리지 않고 가격을 낮추려는 상인 간의 머리싸움과 언쟁, 밀당 등은 참으로 볼만한 드라마입니다.

그러나 이러한 시장교섭에서는 농업인이 대체로 불리합니다. 상인은 시장에서의 흥정과 거래가 직업이고 경험과 노하우가 풍부한 데 반해 농업인은 순박하여 시장교섭이 생소하고 어려우며 경험이 별로 없는 일이기 때문입니다. 그래서 농협을 통해 공동으로 출하를 하여 여러 농업인의 생산물을 모아서 대규모 출하 단위를 만들어서 시장에서 제법 큰소리도 쳐보면서 거래를 하게 되었습니다.

그런데 한 트럭분의 농산물을 싣고 온 농협직원이 그것을 출하자 이름에 따라 3~4박스씩 따로따로 수십 무더기로 나누어서 경매나 위탁판매를 한다면 한 트럭분의 농산물을 모아 온 의미나 효과가 전혀 없게 됩니다.

예컨대 가락동 도매시장에서 "청송사과 특등급 1트럭입니다"라고 할 때와 "청송사과 1트럭인데 농업인 60명 분 특등급에서 등외까지 농가별로 3~8상자씩이니 따로따로 구입해 주십시오"라고 할 경우 가격이나 교섭력의 차이가 큰 물론, 상인들이 사려고 하지도 않을 것이고 가격을 후려치면서도 선심 쓰듯 사준다고 할 것입니다.

따라서 농업인이 자신의 농산물을 농협에 판매해 달라고 위탁할 때 무조건위탁, 공동계산이 농협을 통한 대량거래의 이점을 발휘할 수 있는 전제 조건이 되는 것입니다. 이 방법은 사회주의적인 것이 아니라 자본주의 시장경제 체제에서 가장 자본주의적인 생각이며 시장 중심적 활동입니다.

그리고 이러한 공동판매를 통해 개별출하한 경우보다 더 나은 가격, 더 편한 판매를 이룰 수 있는 것이며, 이때 공동선별을 통한 품질의 균일성을 보장하는 것이 전체적으로 높은 값을 받을 수 있는 기본적인 조건이 됩니다.

387 공동 브랜드, 꼭 필요한 것인가?

Q 지역마다 농산물의 공동 브랜드를 제정하여 사용하는데, 그 수준과 발상이 제각각이어서 대부분 큰 성과를 거두지 못하고 있습니다. 농산물 브랜드는 꼭 필요한 것입니까?

A 얼마 전까지 우리나라에는 농산물의 브랜드라는 것이 없었습니다. 막연히 가평 잣, 대구 사과, 나주 배, 서산 마늘 등등의 지역별로 특산물 이름만이 있었을 뿐입니다.

농협에서 지역별로 특산물이나 주요 농산물에 지역 이름을 붙인 공동 상표를 제정하여 사용토록 한 결과 수많은 공동 상표가 생겨났고 상당수 공동 상표는 지역을 대표하는 브랜드로 정착한 반면, 어떤 공동 상표는 도태되거나 변경되었습니다.

최근에는 지방정부에서 지방경제 활성화 시책의 하나로 지역 농산물 브랜드화와 광고를 지원해주어 많은 성과를 거두기도 합니다. 그리고 농산물 브랜드는 농산물 포장 개선사업, 공동선별사업, 고급화 사업과 연계되어 복합적으로 추진되어 왔으며, 지역 이름과 함께 표기되어 지역 주민의 자긍심과 애향심을 불러일으키는 요소로 작용하기도 합니다.

그런데 농산물 브랜드 명칭이나 상표 디자인, 로고나 삽화, 색상 등이 만족스럽지 않거나 시대의 변화를 수용하지 못하는 것도 분명히 있습니다. 따라서 그러한 문제가 지적되는 공동 브랜드는 수정이나 보완을 통해 소비자의 눈길과 관심을 끌도록 더 세련되고 더 유혹적이며 더욱 품위 있고 구매를 유도하는 절묘한 표현으로 바뀌어야 할 것입니다.

그렇지만 공동 브랜드를 제정할 때 수많은 사람의 자문과 협조를 얻었던 만큼 변경 역시 제정할 때와 마찬가지로 많은 의견을 수렴하고 평가하는 절차를 거쳐야 하는 것이고, 추가로 발생하게 되는 비용의 부담도 빼놓을 수 없는 문제입니다. 즉 농산물 공동 브랜드는 현재 너무 많고 산만하더라도 쉽게 폐지하거나 변경하기 어려운 것이며, 그 브랜드가 나오기까지 또 대중화되기까지 많은 노력이 있었고, 또 농산물 유통 개선과 상품성 향상, 판매 촉진에 기여한 바가 큰 점을 인정하고 그 바탕에서 더 나은 개선안을 모색하여야 할 것입니다.

그리고 중복되는 브랜드의 정비, 유사 브랜드의 통합, 성격이 다른 농산물의 브랜드 분리, 인근 지역과 대단위 공동 브랜드 개발 등 발상의 전환도 긴요한 시점이라 하겠습니다.

388 농업인이 생산한 농산물은 무조건 모두 다 팔아주어?

Q 농협의 존립 목적 중 가장 중요한 것이 농업 지원이라고 생각합니다. 그리고 농업 경영에서 가장 어려운 일이 농산물의 판매인데, 농업인이 생산한 농산물의 판매를 아무 조건과 이유 없이 농협이 전부 담당해 주는 것이 농협의 올바른 자세라고 생각합니다.

A 농협의 목적이 농업 지원이고 농업 경영에서 가장 어려운 부분이 농

산물의 판매라는 점에 공감합니다.

농업인이 생산한 농산물을 이유나 조건 없이 모두 다 농협에서 인수하여 판매 처리하여 주는 것은 매우 바람직한 일일 것입니다. 그리하여 농업인은 생산에만 전념하고 농협은 판매에서 힘을 발휘하면 우리나라 농업의 발전과 농촌의 부흥을 가져오게 될 것입니다.

농협의 모든 사업은 농업인 조합원의 편의와 이익을 위해 농업인 조합원의 의사를 받들어 그 뜻에 맞추면 모든 것이 다 해결되는데, 농산물의 판매사업은 그렇지 않습니다. 농산물 판매사업은 생산자인 농업인과 소비자의 중간에서 양측에 대해 농산물과 농산물 구매대금을 중개해주는 역할입니다.

그런데 이 과정에서 농협의 역할은 물동과 화폐의 흐름만을 중개하는 것이 아니라 소비자에 대하여는 농업인의 정성과 희망을 전달해 주고, 농업인에게는 소비자의 기호와 요구사항을 전달해주는 것입니다. 그러한 기능이 있음으로서 농업인은 소비자의 기대와 요구사항을 파악하여 다음번 생산을 할 때 그 내용을 반영하여 생산할 농산물의 품종, 품질, 규격, 수량, 출하 시기 등을 결정하게 됩니다.

따라서 농협의 모든 사업이 농업인 조합원의 뜻과 소망을 받드는 것이 가장 중요한 일인 데 반해 농산물 판매사업은 농업인 조합원의 뜻이 아니라 '농산물 소비자의 뜻과 요구사항을 파악하여 반영하는 기능이 가장 중요'합니다.

농업생산은 이제 자급자족을 목표로 하는 것이 아니라 시장판매를 목적으로 하는 시장생산이며, 시장생산은 시장에서 소비자에게 선택받는 것을 목표로 하는 것이고, 소비자에게 선택받으려면 소비자의 기호와 요구에 부응하여야만 하는 것입니다. 따라서 성공적인 판매사업은 소비자가 외면하는 농산물을 강제로 판매 처리하여 소비자가 구매하게 하는 것이 아니라, 소비자의 기호와 희망을 생산자에게 잘 전달하여 생산에 반영하게 하는 것입니다.

그래서 상업농이 정착된 선진국의 농업에서는 농업인이 생산한 농산물을 잘 팔아주는 것을 강조하는 것이 아니라 소비자의 정보를 잘 파악하고 정리하여 농업인에게 전달하는 기능을 더욱 중요시하고 있습니다.

우리 농협의 농산물 판매사업도 빨리 이러한 트렌드를 받아들여서 '소비자 중심의 판매사업, 소비자를 향한 농업생산'이라는 인식 전환이 필요한 것이고, 농업인이 생산한 것은 무조건 팔아주는 데 힘써 노력하는 것이 중요한 것이 아니라, '소비자에게 선택받는 농업, 소비자의 희망을 생산에 반영하여 더 높은 소득을 올리는 농업'으로 구조와 사고를 전환해야 합니다.

389 농산물 가공사업은 전문업체가 훨씬 잘할 텐데

Q 농산물 가공사업은 많은 경험과 실패의 전력, 조사와 연구, 실험, 시장 개척 등의 어려움이 많은 부문입니다. 그리고 대부분 가공사업에서 수익을 실현하지 못합니다. 이런 분야는 농협이 간여할 것이 아니라 전문기업에 일임하는 것이 경제적으로나 정치적으로나 타당할 것입니다.

A '농산물 가공사업'은 우리나라 농업 분야에서도 아직은 익숙하지 않

은 사업입니다. 익숙하지 않은 만큼 사업상의 위험이나 문제가 더 많을 것이고 경영상의 어려움, 또는 불확실성이 그만큼 더 높아지는 문제가 있습니다.

또 농산물 가공사업은 초기 시설투자가 많고 섬세한 기술과 가공의 노하우가 필요한 데다 부가가치가 높지 않고 시장 여건에 따른 리스크가 높아서 다른 기업에서도 농산물 가공사업에 도전하였다가 실패한 사례가 많은 것도 사실입니다.

그럼에도 농협이 농산물 가공사업에 도전하고 투자와 시행착오를 반복하는 것은 그 이유가 있습니다.

우리나라의 농업은 생산기술 측면에서는 세계 최고의 수준을 자랑하지만, 농산물 가공기술이나 가공제품은 아직 그 수준이 무척 낮습니다. 그래서 생산한 농산물을 농산물 형태로 판매하게 되므로 그 수익성이나 부가가치가 높지 않아 농업인이 최고의 기술과 정성, 노력을 기울여도 농가소득을 올리는 데는 한계가 있습니다. 그런데 이 농산물을 현지에서 가공하여 판매한다면 훨씬 더 높은 부가가치를 창출할 수 있을 것입니다.

예컨대 프랑스의 경우처럼 포도는 와인으로, 스위스처럼 우유는 치즈로, 덴마크처럼 돼지고기는 햄과 소시지로, 또 보리나 밀은 맥주나 위스키로 가공하면 원자재인 농산물로 판매할 때보다 몇 배나 더 높은 소득을 올릴 수 있습니다. 이뿐만 아니라 수확 시기에 한꺼번에 시장에 출하되어 가격 폭락을 겪게 되거나 수급 불안정으로 생산물을 폐기해야 하는 사태도 막을 수 있게 됩니다.

그렇지만 농산물 가공사업은 어떤 개인이 추진하기에는 초기투자에 대한 부담이 무척 크고 사업 실패 시 파산에 이르게 되는 등 불안정성과 불확실성 때문에 개인이나 상업자본은 선뜻 접근하기 어려운 것이 또한 현실입니다. 이러한 상황에서 농업과 농촌에 꼭 필요하지만, 위험부담은 높고, 그것을 감수하면서 개척해야 하는 선구자가 필요한데, 그 역할을 농협이 맡아서 추진하는 것이 바로 농협의 농산물 가공사업입니다.

전국적으로 운영되고 있는 미곡종합처리장, 농산물 건조시설, 저온저장고, 양조장, 주스공장, 음료공장 등이 대표적인데, 어떤 경우는 사업에 실패하여 정리를 하였고, 어떤 분야는 비약적인 성장을 보였고, 또 어떤 분야는 매년 힘겨운 결산을 하는 경우도 있습니다.

그래도 농촌의 미래와 농업의 장래를 위해 누군가 반드시 해야 하고 누군가 꼭 겪어야 하는 시련이며 피할 수 없는 시행착오일 것이므로 그 역할을 농협이 맡아서 추진하는 것입니다.

그러므로 우리 조합에서 어렵게 가공사업을 꾸려가고 있다면 어떻게든 격려하고 성원하여 사업을 성공으로 이끌어가도록 해 주어야 하고, 다른 조합의 사업이라도 가능한 한 주문과 소비를 해 주고 홍보와 판촉도 해 주어 성공할 수 있도록 용기와 희망을 불어넣어 주어야 할 것입니다.

390 블랙 컨슈머란 무엇이며, 대책은?

Q 우리 조합의 사업 현장에 '블랙 컨슈머'라는 말이 자주 등장합니다. 블랙 컨슈머란 무엇이며 대책은 어떤 것이 있습니까?

Ⓐ 블랙 컨슈머(Black Consumer)란 기업 등을 상대로 부당한 이익을 취하고자 제품을 구매한 후 고의로 악성 민원을 제기하는 사람을 가리킵니다. 흔히 구매한 상품의 하자나 불량, 성능, 품질 등을 문제 삼아 기업을 상대로 과도한 피해보상금을 요구하거나 거짓으로 피해를 입은 것처럼 꾸며 보상을 요구하는 사람들을 일컫습니다.

상품을 구입해 일정 기간 동안 사용한 후 상품의 하자를 주장하며 제품 교환 또는 환불을 요구하는 유형에서부터, 상품으로 인한 신체적·정신적·물질적 피해를 호소하면서 반품이나 환불을 넘어 보상금을 요구하는 유형, 일부러 식료품 등에 이물질을 넣어 악의적인 민원을 제기하는 유형 등 블랙 컨슈머는 그 형태가 다양합니다.

대부분의 블랙 컨슈머는 소비자단체나 관련 기관을 거치지 않고 기업에 직접 문제를 제기하는데 제품 교환보다는 과다한 금전적 보상을 요구하는 경우가 많으며, 일부는 사회적인 파장을 강조하며 언론 또는 인터넷에 관련 사실을 유포하겠다고 협박하는 행태를 보이기도 합니다. 기업으로서는 제품과 기업 이미지 손상, 판매 부진 등을 우려하여 논란이 되지 않도록 블랙 컨슈머의 요구를 수용하는 경우가 많고, 최근 소비자 권리가 확대되면서 더욱더 많은 블랙 컨슈머가 양산되고 있습니다.

블랙 컨슈머는 의류·전자제품 등 다양한 상품의 거래에 관여하지만 식료품을 대상으로 하는 경우가 가장 많습니다. 식료품에 있어서 변질이나 이물질 등의 문제는 제조나 유통 과정에서 발생한 문제인지 구입 후 발생한 문제인지 구별하기가 어렵고, 사회적 파장이 크기 때문입니다.

농협의 경우 하나로마트나 농산물 가공과 관련하여 블랙 컨슈머의 준동이 다수 보고되고 있는데, 경험과 지식, 활동의 한계 때문에 각 농협이 개별적으로는 효과적인 대응을 하기 어렵습니다. 대신 법률고문이나 고문변호사를 통해 대응할 경우 훨씬 쉽고 적은 부담으로 해결할 수 있습니다.

391 두 얼굴의 GMO 농산물

Q GMO 농산물에 대해 유해성을 두고 미국과 유럽연합(EU)의 과학자, 정치가들이 서로 대립하고 있습니다. 그리고 우리나라에 수입되는 농산물 중 상당수 품목에서 GMO가 검출된다는데 GMO가 정말 유해한 것인지, 아니면 유해하지 않은데 과민 반응하는 것인지 궁금합니다.

A GMO(Genetically Modified Organism)란 우리말로 '유전자변형생물체' 또는 '유전자변형농산물'이라고 합니다.

GMO 식품이란 현대 생명공학 기술을 이용해 새롭게 조합된 유전물질을 포함하고 있는 동물, 식물, 미생물을 유전자변형생물체라고 하며, 이렇게 만들어진 유전자변형생물체를 재배하여 식품 혹은 식품의 원료로 이용할 때 이를 GMO 식품이라고 합니다. 관계 법령에서는 아래와 같이 정의하고 있습니다.

> **농산물품질관리법 제2조 11** '유전자변형농수산물'이란 인공적으로 유전자를 분리하거나 재조합하여 의도한 특성을 갖도록 한 농수산물을 말한다.

> **식품위생법 제12조의 2(유전자재조합식품등의 표시)** ① 생물의 유전자 중 유용한 유전자만을 취하여 다른 생물체의 유전자와 결합시키는 등의 유전자재조합 기술을 활용하여 재배·육성된 농산물·축산물·수산물 등을 주요 원재료로 하여 제조·가공한 식품 또는 식품첨가물은 유전자재조합식품임을 표시하여야 한다.

즉, 생명공학 기술을 이용해 다른 생물의 유전자를 재조합하거나 다른 생물의 유전자를 도입하여 만든 유전자변형생물체나 그 생물체를 원료로 하여 만든 식품을 GMO 식품이라고 하며, 대표적으로는 유전자변형 옥수수, 유전자변형 콩 등이 있습니다. 겉으로 보기에는 똑같지만 특정 형질, 예컨대 제초제에 잘 견디거나, 해충에 저항성을 가지는 형질을 가지고 있어 재배하는 데 편리하거나 병충해에 강한 작물들이 많이 재배되고 있으며, 이 작물을 이용해 만든 식품들을 GMO 식품이라고 합니다.

GMO를 개발한 이유는 전통적인 육종 방식인 선발, 교배, 변이 등의 방식이 너무 오래 걸리고 성과가 더딘 점이 있으므로 아예 유전자조합 기술을 이용하여 작물에 원하는 유전자를 직접 조합하여 새로운 형질을 갖게 하는 것입니다.

과학자들은 생명공학 기술을 이용해 다른 생물이 가지고 있는 유용한 유전자를 찾아내고 이를 작물에 도입하여 GMO를 개발합니다. 토양에 서식하는 미생물에서 해충을 방지할 수 있는 유전자를 찾아내 이를 작물에 도입하게 되면 작물을 갉아 먹은 해충은 죽지만 사람이나 포유동물에는 해를 끼치지 않는 해충저항성 작물을 만들 수 있고, 특정 성분의 제초제 내성을 가지는 작물을 개발하고 재배하면 제초제를 통하여 잡초만 제거할 수 있어 재배 과정의 편리와 높은 수확량을 얻을

수 있습니다. 더불어 비타민A와 같은 영양소를 강화한 작물, 고부가가
치를 내는 특용작물 등을 유전자변형 기술을 통하여 만들 수 있습니다.

그 결과 높은 수확량과 재배의 편리는 작물 생산성에 좋은 영향을 끼
칠 수 있고 이렇게 해서 많은 수확을 얻을 수 있는데, 증가하는 인구로
인하여 식량 부족의 위기가 다가오고 있다는 것을 감안하면 생산량을
증가시킬 수 있음은 큰 장점이라 하겠습니다.

또한 특정 영양성분 강화, 알레르기 감소 등의 다양한 GM 작물이 식
품으로 이용될 경우의 장점도 있으며, 이런 장점으로 인하여 GM 작물
이 재배·이용되고 있습니다.

그런데 이에 대한 우려도 있습니다. 새롭게 만들어진 작물(식품, 식
품의 원료)이라는 점에서 인체에 어떤 위해를 나타내지 않을까 하는 우
려가 있으므로 식품으로서의 인체 위해성 평가가 진행되고 있습니다.

또한 이 작물들이 재배되었을 경우 주변 작물이라든가 환경에 피해
를 미치지 않을까에 대한 우려도 존재하고 있어 환경 위해성 평가도 진
행하고 있습니다.

GMO 작물의 도입과 재배를 찬성하는 사람들(미국의 다국적기업)
은 GMO 작물이 알레르기, 가축의 피해 등 다양한 논란 사례가 있었지
만 아직 '과학적으로 위해성이 입증된 적은 없다'고 주장합니다. 그러
나 EU의 학자들은 'GMO 작물이 인체나 가축, 환경과 생태계에 안전
하다는 확인이 되지 않았다'는 점을 들어 도입과 재배를 반대합니다.

이 논쟁에 대하여 우리는 인간과 가축의 생명과 건강, 환경과 생태계
에 대한 유해성을 판단할 때, '위험하다는 증거가 없다'는 것보다는 '안
전하다는 확신이 있어야 한다'는 의견을 따라야 할 것입니다.

392 광우병, 정말로 위험한가?

Q 미국산 쇠고기 수입이 개방될 때 광우병의 위험을 들어 반대했었습니다. 그런데 최근 광우병 촛불시위를 오해와 선동의 결과라고 주장하는 사람이 많이 있습니다. 광우병은 실제로 있는 병이며 위험한 것입니까?

A '광우병(狂牛病, bovine spongiform encephalopathy)'은 소의 뇌 조직에 변형이 일어나 소를 죽음에 이르게 하는 전염성 뇌 질환인데, 공식 명칭은 '소 해면양뇌증(BSE, 牛海綿樣腦症)'입니다. 소의 뇌 조직에 마치 스펀지와 같은 작은 구멍이 생기면서 조직이 흐물흐물해지는 병으로, 소가 이 병에 걸리면 방향감각을 잃고 미친 것처럼 움직이기 때문에 일명 광우병(mad cow disease)이라 부르는 것입니다.

광우병에 걸린 소는 전신이 마비되고 시력이 상실되며 결국은 죽음에 이르게 되는데, 원인으로는 초식동물인 소에게 먹인 '동물성 사료' 때문으로 추측되고 있습니다.

광우병의 병원체는 바이러스보다 작고 유전자를 가지지 않은 '프리온(prion)'이라는 단백질로서, 변형된 프리온이 동물이나 인간의 뇌 속에 축적되면서 세포를 파괴하고 조직에 스펀지 구멍을 형성하게 됩니다.

또한 프리온은 단백질임에도 불구하고 그 자체가 전염성을 가지고 스스로 복제하여 급속히 증가하며, 또 종(種) 간의 벽을 넘나들 수 있는 것으로 알려졌습니다.

이 프리온이 소에게는 광우병(BSE)을, 인간에겐 '변형 크로이츠펠트-

야코프병'을, 양에겐 '스크래피'라는 질병을 일으키는데, 이러한 신경질환을 통틀어서 '전염성 해면양뇌증(TSE : transmissible spongiform encephalopathy)'이라 합니다. 소에게 발생한 변형 프리온은 양에게 양고기 사료를 주어 생긴 '스크래피병'이 소에게 옮겨가 발생된 것으로 추정되고 있으며, 광우병은 유전되지는 않는다고 합니다.

광우병을 앓고 있는 소를 사람이 섭취할 때 인간광우병인 변종 크로이츠펠트-야코프병(vCJD)에 걸리는 것으로 알려져 있는데, 이는 1986년 영국 과학자들이 처음으로 확인하였고 1996년과 2001년 초 인간광우병이 유럽에서 대규모로 발생하여 전 세계를 공포로 몰아넣은 바 있으며, 국내에서는 2011년 11월 말 독일에서 수입된 뇌경막 조직 중 변형된 프리온에 감염된 조직을 이식받아 의인성 크로이츠펠트-야코프병에 감염된 환자가 최초로 발생한 바 있습니다.

광우병이 사람에게 전염된 것이 변종 크로이츠펠트-야코프병(vCJD)이며, '인간광우병'으로 불립니다. 주로 광우병에 걸린 소의 고기나 그 추출물로 만든 식품을 먹었을 때 감염되며 20~30대 연령층에서도 발병함은 물론 증세가 서서히 진행되는 것이 특징입니다.

초기에는 정신과 증세가 나타나다 피부감각 이상, 운동신경 이상 등에 이어 건망증, 정신착란, 치매 증상 등이 나타나는데, 환자의 90%가 발병 후 1년 이내에 사망하는 것으로 알려져 있으며 특효약이나 치료법이 없으므로 광우병의 감염이나 전염 개연성이 있는 모든 원인을 차단하는 일이 가장 중요하고도 당연한 일입니다.

미국산 쇠고기가 광우병으로부터 안전하다고 공식 발표하였고 수입이 이루어졌지만, 그 후 주요 정부기관이나 언론기관 등의 구내식당에서 미국산 쇠고기를 사용한 사실이 확인된 바 없다고 합니다. 그리고 미국산과 캐나다산 소에서 광우병이 자주 나타나지만, 우리나라 한우에서는 아직까지 광우병 사례가 보고된 일이 전혀 없습니다.

우리 국민, 우리 가족이 먹는 식료품은 '위험하다는 증거가 없으면 먹어도 된다'가 아니라, '안전하다는 확신이 없는 것이라면 반드시 먹지 않도록 하여야 하는 것'이 당연한 일이고 또 정부의 의무라 할 것입니다.

393 농협은 비료와 농약업체의 대리점?

Q 농협의 영농자재 공급사업이 사실은 농약업체, 비료업체의 대리점 역할에 불과합니다. 다른 농약상, 비료상과 아무런 차별이 없고 가격 차이도 없는데 굳이 농협을 이용해야 하며, 농협이 꼭 이런 사업을 해야 합니까?

A 비료나 농약, 사료의 유통체계는 생산업체에서 대리점과 농협으로 공급되고 다시 농업인에게 공급됩니다. 그래서 농자재 대리점과 농협의 위치가 생산업체와 농업인의 중간에 똑같이 위치하고, 역할도 제조업체의 생산물을 농가에 분산 공급하므로 농협도 생산업체 대리점의 위치로서 대리점 중의 하나로 보입니다. 그러나 겉으로 보기에 그렇게 보인다고 하더라도 실제는 전혀 다릅니다.

농자재 대리점은 농자재 업체와 대리점 약정을 하여 업체의 상품을 농업인에게 홍보하고 판매하여 수익을 올리는 것입니다. 반면에 농협은 농업인 조합원의 주문을 모두 모아서 생산업체와 가격이나 공급 조건을 교섭하여 가능한 한 싼값과 좋은 조건을 얻어내려고 합니다. 그래서 농협은 생산업체의 대리점이 아니라 거꾸로 '농업인의 구매 대리점' 역할을 하는 것이고 생산업체에 대하여는 거래 규모가 아주 큰 '중요고객'이 됩니다.

원래 농자재 시장에서도 생산자는 대규모 자본과 독과점적 지위를 가지고 있지만 농업인은 숫자가 많고 영농 규모가 영세하므로 개별 농가의 시장구매력이 너무 작아서 생산업자와 대등한 교섭이 될 수가 없습니다. 그런 구조를 농협이 나서서 1차로 1개 조합 관내의 농자재 수요를 모두 모아 도매로 사게 되고, 나아가 군 단위, 도 단위, 전국 단위로 구매력을 집중시켜 궁극적으로 생산업체와 농업인이 1:1로 대등하게 교섭을 하여 농자재 시장 구조를 '공급자 시장'에서 '수요자 중심 시장'으로 바꾸었던 것입니다.

따라서 일선 농협의 농자재 공급업무, 구매사업은 '농자재 업체의 대리점'과 비슷한 모양을 하고 있더라도 그 원리와 동기, 역사, 정신은 완전히 반대로서 '농업인의 대리점'인 것이고 '농업인의 이익을 대변하고 있는 것'입니다. 이러한 농협의 역할이 있기 때문에 전 세계의 농자재 시장을 독과점구조로 지배하고 있는 다국적기업들이 한국의 농자재 시장에서만은 큰 힘을 발휘하지 못하고 있는 것입니다.

394 농협의 농자재 가격과 시중 가격이 차이가 없는데

Q 농협이 구매사업을 통해 농업인이 필요로 하는 영농자재를 공급합니다. 그런데 농협은 농업인의 주문과 희망을 모아서 대규모 구입을 통해 규

모의 경제 실현과 월등한 시장교섭력을 발휘한다고 하는데, 실제로는 농협과 농자재 상인 간 가격 차이가 없습니다. 농협의 구매 시스템에 문제가 있지 않습니까?

A 농협이 구매사업을 하는 목적은 농업인의 시장교섭력을 높여주려는 것이 목적입니다. 개별 농업인이 개인적으로 상인과 거래를 할 경우 농업인은 구매물량이 적고 자금도 넉넉하지 못한 데다가 시장정보에도 어두우므로 시장교섭력이 상인에 비해 월등히 낮아 불공정한 게임이 되어 불리한 여건에서 불리한 구매를 해야 했습니다.

이러한 상황을 타개하기 위해 농협이 개별 조합원의 구매 수요를 취합하여 대규모로 구입하게 되면 시장교섭력에서 상인과 대등하게 될 것이고, 나아가 전국의 수요를 모두 모아서 생산업체와 직접 계약한다면 막강한 시장교섭력을 바탕으로 매우 유리한 거래를 할 수 있습니다.

실제로 화학비료, 농약 등 중요한 영농자재와 중요 생활필수품은 이러한 방식으로 거래가 이루어져 가격 바가지나 불공정거래가 거의 근절되었습니다.

그렇지만, 이러한 물자의 시중 가격이 농협의 가격과 같아서 상당수 조합원이나 고객이 농협의 활동이나 가격에 의문을 갖게 됩니다. 즉 규모의 경제, 대량거래의 이점을 살린 결과가 시중 시세에는 전혀 반영되지 않은 것으로 보이기 때문인데, 이런 현상은 농협이 대량거래에서 미숙하였거나 어떤 사정이 있어서 생긴 결과가 아닙니다.

농협은 전국 농업인의 수요와 주문을 바탕으로 제조업체나 판매업체와 치열하게 협상하고 교섭하여 최후의 선까지 밀어붙임으로써 가장 유리한 가격과 거래 조건을 성사시킵니다. 그런데 제조업체는 농협과 대량거래를 함과 동시에 자체의 유통망과 대리점 조직, 시장유통물량을 유지해야만 합니다.

그 과정에서 시장가격을 결정할 때 농협과 다른 가격을 제시하면 시장에서 외면당하고 결국 퇴출됩니다. 시장에서 그 상품이 존속하려면 결국 시장의 가격 수준을 따라가야만 하는데, 농협에서 공급하는 가격이 기준이 되는 것입니다.

이러한 현상을 '일물일가의 법칙(一物一價의 法則, law of indifference)'이라고 합니다. 즉 시장에서 '같은 종류의 상품에 대해서는 하나의 가격만이 성립한다'는 원칙입니다. 경제학상 중요한 원칙의 하나로서, '무차별의 법칙'이라고도 하는데 만약 같은 시장에서 동일한 상품이 다른 가격을 갖는다고 하면 완전경쟁이 이루어지고 있는 한, 사람들은 보다 싼 상품을 사려고 할 것이므로 높은 가격의 상품에 대한 수요는 전혀 없어져 가격을 인하하지 않을 수 없게 될 것입니다.

즉 동일한 시장의 어떤 한 시점에서는 동질의 상품 가격은 단 하나의 가격밖에 성립하지 않으며, 제번스(Jevons, W.S.)는 이를 '일물일가의 법칙'이라 하였고, 반대로 말하면 이 법칙이 작용하는 범위를 '하나의 시장'이라고 할 수 있습니다.

따라서 농협의 판매 가격과 시중의 가격이 같은 것은 농협이 역할을 제대로 하지 못한 결과가 아니라 우리나라의 시장이 제대로 기능하는 것을 나타내는 것이며, 자유경쟁과 시장경제의 원리가 잘 발현되고 있는 건강한 시장 상황임을 말해주는 것입니다.

395 농약원제를 비축한다는 말의 내용은?

Q 식물방제 관련 세미나에서 농약원제의 비축에 대한 이야기를 들었습니다. 농약은 대부분 다국적기업이 특허권을 가지고 독점적으로 공급하는 것으로 아는데, 농협이 왜 원제를 비축합니까?

A 농약은 대부분 화학약품이고 여러 종류의 화학약품을 배합한 혼합물이며, 다국적기업이나 대기업이 특허권을 가진 상품입니다. 그 때문에 항상 농약 소비국은 생산업체의 눈치를 보아야 하고 공급가격이나 시기 등 조건에 민감하며 특히 자국의 농약 돌발수요 발생에 대비하여야 합니다.

또 기상 상황과 생태 환경의 변화 등의 요인으로 병충해가 돌발적으로 광범위하게 발생하여 치명적인 피해를 입히는 경우가 많은데, 우리나라도 과거에 도열병, 벼멸구 등의 돌발적 발생과 만연으로 큰 피해를 입은 경험이 있습니다.

그러나 농약은 화학약품이므로 미리 대량생산해 놓으면 화학성분들이 서로 반응하여 약효가 줄어들거나 없어지게 되어 대량으로 생산해서 장기간 보유할 수 없습니다. 따라서 농약을 완제품 형태로 배합하거나 가공하여 대량으로 보유할 수 없는 어려움이 있지만, 농약 공급선인 다국적기업은 우리 농업의 현실에 맞추어 움직여주지 않습니다.

그렇다고 하여 국내의 농약업체에 막대한 비용을 들여서 농약원제를 비축하게 할 수도 없는데, 농약업체는 개인들이 설립한 주식회사로서 이윤이 목적이기 때문입니다. 그래서 농협이 농약의 원제, 즉 혼합이나 가공하기 전의 원액을 미리 구입하여 보유하고 있다가 갑자기 돌발병 해충이 발생할 때 바로 농약업체에 공급하여 즉시 제품으로 생산할 수 있도록 하는 것이 농약원제비축사업입니다.

농약이라고 하더라도 원제는 단일한 화학물질이므로 화학반응이나 성분변화가 없기 때문에 비교적 안전하게 유효한 성분을 보유할 수 있고, 원제만 충분히 있으면 언제든 부재료와 첨가제를 혼합하고 희석하여 필요한 농약을 생산할 수 있기 때문입니다.

다만, 농약원제는 국가의 중요한 전략물자로서 향후 국내 농업과 임업, 축산업에 막대한 영향을 미치게 됨은 물론, 화학공업이나 관련 산업과도 연관이 있기 때문에 구체적인 비축량이나 비축 방법, 장소 등을 일절 공개하지 않도록 하고 있습니다.

최근 우리나라의 기후가 더 불순해지고 생태 환경이 더 열악해졌는데도 농업 분야에서는 과거에 비해 농약 파동이나 치명적인 병충해 피해가 줄어든 것은 바로 농협의 농약원제비축사업의 영향과 공로가 크다고 할 것입니다.

396 농협보다 더 값싸게 파는 영농자재상이 있습니다.

Q 농협보다 더 싸게 파는 영농자재 판매점이 있습니다. 개인사업자가 손해를 보면서 사업을 계속할 리는 없는데, 농협의 영농자재 유통구조에 문제가 있는 것이 아닙니까?

Ⓐ 농촌의 현장에서는 영농자재나 생활필수품을 취급하는 상인들이 일부 품목을 농협보다 더 싸게 파는 일이 언제나 일어나고 있습니다. 그리고 농협은 언제나 농업인 조합원의 주문을 모아서 대량으로 구매하므로 높은 시장교섭력을 발휘하고 규모의 경제 실현과 대량 거래의 이점 등을 발휘하여 가장 낮은 가격에 가장 높은 품질의 상품을 공급하는 것으로 알려져 있는데, 이런 사례에서 농협의 주장이 설득력을 잃게 됩니다.

그런데 농협보다 더 싸게 판매하는 상인이 있다고 하여 농협의 판매 가격이 바가지 가격이거나 문제가 있는 가격이라고 할 수 없습니다. 농협은 문자 그대로 영농자재의 품목별로 조합원의 수요와 주문을 취합하고 중요한 자재는 이것을 다시 전국 단위로 통합하여 생산업체와 직접 거래합니다. 대량 거래의 이점을 충분히 살려 가능한 한 낮은 가격과 조건을 실현하고, 이 가격에 운송 실비와 적정 마진을 추가하여 농업인에 대한 공급가격을 산정하는 것입니다. 따라서 농협의 영농자재 가격은 가장 낮은 수준의 가장 합리적인 가격임을 누구도 부인하지 못하는 것입니다.

그런데 농협의 공급가격보다 더 낮은 가격으로 판매하는 상인이 있는 것 역시 현실이며 이러한 가격이 반드시 잘못이라고 할 수도 없습니다. 상인들이 판매하는 낮은 가격의 영농자재는 대부분 무자료 거래이거나 상인들이 구입 원가보다 더 낮게 판매하는 덤핑 판매입니다.

무자료 거래는 거의 모든 품목의 상품에서 발생하는 일이고, 덤핑 판매는 해당 상인이 농협과의 경쟁에서 살아남기 위해 일부 품목에 대해 농협보다 더 낮은 가격을 내세우지 않을 수 없는 현실을 반영하는 것입니다. 그 상인은 일부 특정 품목의 덤핑으로 일단 손님을 유인한 다음에 끼워 팔기, 대량 판매 등의 기술로 덤핑의 손해를 만회합니다. 즉, 농협보다 더 싼 판매점은 판매전략으로써 일부 특정 품목에 대하여 농협 가격보다 낮은 가격을 실현시키고 그것을 통해 고객을 유인하는 것입니다. 그러나 농협의 판매전략과 가격이 정상가격이고, 장기적으로 농업인에게 이익입니다.

397 농기계 A/S 체제 확립에 농협은?

Q 농기계는 보급과 함께 A/S 시스템을 완비하여 농업인이 고장 난 농기계를 언제든 쉽게 고쳐서 농사일에 차질이 없도록 하는 일이 중요합니다. 농협은 농기계 보급과 농기계 자금 지원에 큰 공을 세웠지만, 농기계 A/S 시스템 구축에도 더 힘써야 합니다.

A 농기계는 보급과 구입자금의 지원도 중요하지만 사용 과정에서 꼭 필요한 정비와 수리를 원활히 하는 애프터서비스(사후봉사, A/S) 시스템을 잘 갖추는 일이 매우 중요합니다. 그리고 우리나라의 농업기계화 초기, 농기계의 도입에만 힘을 쏟을 뿐 사후봉사 체제가 미흡했던 것이 사실입니다. 그 때문에 농기계의 수명이 짧아지고 가동률도 낮았으며 자주 새 기계를 구입해야 했던 관계로 농가의 부담도 크고 농업기계화 시책 자체가 비판받기도 하였습니다.

그런데 농기계 업체에 대해 사후봉사 체제를 강화하고 서비스를 충실하게 하도록 강제할 방안이 마땅하지 않았습니다. 그래서 농협은 2

가지의 농기계 사후봉사 체제를 마련하여 추진하였습니다.

첫째는 농기계수리센터를 각 농협에 설치하고 지원하여 농기계 공급 업체가 미처 다하지 못한 농기계의 정비와 수리를 농협이 직접 맡아주 어 농업기계화를 뒷받침한 것입니다.

둘째는 농촌에 '소비자보호운동'을 보급하고 각 농협이 '소비자피해 신고센터'가 되도록 한 것입니다. 한국소비자원과 농협이 '농업인소비 자보호사업협약'을 체결하여 전국의 모든 농협 사무소가 한국소비자 원의 현장고발센터 겸 지방사무소 역할을 맡도록 한 것입니다. 그리고 그중에서 농기계 공급업체의 사후봉사 소홀을 문제 삼아 업체별로 서 비스 불량사례와 우수사례를 수집, 공표하고 정책당국과 국회에까지 건의하여 몇몇 업체는 허가취소와 기업의 존망까지도 고려할 정도로 큰 질책을 들었고, 또 농기계 사후봉사 의무가 입법화되게 되었습니다.

그 결과 지금은 우리나라 농기계의 사후봉사에 대한 품질과 자세는 세계적인 수준이라고 할 정도로 나아졌습니다.

농협의 역할과 기능은 이렇듯 보이지 않은 구석에서도 섬세하게 작 용하고 있습니다.

398 종자사업, 어렵고 위험한데 굳이

Q 종자사업은 대단히 전문적인 분야이고 섬세하면서 위험도 매우 높은 첨단과학 분야입니다. 그리고 사고가 발생하면 그 피해가 대단히 큽니다. 이렇게 리스크가 높은 사업을 농협이 굳이 할 필요는 없을 것입니다.

A 금보다 비싼 씨앗이 있습니다. 최근 금 한 돈의 시세가 약 23만 원인데, 파프리카 씨앗을 금 한 돈 무게(3.75그램)로 환산하면 37만 원에 달합니다. 파프리카가 국내 토종 종자가 아니라서 전량 네덜란드에서 수입되는데, 수입 파프리카 씨앗 한 알 가격이 600원일 정도로 만만치 않은 가격입니다. 우리가 미처 생각하지도 못한 사이, 작은 씨앗의 가치는 점차 커지고 있습니다.

그리고 고기를 먹을 때 빠질 수 없는 상추, 우리가 흔히 접하는 상추의 종류가 약 1000종이 넘는다고 합니다. 이렇게 생김새는 비슷해도 하나의 품목에 포함되는 수많은 종자가 존재합니다. 자라는 환경에 따라 그리고 사람들의 선호에 따라 상추의 종자가 개발됐기 때문입니다.

이렇듯 씨앗의 세계는 정말 무궁무진하고 부가가치가 무척 높을 뿐 아니라 우리나라 농업에서 차지하는 비중 또한 매우 높으며, 세계적으로 종자산업이 차지하는 비중은 이미 그 자체로 거대한 규모입니다. 이에 2, 3차 가공품과 식품산업까지 포함한다면 가장 큰 산업임에 틀림없는데, 이러한 농산업의 중심에 '종자산업'이 있습니다.

또한 지금 세계 농업은 '종자전쟁'을 벌이는 중입니다. 농가들은 종자업체로부터 종자를 구입해 이를 심어 수확하는데, 여기서 기존 품종에 비해 얼마나 개량된 종자를 쓰느냐가 해당 농가의 경쟁력을 결정합니다. 즉, 종자는 IT 산업에 비유하면 반도체와 같고, 이 기술이 부족한 나라의 농업은 제조업에 비교하면 부품 조립생산 수준에 머뭅니다.

세계 종자산업 시장은 연 5%씩 성장하고 있을 정도로 성장산업으로서 1975년 120억 달러에서 2010년 689억 달러로 5배 넘게 증가했고, 2020년은 2010년보다 2배 이상 늘어난 1650억 달러로 커질 전망입니다.

현재 이 시장을 미국의 M사, 스위스의 S사, 일본의 S사 등 10대 다국적 업체들이 장악하고 있는 상태입니다. 이들의 세계시장 점유율은 70%를 넘고 있으며 미국의 M사는 매년 10억 달러 이상을 연구개발에 투자 중이라고 합니다.

우리나라는 국제식물신품종보호동맹(UPOV)의 가입국으로서 협약에 따라 해조류를 포함한 모든 식물품종 종자 보호제도가 전면 시행되어 종자산업의 지식재산권의 가치가 한층 높아진 상황입니다. 이에 따라 정부도 올해 지불해야 할 로열티를 최대 205억 원까지 예상하고 있습니다. 2011년 160억 원에 비해 34% 증가한 수준입니다.

반면 2011년 기준 국내기업의 세계시장 점유율은 10억 3000만 달러로 1%에 그쳤습니다. 또한 세계 종자 시장에서 새로운 품종의 종자는 독점적·배타적 산업재산권을 인정받으며, 일반 특허권에서 보장 받는 것과 동등한 가치가 있습니다.

몇 달 전 국내 전자업체와 해외 전자업체가 스마트폰 부분 기술에 대한 특허 분쟁을 벌였듯, 최근 들어 종자업체끼리 특허 분쟁을 벌이는 일이 증가하고 있습니다. 가장 중요한 점은 종자는 식량 주권과 밀접한 관계를 가진다는 점인데, 토종 종자가 없으면 수입하거나 로열티를 지불하며 사용해야 하기 때문이며, 국민들에게 가장 중요한 '먹을거리'에 대한 문제는 종자산업과 직접적인 관계가 있습니다.

그렇다면 우리나라 종자산업의 현실은 현재 외국 기업의 국내 시장 점유율이 50%에 이르고 있는데, 이것은 우리가 먹는 농산물의 절반 정도가 외국 업체의 종자로 심겼다는 뜻이며, 신고 배, 캠벨 포도, 후지 사과가 대표적입니다.

1996년까지만 해도 외국 기업의 국내 종자 시장 점유율은 14%에 불과했지만 외환위기 이후 H종묘 등 국내 1~3위 업체가 모두 외국 기업에 인수되면서 국내 기업들이 가졌던 종자에 대한 권리도 외국 기업으로 이전됐습니다. 고추나 무, 배추 같은 우리 농산물을 먹을 때마다 외국 기업이 수익을 챙기는 웃지 못할 일이 벌어졌고, 청양고추, 금싸라기참외, 불암배추도 외국 기업의 씨앗으로 길러지고 있습니다.

현재 국내에는 1000개에 달하는 종자 관련 회사들이 활동 중인데, 직원 10명 이상은 20곳 남짓에 불과하며, 나머지 업체는 씨앗을 개량하기보단 다른 곳에서 개발한 씨앗을 베껴 더 싼값에 유통하고 있는 수준입니다.

이렇듯 국산 품종 개발이 시급한데, 다행히 우리나라의 자연적인 여건은 나쁘지 않은 편이라고 합니다. 우리나라 기후는 아열대부터 한대까지 다양한 데다 국토의 70%가 산지이고 강우량이 많아 다양한 생물자원을 보유하고 있어 개량과 육종 환경이 좋습니다.

그렇지만 종자사업에는 막대한 투자와 긴 시간의 연구, 수많은 전문인력 등이 필요합니다. 새로운 품종을 개발해 농가에 보급하기까지 최소 8년에서 10년이 걸리는 등 그 과정이 너무 길고 힘든 까닭에 수익 내기에 급급한 상업자본에 그 역할을 기대할 수 없습니다.

결국 정부와 공기업, 농협이 나서야 하는데 농협이 그 책무를 스스로 자임한 것입니다. 지금 당장은 수익이 낮고 또 리스크가 높더라도 누군가 우리 농업의 미래를 위해서는 반드시 수행하여야 할 일이기 때문에 농협이 맡은 것입니다.

399 농협사료, 꼭 필요한가

Q 가축사료사업은 단순한 물자 판매사업이 아닙니다. 수많은 연구와 실험, 분석, 평가, 연구, 검증이 수반되어야 하며, 장기적으로 축적한 경험과 분석된 자료가 필수임은 물론 지금도 계속 정보와 자료를 축적하고 미래를 예측하며 선도해야 합니다. 이런 분야는 전문기업에 맡기고 농협은 사료 운송과 배급에만 전념하는 것이 안전할 것입니다.

A '가축사료'는 축산업의 가장 기본적인 자재이자 가축의 생존을 위한 기초적 요소입니다. 그래서 농협은 70년대 초부터 전국 각지에 현대식 배합사료공장을 짓고 우수한 품질의 배합사료를 공급해 왔습니다.

그 당시에 다른 사료업체들은 외국에서 생산된 배합사료를 수입하여 국내에 공급하거나 단미사료를 수입하여 축산농가에 공급하던 수준이 었습니다. 그 후 배합사료 생산업체와 시설이 꾸준히 늘어나 한국 배합사료산업은 경제성장과 함께 축산진흥 정책에 힘입어 연평균 10% 이상의 양적인 성장세를 이어왔습니다.

그러나 1990년 이후 WTO, FTA 등 개방화 물결 속에 성장이 둔화되기 시작하면서 보합 또는 침체의 반복된 과정을 거쳐 질적인 성장단계로 진입했습니다. 이 시기에 사료 생산설비와 생산구조가 크게 바뀌었는데, 배합사료 공정이 완전 자동화되고 컴퓨터화됐으며, 가공 형태도 가루사료 중심에서 점차 다양화되어 펠렛, 후레이크, 익스트루전 사료 비중이 늘었고, 사료의 종류도 과거와 달리 양어용, 기타 동물사료 등 특수사료의 비중이 높아졌습니다.

축산 규모가 점차 대형화되고 전문화되면서 농가에 공급하는 사료 형태도 포대에서 벌크 수송이 급증한 반면 사료공장들의 판매 경쟁은 시간이 지날수록 더욱 치열해지면서 이를 견디지 못하고 폐업 또는 합병되는 사례가 늘었습니다. 앞으로도 축산업이 존속하는 한 배합사료의 수요는 꾸준할 것이고 상업자본의 배합사료 부문 활동도 치열해질 것인데, 민간 사료업체의 대부분이 외국 곡물기업, 다국적 곡물메이저의 투자나 제휴 아래 놓여 있거나 경영을 지배당하고 있습니다.

다국적기업은 오직 이윤만을 최고의 목표이자 선(善)으로 생각하므로 우리나라의 정치 정세나 남북 대치 상황이 어려워지면 리스크 비용을 사료에 얹어서 더 받으려 하거나 리스크를 이유로 자본 철수, 공급 중단 등을 꾀하여 정부나 농가로부터 더 많은 이윤을 챙기려 합니다.

그런데 이제는 고기, 계란, 우유, 육가공품, 유제품 등 축산물은 우리 식탁에서 뺄 수 없는 필수 식량이 되었으므로 언젠가 다국적기업이 철수나 공급 중단, 공급 조절이라는 위협을 가하게 되면 우리의 축산 부문과 식량 안보는 외국 군대의 침략만큼이나 큰 충격과 혼란이 오게 될 것입니다.

따라서 최소한 일개 기업의 위협으로 식량위기, 경제위기, 안보위기가 도래하고 심화되는 상황만은 막아야 하기에 그 기업의 공급 능력을 대체할 우리 자본의 대안이 꼭 필요한데, 농협사료사업이 그 역할을 맡고 있습니다.

또 축산업의 발전과 함께 국민 생활수준도 높아져 더 높은 품질의 축산물, 더욱 안전한 축산물에 대한 수요가 늘어나는 데 부응하여 사료의 품질과 성능을 그에 맞추어 주어야 합니다. 바로 그러한 임무를 농협사료가 맡아서 사료 부문의 개척자, 축산업 발전의 선도자 역할까지

하고 있는 것입니다.

즉 사료사업은 전문기업이나 외국 기업, 다국적기업에 맡기는 것은 식량 안보와 식량 주권을 외국 기업에 맡기는 일과 같으며, 우리의 주권을 위해 농협사료가 꼭 있어야 하고 더욱 활발히 사업을 전개하여야 하는 것입니다.

우리나라는 삼면이 바다인 데다 북쪽은 적대세력으로 막혀 있어서 사실상 섬나라라 할 것이므로 식량 주권과 식량 안보가 곧 국민의 생명줄인데 축산 부분의 생명선인 사료산업을 외국 다국적기업에 의존할 수는 없는 일이므로 어렵더라도 농협이 사료산업을 영위하는 것입니다.

400 영농자재 불량으로 인한 피해의 배상청구는?

Q 영농자재의 품질이나 규격이 불량하여 피해를 입었을 경우 피해 보상을 효과적으로 청구하는 방법이 있습니까?

A 영농자재의 품질 불량, 성능 미흡, 규격 미달, 위험 발생 등의 문제로 작물이나 가축에 피해가 발생하였거나, 기대한 결과가 나타나지 않아 추가 비용이 발생하게 되었거나, 수확물의 품질이나 수량이 기대에 미치지 못하는 경우 등이 모두 영농자재의 소비자 피해입니다. 또 소비자 농업인의 안전을 위협하거나 신체의 부상이 발생하는 일도 마찬가지입니다.

이러한 수많은 영농자재 피해 중에서 가장 대표적이면서 피해 규모나 정도가 큰 것으로는 종자 사고, 농약 사고, 비료 사고, 사료 사고 등이 있고, 농기계 사고와 농기계 A/S 불량 등이 있습니다.

이러한 사고는 어느 농협에서나 매년 몇 건씩 발생하고, 엄청난 물의를 일으키지만 사고 피해에 대해 적절한 보상이나 배상을 받지 못한 채 넘어가는 경우가 대부분입니다. 영농자재의 품질이나 성능, 규격의 문제로 소비자 피해가 발생하면 공급업체에서 모든 손해를 배상하는 것이 원칙이지만, 손해의 배상이 이루어지지 않는 것은 소비자 피해에 대한 올바른 구제 절차를 밟지 않았기 때문입니다.

즉 농업인이 영농자재의 피해를 입었을 때, 소비자피해를 전문적으로 구제하는 기관에 호소하는 것이 아니라 엉뚱한 기관이나 단체에 호소하기 때문에 충분한 보상이 이루어지지 않는 것입니다.

영농자재의 소비자 피해에 대하여 농협중앙회에서 1997년도에 한국소비자원과 '농업인소비자보호사업 협약'을 체결하여 수많은 소비자 피해를 구제하여 주고 있습니다.

한국소비자원은 법률에 따라 구성되어 소비자 피해보상 업무를 하는 기관으로서 가장 영향력이 크고 각종 실험 및 감정 장비와 전문 인력을 갖추고 있으며, 영농자재 피해에 대해 소비자분쟁조정위원회를 통해 피해에 대한 분쟁 조정과 배상 금액 확정까지도 해 주는 최고의 소비자 보호기관입니다. 한국소비자원에 소비자 피해 구제 신청을 하려면 인터넷 주소창에 '한국소비자원'을 입력하여 접속한 다음 소비자 피해 신고를 하면 구제를 받을 수 있습니다.

401 생활필수품의 소비자 피해 구제는?

Q 의식주 생활과 서비스 등 생필품에 대한 소비자 피해가 발생할 경우 피해 보상을 청구하는 방법이나 절차는?

A 농촌에서 농업을 경영하는 농업인이라고 하더라도 의식주와 서비스라는 소비생활이 있고, 그 소비생활 과정에서 소비자 분쟁이나 피해는 피할 수 없는 일입니다.

특히 농촌은 소비자 보호기관이나 소비자 단체가 적고 활동도 미약한 점에서 소비자 피해는 도시보다 몇 배 더 많을 것이지만, 현실에서 농업인은 소비자 피해 신고나 피해 구제 신청을 하는 경우가 많지 않습니다. 이는 농촌의 소비자 보호 시스템이 잘되어 있어서라기보다 농촌에서는 소비자 피해에 대한 인식이 낮고 신고할 기관·단체가 없으며 소비자 문제로 투쟁할 여유도 없기 때문일 것입니다.

이러한 생활필수품과 서비스의 소비자 피해에 대하여도 한국소비자원에서 직접 피해 접수 및 처리를 하여 줍니다. 농업인소비자보호사업은 영농자재뿐 아니라 농촌의 생활필수품과 서비스의 영역까지도 보호 대상으로 하기 때문입니다.

한국소비자원에 소비자 피해 구제 신청은 영농자재의 경우와 똑같이 인터넷으로 '한국소비자원'에 들어가서 소비자 피해 신고를 하면 구제받을 수 있습니다.

402 농촌에 하나로마트가 꼭 필요합니까?

Q 과거에 조합마다 농협 연쇄점이 있어서 농촌에 필요한 각종 생활필수품을 공급했는데, 지금은 하나로마트로 변경되었습니다. 그러나 이제는 농촌에도 대규모 마트, 상설시장, 편의점 등 다양한 경로로 생필품이 공급되고 있으므로 하나로마트의 기능이 중요하지 않습니다. 생필품 공급은 이제 깔끔하고 세련된 대형마트에 맡기고 힘만 드는 하나로마트는 폐지해도 되지 않습니까?

A 사실 농촌의 풍경과 생활 여건이 많이 달라졌습니다.

과거에 농협이 농촌연쇄점사업을 시작한 이유는 오일장 중심으로 생활하는 농촌의 생활 리듬을 1일 단위 생활 리듬으로 맞추고, 또 독점적 지위를 이용해 가격 바가지나 불량품 공급, 공급 조절 등을 일삼는 지역 상인들의 횡포와 비리로부터 농업인들을 해방시키기 위한 것이었습니다.

그리고 그 사업은 상당한 성과를 거두었고, 지금은 농협 하나로마트가 농촌지역 생활필수품 유통의 중심축으로 확고한 자리매김을 하였는데, 교통·통신 혁명과 사회·경제의 성장으로 이제는 농촌에도 농촌 주민을 두고 서로 경쟁하는 다양한 상업 형태가 나타났습니다. 그중에는 24시간 서비스하는 편의점, 대단위 창고형 할인마트, 세련된 대형마트 등이 성업 중이라서 농협 하나로마트는 그 기능을 다한 것으로 보일 수도 있습니다.

그렇지만 만약 농협 하나로마트가 사업을 정리한다면 그 직후 각 대형마트와 편의점 업체들은 서로 협정이나 약속을 통해 가격이나 서비스, 품질경쟁을 그만두고 농업인과 농촌 주민에 대한 횡포와 착취를 시작하게 될 것입니다. 상업자본의 목적은 오직 이윤의 극대화에 있을 뿐, 도덕적 의무나 사회에 대한 책임, 농업인에 대한 사랑은 전혀 기대할 수 없는 것이기 때문입니다.

또 비밀리에 이루어지는 그들의 담합이나 연합, 연대에 대하여 국가가 개입하거나 제재할 수 있는 것도 매우 어렵고, 개별 기업의 경영행위나 의사결정에 대해 누구도 간여하거나 간섭할 수 없습니다.

결국 농촌 시장의 상황은 「강철군화」라는 소설에서 표현된 대자본의 독점과 착취 상태로 귀착되고 농촌 주민은 상업자본에 종속되어 지배를 받는 참혹한 처지로 전락하게 될 것입니다. 그러한 사태는 법률과 행정력으로 막을 수도 없고, 언론의 힘으로도 견제가 불가능한데, 대자본은 먼저 입법부와 행정부에 대한 영향력에서, 또 언론에 대한 지배력에서 농촌 주민과 비교할 수 없는 힘이 있기 때문입니다.

이러한 상업자본의 발호와 횡포를 막는 길은 오직 똑같은 업종의 사업을 농촌 주민 전체의 힘으로 운영하여 독점이나 과점 체제를 막고 건전한 경쟁 체제를 유지하도록 하는 길뿐입니다.

그리고 농촌 주민이 지배하는 유통업체는 현재 농협 하나로마트뿐이고 미래에도 하나로마트뿐일 것이기에 하나로마트는 어떤 외압이 있더라도 혹은 적자가 누적되더라도 포기할 수 없고 포기하여서는 안 되는 것입니다. 하나로마트는 대자본의 농촌 침탈과 착취, 농업인의 자본 종속을 막는 유일한 저항선이자 현실적인 대안이기 때문입니다.

403 축산업의 수직계열화란?

Q 축산업의 수직계열화란 무엇이며 어떤 문제가 있는지?

A 수직계열화란 대기업이 제품 생산과 판매 과정에서 관련성이 있는 기업들로 계열사를 이루는 것을 의미합니다. 즉 원료 생산부터 제품 제조, 유통, 판매에 이르기까지 생산 과정과 관련된 기업을 계열사화하는 것인데, 수직계열화는 기술 경쟁력을 강화하고 시너지 효과를 얻는 데 유리하지만, 제품이 경쟁력을 잃거나 불황에 빠질 경우 모기업부터 계열사까지 연쇄적으로 위기에 빠지게 되는 문제도 있습니다.

정부와 축산업계는 1990년 이후 줄곧 농장과 관련 산업을 결합시키는 수직계열화에 공을 들여왔는데, 양계의 경우 닭계열화업체가 배합사료+부화+농장+가공으로 이어지는 수직계열화 모델을 만들어 왔으며, 도축장 중심의 수직계열화사업인 LPC사업, 2000년대 들어 사료+종자+유통을 통일하자는 삼통이라는 정책의 브랜드사업으로 이어지며 수직계열화사업은 국내 축산 부분 경쟁력 강화의 대안으로 30년 넘게 추진되고 있습니다.

축산 부분의 수직계열화 모델은 낙농유 가공 부분에서 산업의 특수성으로 인해 제일 먼저 정착이 됐고 이어 육계 부분 그리고 양돈과 한육우 부분으로 확장되고 있습니다.

우리 축산업계가 축산 부분 수직계열화를 위해 쉼 없이 달려왔지만 육계나 낙농 부분을 제외한 다른 축종의 계열화사업의 성과는 아직 크지 못한 형편인데, 수많은 계열 주체와 브랜드 경영체가 탄생되기는 했

제8부 사업

지만 그 규모가 크지 못하고 성장시키는 데도 한계가 있으며 창업과 폐업이 반복되고 회사의 주인이 여러 차례 바뀌는가 하면 사업 물량을 적게 가져가는 방식 등을 통해 무늬만 수직계열화사업을 유지하고 있는 곳도 있습니다.

수직계열화사업의 성장세가 낮은 이유는 원자재부터 생산·가공·유통까지 전 과정을 하나의 주체가 책임 경영을 해야 하지만 축산 전 분야를 모두 이해하는 안목과 전문성을 가지고 있는 인력 확보가 쉽지 않아 걸림돌로 작용하고 있고, 수직계열화로 산업이 구조조정 되는 과정 중에 발생하는 갈등 등을 해결해야 하는 수많은 난제로 인해 수직계열화사업은 말처럼 쉽게 진행되지 못하고 있는 것입니다.

축산의 수직계열화가 축산인 모두에게도 이익이 되는 것은 아닌데, 축산업 전 과정이 계열화하여 하나의 경영체가 원자재, 사료, 육성, 출하, 유통, 가공, 도매 등의 모든 영역을 지배하게 될 경우 축산농가는 생산 부분만 담당하는 하청업자, 또는 봉급생활자로 전락하여 경영 성공에 따른 인센티브나 창의력 발휘의 기회가 없어지게 되는 문제가 있습니다.

404 동물복지와 축산업은?

Q 동물복지와 축산업의 관계는?

A 동물복지란, 축산업의 경영 과정에서 인간이 동물에 미치는 고통이

나 스트레스 등을 최소화하며, 동물의 심리적 행복을 실현하는 것으로서 동물이 상해 및 질병이나 갈증, 굶주림 등에 시달리지 않고 행복한 상태에서 살아갈 수 있도록 하는 것입니다. 비록 식용으로 소비되는 가축인 소나 돼지 닭 등일지라도 지저분하고 열악한 환경에서 위험과 공포, 스트레스에 시달리지 않고 청결한 환경에서 적절하게 보호받으며 행복하게 살 권리를 주어야 한다는 뜻입니다.

생명은 누구에게나 존엄하며 삶의 과정은 말하지 못하는 생명체들에게도 소중한 것이고, 사람이 행복을 원하고 고통을 두려워하며 생명을 원하는 것처럼, 가축들 역시 그러하다(달라이 라마)고 보는 것이 합리적이고 윤리적인 것입니다.

또 동물에게 잔인한 사람은 다른 사람을 대할 때도 마찬가지이며, 사람의 마음은 동물을 대할 때의 태도로 알 수 있다(오스카 와일드)고도 합니다. 나아가 한 나라의 위대함과 도덕적 진보는 그 나라에서 동물이 받는 대우로 가늠할 수 있다(마하트마 간디)는 말씀도 있습니다.

우리나라에서도 동물복지에 대한 관심이 높아져 최근에 '동물복지 축산농장 인증제'를 실시하여 높은 수준의 동물복지 기준에 따라 인도적으로 동물을 사육하는 소, 돼지, 닭, 오리농장 등에 대해 국가에서 인증하고, 인증농장에서 생산되는 축산물에 '동물복지 축산농장 인증마크'를 표시하는 제도가 있습니다.

1979년에 영국에서 독립자문기구로 설립된 FAWC(Farm Animal Welfare Council, 동물복지위원회)는 최초의 현대적 동물복지 운동을 시작한 기구로서 가축의 사육, 수송, 도축, 시장, 정부의 입법활동 등의 분야에서 동물복지에 대한 정부 자문을 실시하고 있으며, 동물복지에 대한 중요한 기준이 되는 동물복지 5대 자유(New Five Freedoms)를 제시했습니다.

1. 갈증, 배고픔으로부터의 자유
2. 불편함으로부터의 자유
3. 고통, 상처 및 질병으로부터의 자유
4. 정상적인 행동을 표현할 자유
5. 두려움과 스트레스로부터의 자유

그리고 이 내용은 우리나라 「동물보호법」에 그대로 반영되어 있습니다.

동물보호법 제3조(동물보호의 기본원칙) 누구든지 동물을 사육·관리 또는 보호할 때에는 다음 각 호의 원칙을 준수하여야 한다. 〈개정 2017. 3. 21.〉

1. 동물이 본래의 습성과 신체의 원형을 유지하면서 정상적으로 살 수 있도록 할 것
2. 동물이 갈증 및 굶주림을 겪거나 영양이 결핍되지 아니하도록 할 것
3. 동물이 정상적인 행동을 표현할 수 있고 불편함을 겪지 아니하도록 할 것
4. 동물이 고통·상해 및 질병으로부터 자유롭도록 할 것
5. 동물이 공포와 스트레스를 받지 아니하도록 할 것

405 도축 절차의 위법성과 도덕성의 문제는?

Q 가축의 도축과 판매, 소비에 관한 법률이 있다고 들었습니다. 그렇다면 법률에 정한 도축 절차나 기준을 위반하면 처벌받게 됩니까?

A 우리나라는 모든 축산물의 생산, 도축, 해체, 유통, 판매, 가공 등을 규제하는 「축산물위생관리법」이 있습니다.

이 법에는 축산물로 취급되는 가축, 축산업 생산물, 도축장 설비와 기준, 축산물의 도축에서 소비에 이르는 전 과정에 대한 위생 관계 등 전반적인 사항을 법률로 정해두고 있습니다. 이 법이 있으므로 우리 국민 모두가 유통되는 축산물을 안심하고 소비할 수 있고, 축산농가도 생산한 축산물을 안전하고 확실한 경로로 출하할 수 있는 것입니다.

축산물은 식품 중에서 빠질 수 없는 가장 중요한 항목이고 또 국민의 영양과 보건에서도 절대로 가볍게 취급할 수 없는 중요한 식품입니다. 또한 이러한 축산물은 부패나 변질, 오염, 품질 저하 등이 급속히 일어나고 그로 인한 피해와 위험도 대단히 높으므로 더욱 엄격히 관리하여야 합니다. 그래서 축산물위생관리법이 제정되어 있으며, 이 법에서 정한 축산물만을, 이 법에서 정한 기준과 방법으로 유통되는 것을 소비하는 것이 안전합니다.

그리고 이 법을 위반한 축산물은 그만큼 위험하고 국내 축산산업의 기반을 위협할 수 있으므로 피하여야 하며, 이 법을 위반한 경우 당연히 처벌받습니다. 처벌은 위법 내용에 따라 달라지는데, 10년 이하의 징역에서부터 과태료에 이르기까지 위법 내용과 죄질에 따라 다양한 차등이 있습니다.

406 할랄식품이란?

Q 할랄식품을 두고 논란이 분분합니다. 할랄식품이 정말 문제가 있는 것인지, 우리에게 새로운 시장이 되는 것인지 궁금합니다.

A 할랄식품이란 이슬람교 신자들이 꼭 지켜야 하는 계율과 생활습관 중에서 지켜야 하는 식생활에 맞는 식료품을 말합니다. 할랄은 '허용된 것'이라는 뜻이며, 이슬람 율법 샤리아에 부합함을 의미하는데, 이러한 율법에 어긋나지 않고 모슬렘에게 허용된 식품을 할랄식품이라고 합니다.

이슬람의 음식문화는 허용된 것인 '할랄'과 금지된 것인 '하람'을 규정하고 있습니다.

코란에서 육류에 대해 규정하는 내용은 "죽은 고기와 피와 돼지고기와 하느님의 이름으로 잡지 않은 것, 즉 교살된 것, 때려잡은 것과 떨어뜨려 죽인 것, 서로 싸우다 죽은 것, 다른 야생동물이 먹다 남긴 것, 우상에 제물로 바쳐졌던 고기" 등을 금하는 것입니다. 이외에도 대부분의 곤충, 파충류나 맹수와 같이 송곳니가 있는 동물, 매와 독수리 등의 맹금류는 금지되는데, 다만 금지된 음식이더라도 기아의 상태에서 생명이 위험할 때나 무의식중에 먹었을 때는 허용된다고 합니다.

어류에 대해 코란에서는 "바다에서 취해진 음식은 너희와 여행자들을 위해 허용한다"고 되어 있지만, 식용 가능한 어류의 종류에 대해서는 이슬람 내부에서도 다양한 의견이 존재하며, 4대 법학파 중 한발리 학파와 샤피이 학파는 바다에 사는 모든 동물을 할랄로 보기 때문에 갑각류, 두족류, 장어 등을 모두 허용하는 한편 말리키 학파는 장어를 금지하고 있고, 하나피 학파는 어류만을 허용하고 갑각류 등은 모두 금지하고 있습니다.

식물과 관련하여 코란은 무화과, 올리브, 대추야자, 포도, 석류 등을 신의 축복을 받은 좋은 식품으로 권장하고 있으며, 모든 곡물, 과일, 채소 및 꿀과 식용 가능한 동물의 젖을 할랄로 분류합니다.

그런데 현대의 모슬렘들은 산업적으로 생산되어 전 세계로 유통되는 식품의 할랄 여부를 판단할 때 혼란을 겪습니다. 과자, 통조림, 인스턴트식품 등 가공식품에 금지된 첨가물, 보존 처리나 발효 과정에서 생성되는 알코올, 비이슬람 식으로 사육되거나 도축된 육류 또는 육류에서 추출된 지방이나 젤라틴 등이 섞여 있을 수 있으며, 식품의 유통과 판매 과정에서 비이슬람적 요소가 개입되었을 우려가 있기 때문이고, 할랄식품의 범주가 법학파의 해석이나 지역의 전통에 따라 달라, 할랄 인증기관마다 기준이 다른 것도 할랄 여부 판단을 모호하게 합니다.

육류에 있어서 이러한 율법에 따라 소나 양, 염소 등 제한된 동물을 이슬람식 도축법인 '다비하(Dhabihah)' 의식을 따른 것만을 할랄로 분류하는데, 다비하는 유대교식 도축인 '셰치타'에 뿌리를 두고 있으나, 셰치타에 비해서는 훨씬 유화적이고 완화된 기준입니다. 이는 원래 이슬람의 뿌리가 되는 중동 지방은 사막 기후로 매우 건조한데, 냉장고가 없던 과거에 고기들이 피 때문에 썩게 되자 사람들이 피를 다 뺄 수 있는 방법을 고안하여 만든 것이 다비하이고, 이렇게 함으로써 고기를 더 오랫동안 보존할 수 있게 되었다고 합니다.

도축을 할 때 동물의 머리는 메카를 향해야 하며, 도축자가 "하나님의 이름으로"를 외치고 나서 날카로운 칼로 목을 깊은 데까지 순간적으로 쳐야 하며, 이렇게 하여 피가 빠지기 시작하면 동물을 거꾸로 매달아 피가 다 빠질 때까지 기다립니다.

다비하 방식의 도축은 피를 완전히 뺄 수 있으므로 서구식 도축처럼 피를 일부만 빼는 것과는 다르고, 이렇게 도축된 고기는 피가 없기 때문에 더 오랫동안 보존할 수 있습니다. 또한 기절시키지 않고 도축한다는 점 때문에 고기의 품질을 더 높일 수 있으며, 영양가도 더 높다고 합니다.

사실 할랄식품은 중동의 기후 풍토와 역사의 산물이며 유대교의 식품 기피와 연관이 깊고 구약성서의 내용에도 관련되는 것이므로 이에 대하여 선악을 평가할 수 없는 것이며 따로 호불호의 감정이나 찬반의 견을 가질 이유도 없습니다.

우리나라가 할랄식품에 관심을 갖는 이유는 전 세계의 모슬렘에게 할랄식품을 공급한다면 엄청난 시장이 새로 열리는 효과가 있고, 무슬림국가가 장악한 석유 생산국가와의 유대와 교류를 더 쉽고 강하게 할 수 있는 점, 할랄을 매개로 다른 교역이나 협력을 증진할 수 있는 점 등 많은 이점이 있기 때문입니다.

407 스토리텔링 마케팅이란?

Q 농업 분야에서도 스토리텔링 마케팅이 중요하다고 합니다. 그런데 스토리텔링 마케팅이 중요하다고만 하고 그 내용을 알려주지 않습니다.

A 스토리텔링이란 단어, 이미지, 소리를 통해 사건이나 이야기 등을 전달하는 것입니다. 스토리텔링은 마케팅 분야에서만이 아닌 교육, 문화, 엔터테인먼트 등 모든 문화권에서 표현 도구로써 사용되고 공유되어왔으며, 스토리텔링을 마케팅에 접목시킨 스토리텔링 마케팅은 기업의 가치와 철학을 자사의 제품과 연결시켜 고객에게 전달해주는 유용한 도구입니다.

스토리텔링 마케팅은 짧고 이해하기 쉬운 광고 속에 귀를 기울이게 하는 '스토리'를 담아 고객에게 노출하는 방법입니다. 이에 여러 차례 노출된 고객들은 해당 마케팅을 진행한 브랜드의 이름을 접할 때, 함께 들었던 스토리도 같이 떠올리게 되면서 상품과 기업에 대한 깊은 인상을 받고 이를 긍정적인 기업 이미지와 연결하게 됩니다.

또한 스토리텔링 마케팅은 다른 마케팅 방식들과는 다소 차이가 있는데, 기본적인 마케팅들이 상품가치를 널리 알려 기업의 이윤을 향상시키는 것이 목적이라면, 스토리텔링 마케팅은 이윤보다는 브랜드의 가치 제고를 더 직접적인 목적으로 삼고 있다는 점입니다.

스토리텔링 마케팅은 고객과의 공감이 무엇보다 중요하므로 몇 가지 암묵적인 조건이 있으며, 이를 해치는 광고나 마케팅은 고객에게 제대로 그들의 메시지를 전달하기 어렵습니다.

1. 휴머니즘을 잊지 말기

스토리텔링 마케팅을 계획하는 마케터는 브랜드의 제품을 사용하는 것도, 광고에 노출되는 것도 모두 고객이라는 한 명의 '인간'이라는 것을 잊지 말아야 합니다. 휴머니즘이 제외된 스토리텔링은 고객으로 하여금 불쾌감과 괴리감을 느끼게 할 수 있습니다.

2. 진실을 담은 이야기

아무리 지어낸 스토리라 하더라도 그 창작의 기반은 사실에 근거해 있어야 합니다. 사실에 근거하지 않은 스토리는 당장은 큰 이목을 끌 수 있을지는 몰라도, 곧 신뢰를 잃어 얼마 안 가 고객들의 반발과 적개심을 살 수 있습니다. 독자에게 사실보다 강한 무기는 없으며, 사실이 곧 진정성으로 이어진다는 것을 잊지 말아야 합니다.

3. 잘 짜인 스토리 구성

스토리텔링 마케팅의 스토리를 구성하는 데 있어, 개연성이 없으면 안 됩니다. 아무리 훌륭한 이야기들을 모아놓더라도 그것들이 자연스럽게 이어지지 않으면 고객에게 전달되기는 어렵습니다. 스토리 내에 등장하는 소품들, 갈등구조, 등장인물 등이 스토리의 몰입에 방해되지 않도록 적절하게 어우러져야 합니다.

408 택배사업, 꼭 농협이 해야 하는가?

Q 농협은 그 목적 달성을 위해 다양한 사업을 하고 있으며, 어떤 부문은 적자를 면하지 못하고 있고, 대체로 사업의 능률이 낮은 편입니다. 그런데 또 택배사업까지 하려는 것은 과도한 욕심이 아닙니까?

A 요즘 농협에서 '택배사업'에 진출한다고 해서 말이 많습니다. 다른 택배회사들은 거대한 복합사업체인 농협이 택배사업에 뛰어들면 영세한 업체가 모두 다 망한다며 반기를 들고 저항하고 있지만, 농업과 농업인의 입장에서는 정말 반갑고 오히려 너무 시기가 늦은 감이 있을 정도입니다.

현재 농촌에서도 택배 물량은 매년 늘어가고 있는데, 굴지의 대기업인 CJ의 CJ대한통운이 독점하다시피 하고 있는 구조입니다. 농협이 택배사업에 진출하게 되면 기존의 택배회사와 한정된 물량을 놓고 서로 물량 확보를 위해 경쟁을 하게 되고 택배 단가가 하락해 모두가 죽게 된다는 식으로 다른 택배사들은 항의하고 있습니다.

그런데 농촌에서는 택배서비스의 시간적·장소적 제한이 있고, 택배 비용도 상당히 부담스러운 실정입니다. 도심에서는 택배 하나를 보내도 편의점, 로지아이, 애플리케이션, 우체국 등을 이용할 수 있으며 24시간 아주 가까운 곳에서 화물 1개당 4000원 정도의 가격에 택배를 보낼 수 있지만, 농촌에서는 택배회사를 찾아가야 하고 화물 1개당 6000~8000원에 택배를 보냅니다.

또 농산물 수확철에는 한 달에 수십 개를 보내도 가격에 변동이 없습니다. 농산물 온라인 쇼핑몰을 만들면 농산물꾸러미 1개당 가격이 2만~3만 원인데 택배비로 6000원을 지불하면 적자가 나는 상황입니다.

만약 농협이 택배사업을 하게 된다면 농산물의 직거래와 인터넷 거래, 인터넷 쇼핑몰사업이 바로 활성화될 수 있을 것입니다. 농협은 전국의 읍·면 단위마다 금융점포가 있고, 평소에도 영농자재 배달, 생필품 배달, 농산물 수집 등을 위해 온종일 화물트럭이 마을을 순회하고 있으며, 또 마을 단위로 영농회, 작목반, 부녀회 등이 잘 조직되어 있어서 이러한 기존 시설과 인력, 조직을 활용하면 택배사업을 아주 쉽고도 편리하게 수행할 수 있을 것입니다.

또 어떤 부문의 사업이든 독점이나 과점은 부패와 비능률을 낳고, 과보호는 발전과 개선의 동력을 잃어버리게 됩니다. 택배산업에도 경쟁 체제를 도입하여야 소비자에 대한 서비스의 질이 높아지고, 요금은 낮아지게 될 것이며, 택배 업체 자체로도 경영 개선과 품질 향상 노력을 하여 세계 수준의 서비스 업체로 성장하는 계기가 될 것입니다.

우리나라에서는 얼마 전까지 스크린쿼터 제도를 두어 국내 영화를 보호했지만, 그 제도를 철폐하자 많은 사람들이 한국영화의 몰락을 걱정하였는데, 결과는 반대로 매년 1000만 관객 영화가 몇 편씩 쏟아져

나올 정도로 한국영화의 수준이 향상되는 결과를 낳았습니다.

우리나라 택배산업도 경쟁과 혁신을 통해 UPS나 Fedex, DHL 같은 세계적인 택배 업체가 탄생할 수 있으며, 농협이라는 조직이 함께 뛰게 되면 긴장도와 경쟁력이 함께 높아져 세계 수준의 경쟁력을 갖추게 될 것입니다.

409 섬 지방의 선박 운항은 농협과 어울리지 않아

Q 남해안 지방에 가면 농협에서 운영하는 선박을 쉽게 볼 수 있었습니다. 농협이 선박 운항까지 하는 일은 전문성에서나 농협의 성격으로나 어울리지 않습니다. 또 세월호 침몰사고에서 보듯 선박은 언제나 해난사고의 위험이 있고, 사고가 나면 그 피해가 막심하므로 자제함이 옳을 것입니다.

A 우리나라 남해안과 서해안에는 약 7000개의 섬이 있고, 그 섬에도 농업과 농업인이 있습니다. 섬이라는 자연환경은 사람이 살아가는 데 많은 제약과 불편을 피할 수 없는 곳입니다. 그래서 섬 지방과 육지를 왕래하는 행정연락선이 있었는데, 지금은 모두 민간 해운업자에게 맡기고 정부에서는 어업지도선이나 병원선, 해안경비선 같은 특수목적의 선박만을 운영하고 있습니다.

그런데 민간업자의 해운사업이라는 것은 자선사업이 아니라 다른 운수사업과 똑같이 상업자본에 의한 이윤추구 사업이기 때문에 대부분 한 기업이 한 항로를 독점적으로 운항하면서 운임의 책정을 가능한 한 높이 하고, 또 비수기 승객이 적으면 결항을 하거나 며칠에 한 번 손님을 몰아서 운항하는 폐단이 있어 왔습니다.

이러한 문제 때문에 섬에서 농사를 짓는 사람은 농산물을 육지로 반출할 때 운임이 생산비에서 가장 중요한 비중을 차지하게 되는 문제, 또 수확한 농산물을 적시에 육지 소비지로 반출하지 못하여 썩거나 망가져 품질이 저하되는 것을 보며 속을 태울 수밖에 없었던 것이 현실이었습니다.

이에 농협에서 직접 화물운반선을 구입하여 섬과 육지 사이를 운항하며 영농자재와 농산물을 실어 나르는 것은 물론 운항 약속을 잘 지키고 운임도 싸게 하자 섬 지방 농업인들의 농사와 생활이 무척 편리해졌습니다. 또 이런 경로를 통해 섬 지방의 생활필수품 가격을 육지와 똑같은 수준으로 낮출 수 있게 되고 영농자재의 수급과 가격 안정도 이루며 섬을 방문하는 여행객에게도 좋은 서비스를 할 수 있게 되어 생활이 편리해지고 소득도 늘어나게 되었습니다.

그 결과 섬 지방에서 생산된 시금치, 고구마, 함초, 마늘, 방풍나물, 쑥, 염소 등이 원활하게 육지로 출하되어 도시 소비자를 만족시키고 있고, 영농자재와 농산물의 적기 운송으로 섬 주민들을 도와주고 있으며, 육지의 방문객, 여행객, 피서객에게도 많은 혜택을 주고 있습니다.

그렇지만 지적한 대로 선박의 정비 관리와 운항은 전문적인 지식과 기술이 필요한 영역이므로 아무나 할 수 있는 일이 아니고 반드시 국가자격증이 필요하며 또 섬 지방 주민들에 대한 투철한 봉사정신도 있어야 합니다.

그러므로 농협이 아니면 안 되는 일, 농협만이 할 수 있는 일이기에 농협에서 선박의 운항까지 맡아서 수행하고 있습니다.

410 농협이 신문까지 발행해야 하는가?

Q 농협이 농업인 조합원을 위해 다양한 사업을 하는 것은 이해할 만합니다. 그런데 〈농민신문〉까지 발행하는 일은 이해하기 힘듭니다. 전문언론으로 육성할 것도 아니면서 농업인만 보는 신문을 만들 필요까지 있는지 궁금합니다.

A 우리나라는 1960년대까지만 해도 농업이 가장 중요한 산업인 농업국가였습니다.

그런데 경제성장과 산업구조의 변화로 인하여 농업의 비중이 상대적으로 낮아지고 농업인구도 낮아져 이제는 거꾸로 농업 부문이 오히려 경제성장을 저해하고 농촌이 경제성장의 걸림돌이 되는 듯한 비판까지도 듣는 것이 현실입니다. 하지만 그동안 고도 경제성장 과정에서 모든 산업 분야에 인력을 공급하고 제조업의 내수시장 역할을 했으며, 수출 주도 경제의 뒷받침을 해 온 것이 바로 농업 부문이었습니다.

또한 농촌의 보수적인 정서는 혼란스러운 격변기에 정치의 안정을 이루어 주었고, 외부의 충격이 있거나 경제의 혼란이 닥칠 때마다 굳건하게 국민을 부양하고 충격을 흡수하여 재기와 재도약의 계기를 만들어 준 것도 농업 부문이었습니다.

그런데 지금은 다시 농업 부문이 마치 경제성장의 발목을 잡거나 국가발전의 낙후된 부문인 양 왜곡되고 있습니다. 특히 신자유주의 사조의 대두와 시장경제 만능 풍조를 신봉하는 그룹에서는 농업 포기를 공공연히 주장하는 지경에까지 이르렀습니다.

더구나 농촌 인구는 점점 더 줄어들어 국회의원의 선거구 조정에서 농촌 4개 군에 국회의원 1명, 도시 1개 구의 국회의원은 3명인 정도의 비중으로 평가되고 있습니다. 또 농업 및 농촌 부문은 광고주 입장에서 매력적인 소비자가 아니기에 신문 지면에서 외면당하고, 프로그램 소재로 삼을 만한 화려하고 다이내믹한 일이 없으므로 방송에서도 소외되고 있습니다. 농촌마을 이장은 코미디 단역으로나 소개되고, 사업에 실패한 농업인의 음독자살 사건은 아예 보도조차도 되지 않는 반면 연예인이 기르는 애완동물 소식이 더 큰 비중으로 다루어지는 것이 아픈 현실입니다.

농업·농촌 부문이 언론으로부터 소외되는 현상은 더욱 가속화될 전망입니다. 이런 상황에서 농업 부문의 절박한 어려움이나 농업인의 간절한 소망, 또 농업 부문의 중차대한 시책과제가 있더라도 이 문제를 다루어 주고 여론화할 언론매체는 우리나라 어디에도 없습니다. 나아가 농산물 시장 개방 압력이 높아질 경우 수출 의존도가 높은 국내 경제 구조는 이러한 압력을 수용하고 농업을 희생시키는 방향으로 가지 않을 수 없습니다.

이러한 현실에서 주요 언론이 농업·농촌·농업인의 소리를 대변하는 것을 전혀 기대할 수 없으므로 부득이 우리 농업인이 스스로 언론매체를 보유, 유지하고 육성하여 우리의 소리를 내도록 하는 일이 불가피하고 또 중요합니다. 나아가 농업의 육성 발전, 농촌에 대한 지원, 농업인에 대한 정책의 여론화와 정부에 대한 정책 제안, 시책의 개발과 개선, 정책에 대한 평가 등을 농업인의 입장에서 수행할 실력과 열정, 힘을 가진 언론매체가 절실합니다.

〈농민신문〉은 그러한 역할과 소명을 갖고 창간되어 잘 활동하고 있으며, 농업인에게 필요한 영농기술교재, 교양서적, 실용서적의 출판과 잡지 발행, 캘린더와 가계부 보급, 농협장표 공급 등으로 농업, 농촌과 농업인의 생활과 영농에 큰 기여를 하고 있습니다. 그리고 지금 격일간으로 발전하였고, 발행부수도 일간지를 포함하여 국내 신문 중 5위 이내에 들고 있으며, 전문지 중에서 가장 권위를 인정받고 있어서 언론계의 비중과 권위가 대단히 높아졌습니다.

〈농민신문〉과 비슷한 농업전문지들이 몇 가지 있지만, 경영이 어려워서 광고를 주는 농자재업체나 농업 관련 기업을 비판·꾸중하지 못하고 근근이 연명하고 있는 실정이어서 〈농민신문〉의 위상과 의미, 역할이 더욱 소중합니다. 그리고 〈농민신문〉이 필요한지의 문제는 농업과 농업 부문이 우리나라에서 더 필요한지, 필요하지 않은지를 묻는 것과 같습니다. 만약 〈농민신문〉이 없다면 그 다음날부터 우리 농업은 정치·사회적으로 아무런 관심이나 눈길도 받지 못하고 그대로 시들어 갈 것이며, 농업인의 목소리를 외치는 농촌운동가들은 종북좌경세력 정도로 매도당할 것입니다.

〈농민신문〉은 우리나라 농업과 농촌의 영혼입니다.

411 농협이 방송국도?

Q 얼마 전 농협에서 방송국을 인수했다고 합니다. 농협이 굳이 방송국을 운영하여야 하는지, 현재 〈농민신문〉이라는 언론매체를 보유하고 있는데, 방송국 인수는 지나친 일이 아닌지요?

Ａ 농업과 농촌은 정치와 경제 분야에서만 소외당하고 있는 것이 아니라, 언론의 관심으로부터도 확실히 멀어지고 있습니다. 그것은 농업인의 수가 줄어들고 농업 부문의 경제적 비중이 낮아지는 탓도 있지만, 농업·농촌이 적극적으로 자신의 목소리를 내고 사회적 이슈를 만들어내는 데 소홀했던 탓도 있습니다.

그래서 농협은 일찍부터 〈농민신문〉과 각종 잡지를 발행하여 농업·농촌 이야기 및 소식을 전하여 왔으며, 최근에는 격일간지인 〈농민신문〉이 50만부가 넘어 국내 5위의 발행부수를 자랑하는 수준에 이르게 되었습니다.

그렇지만 최근의 흐름은 문자매체의 시대에서 영상매체의 시대로 흘러가고 있으며, 국내 메이저급 신문도 독자가 줄고 영향력도 비례하여 크게 줄고 있습니다. 반면에 영상매체인 방송은 나날이 그 영향력이 커지고 있으면서 동시에 다양한 형태와 다양한 소재로 국민에게 깊이 다가가고 있고 그만큼 영향력이 높아지고 있습니다.

이러한 상황에서 문자매체인 신문에 만족하고 안주하면 시대의 흐름에 뒤처지고 낙후되어 농업·농촌 수호라는 임무를 달성할 수 없게 됩니다. 즉 새로운 시대, 새로운 환경을 맞아 그에 적응하고 상황에 합당한 매체를 개발하여 농업과 농촌을 지키는 임무를 계속하지 않으면 안 되는 것입니다.

그래서 농민신문사가 신문과 잡지의 발행에 만족하지 않고 방송매체를 개척하여 NBS한국농업방송을 개국하기에 이른 것입니다.

한국농업방송은 농업인을 대상으로는 새로운 농업기술과 농업경영 기법, 시장개척, 각종 성공사례, 건강강좌 등을 손에 잡힐 듯한 선명한 영상과 다양한 자료를 통해 효과적으로 교육할 것이고, 도시 소비자와 국민 대중에 대하여는 농촌과 농업에 대한 가치, 향토의 역사, 우리 농산물의 우수성, 농산물의 효능과 쓰임새, 요리법, 건강비법 등을 재미있고 알찬 내용으로 꾸며 전달할 것입니다.

그리고 지금은 1인 방송, SNS, 인터넷방송 등 다양한 매체가 생겨나 미디어혁명 시대라고까지 합니다. 이러한 미디어의 홍수에서 우리만 이런 추세를 외면한다면 산속에서 도를 닦으며 세상을 바로잡겠다고 하는 사람과 다름없게 되는 것입니다. 즉 농업방송의 개국은 선택의 문제가 아니라 시대의 흐름이고 피할 수 없는 추세이며 현상인바, 아예 적극적으로 뛰어들어 도전하고 개척하여야 하는 것입니다.

따라서 영상매체, 뉴미디어 시대를 힘차게 나아가야 하는 한국농업방송에 조합원들과 농업인들의 사랑과 참여와 성원이 절실합니다. 한국농업방송만이 농업·농촌을 위한, 농업인에 의한, 농업인의 방송이고, 방송의 운명이 곧 농업·농촌의 미래와 직결되는 것이기 때문입니다.

412 장제사업에 대해 비판이 있는데

Q 농협에서 장제사업을 하는 데 대해 다양한 의견이 있습니다. 먼저 직원들이 장제사업 근무를 희망하지 않는 점이 있고, 장례식장 업체에서 은근히 비난하고 어떤 고객은 문어발식 사업 확장이라고 합니다.

A 장제사업(葬祭事業)은 사람이 작고했을 때 필수적인 장례 절차를 원만하고 품위 있게 치르게 해주는 사업으로서 농협법과 정관에 명시되

어 있는 사업이므로 각 농협은 이 사업에 대하여 거부나 중단을 할 수 없고 반드시 이행하여야 합니다.

다만 사업을 추진하는 방법과 형태에 있어서 고품질 장례용품의 염가공급을 주로 하는 수준에서부터 염습(殮襲) 서비스, 장례 과정에 필요한 인력과 물자 지원, 장례식장 제휴 서비스, 장례식장 직접 운영, 장례식용 차량 운행, 공원묘지 운영, 상조회사 제휴 등 다양한 형태를 보이고 있습니다.

그런데 이러한 모든 형태의 장제사업은 농협이 수익을 얻고자 하는 것이 아니라 조합원과 고객, 지역주민의 장례식을 지원하여 품격과 의전이 완비된 고품격 장례식을 이루어 주고, 장례 과정에서 고질적으로 발생하던 폭리와 바가지 상혼, 불편함, 고비용구조 등의 문제를 근본적으로 해결함으로써 조합원의 경제적·사회적 이익을 지켜주고자 하는 동기에서 비롯된 것입니다.

또 돌아가신 조합원께는 농협이 마지막 길까지 정성 어린 봉사를 해드리며, 사회적으로는 과거 우리나라 농촌을 피폐하게 한 원인이 되고 허례허식의 상징이었던 관혼상제 비용의 절감을 이루어 주는 사업입니다.

사람이 살아가는 데 있어서 훌륭한 저택, 고급 아파트에도 빠질 수 없는 것이 화장실이고, 최고급 호텔과 레스토랑에서도 반드시 있어야 하는 것이 하수도이듯 장례식장은 우리 사회에서 필수 불가결한 시설이며, 인류의 탄생과 성장, 번성을 이해한다면 그 마지막은 필연적으로 죽음이고 장례임을 이해하여야 합니다.

또 장례식장은 아무리 친절해도 단골손님이 없고, 아무리 불친절해도 누구도 피할 수 없는 관문이기에 그동안 장의업자, 개인이 경영하는 장례식장의 횡포와 협잡이 무척 많았습니다. 가족을 잃고 장례를 치러야 하는 상주나 유가족은 거의 다 처음으로 당하는 어렵고 황망한 일 앞에 정신이 없고, 복잡하고 서투른 장례 예절, 수많은 문상객 접대, 종교의식과 전통의식 등 번거롭고 난해한 상황인지라 당황하기 마련이었습니다.

그래서 이러한 어려운 고비에서 상주에게 도움과 감동을 주기 위해 각 종교단체가 장례식 지원에 경쟁적으로 나서고 있기도 한 것입니다.

그런데 이러한 그늘진 분야, 다른 기업이나 단체가 기피하는 분야에서 충실한 서비스, 알차고 정중한 봉사를 해 주는 일은 무척 큰 의미를 갖는 것이며 그 일을 농협이 앞장서서 한다는 것은 대단히 뜻깊은 일인 것입니다.

특히 농협은 신용사업, 경제사업 등 조합원만이 아니라 지역주민을 더 많이 끌어들이고 규모의 경제를 실현하여야 하는데, 다른 경쟁기관, 경쟁상대를 능가하는 참신하고 획기적인 서비스는 바로 장제사업이 될 것이며, 깔끔하고 품위 있는 장례식장을 직접 운영하는 일은 농협의 이미지를 크게 높이고 사업경쟁력·업무추진력 향상과 지역사회 공헌에 결정적인 기여를 하는 것입니다.

실제로 장례식장을 직영하는 농협 중에 경영부실이 있는 농협은 전혀 없는 점, 장례식장 운영조합 중에 관리 대상이 되었거나 합병 대상이 된 조합이 전혀 없는 점이 그러한 것을 웅변한다고 하겠습니다.

또한 그동안 근대화와 산업화의 그늘에서 묵묵히 희생하고 헌신해 오신 농업인 조합원들의 마지막 길까지 농협의 손길로 알차게 보살펴드리는 일은 농협 조직과 후배 농업인들의 책무라고 해야 마땅할 것입니다.

그리고 장제사업 종사직원의 경우에도 사람이 평생을 살면서 피할 수 없는 일이 장례이고, 그 과정에서 친절하고 품위 있는 서비스를 제공하여 고인의 체면과 위상을 높여주며 유가족을 위로하여 주는 숭고한 업무를 경험하는 기회임을 깨달아야 할 것입니다.

413 농협에서 대학까지 운영할 필요가?

Q '농협대학'을 운영하여 직원으로 필요한 사람을 교육하고 있는데, 이제는 불필요하다는 여론이 많습니다. 과거에는 농협에 필요한 인재를 직접 길러야 했겠지만, 지금은 취업난과 높은 청년실업으로 명문대 출신, 고학력, 고스펙 인재들이 농협에 취업하기 위해 치열하게 경쟁하고 있기 때문입니다. 이제는 농협대학을 폐지할 때가 되지 않았습니까?

A 기업이나 정부를 막론하고 주어진 소명이나 경영목표를 달성하려면 가장 중요한 것이 양질의 인력, 즉 우수한 인재를 확보하는 일입니다.

우수한 인재를 확보하는 방법은 크게 3가지가 있는데, 첫째는 시험을 통한 선발, 둘째는 교육을 통한 육성, 셋째는 구성원의 선거를 통한 선출입니다.

농협은 임원의 경우 선거를 통하여 검증된 인사를 선출하고, 직원은 시험을 통한 선발과 직접 양성을 병행하고 있습니다. 농협대학은 농협에서 필요로 하는 인재의 양성과 기존 인력의 보수교육 등을 담당하고 있습니다.

최근 취업난으로 우수한 청년인재들이 농협 취업을 위해 줄을 서고 있는 현상도 현실이기는 합니다. 그러나 농협이 필요로 하는 인재의 양성을 포기할 수는 없습니다. 농협의 인력은 업무 능력만이 아니라 협동조합에 대한 깊은 조예와 협동조합운동에 대한 소명의식을 가진 의식화된 인재가 필요하기 때문입니다.

그 조직의 목표와 철학을 영혼 깊이 새긴 사람과 단순히 다른 직장과 수평비교하며 일하는 사람은 업무에 임하는 기본 생각과 자세, 특히 위기 상황에서 행동이 확연히 다르게 되고 업무 수행의 목적이나 목표의식도 다르므로 업무 수행의 품질에서 차이가 나타나게 됩니다. 즉, 똑같은 일을 같은 시간에 해내는 것이 중요한 것이 아니라, 일의 과정과 성과에 있어서 건성으로 겉보기만 좋은 성과와 혼이 깃든 성과는 그 조직의 미래를 달라지게 하는 것입니다.

취업난 때문에 부득이 농협을 선택한 유명 대학 출신 인재, 능력과 자격이 출중한 직원은 언젠가 기회가 주어지면 바로 농협을 등지고 더 나은 대우, 새로운 기회를 찾아 미련 없이 농협을 떠나는 것이 당연하고 또 지금까지 우리 농협의 현장에서 수없이 겪은 경험입니다.

그리고 그들이 옮겨가는 곳은 대부분 농협과 유사한 업무를 하는 곳으로서 은행, 보험, 증권, 신협, 저축은행 등인데 농협을 떠날 때 농협의 고객 정보, 조합원 정보와 영업비밀을 모두 가져가서 활용하므로 농협에 심각한 해악을 끼치게 됩니다.

이뿐만 아니라 외국의 유명 기업들의 경우, 우수하다고 이름난 인재를 스카우트하거나 고액 연봉으로 유혹하여 업무나 경영을 맡긴 결과, 단기업적주의의 함정에 빠지거나 탈법이나 꼼수로 실적만을 올렸다가 결국은 기업을 파산지경으로 몰아간 사례들을 수없이 보고 있습니다. 폭스바겐, 도요타, 메릴린치, AIG 등 세계적인 기업이 하루아침에 도산하거나 파산 위기에 몰린 것이 모두 인재의 품질과 정신자세를 소홀히 하고 스펙과 성과만을 중요시한 데서 비롯된 문제입니다.

그렇기 때문에 세계 각국에서는 국방이나 치안, 국가전략을 맡는 분야는 사관학교, 경찰대학, 행정대학 등을 세워서 직접 인재를 육성하여 국가의 운명을 맡기고 있습니다.

우리나라에서도 육·해·공군은 국비로 사관학교를 설치하여 군에서 복무할 인재를 직접 양성하여 활용하고 있는데, 사관학교의 존재와 그 의미, 역할에 대해 누구도 문제 삼지 않습니다. 또 국립 경찰대학에서 경찰간부를 양성하여 경찰공무원으로 특별채용, 활용한 결과 경찰의 대민봉사 자세가 확연히 달라지고 수사와 치안에서 법률적 실력과 투철한 사명감으로 일하기에 '경찰이 달라졌다'고 찬탄할 정도로 기대 이상의 성과를 거두고 있다는 평가를 받고 있습니다.

우리나라 협동조합에 있어서 농협대학은 3군 사관학교나 경찰대학과 같은 역할을 하고 있으며, 그 졸업생들은 모두 뛰어난 업무 능력은 물론, 잘 무장된 협동조합정신으로 농협을 이끌어가고 있습니다.

지금 농협대학은 학부 과정 외에도 단기 과정, 심화 과정을 두어 맞춤형 교육을 하고 있으며, 경영대학원과 산학협력대학원, 농협문제연구소, 중앙교육원과 농촌지도자교육원, 농촌사랑교육원 등을 거느리는 농협교육의 중심이고 회원농협의 경영자, 농촌지도자, 직원들에 대한 전문교육과 보수교육을 통해 새로운 인재의 양성과 함께 기존 농협 임직원을 새 시대형 인재로 탈바꿈시켜 현장에 재투입하는 역할도 성공적으로 수행하고 있습니다.

농협이 급변하는 경제 여건 속에서 수많은 경제위기, 경영위기를 성공적으로 극복하고 오히려 사업을 확대 발전시켜가는 배경에는 이러한 인재육성과 재교육 시스템 덕분이라 할 것입니다.

그러한 성과 때문에 다른 나라의 협동조합도 우리나라의 사례에 자극받아 협동조합대학을 설립 운영하기로 하고 농협대학에 관련 자료와 노하우의 전수, 제휴, 교수파견 등을 요청하고 있습니다.

414 농협에서 인테리어사업까지?

Q 농협에서 자회사를 두고 인테리어사업을 한다는 보도를 보고 놀랐습니다. 사무실 인테리어 공사는 지방에도 업체들이 많고 실력도 좋으며 성실하게 일을 잘합니다. 농협이 인테리어사업을 접으면 좋겠습니다.

A 농협에서 인테리어 공사업체를 두고 있는 것은 사실입니다. 그 이유는 농협의 각종 사업장과 영업점이 전국에 7000여 개소가 넘는데, 그 모든 사업장의 인테리어를 주기적으로 잘 정비해야 하기 때문입니다.

만약 인테리어가 초라하거나 부실하면 고객이 외면하게 되고, 사용한 자재가 불량이면 종사 직원과 출입하는 조합원의 건강을 해치게 됩니다. 또 지방의 업체에 공사를 맡기면 업체마다 기술 수준과 특징, 특기, 개성이 있어서 통일되고 공통적인 이미지와 품질을 구현하지 못합니다.

그리고 인테리어는 일정 기간이 지나면 교체하여 다시 시공해야 하는데, 그때에도 과거의 친숙한 이미지와 미래의 발전적이고 진취적인 이미지, 그리고 다른 경쟁업체를 능가하는 세련미를 함께 갖춤으로써 기존의 조합원과 고객이 낯선 느낌을 갖지 않아야 하고, 다른 고장에서 방문한 고객이 고향에서 느꼈던 정감과 친근함을 함께 느끼도록 해야 하며, 젊은 고객과 신세대 농업인에게는 활력과 진취성이 엿보이도록 하여야 합니다.

그래서 항상 새로운 디자인, 더욱 세련된 색상과 장식의 배합, 더욱 견고하면서 안전한 설계, 위생과 건강에도 좋은 소재, 더욱 값싸고 충실한 공법 등을 연구하고 실험하고 분석하며 소비자 여론조사도 해야 합니다.

그리고 이러한 요소는 농협 전체의 이미지를 결정하는 것이므로 농협사업의 경쟁력과 직결되는 중요한 요소가 됩니다. 즉, 농협의 인테리어가 다른 기관보다 10~20년 낙후되어 있거나, 부실하거나, 건강에 해로운 문제가 있다면 고객들은 바로 농협을 외면하고 다른 곳으로 거래를 옮기게 될 것입니다. 이러한 일은 어쩌다 한 번, 혹은 10년에 한 번 농협의 일을 맡게 되는 지방의 인테리어 업체나 서울의 대형 업체도 감당할 수 없는 과제가 됩니다.

그리고 지금까지 농협 전체를 통틀어 인테리어가 문제 되어 말썽이 일어나거나 어떤 물의가 일어난 적이 한 번도 없었고, 지금도 경쟁관계에 있는 은행, 보험, 우체국, 신협, 마을금고에 비교할 때 가장 뛰어나고 세련되었다는 평가를 받고 있습니다.

이러한 성과는 다른 경쟁 상대가 인테리어 공사를 할 때, 그때마다 업체를 정해 맡긴 데 반해 농협은 직영 회사가 전담하면서 항상 연구하고 노력하고 또 A/S를 잘하면서 관리해 온 데 따른 것입니다.

따라서 앞으로도 농협의 인테리어는 직영하는 자회사에서 담당하는 것이 최선일 것입니다.

415 농업인법률구조사업, 실적은 얼마나?

Q 농업인법률구조사업에 대한 관심과 활용이 긴요합니다. 그런데 실제로 농업인이 이 제도의 혜택을 본 것이 몇 건이나 되는지, 실제로 효과가 있는지 궁금합니다.

A 농업인법률구조사업은 농협과 대한법률구조공단이 공동으로 실시하고 있습니다. 사업 대상은 농업인이고, 사업 범위는 민사사건과 형사사건, 가사사건 모두에 해당되며, 사업 방법은 법률상담에서부터 민사사건 변론, 형사사건의 변호, 가사사건의 대리 등 소송업무 전체에 걸쳐 사건 초기 가압류부터 사건의 말기 강제집행까지 모두 다 돌보아 줍니다.

농업인법률구조사업이 2019년 7월 31일로 협약체결 23주년을 맞았는데, 그동안 이 사업을 통하여 무료 법률구조의 수혜를 받은 농업인은 2018년 말 현재 13만 명을 넘었고 구조를 통해 농업인이 혜택받은 직접적인 금액은 1조 8000억 원에 이르고 있습니다.

또한 농협과 대한법률구조공단은 이러한 농업인의 피해구제에 힘쓰는 한편 생활법률교육과 법률상담 등을 통하여 피해 예방에도 노력하고 있는데, 지금까지 약 2000회에 걸쳐 농촌 현지 법률상담을 실시하여 20여만 명을 교육하고 10만여 명 농업인들에 대하여 무료 법률상담을 실시했습니다.

한편 농협은 소송 등 농업인의 법률구조에 필요한 비용을 충당하기 위하여 1996년부터 농협의 부담으로 꾸준히 법률구조기금을 조성하여 대한법률구조공단에 출연하고 있는데 현재까지 기금은 총 330억 원에 이르고 있습니다.

농업인법률구조사업은 농업인의 권익 보호와 사회적 지위 향상에 획기적이고 실질적인 기여를 했다는 평가를 받고 있으며, 소송비용까지 지원해주는 무료 구조제도는 우리나라가 세계 최초로 개발, 시행하였고, 아직도 세계에서 유일한 제도입니다.

농업인 법률구조제도의 시작을 계기로 생활보호대상자에 대한 법률구조사업, 장애인에 대한 법률구조사업, 탈북자에 대한 법률구조사업, 비정규직 공무원에 대한 법률구조사업 등이 생겨나 사회적 약자계층에 대한 보호와 법률복지가 대폭 강화되었습니다. 또 이 사업을 계기로 각종 국제기구로부터 인권 후진국이라고 지탄받아오던 우리나라 대한민국이 갑자기 인권 옹호 선진국으로 도약하여 국가의 위신과 체면을 크게 높이는 계기가 되기도 하였습니다. 지금도 법률적인 어려움이 있는 조합원은 누구나 조합에서 조합원증명서를 발급받고 직원의 안내를 받아 관할 대한법률구조공단 지부를 찾아가서 법률상담을 하고, 필요하면 소송을 의뢰하여 서비스를 받도록 하면 됩니다.

법률구조공단 지방 지부는 각 검찰청이나 검찰지청 앞에 있습니다.

416 영농자재의 불량피해를 검찰청이나 경찰서에 호소하면?

Q 영농자재의 불량으로 인한 농업인 피해발생 시 농협이나 지방자치단

체를 통한 피해구제는 너무 느리고 또 강력한 느낌이 없습니다. 이러한 피해를 검찰청이나 경찰서에 신고하여 강력한 조치를 할 수 없나요?

A 소비자피해를 당한 농업인은 그 피해보상이 제대로 되지 않는 데다 절차가 복잡하고 느린 점에 더 큰 분노를 느끼게 됩니다. 그래서 자꾸 더 강력한 기관, 더 힘 있는 부서를 찾아서 민원을 내거나 억울함을 호소하게 됩니다. 그러다 보니 이런 문제를 연고가 있는 검찰청 검사나 잘 아는 경찰 간부에게 부탁하여 빨리 해결하고 싶은 유혹이 생겨 수사기관에 고발 또는 해결청탁을 하기도 합니다.

그러나 수사기관은 범죄수사만을 담당할 뿐이고 소비자 피해문제에 대하여는 민사사건이므로 처리할 권한이 없습니다. 그 때문에 간혹 수사기관이 친절 차원에서 해당 업체에 전화를 해 주었다가 월권행위, 직권남용 등 심각한 문제로 이어지는 수가 있습니다. 실제로 방송인 에이미씨의 프로포폴 상습투약사건 수사를 담당했던 검사가 성형외과 원장에게 수술경과가 나쁜 데 대해 항의하고 재수술과 수술비 반환을 종용하였다가 파면처분된 사례가 있습니다. 즉 수사기관은 범죄수사에만 집중하고 범인검거를 할 뿐, 개인적인 소비자피해나 소비자문제에 간여할 수 없고 간여해도 안 되는 것입니다. 따라서 우리가 인척관계인 검사, 친구인 경찰 간부에게 영농자재 피해문제에 대한 조치를 요청하더라도 성과는 전혀 기대할 수 없는 것입니다.

소비자 피해문제에 대하여는 한국소비자원, 시군청 지역경제과 소비자담당, 농협 지도과장 등에게 호소하여 정상적인 소비자피해 구제 절차를 밟는 것이 가장 확실하고 안전하며 또 가장 효과적입니다.

「농민보감」은 어디서 구할 수 있습니까?

Q 오래전에 '농협에서 「농민보감」을 만들어 보급한다'는 내용이 언론에 크게 보도되었습니다. 농업인 고민의 상당 부분을 해결해주는 획기적인 업적이라고 하였는데, 지역의 농협에 「농민보감」을 보여 달라고 했으나 아무도 알지 못하였습니다. 「농민보감」의 내용이 무엇이고 어디에서 구할 수 있습니까?

A 「농민보감」이라는 제목의 책자를 농협에서 제작한 일은 없습니다. 다만, 오래전에 농업인들의 계약서 작성 습관화와 계약의 문제를 해결해 주기 위해 농협중앙회 하나로봉사실에서 「농업인을 위한 계약서」라는 책자를 발간하여 전국의 회원조합에 배포한 일이 있습니다.

그 책자에는 농업인이 꼭 알아야 할 계약 관련 상식과 계약 용어, 계약서 작성 방법, 계약 성공사례와 실패사례 등과 함께 농촌에서 가장 빈번하게 일어나는 계약사례 10가지에 대하여 '계약서 모범안'을 수록하였습니다. 사실 농업인의 법률문제가 다양하지만, 모든 거래와 계약에서 계약서만 잘 작성하면 전체 법률문제의 40%는 예방 또는 해결되는 일입니다.

당시 이 책자를 접한 농림부와 농협의 출입기자단에서 "이 책자의 내용이 너무나 훌륭하고 시의적절하며 농업인들에게 정말로 큰 도움이 되겠다. 우리나라 역사에서 서민들을 위해 발간한 위대한 책자가 「훈민정음」, 「동의보감」이 있는데, 「농업인을 위한 계약서」는 바로 그러한 책자에 버금가는 훌륭한 것이므로 이 책자에 '농민보감(農民寶鑑)'이라는 부제를 헌정하기로 한다"고 결의하고 스스로 모든 언론매체의 기사에 「농민보감」이라고 제목을 붙여서 보도한 일이 있었습니다.

그 결과 「농업인을 위한 계약서」는 「훈민정음」 「동의보감」과 함께 '농민보감'이 되어 단군 이래 가장 위대한 책인 3대 보감의 하나가 되었다고 하였던 것입니다. 그 때문에 시중에 공식 제목인 「농업인을 위한 계약서」는 오히려 잘 알려지지 않고 「농민보감」이라는 제목으로 더 많이 알려지게 되었습니다.

「농업인을 위한 계약서」는 발간한 지 10년이 훨씬 지난 관계로 지금은 구하기 어렵게 되었지만 그 내용은 각 농협의 홈페이지에 수록되어 있으므로 언제든 다운받아 활용할 수 있고, 농협중앙회 민원상담실에 요청하면 이메일이나 인쇄본을 보내드리고 있습니다.

418 조합원, 임직원이 협박을 당할 경우 처신은?

Q 조합원이나 임직원이 사업이나 업무와 관련하여 외부 인사로부터 협박을 당하는 사례가 종종 있습니다. 협박을 당할 경우 대책은 무엇입니까?

A 조합원이나 임직원이 사업이나 생활과 관련하여 누군가로부터 협박을 당하는 경우가 자주 발생합니다.

그런데 협박을 당하는 사람은 본인이 어떤 실수나 약점이 있기 때문에 협박을 당하는 것이고, 상대는 이 사건을 이용하여 가능한 한 많은 이득을 얻기 위해 협박을 하는 것입니다.

그리고 협박을 하는 이유나 동기, 과정이 모두 개인의 프라이버시와 관련되고, 미묘한 부분이기에 주변에서 선뜻 나서거나 대신하거나 도움을 주기도 어렵습니다. 이때, 협박에 굴복하여 얼마라도 금품을 제공하게 되면 금품을 제공한 사실이 다시 약점이 되거나 협박한 사건을 인정하는 꼴이 되어 더 높은 협박, 더 많은 요구에 시달리게 되는 것이 협박 사건의 흐름입니다.

그러므로 협박을 당하는 사람에게 도움을 주어야 하지만, 개인의 약점이나 프라이버시를 침해할 수 있으므로 사건의 발단과 내용은 묻지 않고 협박에 대한 대응만을 가르쳐주도록 하여야 합니다.

협박은 대부분 전화로 은밀하게 이루어져 주변에서 참견하기 어렵지만, 그 점을 이용하여 대책을 세울 수 있습니다. 한 번이라도 협박전화를 받았을 경우 발신한 전화와 통화하는 모든 내용을 자동 녹음되도록 해 두어야 합니다. 녹음이 3~4차례 진행되면 그 녹음 내용 중에 반드시 공갈죄, 협박죄를 구성하는 내용이 있기 마련이므로 그 녹음을 증거로 하여 수사기관에 고소하여야 합니다.

그럴 경우 대부분 협박의 원인이 되었던 실수나 문제는 아주 가벼운 일이고, 고소나 고발을 할 주체마저도 없는 경우가 태반인 데 반해 공갈 협박은 증거가 뚜렷하고 죄질이 아주 불량한 것이 녹음으로써 증명되어 사건이 해결되고 협박으로부터 벗어날 수 있게 됩니다.

말로써 설명해주기 곤란한 경우에는 이 책의 내용을 복사교부해 주어도 될 것이고, 필자에게 전화하여 상담하도록 하는 것도 좋은 방법이 됩니다.

419 신도시에 농협 점포가 절실한데, 방법이 있습니까?

Q 신도시 조성, 혁신도시 건설, 도시 재개발, 지역 개발, 보금자리주택지구 등 대단위 토지개발사업 현장에는 농협 점포가 꼭 들어가야 합니다. 그런데 신도시 상업지구는 땅값이 너무 높아 농협이 토지를 취득할 수 없습니다.

A 혁신도시 개발이나 토지구획정리사업 등으로 신도시가 새로 조성될 경우, 농협은 반드시 신도시의 핵심 상업지구에 점포를 개설해야 합니다.

그런데 점포를 임차하여 개설할 경우 매년 임대료가 인상되고 또 위치가 안정적이지 못한 문제점이 있습니다.

그렇다고 하여 상업지구에 토지를 구입하려면 공개경쟁입찰 절차를 거쳐야 하는데, 공개경쟁입찰은 가격이 너무 높아서 지역의 조합으로서는 감당할 수 없는 수준이 되고 맙니다. 또 자금부담 때문에 신도시에 들어가지 않고 신도시 외곽에 점포를 열게 되면 영업에 심각한 문제가 생기게 됩니다.

더불어 대부분의 신도시 개발 과정에서 농협이 보유하고 있던 창고나 사업장 등이 수용되는데, 수용보상금은 무척 적고 새로이 토지를 분양받고자 할 때는 가격이 무척 높게 됩니다.

이러한 문제 때문에 지역의 조합은 조합 소재지가 개발된다고 하여도 반가워하기보다는 오히려 신도시에서 밀려나게 되는 결과를 걱정해야 하는 경우가 생기기도 합니다.

이러한 모순을 해결하기 위해 농협 법률고문이 정부에 건의하여 법령으로 제정된 제도가 있습니다. 바로 신도시나 토지개발사업지구에 농협이 업무용토지를 취득하고자 할 경우 수의계약으로 취득이 가능하도록 제도가 개선되었습니다. 따라서 전국 어디에서든 토지개발사업을 하는 곳이라면 농협은 상업지구에 업무용토지를 원하는 위치, 원하는 면적만큼을 토지 공급기관과 수의계약으로 취득할 수 있는 길이 열린 것입니다.

그렇지만 정부기관은 농협의 요청이 있다고 하여 무조건 토지의 수의계약에 응하여 토지를 제공하는 것은 아닙니다.

따라서 이러한 업무를 대신 수행하여 줄 제3의 중개인이 필요한데, 농협 법률고문을 맡은 법무법인에서 이러한 업무를 개발, 서비스하고 있으므로 이러한 서비스가 필요한 조합은 필자에게 요청하면 서비스에 대한 정보와 도움을 받을 수 있습니다.

420 조합원이 아닌 사람이 농협사업을 이용하는 근거는?

Q 새마을금고 임원인 친구와 논쟁이 붙었습니다. 금고는 거래 고객이 100% 회원인데, 농협은 비조합원의 사업이용이 너무 많아 위법이라고 합니다. 비조합원의 농협사업 이용에 대한 법적근거가 있습니까?

A 새마을금고는 회원의 자격 요건이 없고, 누구나 회원으로 가입할 수 있으며, 형식적인 금액의 출자만 하면 이용에 제한이 없습니다.

농협은 '법률에 정한 자격 요건을 갖춘 농업인'만 조합원으로 가입하여 조합원을 위한 사업을 하며 조합원에게 최대봉사하는 조직인 점에서 새마을금고와 차별됩니다. 원래 조합원만을 대상으로 사업을 하는 것이 원칙이겠으나, 조합원이 아닌 비조합원에게도 사업이용을 허용하고 그것을 법으로 명문화하였습니다. (법 제58조)

비조합원에게 농협사업의 이용을 허용한 이유가 있습니다.

첫째, 농협은 최근까지도 전국에 조직을 갖춘 유일한 근대적인 금융기관이고 구매, 판매사업을 영위하는 단체로서 전국 각지에 빠짐없이 조직과 시설이 있으므로 그것을 비조합원인 농어촌 주민과 도시민, 공직자, 군인 등의 업무와 생활에 활용할 기회를 주어 국가적 서비스 향상을 도모할 필요가 있고 둘째, 농협과 일반 국민의 접촉과 상호부조, 협력을 통해 농업, 농촌, 농협에 대한 이해와 애정을 높여 농촌 수호자로 변신시키는 계기로 삼을 수 있으며 셋째, 농협도 경영체이므로 가급적 많은 고객과 사업 물량을 확보함으로써 경영의 안정을 이룰 수 있는 점입니다.

조합원, 준조합원, 사업이용 시에 조합원으로 간주되는 간주 조합원, 다른 조합의 조합원과 그 가족, 유관기관 단체와 그 임직원 등은 모두 조합원으로 간주하여 사업이용에 아무런 제한이나 장해가 없습니다. 그리고 비조합원이 농협의 방대한 조직과 다양한 사업을 활용할 수 있게 되므로 비조합원이 농협사업을 이용함으로써 얻는 편익과 혜택은 매우 크고도 광범위한 것입니다.

최근 시장개방의 폭이 전 지구적 수준으로 넓어지면서 그 속도가 상상을 뛰어넘고 있습니다. 금융기관의 장벽 제거와 업종 간의 융합 추세는 예측이나 전망을 불가능하게 할 정도이고 정치권은 규제 개혁과 철폐를 경쟁적으로 거론하는 형편입니다. 이러한 격변의 태풍 속에서 회원 자격이나 비조합원 사업이용을 따지고 있는 일 자체가 난센스이고, 농협은 비조합원에 대하여도 이용을 허용하도록 농협법에 명시하고 있습니다.

421 비조합원의 사업이용이 제한된다고?

제8부 사업

Q 비조합원의 사업이용 제한이 있다고 들었는데, 비조합원 사업한도를 초과하면 갑자기 예탁금도 추가 예치가 안 될 수 있다는 뜻입니까?

A 농협은 원래 조합원에 의해 결성되고 조합원을 위한 사업을 하며, 조합원에게 차별 없는 최대봉사를 하는 조직입니다.

그런데 전국적으로 조직과 시설, 인력, 사업 역량을 갖추었는데, 주변의 비조합원이 이러한 혜택을 이용하지 못하고 고통받는다면 옳은 일이 아닙니다. 그래서 조합원의 사업이용에 지장이 없는 범위 내에서 비조합원도 사업이용을 할 수 있도록 허용하였습니다.

그리고 조합원을 위한 사업 추진이 원칙이므로 일단 비조합원의 사업이용 한계는 법률에 명문화되어 있습니다. (법 제58조)

그렇지만 신용사업(금융업무, 보험업무, 내국환, 외국환)과 하나로마트, 구매사업, 판매사업 등은 이용에 제한이 없으므로 비조합원이라 하여 불편을 느끼거나 거래에 제한이나 차별을 받을 이유가 전혀 없습니다. (정관 제141조)

특히 예탁금의 예치나 인출은 그 규모나 방법에 아무런 제한이 없습니다.

조합원이 아니라고 하더라도 조합원과 차별대우하거나 우선권에서 어떠한 문제도 없음은 물론, 비조합원의 농협사업 이용을 적극 환영하고 있으니 안심하고 이용하시어 사업과 생활에 큰 도움이 되도록 하십시오.

422 기업이 관할 농협과 거래를 하여야 하는 이유는?

Q 새로 사업체를 이전해 온 기업인입니다. 주변의 농협 임직원과 지역 유지들로부터 농협과 거래를 해 달라는 청탁과 권유가 무척 많을 뿐 아니라 압력으로 느낄 정도입니다. 기업이 관할 농협과 거래를 해야 한다는 법이나 원칙이라도 있습니까?

A 기업은 사업을 성공시킴으로써 더 큰 성장과 발전을 하여 사회에 기여하는 것이 목적일 것입니다.

그리고 기업은 사업장이 소속한 지역사회와 소통과 협력을 하여 지역사회의 성원과 지지를 얻는 것이 사업 성공의 지름길이며 특히 경영 과정에서 예측하지 못한 위기 상황이나 곤란한 일이 발생하였을 때 지역사회와 친밀도, 협력관계는 참으로 큰 역할을 하게 됩니다.

어느 사업체든 사업장을 유지하고 확장하려면 반드시 지역사회가 마련해 둔 사회간접자본과 지역사회의 자산을 활용하여야 하고, 또 인력과 자재자금 등을 지역사회로부터 조달하거나 지역사회를 통하여 확보할 수 있게 됩니다.

　이러한 기업활동 과정에서 기업 스스로의 힘만으로는 해결하기 어려운 문제도 있을 것이고 미처 생각하지 못했던 문제, 예상하지 못한 자금 경색, 거래처의 곤경, 경쟁업체의 출현 등 여러 가지 변수를 생각하지 않을 수 없습니다.

　그러한 사항 중에서 관할 농협의 직간접 협조나 지원을 얻을 수 있다면 문제를 의외로 쉽고 빠르게 해결할 수 있으며, 특히 자금이나 인력의 문제는 농협으로부터 직접 지원을 받을 수도 있습니다. 또 지역사회 주민의 대부분이 농협 조합원이므로 지역사회와의 갈등이나 마찰이 있을 경우에도 농협의 간접적인 지원과 조정의 도움을 받을 수 있는 것입니다.

　또한 기업의 생산품이 생활필수품이거나 농사와 관련되는 것이라면 관할 농협을 통해 전국의 농협과 농업인 조합원에게 판매하는 경로를 개척할 수 있을 것이고, 필요한 농산물이나 원자재 역시 농협을 통해 확보할 수도 있습니다. 특히 주거래은행이 국제금융위기나 금융경색으로 자금 지원이나 결제가 원활하지 못하게 되었을 경우 농협이 그러한 금융 경색의 문제를 해결해 줄 수 있습니다.

　과거 IMF 국가금융위기 상황과 국제금융위기에서도 농협은 아무런 차질 없이 기업에 자금을 공급해 준 전력이 있고 그때 국내 유수의 기업들이 대부분 농협과 깊은 거래관계를 맺었습니다. 또 사업장의 화재보험, 종사원들의 생명보험 등과 외국환 업무 등에서도 혜택을 입을 수 있습니다.

　그래서 많은 기업들이 농협에 금융거래를 하면서 미래의 위기 상황에 대비하고 사업 확장의 파트너로 삼고 있는 것이며, 지역 유지들은 그러한 기회와 혜택을 놓치지 말도록 권유와 추천을 하는 것입니다.

423 협동농장을 설립하자는 주장이 있습니다.

Q 조합장 선거 과정에서 한 후보가 "협동농장을 설립하여 조합원 자격에 문제가 있는 조합원들을 수용, 농협의 혜택을 계속 드리겠다"는 공약을 내걸었습니다. 협동농장이라는 것이 무엇이며 실현 가능성이 있는 것입니까?

A 협동농장이란 우리나라에는 없고 북한에만 있는 집단 농업 형태입니다. 토지와 가축, 농기계 등 생산수단을 통합하고, 농장원들의 공동노동에 기초하여 농업 생산을 진행하는 집단 농장을 가리킵니다.

북한은 1953년 8월 조선노동당 제6차 전원회의에서 농업 협동화 방침을 채택하고 농민들을 자연부락 단위의 협동조합에 강제로 편입시키기 시작, 1958년 8월에 이르러 이를 마무리함으로써 '사회주의적 소유' 형태를 갖추게 되었습니다. 그런데 그 결과 주인 없는 농장, 일하는 사람만 바보 되는 구조, 창의력이 배제된 경영, 노동의 동기가 사라진 노동환경 등의 문제로 농업 생산이 급속히 줄어들었고 결국 북한의 경제 파탄과 살인적인 굶주림을 불러온 원인이 되었습니다.

그런 협동농장을 우리나라에 도입하여 실현시키겠다는 주장은 '다 같이 굶어 죽자'는 말과 같고, 법적으로나 경영적으로 불가능한 일입니다.

그리고 그렇게 과격한 내용이 아니라 우리 체제와 제도 안에서 대규모 농장을 조성하여 조합원에게 임대함으로써 도시 지역의 자격 상실 위기의 조합원이나 조합 가입 희망자를 유치한다고 하더라도 그것이 지금의 개인별로 농지를 임대차하여 영농을 하는 것보다 더 유리할 수 없으므로 아무런 실익이나 효용, 의미가 없는 주장입니다.

또 우리 조합 구역에서 통근하며 영농을 할 만한 농지나 대규모 농장을 조성할 수 있는 값싼 땅이 없습니다.

결국 이 주장은 주장하는 사람도 스스로 무슨 뜻인지 모르는, 현실성이 전혀 없는 주장으로서 조합원 유권자의 관심을 끌어보려는 허망한 공약이라 하겠습니다.

424 고객만족, 그 참다운 의미는?

Q 고객만족의 참뜻이 따로 있다는 말이 있는데, 어떤 의미인지 알고 싶습니다.

A 고객만족이란, 고객의 만족을 목표로 하는 경영으로 기존 매상고나 이익 증대 같은 목표와 달리 고객에게 최대의 만족을 주는 것에서 기업의 존재 의의를 찾으려는 경영 방식을 가리키는 말입니다.

또 고객만족경영이란, 경영의 모든 부문을 고객의 입장에서 생각하고 진정한 의미에서 고객을 만족시켜 기업의 생존을 유지하고자 하는

신(新)경영 조류의 하나입니다. 고객이 제품 또는 서비스에 대해 원하는 것을 기대 이상으로 충족시킴으로써 고객의 재구매율을 높이고 고객의 선호가 지속되도록 하는 것입니다.

고객만족을 높이기 위해서는 고객의 기대를 충족시킬 수 있는 품질을 제공해야 하고 고객의 불만을 효과적으로 처리해야 합니다. 또한 고객만족을 위해 기업에 대한 사원만족이 필수적이므로 사원들의 복지향상, 일체감 조성 등 사원만족도 아울러 뒤따라야 합니다.

고객만족은 결국 상품의 품질뿐만 아니라 제품의 기획, 설계, 디자인, 제작, 애프터서비스 등에 이르는 모든 과정에 걸쳐 제품에 내재된 기업문화 이미지를 포함해 상품 이미지, 이념 등 고차원적인 개념까지 고객에게 제공함으로써 소비자들에게 만족감을 제공하는 것으로 요약됩니다.

따라서 고객만족경영은 시장점유율 확대나 원가 절감이라는 단기적인 목표보다 고객만족을 궁극적 경영목표로 추구하는 것입니다.

우리 농협의 고객만족경영에 대한 인식이 형식적이고 보여주기 식으로 전개되고 있는 점은 큰 잘못이며, 고객만족은 형식적인 방향으로 흐르는 것이 중요한 것이 아니라, 고객의 바람과 희망을 우리의 상품, 사업에 반영하여 고객이 농협의 가치와 자신의 향상을 함께 누리도록 하는 것이 중요한 것입니다.

제9부

회계

425 | 농협회계가 투명하지 않다는 비판이 있는데

Q 농협회계 제도와 방식이 복잡하고 난해하다고 합니다. 또 어떤 사람은 농협회계가 투명하지 않다고도 합니다. 이 말이 사실입니까?

A 농협회계 제도가 복잡하다고 하는 것은 다른 기업의 단순한 회계 방식에 비해 특별회계가 여럿 있고, 사업 종류가 다양한 관계로 계정과목이 많기 때문일 것입니다. 그래서 시중은행이나 신협의 회계장부와 비교할 때 계정과목이 몇 배나 많고, 재무제표도 특별회계마다 따로 작성되기 때문에 복잡하고 난해하다고 하는 것입니다.

그러나 이러한 농협회계의 특징은 사업 종류가 많고 사업의 성격이 서로 다르며, 각 회계 간 구분하여 손익계산을 하여야 하는 필요 때문에 불가피한 것이며, 모두 회계원칙에 잘 맞추고 있으므로 회계원리와 회계원칙의 측면에서는 아무런 문제도 없습니다. 농협회계에 생소한 사람이나 회계업무에 경험이 적은 사람은 당연히 어렵고 복잡해 보일 것이지만, 법률과 원칙에 맞추어 잘 운영되고 있습니다.

그리고 회계가 투명한가, 투명하지 않은가의 판단은 한마디로 쉽게 단정할 수 있는 것이 아닙니다. 한 조직의 운영, 특히 회계 분야에 있어서 회계원칙이 잘 지켜지고 있는지, 조직 내 권한의 분산이 잘 이루어졌는지, 내부통제와 부문 간 견제가 잘 수행되는지, 회계업무가 독립적이고 규정과 원칙에 따라 잘 수행되는지, 감사와 감독은 적정한지 등이 모두 검토되어야 하는 것입니다.

농협의 경우, 먼저 총회·이사회·감사 등 3권 분립 체제와 임원, 대의원의 선출제도, 중앙회의 감사제도와 상시 감시 시스템, 농림축산식품부와 금융위원회의 감독, 국정감사 등 치밀한 다중의 감독 체제가 있고, 또 각 농협은 2년마다 외부 회계법인의 회계감사를 받도록 하고 있습니다.

그러므로 농협회계에서 투명하지 않거나 애매모호한 부분이 있을 경우 즉시 내부통제 시스템에서 발견되고, 감독기관의 감시와 감독 과정에서 적발되어 즉시 시정되도록 되어 있으므로 투명하지 않은 부분은 전혀 없습니다.

또한 농협은 창립 이래 110년 동안 회계가 불투명하다고 지적받거나, 회계상의 비리가 문제되었거나 회계문제로 수사나 재판을 받은 사실이 전혀 없습니다. 오히려 농협은 사업계획과 수지예산이 대의원에게 모두 공개되고 심의되는 구조, 운영의 공개 원칙과 실천, 회계장부 및 서류열람권 등에서 세상의 어떤 경영체보다 개방적이고 투명하다는 평가를 받고 있습니다.

따라서 농협회계가 투명하지 않다는 주장은 그 자신이 회계업무를 잘 모르거나 이유 없이 농협을 매도하는 사람의 그릇된 주장일 뿐입니다.

앞으로 이러한 주장을 하는 사람이 있다면 허위의 사실을 주장하여 농협에 손해를 끼치는 행위를 한 것이므로 조합원 제명과 함께 수사기관에 고발하여 명예훼손죄와 업무방해죄로 처벌하게 하고 그에 따른 손해배상청구를 하여야 할 것입니다.

426 조합의 자기자본이란?

Q 조합의 회의 때 '자기자본'이라는 용어를 자주 듣습니다. 그리고 조합원이 이에 협조하여야 한다는데, 그 내용이 무엇입니까?

A '자기자본'이란, 기업의 자본 중에서 출자의 원천에 따라 출자자(주식회사의 경우는 주주)에 귀속되는 자본 부분을 가리킵니다. 채권자에 귀속되는 타인자본에 상대되는 개념으로, 총투하자본인 총자본에서 부채를 차감한 것입니다.

재무제표상으로는 자본금·법정준비금(자본준비금·이익준비금)·잉여금을 합계한 것이므로, 기업자자본, 또는 순자본이라고도 합니다.

즉 자기자본이란, 주주나 조합원의 출자금, 매년 이익금의 일부를 적립한 적립금 등을 가리키는 것입니다. 이러한 자기자본은 기업자본의 기초를 이루는 것으로서, 기업이 계속되는 한 상환되지 않는 것이 원칙이며, 이 자본의 규모가 곧 기업활동의 양과 질을 결정합니다.

자기자본은 다시 출자자로부터 조달된 기초자본과 경영활동의 결과로 얻어진 부가자본으로 대별됩니다. 기초자본은 구성원의 출자금이고, 부가자본은 자본잉여금·재평가잉여금·이익잉여금과 같은 유보자본(적립자본)과 당기이익금인 성과자본(파생자본)으로 구성됩니다. 자기자본은 상환 기한이 없는 장기자본이므로 경영활동의 기초적 부분(설비 등)에 사용됩니다.

조합의 자기자본은 조합원이 납입한 출자금, 회전출자금, 준조합원의 가입금, 각종 적립금, 이익잉여금 등으로 구성되어 있습니다. 농협은 특별법에 의해 보호 육성되는 조직이므로 자기자본이 중요하지 않다고 생각하는 사람이 있는데, 이는 중대한 오판이며 조합의 자기자본은 바로 조합의 현재와 미래를 결정합니다.

첫째, 조합은 자기자본을 초과하는 업무용부동산을 소유할 수 없습니다. (농협재무기준 제2조)

업무용부동산이란 조합의 업무를 위해 쓰이는 토지, 건물, 구축물 등인데, 바로 조합 본지점의 토지와 건물, 하나로마트의 토지와 건물, 양곡창고, 비료창고, 자재창고, 농기계센터 부지, 공판장과 집하장 등 조합의 사업을 위해 필수 불가결하며 가장 기본적인 것입니다.

둘째로, 신용사업 등 조합사업의 한계를 결정합니다.

금융기관 감독 기준은 해당 금융기관의 '총사업물량 중 자기자본 비율'을 금융기관 건전성과 부실의 척도로 삼으므로 자기자본이 적은 조합은 일정 규모 이상 사업을 추진할 수 없게 됩니다. 즉, 자기자본이 작은 조합은 거액의 예금이 들어오거나 우량한 대출 대상이 있어도 이를 받아들일 수 없게 되는 것입니다.

셋째로, 외부로부터 자금이나 자재, 시설을 차입하는 데 결정적인 제한요소가 됩니다.

자기자본 규모와 비율은 조합에 대한 신용 평가, 건전성 평가의 가장 기본적인 항목이고 이 항목에서 문제가 있으면 어떤 지원이나 계약도 이루어지지 않습니다.

넷째, 조합 경영의 안정을 위한 필수요소입니다.

자기자본의 비율이 크다면 갑작스러운 단기적 경기변동 요인이나 금융위기, 석유파동 등과 같은 외부의 충격이 있어도 넉넉한 자본에 의해 경영의 안정성을 회복하기 쉽지만, 자기자본 비율이 낮으면 당연히 위기 시 안정적인 대처를 하기 어렵게 되고 사업 차질이나 도산의 위험이 높아집니다.

자기자본을 확충하는 방안은 일단 조합원의 개인별 출자를 늘리는 방법, 신규 조합원을 많이 유치하는 방법, 준조합원을 늘려 가입금을 많이 받는 방법, 사업이익을 늘리고 배당을 억제하여 적립금을 늘리는 방법 등이 있는데, 모두 다 조합원들의 이해와 협조, 참여와 희생, 적극적인 조합사업 이용을 필요로 하는 내용입니다.

그렇지만 자기자본 확충의 효과와 과실은 모두 조합원에게 돌아갑니다.

427 조합원의 지분이란?

Q 지분이라는 말은 대부분 재벌기업의 경영권 문제에 있어서 오너의 경영권과 관련하여 나오는 용어입니다. 그런데 농협에서 '조합원의 지분'이라는 말이 자주 나오는데 이것은 무엇입니까?

A 농협에서 '조합원의 지분'이라는 말은 2가지 의미가 있습니다.

첫째, 조합의 조합원이 됨으로써 조합에 대하여 갖게 되는 조합원의 권리와 의무, 즉 '조합원의 지위'를 가리키는 경우입니다.

둘째는 조합원이 조합을 탈퇴하거나 조합을 해산할 때 반환받을 수 있는 '자신의 몫'을 가리키는 경우입니다.

그런데 이 2가지 개념은 서로 다른 것이 아니라 표현에 있어서 어떤 측면을 더 강조하는가에 따른 것일 뿐, 본질은 같은 것입니다.

지분환급청구권은 탈퇴하는 조합원 자신이 청구하는 것으로서, 정상적인 경우 조합은 해당 조합원의 출자금과 사업준비금을 반환하고 다른 적립금은 반환하지 않습니다. 조합이 경영적자 상태이거나 누적된 손실이 있을 경우에는 지분이 줄어들거나 하나도 없을 수도 있습니다. 출자금이나 사업준비금 등 지분의 반환은 탈퇴를 조건으로 나타나는 채권이므로 조합원이 탈퇴를 하지 않으면 청구할 수 없으며, 탈퇴 전에는 다른 채권자의 압류 대상이 되지 않습니다.

즉 조합원의 지분은 조합을 이용할 수 있는 조합원의 권리를 가리키는 말이면서, 만약 조합을 탈퇴할 때 반환받을 수 있는 출자금과 사업준비금을 합한 금액이기도 한 것입니다.

조합원의 지분을 늘리기 위해서는 출자를 많이 하는 방법이 있고, 조합이 성장 번영하고 사업이 활성화되어 내가 이용하여 혜택을 입을 수 있는 부분이 많아지는 것, 이익을 많이 내고 적립금을 많이 쌓는 방법 등이 있으므로 조합원은 조합사업을 적극 이용하고 다른 고객을 농협에 안내하여 사업량을 늘리도록 하여야 합니다.

428 적립금의 의미와 적립 방법, 한계는?

Q 조합의 '적립금'은 무엇이며 왜 두는 것이고, 적립하는 방법과 적립 한도는 어느 선까지입니까?

A 조합이 사업을 하여 이익금이 생기는 대로 모두 조합원들이 탕진하거나 배당금으로 나누어 주게 되면 다음번 사업을 하는 데 어려움이 크고 조합의 성장과 발전을 기약할 수 없게 됩니다.

그래서 매년 결산을 하고 나서 이익잉여금이 있을 때 의무적으로 그중 일부를 따로 떼어 쌓아 두게 하고 그 나머지를 이용고배당이나 출자배당으로 사용하도록 법률로 정해두었는데, 그 따로 떼어두는 것이 적립금입니다.

적립금 제도를 둠으로써 조합의 자기자본이 매년 늘어나고 불의의 사고나 손실, 경영위협요소가 나타날 때 조합 경영의 안정을 이룰 수 있습니다.

법률로 정한 법정적립금을 정당한 사유 없이 적립하지 않거나, 기준보다 적게 적립하거나, 불법으로 사용할 경우에는 관련 임직원이 처벌됩니다.

법정적립금은 매 회계연도마다 이익잉여금의 10/100 이상을 의무적으로 적립하여야 하며 자기자본의 3배에 달할 때까지 계속합니다. (법 제67조)

사업의 결과로 얻어지는 이익잉여금이 아닌 다른 이익금이 발생하면 역시 법정적립금으로 적립하도록 되어 있습니다. (정관 제26조)

국가나 지방자치단체에서 받은 보조금, 중앙회의 보조금과 관련하여 발생하는 이익금과 고정자산 처분이익의 10/100 이상을 적립하여야 합니다.

429 적립금은 어디에 사용하는가?

Q 적립금은 도대체 누가, 언제, 어디에 쓰는 것입니까?

A 법정적립금은 조합의 손실을 보전하는 경우와 구역 변경이나 조합 분할로 인하여 조합 재산의 일부를 다른 조합에 양도하는 경우에만 사용할 수 있습니다. (법 제70조)

법정적립금은 조합원이 탈퇴하더라도 개인에게 환급하지 않고, 조합이 해산하더라도 개별 조합원에게 분배되지 않으므로 개인별 지분 계산이나 지분 경리를 할 필요가 없습니다.

조합의 손실보전을 위해 법정적립금을 사용할 경우에는 총회의 의결을 얻어야 합니다.

임의적립금은 적립을 하고자 한 목적 분야에 사용하거나 조합의 경영손실을 보전하는 데 사용할 수 있습니다.

430 임의적립금, 자본적립금이란?

Q 임의적립금, 자본적립금을 적립하는 이유와 목적, 근거를 모르겠습니다. 매년 배당을 많이 하면 그만큼 조합이용이 높아져 경영이 좋아질 것이므로 굳이 적립할 이유가 없을 것 같습니다.

A 조합이 사업을 하는데 출자금과 법정적립금만으로 충분하다면 임의 적립금이나 자본적립금을 따로 적립할 이유나 필요가 없을 것입니다.

그런데 조합의 법정적립금은 법률로 강제되기는 하였지만 그 비율이 너무 낮아 경영 개선을 이루는 데 충분하지 않습니다. 그렇다고 경영진이 조합원의 의사를 무시하고 일방적으로 법정적립금의 적립률을 높일 수도 없습니다.

조합을 둘러싼 외부 경영 환경은 나날이 어려워지다 못해 살벌해지고 경쟁관계인 업체나 조직이 계속하여 나타나고 있으므로 자기자본을 확대하고 재무구조를 충실히 해두어야 하는 필요는 점점 더 절실해지지만, 조합원의 출자 증가는 언제나 만족스러운 수준이 되지 않습니다.

이러한 여건에서 부득이 법정적립금 외에 임의적립금으로 사업준비금, 유통손실보전자금, 사업활성화적립금 등을 적립하도록 정관에 반영하여 적립을 해 나가고 있습니다.

임의적립금은 조합의 손실을 보전하는 데 사용할 수 있고, 적립 시 명칭에 나타난 대로 별도의 목적을 위해 적립한 것은 그 목적에 사용할 수 있습니다. 조합원이 탈퇴할 경우에 사업준비금만을 지분액에 따라 환급합니다.

자본적립금이란 사업의 결과가 아닌 자본거래로 인하여 발생하는 이익금에 대하여 그 이익은 분배되거나 사용될 성질이 아니므로 전액을 적립하도록 함으로써 조합의 재정건전화를 이루고자 하는 것입니다. 그 대상은 감자차익(減資差益), 자산재평가차익, 합병차익, 청산조합으로부터 인수한 잔여재산 등입니다.

자본적립금은 적립률이나 한도가 없이 적립 사유가 발생할 때마다 무조건 적립하여야 하고, 사용은 조합의 손실보전을 위해서만 할 수 있습니다. 따라서 자본적립금은 출자금으로 전환할 수 없고, 탈퇴 시 환급하지도 않으며, 조합원별로 지분 계산도 하지 않습니다.

임의적립금을 적립하게 되면 그 목적 분야의 사업에 따라 마련해둔 자금을 활용하여 그 사업 부문을 활성화할 수 있고, 만약 경영 위기나 손실 발생에 대비할 수 있어서 경영의 안정을 이룰 수 있으므로 가능한 한 많이 하는 것이 유리합니다.

이는 개인적으로 자영업을 경영할 때 시설 개선이나 장비 구입을 위해 매월 일정 금액의 적금을 들어두는 것과 같은 것입니다.

431 조합 간 배당률이 서로 다른 이유는?

Q 매년 결산을 마치면 조합원에게 배당을 하는데 조합마다 배당률이 각각이어서 농업인들이 혼란스러워하고 혹은 낭패감을 느끼기도 합니다. 모든 농협이 같은 조건에서 같은 사업을 하는데 왜 배당에는 차이가 있습니까?

A 모든 농협은 똑같은 법률과 정관, 규정을 갖고 똑같은 사업을 하는데, 매년 결산을 할 때마다 각 농협의 경영성과가 다르게 나타나고 배당 역시 차이가 있는 것이 사실입니다. 그러나 그러한 현상이 잘못된 일이거나 부당한 것이 아닙니다.

각 농협은 조합원 숫자와 출자금, 구역의 경지면적, 인구, 산업, 경제

규모, 농업경영 형태, 고객의 수와 농협이용도, 경쟁업체 등의 조건이 모두 다릅니다. 또 사업목표나 조합원의 참여 열기, 경영진의 열정, 직원의 사기 등이 서로 다르므로 경영의 성과 역시 서로 다르게 나타나는 것입니다.

그렇다면 우리 농협의 경영성과를 획기적으로 높이려면 어떻게 하여야 할까요?

먼저 조합원과 대의원이 농협운동에 적극 참여하고 농협사업을 전이용하여 모든 생필품과 금융 거래, 영농자재를 농협으로 집중하고 농산물 판매 역시 농협에 전속시켜야 합니다. 나아가 조합원 각자가 자신이 속한 단체나 운영하는 사업, 친지와 지인의 거래까지 모두 농협에 끌어오도록 하여 농협사업의 성장에 앞장서야 합니다.

그리고 임원을 선출할 때, 농협사업에 대한 높은 인식과 구체적인 대안, 추진에 대한 열정이 높은 사람을 선출하여야 하고, 그 임원들이 사업 성장과 농협 발전을 위해 열과 성을 다해 매진할 수 있도록 분위기를 잡아주고 밀어주어야 합니다.

또 직원들이 사업 추진을 열성적으로 할 수 있도록 신뢰와 격려, 칭찬을 아끼지 말아야 하며, 공로와 성과에는 반드시 보상을 하는 자세가 중요합니다. 아울러 모든 조합원들이 농협 홍보요원이 되어 외부의 고객이나 기관, 단체, 기업이 우리 농협을 믿고 거래함은 물론, 각별한 애정을 갖고 협력하도록 하여야 합니다.

이러한 사항이 모두 충족된다면 반드시 인근의 다른 농협에 비해 월등히 높은 사업 실적과 수익을 실현하여 더 높은 배당, 더 많은 환원사업을 누릴 수 있게 될 것입니다.

432 의욕적인 사업 확대로 높은 배당을?

Q 임원 후보 한 사람이 농협의 사업 영역을 더욱 확장하여 훨씬 더 높은 배당을 할 수 있다고 주장하여 큰 반향을 일으켰습니다. 특히 '부동산개발사업' 같은 수익사업은 안전하면서도 고수익이라고 하는데, 농협이 할 수 있습니까?

A 배당을 높이려면 먼저 수익을 그만큼 높여야 합니다. 또 수익을 높이려면 사업량을 획기적으로 높이든가 수익률을 높여야 하는데, 사업량이나 수익률은 모두 조합원 개개인에게 큰 부담을 지우는 것이므로 실행하기 어렵습니다.

그렇다면 새로운 사업을 개발하거나 지금까지 농협이 하지 않던 고수익사업에 진출하는 것이 대안으로 제시될 수 있습니다.

그런데 농협은 농협법에 사업의 종류를 열거하여 두고 있으며, 열거된 사업이 아닌 사업을 수행할 수 없다는 문제가 있습니다. 또 농협은 영리적 사업과 투기적 사업을 할 수 없도록 농협법 제5조에 명문화되어 있습니다. 따라서 부동산개발사업 같은 고수익사업을 추진하고자 한다면 먼저 부동산개발사업을 할 수 있도록 농협법을 개정하여야 합니다.

그러나 부동산개발사업은 농업인의 영농이나 생활 개선, 권익 향상과는 직접 관련이 없으므로 농협법에 추가할 수 없고, 또 영리나 투기적 사업을 금지하는 법률조항과 상치됩니다.

따라서 해당 임원 후보의 주장은 실현불가능한 주장이고, 위법한 내용이므로 해당 후보에게 그 사항을 알려주고 선거공약이나 주장에서 삭제하도록 하여야 합니다.

농협법에 어긋난 공약이나 허황한 주장으로 임원에 당선되더라도 그 공약을 이행할 수 없고, 선거법 위반으로 처벌받게 되기 때문입니다.

433 법정적립금은 조합원에게 손해라는 선동이 있습니다.

Q 어떤 조합원이 "법정적립금은 조합원이 탈퇴할 때 한 푼도 찾아가지 못하는 것이므로 가능한 한 적립하지 않아야 한다"고 주장하여 조합원들이 놀랐습니다. 이 말이 사실입니까?

A 모든 기업이나 단체는 기업활동이나 사업 수행, 또는 단체의 운영 과정에서 이익이나 잉여가 발생하면 그것을 구성원에게 배당하거나 단체의 유지 존속이나 다음 사업의 기본 자산으로 삼기 위해 내부에 유보해두게 됩니다.

이렇게 기업활동 결과 발생된 이익 중에서 구성원에게 배당하여 사외로 유출된 부분을 제하고 사내에 유보하게 되는 부분을 적립금이라고 하며 잉여금 또는 준비금이라고도 합니다.

적립금 중에는 법령에 의해 강제적으로 적립되는 법정적립금과 기업의 의사에 따라 임의적으로 적립되는 임의적립금이 있습니다. 법정적립금을 법률로써 강제하는 이유는 모든 기업이나 협동조합을 막론하고 경제활동, 또는 경영활동을 하는 조직체는 자기자본의 규모가 곧 가장 중요한 경쟁력의 요소입니다.

그런데 자기자본을 확대하는 일은 구성원이 추가로 출자를 하거나 새로운 구성원이 대거 가입하거나 막대한 이익이 발생하는 등의 사태가 있어야 하는데, 이는 현실적으로 불가능한 일입니다. 따라서 상법이나 농협법은 모두 매년 결산 결과 당기순이익이 발생하면 당기순이익의 10%를 법정적립금으로 적립하도록 법제화하였습니다.

이러한 법정적립금을 통해 기업이나 농협은 자기자본이 충실해져 사업 추진 경쟁력이 높아지고, 외부의 충격이나 경영위기에서도 극복할 힘이 충만해지는 것이므로 이를 법률로 의무화한 것이며, 이 법정적립금은 손실이 났을 때 보전하는 자원이 되기도 하므로 위기 상황에서 경영의 안정을 기대할 수 있게 됩니다.

그리고 기업이나 협동조합은 법정적립금 이외에도 특별한 목표를 세워서 임의적립금을 따로 적립하여 미래의 위기나 사업 추진에 대비하고 있습니다.

전 세계의 모든 기업이 역시 적립금을 매우 중요시하고 적립을 당연시하는데, 이는 기업의 수지가 좋을 때 조금이라도 더 많이 내부 유보를 하여 기업의 체질을 강건히 하고 경쟁력을 길러서 미래의 위험과 위기에 대비함은 물론 사업 도약의 기회를 잃지 않기 위한 것입니다.

그런데 이러한 법정적립금에 대해 "법정적립금은 조합원이 탈퇴할 때 한 푼도 찾아가지 못하는 것이므로 가능한 한 적립하지 않아야 한다"고 주장하는 조합원이 있다면 그 행위 자체가 농협에 심각한 해악을 끼치는 일이고 농협 경영에 손해를 유발하는 일일 뿐 아니라 농협의 경영을 적극적으로 방해하는 업무방해죄를 저지른 것입니다.

따라서 그러한 주장을 한 조합원은 당연히 제명하여야 하고 수사기관에 업무방해죄로 고발하며 손해배상을 청구하여야 합니다. 그러한 주장으로 농협이 실제로 얼마나 많은 손해를 입었는지는 전문 감정기관에서 평가하여 주므로 그것을 근거로 청구하면 될 것입니다.

434 배당이 왜 필요한가?

Q 농협은 이익을 목적으로 하지 않으므로 배당보다는 사업량이 더 중요하다고 봅니다. 즉 사업을 통한 봉사가 목적이므로 총사업량이 중요한데 일부 조합원들은 배당에 집착하고 조합도 배당에 무척 민감한 점은 잘못입니다.

A 농협에서는 배당보다도 사업이용이 더 중요한 것은 틀림없는 것입니다. 그래서 조합원에게 사업이용의 의무를 부여하고 일정 기간 사업이용이 없는 조합원은 제명할 수 있도록 하였습니다.

그렇지만 세상의 경제주체는 협동조합만으로 이루어진 것이 아니고 협동조합 방식이 경제활동의 주류가 아니며 자본주의 시장경제의 주류는 자유로운 사업활동과 이윤 추구에 집중하는 기업 방식이 지배적인 것이 현실입니다.

협동조합은 이러한 시장경제의 구조 안에서 시장경제의 모순과 문제를 극복하고 인도주의, 인본주의를 실현하여 경제적·사회적 약자의 생존 및 성장 발전을 이루고자 하는 일종의 대안 체제, 이상을 실현코자

하는 보완적 체제입니다.

그러므로 협동조합의 이상을 실현하는 과정에서도 급격하거나 과격한 과정, 혹은 무리한 추진을 하기보다는 온건하고 합리적이며 점진적인 개선을 이루어야 하고 다른 구조나 시스템을 적대적으로 설정하기보다는 공존과 협력, 상생을 이루도록 하여야 합니다.

또 경제주체들은 시장경제 구조와 기업활동, 이윤 배당에 익숙하며 기업활동의 성과가 곧 이윤의 배당으로 표현되고 평가되는 현실을 무시할 수 없습니다.

그래서 협동조합의 경영활동 결과 얻어진 이윤, 또는 이윤에 해당하는 유보자산을 자본주의 기업의 배당과 같은 형식으로 조합원에게 배당을 해 주어 협동조합 경영의 건전함과 경쟁력을 구체적으로 체감시켜주고 신뢰와 희망을 확인시켜 주는 것입니다.

그리고 잉여금배당을 함에 있어서도 조합원별 조합사업 이용량에 비례하여 배당하는 '이용고배당'이 원칙이고 바람직하며 협동조합의 정신과 이념을 잘 표현하는 방식이므로 이용고배당을 우선으로 하고 있습니다.

또 최근에는 일반 기업의 출자배당이 활발해지는 추세에 맞추어 농협의 배당에도 출자배당을 도입, 이용고배당을 먼저 하고 다시 '출자배당'을 하고 있습니다. 즉 협동조합의 배당은 배당이 목적은 아니지만, 배당과 배당률을 통해 협동조합의 경영성과와 건전 경영을 확인시키고 다른 기업과의 수평적인 비교를 가능하게 하여 협동조합에 대한 참여와 애정을 높이고자 하는 원대한 전략이라 할 것입니다.

435 출자금의 중도 환급이 가능한가?

Q 조합의 임원 한 분이 자신의 출자금이 너무 많다며 그 중 절반을 환급해 달라고 출자금 환급 신청을 하였습니다. 그런데 출자금 환급에 대한 내용이 법이나 정관, 규정에 없어 처리를 하지 못하고 있습니다.

A 출자란 어떤 사업을 위해 자금을 내는 행위나 그 자금 자체를 가리킵니다. 출자금은 민법상의 조합, 상법상의 각종 회사 등이 조직을 유지하고 사업을 영위하는 기본적인 자금이 됩니다.

농협의 경우 조합원이 납입한 출자금을 비롯해 조합의 회전출자금, 준조합원의 가입금, 각종 적립금과 이익잉여금 등을 자기자본이라고 합니다. 이 자기자본은 조합의 업무용부동산과 기본적인 시설·장비를 마련하는 기초적인 사업자금이 됩니다.

자기자본은 또 농협이 사업을 전개하고 신용을 평가받는 데 있어 절대적인 지표인 자기자본비율을 결정하는 요소이므로, 그 규모와 비중이 매우 중요합니다. 조합 경영 과정에서 외부의 돌발적인 경제 변수나 충격이 있을 때에도 자기자본의 규모가 위기를 극복하고 안정을 되찾는 힘이 됩니다.

이 때문에 농협을 비롯한 모든 협동조합과 기업들이 자기자본 확대를 위해 다각적으로 노력하고, 결산을 할 때마다 되도록 많은 적립금을 쌓아두려 하는 것입니다. 그리고 출자금은 탈퇴할 때 이외에는 반환하지 않는 가장 안정적인 자산이므로 고정투자 같은 장기적인 분양에 운용토록 하는 것이며, 이 때문에 도중에 반환하는 제도 자체가 없습니다.

주식회사는 주주의 자격 요건이 따로 없고 주식의 매매와 양도가 자유롭지만, 농협은 법률에 의해 조합원의 자격 요건이 정해져 있고 출자금의 양도나 매각은 엄격히 금지되어 있습니다. 출자금의 일부 반환을 신청한 임원은 이런 내용을 잘 알지 못하였을 것이므로 이를 잘 설명하여 더 이상 무리한 요구를 하지 않도록 단속하여야 할 것입니다. 이는 농협을 위해서도, 임원을 위해서도 꼭 필요한 일입니다. 특히 사업이 성장하는 도중에 자기자본이 줄어들면 사업 자체가 급속히 위축되므로, 출자금 반환 신청은 곧 농협의 사업이나 업무를 방해하는 행위가 될 수도 있습니다.

법률을 알지 못하여 엉뚱한 주장을 했다 하더라도, 그 내용이 법률에 저촉되거나 협동조합의 원리에 어긋날 경우에는 위법 행위가 되고 심하면 업무방해 혐의를 받을 수 있습니다. 그리고 법률을 몰라서 한 실수라고 하더라도 그 행위가 중과실인 경우에는 형법상 유죄, 민법상 배상 책임에 해당할 수 있습니다.

436 농협 회계제도의 특징은?

Q 어떤 회계 전문가가 농협의 회계를 이해하기 힘들다며 고개를 저었습니다. 농협의 회계제도가 어떤 특색을 갖고 있습니까?

A 회계는 조합이 사업활동을 전개하는 과정에서 일어나는 재산의 증

감, 변화, 수입과 지출, 결산 등을 기록하고 분석하는 모든 과정과 절차를 가리킵니다.

농협은 매년 1월 1일부터 12월 31일까지를 한 회계연도로 정하고 있습니다. 회계연도가 명확히 규정됨에 매 회계연도 단위로 비용과 수익을 경리하게 되는데, 이를 '회계연도 독립의 원칙'이라고 합니다.

농협의 회계는 한 조합이라고 하더라도 '일반회계'와 '특별회계'로 구분하여 경리하여야 합니다. (법 제63조)

조합의 회계는 신용사업 부문만을 따로 경리하는 '신용사업특별회계'를 두고 있고, 나머지 부문은 '일반회계'에서 총합 경리합니다. 이는 조합의 구매, 판매, 교육지원 분야, 관리 분야 등 신용사업과는 그 성격과 발상이 전혀 다른 부문과 금융업무인 신용사업의 경리를 구분함으로써, 신용사업의 공공성과 건전성을 유지하려는 것입니다.

조합은 이러한 회계 단위별로 '독립채산제'를 실시하여 각각 수익과 비용을 경리함은 물론 당기순이익까지도 따로 계산하도록 하고 있습니다.

이러한 방식의 회계는 비슷한 사업 부문인 신용협동조합이나 은행의 회계를 주로 담당해 온 회계사가 볼 때 무척 복잡하게 생각되고, 특히 계정과목의 숫자와 종류가 우리나라 모든 기업을 통틀어서 농협이 가장 많으므로 한눈에 이해하기가 어렵다고 하는 것입니다. 농협의 사업이 은행, 보험, 구매, 판매, 이용, 가공, 교육지원 분야, 관리 분야 등으로 다양하고 실제로 각 부문은 하나의 개별 기업과 같은 숫자의 계정과목을 보유하므로 복잡하게 느껴지는 것입니다.

그렇지만 이런 절차와 과정을 통해 사업 부문별로 별도의 결산과 분석을 할 수 있고, 그 분석을 토대로 경영계획과 경영전략을 수립할 수 있는 것입니다.

즉 농협의 회계제도가 복잡하여 이해하기 어려운 것이 아니라, 성격이 각각 다른 다양한 사업을 하기 때문에 계정과목이 많고, 특별회계를 사용하므로 생소하다는 뜻이며, 회계제도 자체의 난해함은 전혀 없습니다.

437 외부감사인의 회계감사란?

Q 농협에 대해 외부감사인의 회계감사를 받도록 한다는데, 우리 조합에 감사가 있고, 중앙회의 계통감사도 정기적으로 받는데 굳이 비용을 들여가며 중복하여 외부의 회계감사를 받아야 하는지 의문입니다.

A 조합은 자체 감사가 있어서 회계연도마다 감사의견을 첨부한 결산보고서를 공표하고, 사업 부문별로 수시감사를 실시하며, 필요 시에는 특별감사까지 실시합니다.

또 주기적으로 농협중앙회의 정밀한 업무감사를 받고, 정부당국의 관리와 감독도 이루어지고 있지만, 사업이 일정 규모 이상인 조합은 조합장 임기 중 1회 외부감사인의 회계감사를 받도록 하고 있습니다. (법 제65조)

외부감사인의 회계감사를 의무적, 주기적으로 실시하는 이유는 조합원이 아니고 조합과 관계가 없는 제3자의 객관적인 시각에서 조합 경영을 평가함으로써 조합 경영의 객관적 평가와 공정성, 투명성을 확인하려는 것입니다. 일반 기업인 주식회사도 자산총액이 일정 규모 이상인 경우 외부감사인의 회계감사가 의무화되어 있습니다.

외부감사인의 감사 대상 조합은 조합장 임기개시일 직전 회계연도 말의 자산총액이 500억 원 이상인 조합입니다. (시행령 제8조의 2)

감사 대상이 되는 조합은 조합장 임기 중 1회 외부감사인의 회계감사를 받아야 하는데, 감사를 받는 회계연도는 조합장 임기개시일로부터 2년이 경과한 날이 속하는 회계연도입니다. (법 제65조의 2)

외부감사인은 공인회계사법에 의한 회계법인이나 공인회계사회에 등록된 감사반이라야 하며, 감사 대상 조합과 이해관계가 있지 않아야 합니다.

농협은 국내의 어느 기업보다도 감사가 많고 감독하는 기관과 감독 방법도 다양하며, 사고방지나 부정 방지를 위한 내부통제가 잘되어 있음에도 다시 외부감사인에 의한 회계감사까지 받음으로써 거래 고객이나 이해관계자에게 조합에 대해 가장 다양하고 객관적인 정보를 제공해 주고 있습니다.

이는 농협의 역할과 위상이 그만큼 중요하다는 뜻이며, 동시에 국가나 시민사회의 관리감독이 그만큼 다양하므로 어느 금융기관, 단체, 기업보다 투명하고 공정하다는 뜻이 되는 것입니다.

438 사업계획과 수지예산은?

Q 연말 총회 때 다음연도의 '사업계획'과 '수지예산'을 의결합니다. 그런

데 그 방대한 내용을 다 알 수가 없습니다. 사업계획과 수지예산에 대해 설명 좀 해 주십시오.

A '사업계획'이란 '다음 연도의 경영 목표를 달성하기 위한 활동계획' 이고, '수지예산'이란 '다음 연도의 수입의 전망과 지출의 예정계획을 정리한 것'으로서 둘은 모두 다 법률에 따라 절차를 밟아 결정됩니다. (법 제64조)

사업계획과 수지예산은 농협 내부의 경영계획서이므로 농협 내부에서만 효력이 있고, 외부에는 효력이 없으며, 고객이나 조합원에게도 공개할 의무가 없고, 공개할 필요도 없습니다. (법 제65조)

또 소수조합원권에 의한 사본발급 청구의 대상인 회계장부에 포함되는 것도 아니므로 사본발급 청구에 응할 필요가 없습니다. (법 제65조)

그 이유는 이러한 자료를 공개하거나 열람할 수 있도록 비치하거나 사본을 교부하게 되면, 조합의 경영 방침과 목표, 전략 등 '중요한 영업비밀'이 외부로 유출되고, 이로 인하여 알게 된 정보가 부당하게 사용됨으로써 조합사업에 차질이나 문제를 가져올 수 있기 때문입니다.

사실 이러한 자료는 외부로 유출되면 경쟁관계에 있는 다른 기관이나 기업, 업체에는 중요한 경영 정보가 되고, 조합은 사업 추진에 큰 지장을 받게 될 위험이 있으므로 유출되지 않도록 각별히 주의하여야 합니다.

그리고 조합원은 이러한 서류나 자료에서 알게 된 내용을 조합의 건전한 발전이나 부조리 방지 등 정당한 목적에 사용하여야 하며, 임원 선거에서 상대방 비방, 경영기밀 누설, 조합과 경합관계에 있는 사업의 수행 목적 등 부당한 목적에 사용하여서는 안 됩니다. (정관 제139조)

따라서 정기총회 때 대의원들에게 교부하는 사업계획과 수지예산서를 회의가 끝난 후 조합에 반납하도록 하는 것도 바람직할 것입니다.

사업계획과 수지예산은 당해 회계연도가 개시되기 1개월 전에 이사회 심의를 거쳐 총회의 의결로 확정합니다. (법 제64조)

사업계획과 수지예산의 변경은 이사회 의결로 변경합니다. (법 제64조)

그러나 정관에 정해놓은 중요사항의 변경은 총회의 의결을 얻어야 하는데, 그 구체적인 내용은 총지출예산의 추가 편성, 업무용부동산 취득을 위한 1억 원 이상의 추가 편성이나 용도 조정, 외부출자와 관련한 1억 원 이상의 용도 조정 등입니다.

439 사업계획 수립을 제로베이스에서 해야 한다고?

Q 우리 농협의 이사회나 대의원회는 토론이 활발합니다. 그래서 자꾸 새로운 용어가 튀어나와 참석자들을 당황스럽게 합니다. 특히 사업계획과 수지예산의 심의에서 '제로베이스'를 강력히 주장하는 대의원 때문에 어려움이 컸습니다. '제로베이스'란 무엇이며 중요한 것입니까?

A 제로베이스란, 어떤 결정에 앞서 원점에서 전면 재검토하는 것을 가리킵니다.

제로베이스(zero-base)의 사전적 의미는 0의 상태, 출발점, 또는 해발고도의 수준점(해발 0m)인데, 사업이나 계획에서의 제로베이스는 '원점으로 되돌아가 결정하다' '백지 상태로 되돌려 결정하다' 등의 뜻입니다. 즉, 처음 출발점으로 되돌아가 생각해 본다는 뜻입니다. 즉 예전의 경험과 기존 생각 방식을 모두 버리고, 전혀 다른 패러다임으로 백지 상태에서 접근하는 사고의 확장을 말합니다.

제로베이스 방법을 사용하면 새로운 아이디어를 떠올릴 수 있으므로 프로젝트를 하다가 답을 모르겠다거나, 이 방향이 맞는지 계속 의심이 들면 제로베이스로 돌아가자는 뜻입니다.

원점에서 다시 시작할 경우 지금까지의 노력이 뒤집어질 수 있기 때문에 막막하고 속상한 과정이지만, 새롭게 출발하므로 지난번 계획수립 때에는 보지 못하였던 다른 사항과 아이디어들이 새롭게 보이거나 나타나게 되고, 놓치고 있던 부분, 지나쳤던 부분을 다시 포함하게 되어 훌륭한 계획이나 해답이 나오는 경우가 있습니다.

어떤 계획이나 전략은 추진 중에 부족한 부분을 보완하면 되지만, 기본적인 방향이 잘못되었을 경우에는 궤도나 노선의 수정이 어렵고 막대한 희생이 따르게 되거나 아예 처음부터 다시 시작해야 하므로 올바른 선택을 하기 위해서 제로베이스는 때론 꼭 필요한 과정이라고 할 것입니다.

그러나 제로베이스로 돌아가는 시점이 너무 늦어지면, 기회조차 없게 되는 점을 명심해야 합니다. 모든 프로젝트는 언제나 정해진 기한이나 시기가 있기 때문에 때로는 답에 대한 확신이 없을지라도 검토를 종결하고 추진단계로 가야 될 때도 있습니다.

농협의 사업계획과 수지예산의 경우에는 제로베이스를 염두에 두기는 하되 제로베이스라는 용어에 얽매이면 곤란합니다.

사업계획과 수지예산의 확정은 반드시 새 회계연도가 개시되기 한 달 전, 즉 매년 11월 말일까지는 확정하도록 법제화되어 있고, 실제로

제9부 회계

그때까지 확정하지 못하면 다음연도 사업 추진과 경영전략의 실행이 불가능해집니다.

또한 농협의 사업계획이나 수지예산은 대부분이 전년도까지 계속 진행하여 온 사업의 연장이고 예수금과 대출금은 누적되어 온 성과를 바탕으로 하는 것이며, 구매사업·판매사업도 대부분 전년도의 사업과 크게 다르지 않으므로 제로베이스를 적용할 수 없는 것입니다. 연간 500조 원을 사용하는 정부예산의 경우에도 고정성 비용의 비율이 높으므로 전년도를 기준으로 하여 가감하는 편성을 하는데, 이런 방식이 오차와 실수, 차질을 가장 적게 하기 때문입니다.

즉, 제로베이스는 생각을 그렇게 하여야 하는 것일 뿐이고 현실의 사업계획 편성에서는 문자 그대로 적용할 수 없는 개념임을 이해하여야 합니다.

440 결산과 결산보고서 비치는?

Q 조합의 결산은 언제하고, 결산보고서는 어디에서 볼 수 있습니까?

A 농협의 회계연도는 매년 1월 1일부터 12월 31일까지이므로 조합의 결산은 매년 12월 31일 자로 실시합니다.

조합장은 결산을 하여 정기총회 1주일 전까지 감사에게 결산보고서를 제출하고, 이 보고서 일체를 주사무소와 신용사업을 하는 각 지사무소에 비치하여 조합원들이 열람할 수 있도록 해야 합니다. (법 제71조)

'결산보고서'란 사업보고서, 재무상태표, 손익계산서, 잉여금처분안 또는 손실금처리안으로 구성되어 있습니다. (정관 제139조)

조합원과 조합 채권자는 비치된 결산보고서를 열람할 수 있고, 비용을 지불하고 사본 발급을 청구할 수 있습니다. (법 제71조)

그러나 조합원은 이러한 서류에서 알게 된 내용을 조합의 경영 건전화, 부조리 방지 등 정당한 목적에만 사용하여야 하고, 임원 선거를 위한 상대방 비방, 조합 경영기밀 누설, 조합과 경합관계인 사업 수행 목적 등 부당한 목적을 위해 사용해서는 안 됩니다. (정관 제139조)

감사는 조합장이 제출한 결산보고서를 검토하여 의견서를 첨부하여야 합니다. (법 제71조)

결산보고서에 감사의견서를 의무화한 이유는 총회 구성원들이 결산보고서를 심의하고 조합 경영을 이해하는 데 참고할 수 있게 하기 위한 것입니다.

조합장은 감사의견서를 첨부한 결산보고서를 총회에 제출하여 결산 승인을 받게 됩니다. 감사가 감사의견서를 첨부하지 않을 경우에 대하여 농협법에 명문 규정이 없는데, 이 경우 조합장은 '감사가 감사의견서 첨부를 거부한다'는 사유를 기재하여 감사의견서 없이 결산보고서를 총회에 제출하면 됩니다.

그런데 감사가 의견서 첨부를 거부하는 것은 감사의 충실의무에 위반한 것이 분명하므로(법 제53조), 의무 불이행이 되어 해임 의결 대상이 됩니다. 의견서 첨부 거부로 인하여 소속 조합에 손해가 발생하였을 경우에는 손해배상의 책임도 져야 합니다. 그리고 이러한 이유 없는 감사의견 거부는 조합사업에 대한 방해행위가 되는 것이므로 조합원 제명 사유에 해당하며, 동시에 형사처벌 사유입니다.

441 이익금의 처분은 어떻게?

Q 조합의 결산 결과 이익금이 있으면 이익금을 어떻게 처분합니까?

A 결산 결과 이익금이 있으면 이를 처분하게 되는데 처분하는 절차와 비율이 법률과 정관에 미리 정해져 있습니다.

이익금은 잉여금이라고도 하는데 처분할 수 있는 잉여금은 '이익잉여금'이고, '자본잉여금'은 처분할 수 없습니다.

'이익잉여금'은 '조합의 사업활동의 결과 얻은 수익금'이므로 당연히 조합원을 위하여 쓰일 수 있지만, '자본잉여금'은 국고보조금이나 자산 재평가차익 같은 것으로서 조합의 노력과 사업활동, 혹은 조합원의 사업이용 등에 관계없이 얻어진 것이며 아직 그 목적이 모두 달성된 것이 아니므로 처분할 수 없는 것입니다.

이익잉여금에 전년도에서 이월된 전기이월금을 합한 것이 '처분 대상 이익잉여금'이 됩니다.

'처분 대상 이익잉여금'이 확정되면 법률에 따라 법정적립금, 법정이월금, 임의적립금을 별도로 적립한 후에 남는 잉여금을 배당하거나 이월을 하게 되는데, 그 최종적인 처분 결정은 총회에서 하게 됩니다.

(법 제68조)

442 이익금의 배당은 어떻게?

Q 이익금의 배당은 누가, 어떻게 정하는 것입니까?

A 농협은 적립금을 모두 적립한 후에 배당을 할 수 있습니다. 그러나 배당 대상 이익금이 있다고 하여 반드시 배당을 해야 하는 것이 아니라 배당을 하지 않고 이월할 수도 있고, 일부만 배당할 수도 있는데, 이 결정은 총회에서 이루어집니다.

조합원에 대한 배당은 '이용고배당'과 '출자배당'이 있는데, 이용고배당을 먼저 하고 나서 출자배당을 해야 합니다. (법 제68조)

출자배당보다 이용고배당을 우선하는 것은 협동조합이 출자와 이윤보다도 조합원의 조합사업 참여와 사업이용이 더 중요하기 때문입니다.

'이용고배당(利用高配當)'은 총 배당액의 20/100 이상이라야 하고 상한에 대한 제한은 없습니다. 이용고배당은 조합원이 사업을 이용할 때 그때마다 조합원에게 주었어야 할 혜택을 유보한 것이므로 실비의 환원이고 아무리 높아도 조합원의 기여분을 넘지 않기 때문입니다.

그러므로 이용고배당은 조합원별로 심한 차등을 보이는 것이 정상인데 만약 이것을 전 조합원에게 공평하게 배당하도록 의결하더라도 위법이므로 무효가 됩니다. 또 이용고배당액 계산 시 사업 종목별로 차등계산을 할 수는 있으나, 조합원별로 배당률을 차등하거나 차별할 수 없습니다.

'출자배당'은 이용고배당을 마친 후 조합원별로 매 회계연도 말 납입

출자금에 대하여 정관에 정한 배당률 이내에서 배당합니다. (법 제68조)

현행 출자배당률은 조합의 1년 만기 정기예탁금 연평균금리에 2%를 더한 범위 내에서 경영성과와 경영환경을 고려하여 결정합니다. 출자금에 대한 배당률의 상한선을 규제하는 이유는 출자금이 고율의 배당을 목적으로 하는 투자가 아니라 구성원이 자신의 열악한 환경과 조건을 극복하여 사업을 원활히 하기 위해 조합을 설립하고 사업의 이용을 통해 자신의 목적을 이루는 것이기 때문입니다.

출자배당도 조합원별로 차등적용을 할 수 없으며, 반드시 평등한 배당률을 적용하여야 합니다.

443 농협의 사업계획과 수익 규모를 대담하게 확대하여야 합니다.

Q 농협의 운영전략과 경영 방식은 대담하게 개편하고, 환원사업과 배당을 획기적으로 늘려야 할 때입니다. 즉 사업계획을 세울 때 과거의 틀에서 벗어나 사업 규모와 수익을 늘려야 조합원에 대한 각종 혜택이 늘어나고 배당도 높아질 수 있다고 합니다. 농협의 수익을 크게 늘리는 방법은 무엇입니까?

A 농협은 행정기관이나 공공기관이 아닙니다.

행정기관은 사업계획서를 잘 만들어서 승인을 받으면 그에 따라 예산이 지원되어 획기적인 발전이나 서비스 확대를 할 수 있습니다. 그러나 농협은 사업계획에 따라 예산이 지원되는 것이 아니라 사업계획을 달성하여 그 결과 발생하는 사업수익을 이용하여 환원사업이나 교육지원사업, 배당 등을 하는 구조입니다.

그러므로 대담한 경영전략과 사업계획, 획기적으로 확대된 수지예산을 세울 수 있지만 그 계획이 달성되어야 환원사업과 서비스 확대가 가능해지는 것입니다.

그리고 수익을 늘리는 방법은 사업 부문별로 사업량과 마진율을 높이는 것, 사업비용을 줄이는 것이 기본적인 수익증대 공식입니다.

먼저 신용사업 수익의 가장 큰 비중을 차지하는 대출금 이자 수익을 높여야 하고, 그것을 위해 대출금을 늘려야 하며 대출금의 원천이 되는 예수금이 먼저 늘어나야 합니다. 또 구매사업과 판매사업은 사업물량과 마진율이 높아져야 하는데, 마진율은 경쟁관계인 사업체가 있으므로 인상하기 어렵기 때문에 사업량을 늘리는 것이 관건입니다. 사업비용을 줄이는 것은 고객에 대한 서비스를 포기하는 것과 같으므로 검토 대상이 아니고 오히려 사업량에 비례하여 사업비용도 늘어나야 합니다.

또한 조합원의 경우, 대출금에 대하여 할인혜택을, 예수금에 대하여는 우대금리를 주는 등 혜택이 많으므로 그만큼 수익률이 낮아집니다. 그래서 조합원이 아닌 비조합원 고객, 준조합원 등이 정말로 중요한 수익원이 되는 것이므로 경영상 가장 중요하고, 그들을 더 많이 유치해 이용률을 높이는 것이 경영성패를 결정하는 것입니다.

444 행정기관과 농협의 회계와 사업상 차이는?

Q 행정기관과 농협은 그 임무와 역할, 업무 수행 방식에서 유사한 점이 많습니다. 그런데 회계에서는 전혀 다른 구조를 하고 있습니다. 왜 그렇습니까?

A 공직 생활을 하시다가 은퇴한 조합원, 임원, 대의원께서 자주 제기하는 질문입니다.

행정기관과 농협은 외형적으로 볼 때, 국민의 생활과 사업, 복지를 위해 다양한 노력을 하는 점에서 공통점이 많으며, 행정기관과의 협력과 공동사업, 역할분담, 직무의 대행 등을 수행하므로 농협은 행정기관의 한 분야, 혹은 공기업으로 인식될 정도입니다. 그 때문에 농협의 운영과 회계에 있어서도 행정기관의 경우를 생각하므로 그러한 차이가 생소하게 느껴지는 것입니다.

그러나 행정기관과 농협은 역할과 기능이 비슷한 점이 있다고 하더라도 그 기본 법률과 구성원리, 사업원칙 등이 엄격히 다르고 회계의 경우에는 당연히 엄청난 차이가 있습니다.

행정기관의 회계는 관청회계라고 하여 단식기장법이고 조세에서 비롯된 세입금과 사업계획을 집행하고 실천하는 세출금으로 짜여 있지만, 농협은 조세와 세입이 없이 모든 비용을 사업수익으로 조달하여 그 수익금을 기반으로 집행하는 구조입니다. 또 경영체이므로 기업회계를 채택하여 복식기장을 하며 다양한 사업을 수행하므로 각 사업의 특색에 맞는 별도의 특별회계와 기장 방식을 사용하고 있습니다. 아울러 감독기관과 조세당국의 지도와 지시에 따라 기장 방법과 비용의 인정 범위가 달라지는 일도 있기 때문에 행정기관의 회계와 큰 차이가 있는 것입니다.

445 기업과 농협의 사업과 회계상 차이는?

Q 기업에서 회계 업무를 담당하던 전문가가 농협회계를 살펴보더니 기업회계와 농협회계가 너무나 다르다고 합니다. 왜 그런 차이가 있는 것입니까?

A 은행, 보험, 증권사에 근무하던 사람들이 농협의 재무제표와 결산서류를 받아 들면 크게 당황하여 농협회계가 너무 복잡하다거나 회계원리에 맞지 않는다거나 다른 점이 많다고 합니다.

그들은 농협을 금융기관의 하나로 생각하므로 농협회계에 대해 가볍게 여기다가 막상 농협회계의 중심에 서게 되면 당황하게 되는데, 먼저 계정과목의 숫자가 은행이나 보험의 5~6배에 이르고 특별회계가 여럿 있으며, 결산이나 배당이 전혀 다른 방식으로 이루어지기 때문입니다. 즉 농협에는 은행이나 보험회사의 계정과목은 모두 있으면서 그곳에서는 없던 구매사업, 판매사업, 교육지원사업, 가공사업, 이용사업 등이 있으며 그 많은 계정과목과 사업 부문별 별도 손익계산, 부문 간 수익정산 등을 경험해보지 않았으므로 이해하기 어렵기 때문입니다.

그리고 제조업이나 서비스업에 종사하였거나 기업에서 회계 업무나 세무문제를 전문으로 하던 사람도 농협회계에 대하여는 알지 못하는 것이 당연한 것입니다. 이는 농협이 그만큼 다양한 사업을 하고 있으며 각 사업 부문에 맞는 회계 방식을 채택하여 엄격하고 정확하게 손익계산을 하는 동시에 종합적인 사업계획과 수지계산도 하고 있기 때문입니다.

따라서 농협은 임원 선출을 할 때, 다른 금융회사나 기업에서 축적한 경험이 농협에 바로 적용되거나 크게 활용되기 어렵고 오히려 고정관념과 선입견으로 인하여 마찰과 갈등을 일으키는 요인으로 작용할 수 있다는 점을 감안하여야 하는 것입니다.

446 분식회계란?

Q 분식회계, 분식결산이라는 말이 가끔 튀어나옵니다. 이 말은 무슨 뜻이며 왜 농협회계에서 이런 말이 나오는 것입니까?

A 분식회계란 기본적으로 분식결산과 같은 뜻입니다. 기업은 경영 결과를 공표하여야 하는데, 재정 상태나 경영실적을 실제보다 좋게 보이게 할 목적으로 부당한 방법으로 자산이나 이익을 부풀려 계산하는 회계를 가리킵니다. 분식(粉飾)이란 얼굴에 분칠과 치장을 하여 흠은 감추고 더 아름답게 보이게 하는 것인데, 이를 기업의 회계나 결산에 사용하는 것입니다.

기업이 자산이나 이익을 실제보다 부풀려 재무제표상의 수치를 고의로 왜곡시키면, 주주와 채권자들의 판단도 왜곡되어 결국 그들에게 손해를 끼치게 됩니다. 그래서 분식회계는 법으로 금지되어 있지만, 기업가의 이익을 위해 악용되는 경우가 있고, 반대로 세금 부담이나 근로자에 대한 임금 인상을 피하기 위하여 실제보다 이익을 적게 계상하는 경우도 있는데, 이를 역분식회계(逆粉飾會計)라고 합니다.

분식회계의 수법은 창고에 쌓여 있는 재고의 가치를 장부에 과대하게 계상하는 것, 아직 팔리지 않은 상품을 팔린 것으로 조작하여 매출채권을 부풀리는 것, 매출채권의 대손충당금을 고의로 적게 잡아 이익을 부풀리는 수법 등이 있습니다.

경기 불황기에 이러한 분식회계 수법이 이용되는데, 한국에서는 1997년 외환위기 이후 기업들의 영업실적이 악화되면서 분식회계가 급증하였고, 대우그룹의 41조 원 분식회계 사실이 드러나 재무제표를 믿고 자금을 대출해준 금융기관과 투자자, 일반 국민이 엄청난 손해를 본 일이 대표적인 사례입니다.

그러나 농협의 경우에는 이러한 분식회계와 관련이 없습니다. 농협은 분식회계를 방지하기 위해 집행부와 별도로 감사를 선출하도록 하였고, 2년마다 외부감사인인 공인회계사에게 회계감사를 받도록 하고 있으며, 중앙회의 감사와 감시 시스템, 농림축산식품부의 감독, 금융위원회와 금융감독원의 감사, 국회의 국정감사 등의 감독 시스템이 가동되고 있기 때문입니다.

또 운영의 공개와 서류열람권, 운영평가자문회의, 사업계획과 수지예산서 심사, 결산심사 등 조합원과 대의원이 언제든 경영 관련 주요 사항을 열람 및 확인할 수 있고, 중요한 사항은 직접 결정하도록 하여 회계의 투명성이 어떤 기업이나 단체보다도 높기 때문입니다.

만약 농협회계를 두고 분식이나 투명성에 대한 의혹을 주장하는 사람이 있다면 회계에 대해 대단히 무지하거나 농협에 대해 심각한 악의를 가진 사람일 것입니다.

447 자본잠식, 잠식배당이란?

Q 자본잠식, 잠식배당이라는 말이 있습니다. 무슨 뜻인지, 우리 농협과 어떤 연관이 있는지 궁금합니다.

A 기업은 기업활동을 하여 이익을 남기는 것이 목적입니다. 그러나 모든 기업이 다 매년 이익을 남길 수는 없으므로 어떤 기업은 이익을 내지만, 어떤 기업은 이익을 내지 못하고 손실을 보기도 합니다. 또한 장기간의 기업활동에서 이익을 본 경우와 손해를 본 경우가 각각 나타날 수 있는 것이며, 한두 해의 크지 않은 손실 발생은 큰 문제가 되지는 않습니다.

그런데 기업의 손실 규모가 크거나 몇 해 동안 계속 손실만을 입게 되면 경영적자가 누적되어 잉여금이 마이너스가 되면서 결손 보전을 위해 적립금이나 준비금이 모두 사용되고 자본총계가 납입자본금보다 적은 상태에 이르게 될 때 이를 자본잠식이라고 합니다.

잠식(蠶食)이란 누에가 뽕잎을 갉아 먹는 것을 표현한 말로서 뽕잎에 해당하는 자기자본, 즉 자본총계(납입자본금+적립금, 잉여금)가 납입자본금보다 적은 상태를 자본잠식 상태라고 하고, 자본총계마저 마이

너스가 될 경우 완전자본잠식, 자본전액잠식이라고 합니다.

자본잠식은 곧 기업의 재무구조가 최악이라는 구체적인 증거임은 물론, 기업의 계속가능성에도 심각한 우려를 나타내는 것이므로 상장회사의 경우 자본잠식률이 50% 이상이면 관리종목으로 지정되며, 자본금이 전액 잠식되거나, 2년 연속 자본잠식률이 50% 이상일 때에는 상장이 폐지됩니다.

잠식배당이란, 경영성과가 배당을 할 이익을 남기지 못했으면서도 자산처분이나 재평가차익 등으로 어쩔 수 없이 배당을 하게 되는 경우를 가리킵니다. 기업이 자기의 자산을 잠식하여 배당하므로 제 꼬리를 잘라 먹는 것에 비유하여 제꼬리배당이라고도 합니다.

그러니 농협의 경우에는 이러한 용어와 아무 관련이 없습니다. 농협은 회계제도가 가장 투명하고 분명하게 되어 있으며, 중앙회와 농림축산식품부 등의 다양한 감사와 감독이 있기 때문에 자본잠식이나 잠식배당은 원천적으로 발생할 소지나 개연성이 없습니다.

만약 농협을 두고 자본잠식이나 잠식배당을 주장하는 사람이 있다면 이는 악의적인 허위주장이므로 즉시 명예훼손과 업무방해로 고발하고 조합원 제명, 손해배상청구를 하여야 합니다.

448 생산성이란 무엇인가?

Q 회의나 교육에서 생산성이라는 말이 자주 튀어나오고 그것을 두고 논쟁이 치열합니다. 생산성이란 무엇을 가리키는 것입니까?

Ⓐ 생산성이란 기업의 경영활동 과정에서 투입한 요소의 생산 효율을 나타내는 지표로서 노동생산성, 자본생산성, 원재료생산성 등이 있습니다.

가장 많이 사용되고 비교되는 것이 노동생산성인데, 이는 노동이 모든 생산에 공통되는 데다가 측정하기 쉽기 때문입니다.

노동생산성은 생산량과 그 생산량을 산출하기 위해 투입된 노동량의 비율(比率)로 표시되는데, 실제로는 단위노동시간당 생산량(생산량을 노동량으로 나눔)과 단위생산물당 소요노동량(노동량을 생산량으로 나눔)이 있는데, 일반적으로 노동생산성이라 하면 단위노동시간당 생산량을 가리킵니다.

그런데 노동생산성의 높고 낮음을 평가하는 경우에는 자본장비율(資本裝備率, 생산의 기계화 정도를 나타냄)이 큰 영향을 주므로 그 영향을 제거하고 생각해야 하는데, 자본장비율의 영향을 제거한 것을 순생산성(純生産性), 제거하지 않은 것을 조생산성(粗生産性)이라 합니다.

자본생산성은 생산가치를 소요자본으로 나눈 것이지만, 실제의 계산에서는 생산가치를 고정자본으로, 생산량을 기계대수로, 생산량을 기계운전시간으로 나누는 방법을 쓰게 됩니다.

노동생산성과 자본생산성의 양쪽에 대하여 생산액을 사용한 것을 가치적 생산성, 생산량을 사용한 것을 물량적 생산성이라고 합니다.

가치적 생산성 중에서 가장 중요한 것은 부가가치생산성인데, 그 크기는 매출 가격이나 원자재 가격과 같은 유통면의 요인에 의하여 크게 좌우됩니다.

이러한 생산성의 개념은 농협 경영에서만 필요한 것이 아니고 농장의 경영에 있어서도 매우 유용한 개념이 되는데, 실제로 자본의 투자를 결정하는 데 결정적인 역할을 하는 것입니다.

449 조합의 자금 차입경로가 한정되어 있다고?

Q 조합이 자금을 차입할 수 있는 대상이 한정되어 있다고 하고 만약 다른 곳에서 차입을 하면 무효가 된다는데, 맞습니까?

A 어떤 사업체든 자기자본만으로 목적하는 사업을 원활히 수행할 수는 없습니다.

농협도 마찬가지이므로 사업을 하기 위해서는 외부로부터 자금을 빌리지 않을 수 없기에 차입을 허용하고 있습니다. (법 제57조)

그런데 농협이 자금을 차입할 수 있는 차입선은 국가, 공공단체, 농협중앙회, 농협은행으로 명문화되어 있습니다. (법 제57조)

차입선은 법률로 정해져 있으므로 법률에 정한 차입선 이외의 사람이나 기관, 기업으로부터 자금을 차입할 수 없습니다. 그러므로 조합은 은행, 개인, 금융회사, 기업 등으로부터 차입을 할 수 없으며, 만약 차입을 하게 되면 그 차입이 무효가 됩니다. 당연무효인 행위를 유효한 것으로 믿고 자금을 제공한 차입선은 유효하다고 믿은 데에 과실이 있으므로 과실상계 대상이 된다는 판례가 있습니다.

차입선을 한정하여 규제하는 이유는, 차입금은 부채이므로 조합이 갚을 수 있는 범위 내에서, 또 새로운 사업에 대한 충분한 검토와 준비가 진행된 후에 적절한 규모, 유리한 조건, 원만한 상환 조건을 갖추어 주기 위한 것입니다. 그러나 청과회사로부터 지원된 출하선도금이나 농산물출하약정금, 출하선수금, 각종 계약금, 예탁금 등은 차입금이 아니므로 이러한 규제의 대상이 아닙니다.

450 조합 여유자금의 운용은 어떻게?

Q 최근 조합의 예탁금 잔액이 무척 많아져 조합의 여유자금이 무척 늘었을 텐데, 그 자금을 어떻게 운용하는지 궁금합니다.

A 조합은 자금의 여유가 생기면 우선 조합원에 대한 대출 지원을 해주고, 조합원의 대출 수요가 충족되면 일반 고객에게도 대출을 합니다.

대출 수요가 없을 경우 그 자금은 여유자금이 되는데, 여유자금은 중앙회 및 농협은행이나 정해진 금융기관에 예치하거나 국채·공채나 대통령령으로 정한 유가증권 매입 등으로 운용합니다. (법 제66조)

즉, 농협은 예탁금의 증가나 사업의 확대로 여유자금이 크게 늘었을 경우 조합에서 임의로 주식투자나 현물투기 등을 할 수 없습니다.

농협은 오직 법률에 정해진 운용처와 운용 방법으로만 운용할 수 있는데, 이는 변화무쌍하고 예측불가능한 자금시장에서 조합자금으로 도박성 투자나 투기, 위험을 무릅쓴 고수익 전략을 구사할 수 없기 때문입니다. 그래서 가장 확실하고 안정적이면서도 비교적 수익률이 높은 국채, 공채, 기타 우수한 기업의 회사채 등에 주로 투자하게 됩니다.

여유자금의 운용에 있어서 법률을 위반하여 자금을 운용한 경우에는 관계 임원과 간부직원이 형벌의 대상이 되고, 조합이 손해를 입을 경우에는 손해를 배상하여야 합니다. (법 제170조·제171조)

그러나 법률에 정한 투자처에 법률의 절차와 기준을 지켜서 운용을 하였는데 불의의 사태로 손해를 입게 되었을 경우에는 설령 그 손해가 거액이라고 하더라도 관련 임원이나 직원에게 책임을 물을 수 없습니다.

451 조합을 해산하여 자산을 분배하기로 총회가 결의하면?

Q 자산재평가차익을 배당할 수 없다면 아예 조합을 해산하여 1조 원이 넘는 조합 자산을 조합원에게 배당하여 청산해 버리고 농협을 다시 결성하면 된다는 주장이 있습니다.

A 선거에서 아주 효과적인 선동일 것입니다. 그러나 조합이 해산을 결의하여 해산할 경우 조합원에게 배당할 수 있는 지분은 조합 탈퇴의 경우와 마찬가지로 '출자금과 사업준비금'뿐입니다.

다른 잔여 자산이나 적립금은 모두 해산총회에서 지명한 인근 조합에 이관하여야 하고, 총회에서 조합원에게 분배하도록 결의하더라도 법률에 따라 주무부장관에게 귀속되어 장관이 이관할 조합을 지명하게 됩니다. (정관 제153조)

이는 농협의 설립 목적이 수익이나 배당을 목적으로 한 것이 아니라 농업 발전과 농업인의 권익 증진에 있는 것이고, 그러한 목표 달성을 위해 정부가 많은 지원과 혜택을 주어 왔으며, 앞으로도 농업과 농촌, 농민은 국가와 민족을 부양하고 산업 발전을 지원하며 외부의 충격을 흡수해주는 완충 역할을 지속해야 하는 임무가 남아 있기 때문입니다.

또 한편으로 농업·농촌·농협은 도시와 산업계에 레저 공간, 휴식처, 정서 순화와 힐링의 기회를 주는 등 농업의 본원적 역할을 수행하며, 이는 다른 주체에게 전가할 수 없는 고유하고도 독보적인 것입니다.

그래서 조합을 완전히 해산하여 자산을 분배하려고 하더라도 개별 조합원이 분배받는 지분은 조합 탈퇴의 경우와 마찬가지로 자신의 출자금과 사업준비금뿐이고, 남는 재산은 농업과 농촌을 지키는 다른 농업인의 몫으로 다른 조합에 돌려지도록 제도화되어 있는 것입니다.

더불어 과거에 조합을 해산한 경우가 몇 차례 있었는데, 그 사례마다 자산으로 차입금과 예수금 등 부채를 모두 상환하고 나면 남은 자산이 거의 없었습니다. 이는 조합의 총자산이 1조 원이 넘는다고 하지만 대부분 예수금과 차입금이 증가한 결과이기 때문이며, 조합원이 배당받을 만한 부분은 많지 않았고, 잔여 자산은 법에 따라 인근 조합에 이관되었습니다.

452 조합이 다른 법인에 출자도 할 수 있나요?

Q 조합이 다른 법인에 출자를 할 수 있습니까?

A 조합은 조합의 사업목적 달성과 사업 수행을 위하여 필요한 경우에는 다른 법인에 출자할 수 있습니다. (법 제57조)

다른 법인으로 출자를 허용하는 이유는 구매사업이나 판매사업 등의 사업을 함에 있어서 조합원의 이해관계가 큰 부문의 법인이나 사업체에 출자함으로써 조합원의 이익을 더 적극적으로 도모할 수 있기 때문입니다.

또 다른 이유는 다른 법인에 출자하여 경영에 참가하거나 경영지배권을 인수함으로써 전문경영인 확보, 전문인력과 업무 노하우 획득, 자금 조달의 용이화, 사업 규모 확대, 이윤의 증대 등의 효과를 기대하는 것입니다.

조합이 다른 법인에 출자하는 경우는 '조합의 사업 수행을 위하여 필요한 때'이므로 조합의 사업 수행과 무관한 경우에는 출자할 수 없습니다. 또 하나의 출자 대상에 한 조합만 출자할 수 있는 것이 아니라, 여러 조합이 함께 출자할 수도 있고, 중앙회까지 함께 출자할 수도 있습니다. 다른 법인에 대한 출자 한도는 '조합의 자기자본 범위 이내'이고 (법 제57조), 동일 법인에 대한 출자 가능 한도는 '자기자본의 20/100'을 초과할 수 없습니다.

출자하는 기업의 주식 지분을 얼마만큼이나 소유하여야 하는지에 대하여는 어떤 명문화된 기준이나 지침이 없습니다. 주식 보유 비율은 출자하는 기업의 경영 상태와 시장 내 지위, 출자하는 목적을 감안하여 정해야 하는데, 해당 기업에 대해 영향력을 행사할 수 있는 정도면 충분할 경우도 있고, 경영에 참여하여 발언권을 확실히 확보하여야 할 경우도 있으며, 주식 지분의 51% 이상을 확보하여 경영권을 장악하여야 할 경우도 있을 것입니다.

이 문제는 획일적으로 정할 수 있는 것이 아니라, 해당 기업의 지배구조와 업계의 특성, 관련되는 업체와 판로 관계 등 여러 가지 상황을 살피고 조합원의 이익과 조합사업의 성장 관계까지 감안하여 결정해야 할 것입니다.

453 농협에 우선출자 제도가 있다고요?

Q 농협은 조합원만 출자할 수 있고 조합원 자격도 법률로 정해져 있어 농업인이 아니면 농협에 가입도, 출자도 할 수 없는 것으로 알고 있습니다. 그런데 '농협 우선출자'라는 말을 들었습니다. 무슨 뜻입니까?

A 농협은 법률에 정한 자격을 갖춘 농업인만 가입할 수 있고, 출자도 그 조합원만 할 수 있습니다. 농업인이 아닌 사람이나 법인은 준조합원으로 가입하여 가입금을 납부하고 준조합원으로서의 권리와 혜택을 누릴 수 있습니다.

그런데 최근의 국내외 경제 정세가 급변하고 있고, 조합과 중앙회는 이러한 변화에 적응하면서 동시에 조합원이 요구하는 수준으로 사업을 추진하고 확대해야 하는데, 그러자면 막대한 자본이 소요됩니다. 하지만 농협에 출자할 수 있는 조합원들도 자금에 여유가 있는 것이 아니고, 그렇다고 준조합원에게 막대한 가입금을 부과할 수 있는 것도 아니어서, 조합원의 출자 확대만으로는 농협이 필요로 하는 자기자본을 충분히 조달하거나 보충할 수 없는 것이 현실입니다.

이에 2009년 농협법 개정 때 우선출자를 명문화하여 회원농협과 중앙회가 우선출자를 할 수 있도록 하였습니다. (법 제21조의 2·제147조)

우선출자란 조합원이 아닌 불특정 다수의 사람이나 법인이 우선출자 제도를 활용한 출자를 통해 농협 경영에 참여하여 구성원인 조합원보다 우선적으로 배당을 받을 수 있도록 한 것입니다. 출자자로서는 우선적으로 배당을 받는다는 의미가 있고, 농협으로서는 조합원이 아닌 외부인으로부터 출자를 받아 자기자본을 확충할 수 있다는 장점이 있습니다.

우선출자는 의결권과 선거권을 갖지 않으므로 농협의 경영 방침 결정이나 임원 선거에 참여할 수 없지만, 조합원보다 우선하여 배당을 받게 되고, 출자증권을 다른 사람에게 양도할 수도 있습니다.

다시 말하면, 우선출자 제도를 도입한 이유는 농업 분야는 자본 유입이 한정돼 있기에 기본적으로 자금 부족을 겪는 데다가 출자자를 농업인 조합원으로만 한정하는 경우 자기자본 확대가 어렵기 때문에, 농업 외부로부터도 자본을 도입함으로써 경영 안정과 사업 활성화를 도모하고, 특히 신규 사업 개척이나 사업량 확대 시 자금 수요에 적절히 부응하고자 하는 것입니다.

> **제21조의 2(우선출자)** 지역농협의 우선출자에 관하여는 제147조를 준용한다. 이 경우 "중앙회"는 "지역농협"으로 보고, 제147조 제2항 및 제4항 중 "제117조"는 "제21조"로 본다. 〈개정 2016. 12. 27.〉 [전문개정 2009. 6. 9.]
>
> **제147조(우선출자)** ① 중앙회는 자기자본의 확충을 통한 경영의 건전성을 도모하기 위하여 정관으로 정하는 바에 따라 잉여금 배당에서 우선적 지위를 가지는 우선출자를 발행할 수 있다.
> ② 제1항에 따른 우선출자 1좌의 금액은 제117조에 따른 출자 1좌의 금액과 같아야 하며, 우선출자의 총액은 자기자본의 2분의 1을 초과할 수 없다.

③ 우선출자에 대하여는 의결권과 선거권을 인정하지 아니한다.

④ 우선출자에 대한 배당은 제117조에 따른 출자에 대한 배당보다 우선하여 실시하되, 그 배당률은 정관으로 정하는 최저 배당률과 최고 배당률 사이에서 정기총회에서 정한다.

⑤ 제1항부터 제4항까지에서 규정한 사항 외에 우선출자증권의 발행, 우선출자자의 책임, 우선출자의 양도, 우선출자자 총회 및 우선출자에 관한 그 밖의 사항은 대통령령으로 정한다. 〈신설 2016. 12. 27.〉 [전문개정 2009. 6. 9.]

제10부

관리

454 농협에서 부동산을 구입할 때의 문제점

Q 농협은 업무용부동산을 구입하는 일이 무척 어렵습니다. 모든 업무와 절차를 투명하게 하여 단계적인 절차를 밟아야 하고 이사회와 대의원회를 거치다 보면 조합의 자금 사정, 사업의 긴박성 등이 고스란히 매도자에게 전해져 항상 아주 불리한 조건에서 구입을 하게 되고, 그 때문에 경영진은 엉뚱한 의심과 의혹의 대상이 되기도 합니다. 그러므로 '부동산의 시장적 특성'에 대한 검토와 개념 정립이 절실합니다.

A 농협에서 업무용부동산을 구입하고자 할 때, 공공기관이나 대기업 과는 전혀 다른 어려움이 있습니다.

공공기관은 법률에 따라 토지구획정리지구나 신도시에 공공시설 부지를 배정받고, 구입자금도 예산으로 조달하여 집행하므로 큰 어려움이 없습니다. 또 대기업은 막대한 자금을 동원하여 총수의 전략적 판단과 경영적 결단으로 다른 절차나 이견이 없이 바로 구입할 수 있습니다.

그렇지만 농협의 업무용부동산 구입은 공공기관 같은 배정이나 배려가 없이 일반 기업과 경쟁하여야 하고, 한정된 자본과 자금으로 가장 핵심적인 위치, 속칭 목 좋은 곳을 확보하여야 합니다. 동시에 농협은 부동산의 구입에서도 의사결정의 절차적 완결성과 투명성을 요구하고 있는데, 이는 부동산 사정의 속성과 배치되므로 어려움은 더욱 커집니다.

또한 부동산은 자연적 특성, 인문적 특성, 시장적 특성이 다른 재화나 상품과 전혀 다른 성격을 갖고 있는 관계로 업무용부동산의 마련은 다른 물품을 구매할 때와는 그 절차와 방법, 요령과 실무, 주의사항과 착안점 등이 전혀 다릅니다.

부동산과 부동산 시장의 이러한 특수한 성격은 부동산의 매매거래에 있어서도 언제나 특수한 형태의 판단과 행동을 요구하게 됩니다. 즉 수요자의 최적 부동산은 하나뿐이고, 수요자가 아무리 구입을 열망하고 노력하여도 매도자의 의사가 없으면 구입할 수 없으며, 거래 시기가 지나가 버리면 다시는 시장에 나타나지 않게 되는 것입니다.

특히 부동산의 위치, 형상, 용도, 입지, 소유권 등 권리관계, 이용제한 문제 등에서 한 가지라도 하자(瑕疵)나 문제가 있으면 안 되고, 사업목적에 부합하게 즉시 이용할 수 있는 것이라야 하는데 이러한 조건에 부합하는 부동산을 구하는 일은 대단히 어렵습니다.

또 적합한 부동산 매물이 있을 때, 구입예산의 마련, 총회 의결 등 매입자 측 조건과 절차를 필요로 하는 일이 있을 경우에 그 절차를 이행하다가 해당 부동산을 잃어버리게 되면 절차의 이행이 아무런 의미가 없게 되므로 경영적 판단, 혹은 전략적 결단이 절실한 과제로 대두되는 것입니다.

이러한 상황에서 '선 계약, 후 내부 절차 이천(履踐)'인가, '선 내부 절차 이천 후 계약'인가라는 선택의 문제가 됩니다.

모든 상품은 매수희망자(願買者, 원매자)가 많으면 그만큼 공급을 늘려서 원매자를 모두 다 골고루 만족시키고 매도자는 그만큼 성공적인 판매를 할 수 있으나, 토지는 같은 상품을 2회 이상 판매할 수 없고, 똑같은 상품을 출하할 수 없기 때문에 토지는 토지만이 갖는 독특한 거래 방식과 가격형성 시스템이 있으며, 종전의 유사한 거래가격이나 인근의 시세가 절대적 지표가 되지 못하고 참고가 될 뿐이며, 공개경쟁입찰의 경우에는 언제나 시세나 기준가격보다 높은 가격에 매입하게 되는 것이 일반적입니다.

토지의 고가 낙찰을 비판하는 사람은 지금은 고가의 낙찰을 비판하고 있지만, 만약 고가입찰을 하지 못한 결과 결국 업무용부동산을 취득하지 못하였다면 집행부를 무능과 직무태만, 직무유기로 공격할 것입니다.

비판자들의 이러한 주장이 성립하려면 토지의 공개경쟁입찰에서 최고가로 낙찰받은 사람은 모두 다 수사 대상이 되어야 한다는 뜻이 되는데, 실제로 서울시 강남구 소재 한국전력 본사 부지의 공매에서 현대자동차가 삼성보다도 3조 원이나 더 높은 11조 원에 낙찰받았지만, 누구도 배임죄를 거론하지 않음은 물론, '경영상의 영단' '대 결단'이라며 칭송하고 있습니다.

모든 의혹과 주장은 합리적인 의심에서 출발하여 논리적인 추정에 확실한 증거가 뒷받침되어야 성립하는 것이며, 증거가 없는 막연한 의혹 주장은 유능한 경영자를 향한 막연한 질시(嫉視)의 표현이자 모함에 불과한 것입니다.

455 업무용부동산의 취득 절차는?

Q 업무용부동산의 취득을 두고 매번 말이 많습니다. 확실한 원칙은 무엇입니까?

Ａ농협에서 업무용부동산을 취득(매입)하고자 할 때 농협 내부에서도 찬반의견이 다양하지만, 매입 과정에서도 다른 기관이나 기업에 비해 어려움이 무척 많습니다.

그리고 부동산은 다른 상품과 달리 시장에서 수요와 공급이 일정하지 않고 가격 역시 일정하지 않으며 필요한 위치에 필요한 면적을 원하는 시기에 구입할 방법이 없습니다. 또 농협이 구입할 의사를 표명하면 곧 가격이 오르거나 구입 조건이 까다로워지게 됩니다. 이뿐만 아니라 업무용부동산을 취득하기로 하는 내용을 이사회나 대의원회에서 심의하거나 의결할 경우 곧 그 내용이 부동산 소유자에게 알려져 가격이 인상되기도 합니다.

그러므로 업무용부동산을 매입하여 어떤 사업을 하기로 사업계획에 반영하였거나 대의원회 승인을 받았거나, 세부 사항에 대한 이사회의 원칙적인 동의가 있었을 경우에는 이사나 감사, 대의원들이 부동산 취득에 관한 권한과 책임 일체를 조합장에게 일임하여 추진하도록 하는 것이 합리적입니다.

그리고 이사회나 대의원회의 의결이나 승인을 전제로 할 것이 아니라, '선취득 후승인'의 유연한 절차와 방법을 인정해 주어 매입 협상에서 조합장이 재량을 발휘할 수 있도록 해 주어야 합니다. 부동산은 매입 관련 정보를 여러 사람이 알거나 간여하는 사람이 많을수록 매입자가 불리해지는 것이 시장의 속성이기 때문입니다.

456 괴문서, 유인물의 문제는?

Q 조합과 집행부, 임직원을 비난하는 괴문서, 유인물이 나돌고 있습니다. 이런 사태에 대해 집행부나 임직원은 어떻게 대응해야 합니까?

A 농협과 집행부, 임직원을 비난하는 유인물이나 문서, 편지, 문자메시지, 동영상 등은 모두 작게는 농협 집행부나 일부 임직원의 개인적인 명성을 해치는 일이지만, 크게는 농협의 이미지를 실추시키고 그 내용이나 유포 범위에 따라서는 농협의 대외신인도, 즉 공신력을 실추시킬 수 있고, 나아가 사업 추진에 심각한 영향을 미칠 수 있습니다. 또 조합원들에게 농협과 집행부에 대한 신뢰와 기대를 잃게 하며 조합을 중심으로 한 조합원의 단결력과 결속을 해쳐 농협의 조직기반을 해치게 됩니다.

아울러 이를 알게 된 고객과 지역 주민들은 농협이 수십 년간 쌓아 온 농협에 대한 좋았던 이미지가 사라지고 농협에 대한 불안과 불신이 높아져 직접적인 사업 침체, 사업성장 지체가 발생하게 됩니다. 그리고 농협과 경쟁관계에 있는 수많은 기업, 단체, 업체들은 이를 이용하여 농협의 사업기반을 잠식(蠶食)하게 될 것입니다. 바로 이러한 점이 농협 관련 유인물이나 각종 선전활동의 폐해이고 피해입니다.

그리고 모든 조합원은 조합의 경영에 대한 의사표현을 할 경우 조합 운영의 공개 기회나 내부 조직장을 통한 의견 전달, 조합 집행부에 대한 건의나 제안을 할 수 있고, 총회나 대의원회 이사회를 통해 자신의 의사를 표출할 수 있는 것이며, 어떤 경우라도 조합의 신용이나 명성을 해치거나 조합사업에 장해가 되는 일을 하여서는 안 되는 것이고, 법에 정한 절차나 방법으로 농협의 문제점을 파악하였다고 하더라도 그 내용을 조합 경영의 건전화, 부조리 방지 등 정당한 목적을 위하여 사용하여야 하고 임원 선거를 위한 상대방 비방, 경영기밀 누설, 조합과 경합관계에 있는 사업을 수행하기 위한 목적 등 부당한 목적을 위하여 사용하여서는 안 된다는 내용이 정관에 명시되어 있습니다.

만약 조합원이 이러한 행동을 하였을 경우에는 조합원 제명 사유가 되는 것이고, 조합원이 아닌 경우에는 제명 대상이 아니지만 모두 명예훼손죄, 업무방해죄로 처벌 대상이 됩니다.

참고로 허위의 사실로 조합이나 특정인을 공격하는 일은 당연히 명예훼손죄이지만, 진실한 사실이라고 하더라도 그것을 공연히 적시하여 퍼뜨리면 역시 명예훼손죄에 해당합니다. 따라서 이러한 사태가 발생할 경우 농협은 즉시 해당 인사에게 공식적으로 행위의 중단을 요구하고 조합원인 경우에는 조합원 제명 절차를 밟도록 하며, 조합원인 경우와 비조합원인 경우 모두 다 형사고소 및 고발과 손해배상청구 절차에 들어가야 할 것입니다.

457 가짜 뉴스와 악성 댓글, 문제와 대책이 무엇입니까?

Q 우리 농협과 농협 임원에 대한 가짜 뉴스, 허위 소문이 인터넷 등에 떠돌고 악성 댓글도 많이 따라붙어 고민입니다. 이런 사태에 대한 해결 방안은 무엇입니까?

A 가짜 뉴스란 뉴스 형태로 된 거짓 정보를 가리키는데, 전체가 가짜인 경우도 있지만 진실한 내용에 사실이 아닌 일부 정보를 덧붙여 만든 것도 가짜 뉴스에 해당합니다.

특정인이나 특정 세력이 경제적·정치적 이익을 위해 정보를 조작해 대중에게 가짜 뉴스를 유포하는 경우가 많으며, 미디어와 인터넷의 발달로 정보 접근성이 높아지면서 그 양도 급격히 증가하고 있습니다. 특히 SNS를 매개로 한 가짜 뉴스는 파급력이 커 실제 현실에 영향을 줄 수 있다는 점에서 사회문제로 대두하고 있습니다. 2016년 미국 대선에서는 SNS를 통해 전파된 가짜 뉴스가 실제 선거에 중대한 영향을 미쳤다는 분석이 이어지기도 했습니다. 가짜 뉴스를 만드는 목적은 매우 다양하며, 농협의 경우에는 농협과 경쟁관계인 사업자가 농협의 조직과 사업을 공격하여 사업 침체를 통한 반사이익을 노리고 꾸미는 경우, 조합장 선거를 의식하여 현 집행부를 흠집 내려는 경우, 개인적인 원한을 농협이라는 조직에 투영하여 풀어보려는 경우 등 다양한 동기와 목적이 있습니다. 그리고 이러한 가짜 뉴스가 인터넷에 유통될 때 여기에 악성 댓글을 달아 가짜 뉴스의 신뢰도와 영향력, 파괴력을 더 높이는 공작을 하기도 하므로 그 피해는 더욱 커지게 됩니다.

따라서 가짜 뉴스의 피해자인 농협, 농협 임직원, 특정 개인은 적절하게 대응하여 가짜 뉴스의 확산이나 재생산을 차단하고, 행위자를 색출·처벌해 그 발생을 원천적으로 차단하는 것이 중요합니다.

가짜 뉴스에 대한 대응은 개인이나 조합 차원에서는 한계가 있으므로 수사기관에 고소·고발하여 법적 절차와 법률적 처분을 받도록 하는 것이 중요하고 또 효과적입니다. 그런데 농협이나 개인은 법적 절차에 집중할 만한 인력이나 여유가 없으므로 경험이 많은 법률가나 전문가에게 위임하여 처리하게 하는 것이 능률적이고 효과적입니다.

보통 농협의 고문변호사나 농협법 전문가에게 의뢰하면 문제가 된 가짜 뉴스와 악성 댓글에 대한 수사기관 고소·고발과 조사, 사후 조치, 손해배상청구소송 등을 일관 작업으로 처리해주므로 간편할 뿐 아니라 조합과 임직원이 가짜 뉴스와 악성 댓글 생산자 및 관련자를 만나 시비를 따지고 협상하며 화해하는 번거롭고 피곤한 절차를 모두 대행해주므로 더욱 편리합니다.

458 허위사실 공표에 대한 처벌은?

Q 조합의 사업이나 임직원에 대한 허위사실을 공표하는 임원, 대의원에 대하여 어떤 조치를 할 수 있습니까?

A 농협의 임원이나 대의원이 농협의 사업이나 임직원에 대하여 허위 사실을 주장하거나 공표하는 일은 대단히 잘못된 일이고 농협의 조직과 사업에 심각한 악영향을 끼치는 일입니다. 진실과 다른 허위사실을 퍼뜨릴 때 농협의 사업은 대단히 어려워지고 농협의 대외신인도와 사업경쟁력은 치명적인 피해를 입게 되는 것이며, 이를 방치할 경우 농협에 대한 조합원의 참여의식과 단결이 해이해져 농협 조직의 근간까지도 흐트러지게 되는 것입니다.

따라서 허위사실을 퍼뜨리는 사람에 대하여 먼저 그 행위를 한 사실을 확인하고 증거를 수집하는 일이 중요합니다.

유인물이나 문자메시지라면 그것을 확보하면 되고, 말로써 주장한다면 그 주장을 들은 임원이나 대의원의 증언을 청취하거나 녹취하여 증거를 확보할 수 있습니다. 그리고 당사자에게 허위사실을 주장하는 이유나 동기, 주장한 내용 등에 대하여 확인하고 그 사실을 문서나 녹음, 녹취로 확보하도록 합니다.

그 다음은 허위사실 주장행위에 대하여 공식적인 사과와 재발 방지 약속을 하도록 하고, 불응하면 즉시 수사기관에 고소·고발하여 형사 처벌을 추진하는 동시에 임원, 대의원 해임과 조합원 제명을 추진하여야 합니다. 허위사실 공표행위가 선거와 관련되었다면 즉시 선거관리위원회를 통해 수사기관에 고발토록 하여야 하고, 다른 이유 때문이라면 농협과 관련 임직원이 직접 수사기관에 고소·고발하여야 합니다.

그런데 이러한 일도 경험이나 전례가 없어서 쉽지 않고, 또 인력 소요가 우려된다면 즉각 농협법 전문가나 고문변호사에게 형사 절차의 대행을 요청하는 것이 좋습니다.

변호사에게 고소·고발을 대행하도록 하면 농협이 직접 수행하는 것보다 훨씬 일이 쉽고, 고소장·고발장의 내용도 충실해지며, 행위자와의 인간관계나 연고 문제로 고민할 필요가 없고, 업무가 아주 냉정하고 사무적으로 진행되므로 새롭게 감정을 상할 위험도 없습니다.

또 후일 당사자의 사과나 화해 등의 단계에서도 고소·고발에 따른 감정의 앙금이나 여운이 있을 이유가 없으므로 수습도 훨씬 쉬워집니다.

그리고 형사사건의 대행에 있어서 변호사 비용은 부담이 크지 않으면서 효과는 매우 큰 것이므로 이를 꺼리거나 회피할 이유가 없습니다.

허위사실의 공표에 따르는 범죄 혐의는 대부분 명예훼손, 업무방해, 모욕, 선거법 위반, 농협법 위반 등입니다.

459 농협을 공격하여 거액 손해발생 시 손해배상은?

Q 조합을 마구 비판하고 비난하여 조합의 신용이 실추될 지경입니다. 또 중요한 계약이나 사업 추진에까지 지장이 발생하고 있습니다. 이러한 손해에 대한 대책은 무엇입니까?

A 그러한 상황이 발생하게 되면 농협은 막대한 피해를 입게 됩니다. 농협이 피해를 입게 된다면 당연히 상대방에게 손해배상을 청구하고 또 업무방해죄의 책임에 대하여 고소하여야 합니다. 그리고 실제로 농협에 대한 공격행위와 계약 무산 또는 사업 추진 장해가 연관이 있거나 인과관계가 있다면 공격한 사람은 형사상 처벌 대상이 되고 민사상 손해배상책임이 발생합니다.

그러므로 공격행위의 다양한 양태와 파급 효과에 대해, 후일의 처벌과 손해배상청구를 위해 부당행위와 실제 손해로 이어진 사례에 대한 증거와 자료를 수집하는 일이 중요합니다.

증거로는 공격한 사람의 언행 녹음, 문자메시지, 유인물, 인터넷 유포사항 등과 농협의 계약 무산 사례, 계약상대방의 계약 취소나 거절사유, 사업 추진 무산 원인 등에 대한 자료가 될 것이며, 이러한 사태에 대해 사건별로 일자나 시간대별 일지 형식으로 정리해 두는 지혜가 필요합니다.

이때 손해가 추상적이기 때문에 피해금액을 산정하지 못하여 지금까지는 이러한 무형적 손해, 추상적인 피해에 대한 손해배상청구를 하기 어려웠으나 최근 무형자산이나 추상적 피해에 대한 감정평가 기법이 개발되었으므로 전문가에게 의뢰하여 피해금액을 산출, 법원에 손해배상청구소송을 제기할 수 있게 되었습니다.

460 농협과 임직원을 공격하다가 형사처벌 될 수 있는가?

Q 농협과 임직원을 함부로 공격하는 사람이 있습니다. 그렇게 공격하다가 처벌되는 경우도 있습니까?

A 농협과 농협 임직원을 함부로 공격하다가 형사처벌 된 사례가 여럿 있습니다.

가장 많은 것이 명예훼손죄인데, 명예훼손죄는 공연히 구체적인 사실이나 허위 사실을 적시(摘示)하여 사람의 명예를 훼손함으로써 성립하는 범죄(형법 제307조)입니다.

공격의 내용이 진실한 사실을 적시한 경우로만 되어 있더라도 2년 이하의 징역이나 금고 또는 500만 원 이하의 벌금, 허위의 사실을 적시하여 공격한 경우에는 처벌이 가중되어 5년 이하의 징역이나 10년 이하의 자격 정지 또는 1000만 원 이하의 벌금에 처하도록 합니다.

그런데 이 범죄는 피해자가 명시한 의사에 반하여 논할 수 없는 반의사불론죄(反意思不論罪)이므로 반드시 농협이나 피해를 당한 임직원의 고소가 있어야 합니다. 다만, 사실을 적시한 경우에 그 사실이 진실한 사실로서 오로지 공공의 이익에 관한 때에는 처벌하지 아니한다

(제310·312조)고 하는데, 농협은 공공기관이 아니므로 해당하지 않습니다.

명예라는 것은 외부적 명예, 즉 사람의 인격에 대한 사회적 평가를 말하며, 명예의 주체에는 자연인·법인뿐만 아니라, 단체나 법인도 포함되므로 농협도 명예훼손죄의 피해당사자가 됩니다.

'공연히'라 함은 불특정 또는 다수인이 인식할 수 있는 상태를 가리키며, 훼손이라 함은 반드시 현실로 명예를 침해함을 요하지 아니하고, 사회적 평가를 저하시킬 위험 상태를 발생시키는 정도로서 충분하다는 것이 통설이자 판례입니다.

출판물에 의한 명예훼손죄는 비방할 목적으로 신문·잡지 또는 라디오, 기타 출판물에 의하여 명예를 훼손함으로써 성립하는데, 진실한 사실을 적시한 경우에는 3년 이하의 징역이나 금고 또는 700만 원 이하의 벌금, 허위의 사실을 적시한 경우에는 7년 이하의 징역이나 10년 이하의 자격 정지 또는 1500만 원 이하의 벌금에 처하게 됩니다.

그리고 농협과 주요 임직원에 대한 비방이나 공격은 필연적으로 농협사업에 대한 방해나 장해를 가져오게 되어 업무방해죄가 성립하게 됩니다.

업무방해죄는 허위 사실을 유포하거나 위계(僞計) 또는 위력(威力)으로써 사람의 업무를 방해하는 범죄(형법 제314조)를 가리키며, 5년 이하의 징역 또는 1500만 원 이하의 벌금에 처하도록 되어 있습니다.

업무라 함은 사람이 그 사회적 지위에서 계속적으로 종사하는 사무 또는 사업을 모두 가리키는데, 농·공·상업 등 경제적인 것뿐만 아니라 정신적인 사무도 포함되며, 보수의 유무나 영리 목적의 유무도 불문하며, 업무의 주체는 자연인·법인은 물론 법인이 아닌 단체도 포함됩니다.

Q 내부 고객, 외부 고객, 1차 고객, 2차 고객, 3차 고객이라는 말이 있는데, 구체적인 의미와 이를 구별하는 이유는 무엇입니까?

A 농협의 사업을 이용하는 사람이나 법인은 모두 고객입니다. 고객 중에서 농협 조직 안에 있으면서 사업을 수행하거나 이용하는 사람, 즉 외부 고객을 응대하고 서비스를 제공하는 사람을 '내부 고객'이라고 하고, 이 내부 고객의 서비스 대상을 '외부 고객'이라고 합니다.

내부 고객은 임직원과 조합원인데, 이들이 자신이 속한 농협에 대해 자긍심을 가지고 농협의 처우와 배려, 서비스에 만족할 때 직원들은 사기가 오르며 외부 고객의 만족을 위해 한층 더 노력하게 됩니다.

임직원과 조합원이 농협 조직과 사업에 대해 충분히 만족하고 행복해할 때 그 조직과 사업이 경쟁력과 설득력을 갖게 되며, 외부 고객은 이러한 내부 고객의 진심을 느낄 때 비로소 농협의 충성 고객으로 변화하는 것입니다.

이렇게 외부 고객을 더 많이, 또 농협을 전이용하는 충성도 높은 고객으로 변환시킬 때 농협의 사업량과 업적이 높아지고 농협 경영이 더욱 성장과 발전 추세로 나아가게 되는 것입니다. 그래서 고객만족경영을 설명할 때 내부 고객과 외부 고객으로 구분하여, 만족한 내부 고객이 그 만족감과 행복감을 외부 고객에게 전파하는 구조임을 이해시키는 것입니다.

또 농협의 사업을 가장 잘 이해하고 사업과 한 몸인 사람, 즉 임직원이 '1차 고객', 임직원의 1차적 서비스 대상인 조합원과 준조합원이 '2차 고객', 조합원이 섭외하고 유인하여 농협의 사업을 이용하게 된 외부인이 '3차 고객'이 됩니다.

이러한 분류는 그 자체가 중요한 의미를 가지는 것이 아니라, 이를 통해 고객과의 접점과 봉사 주체를 확실히 하고 각 주체의 의미와 책무를 이해하며 고객만족을 실현시켜 궁극적으로 농협의 성장·발전으로 이어지게 하는 데 있습니다.

462 농협사업에 대한 비판과 비난이 정말 나쁜 일인가?

Q 저는 농협의 건전한 발전과 성장을 위해 농협의 잘못된 점을 비판하고 또 시정을 촉진하기 위해 비판 내용을 인터넷과 유튜브 등을 통해 전파하고 있습니다. 그리고 엄격하게 진실을 확인하여 확인된 사실만을 알려주고 있습니다. 이런 경우에는 문제가 없겠지요?

A 농협의 잘못을 비판하여 바로잡고 건전한 발전을 촉진하기 위한 의견의 표현은 언제나 환영할 만한 일이고 바람직한 일입니다.

그러나 그러한 의견이나 견해를 농협 집행부에 전달하여 시정 보완하도록 하였다면 칭송할 만한 일이겠지만, 인터넷과 유튜브 등을 통해 다수의 사람들에게 전파하는 일은 크게 잘못된 일입니다. 농협의 문제점을 접수하였거나 알게 된 사람들이 농협의 경영 책임자가 아니고 농협의 조합원이거나 이용자일 경우, 또는 앞으로 농협을 이용할 수 있는 예비 고객일 경우 그들에게 농협의 문제를 알린 것은 농협이 시정하거나 개선하는 일과는 아무런 관련이 없고 오히려 농협에 대한 나쁜 이미지, 왜곡된 선입견을 갖게 할 뿐이기 때문입니다.

정말로 농협의 건전한 발전을 위한다면 농협의 문제점과 잘못된 점을 잘 정리하고 대안이나 개선 방안을 제시하여 그것을 조용히 조합장이나 농협 이사회에 제출하여 경영에 반영하도록 하여야 합니다.

그리고 알리는 내용이 엄격하게 확인·검증된 진실만을 전한다고 하더라도 그 행위는 곧 명예훼손죄를 구성하는 일이고 또 업무방해죄에도 해당합니다. 즉 이러한 행위는 모두 위법한 행위이고 형사처벌 대상이므로 즉시 중단하여야 하고, 그동안 올린 글에 대하여 정중한 사과문과 해명의 글을 올린 후 비방글은 삭제하고 해당 농협을 방문하여 진실한 사과를 하는 것이 최선의 방책입니다.

이미 잘못한 일을 되돌릴 수는 없지만, 지금부터 잘못을 사과하고 처벌이라도 가볍게 하는 것이 현명한 일이며, 만약 이를 소홀히 할 경우 농협으로부터 형사고소와 손해배상청구를 당할 수 있습니다.

명예훼손죄는 내용이 진실한 사실을 적시한 경우로만 되어 있더라도 2년 이하의 징역이나 금고 또는 500만 원 이하의 벌금이고, 업무방해죄는 5년 이하의 징역 또는 1500만 원 이하의 벌금이며, 이러한 행위로 인한 손해배상청구가 있게 되면 그 규모는 보통 5억~10억 원에 이르게 됩니다.

463 감사보고서나 건물 설계도를 제공해 달라고 하는데…

Q 일부 조합원과 대의원이 조합의 자체감사보고서, 중앙회의 감사결과 통보서, 조합의 건물 설계도 등의 교부를 요구합니다. '조합원의 알 권리'에 따른 서류열람권과 「공공기관의 정보공개에 관한 법률」에 따른 요구라고 하는데, 이런 자료도 제공해야 합니까?

A 현 조합장의 반대세력, 또는 농협에 대한 적대적인 생각을 가진 사람들이 주로 요구하는 자료입니다. 자체감사보고서와 중앙회의 감사결과통보서에는 조합의 가장 부진한 부문, 경영상의 문제점, 취약점 등이 잘 드러나 있으므로 이를 취득해 사용하려는 것입니다. 또 조합의 건물 설계도는 이를 분석해 건축비를 역으로 계산함으로써 건축 관련 비리 의혹을 제기하고자 하는 것입니다.

그러나 농협법에 따른 서류열람권 및 사본교부권은 그 대상이 법률로 정해 있는데, '감사 관련 서류'나 '건물 설계도'는 이에 해당하지 않습니다. 또 「공공기관의 정보공개에 관한 법률」에 따르더라도 '건물 설계도'는 조합의 안전과 보안에 직접 연관되므로 공개할 수 없는 서류이고(동법 제9조 제1항 3호), '감사 관련 자료' 역시 법률에 따라 공개 대상이 아닙니다. (동법 제9조 제1항 5호)

부연하면 외국의 은행털이 범죄자들이 가장 먼저 찾는 것이 목표 은행의 건물 설계도로서, 설계도에 나타난 정보를 이용해 벽을 뚫거나 땅굴을 파고 보안장치의 회로를 차단할 것이므로 어떤 경우에도 제공하지 않는 것은 당연한 상식입니다.

'감사와 감독에 관한 사항' 역시 공개되는 즉시 해당 조합에는 치명적인 손해가, 경업관계에 있는 경쟁자에게는 중요한 경영 정보가 되는 것이므로 어떤 이유나 명분으로도 공개되거나 제공될 수 없습니다.

참고로, 농협의 자체 감사가 재임 중에 감사보고서를 대의원들에게 교부했다가 후일 조합장 선거에서 선거법 위반으로 벌금 300만 원의 형을 받은 사실이 있습니다.

464 위법성 조각 사유란?

Q 이사회의 발언과 이사의 행동을 두고 '위법성 조각 사유'라는 말이 나왔는데, 그 말뜻을 알지 못해 모두가 당황했습니다.

A 위법성 조각 사유(違法性阻却事由)란 위법성을 배제시키는 요건을 가리킵니다.

위법성은 범죄의 성립 요건 중 하나로서, 어떠한 행위가 법규에 반해 허용되지 않는다는 성질을 의미합니다.

우리나라 형법은 위법성에 관해 적극적인 규정을 두지 않고 위법성이 조각되는 사유만을 두고 있는데, 어떤 행위가 범죄의 구성 요건에 해당하지만 위법성을 배제함으로써 적법하게 되는 사유를 위법성 조각 사유라고 합니다.

이 사유에는 정당행위(형법 제20조), 정당방위(제21조), 긴급피난(제22조), 자구행위(제23조), 피해자의 승낙에 의한 행위(제24조), 명예훼손의 행위가 진실한 사실로서 오로지 공공의 이익에 관한 때(제310조) 등이 있습니다.

이사의 행동을 두고 위법성 조각 사유에 해당한다는 말이 있었다면 그것은 '해당 이사의 언행이 분명히 위법한 것인데, 그 이유나 동기를 볼 때 위법성이 배제되어 처벌 사유는 되지 않는 경우에 해당한다'는 뜻입니다.

465 재판 비용의 부담을 판단하는 기준은?

Q 농협의 업무 수행 과정에서 임직원이 재판에 관계되는 경우가 자주 발생하는데, 그 과정에서 변호사 비용 등 재판 비용의 처리를 두고 언제나 말이 많습니다. 재판 비용의 부담문제를 판단하는 기준은 무엇입니까?

A 농협이 사업을 추진하면 소송은 피할 수 없는 과정이 된다는 점을 이해하여야 합니다. 사업이란 농협이 혼자서 하는 일이 아니고 다수의 고객을 상대방으로 하여 어떤 결과를 생산하는 것이며, 그 과정에서 의견이 언제나 맞을 수 없고 이해관계가 반드시 일치하는 것이 아니며, 갈등과 대립의 해소 역시 대화와 타협으로 모두 다 해결할 수 있는 것이 아니기 때문입니다.

그러므로 소송이 발생하는 일 자체는 큰 문제라고 하기 어렵고, 소송이 일어나게 된 원인과 과정을 잘 살펴야 책임 소재를 알 수 있으며, 경우에 따라서는 소송 결과 판결이 있어야 그 책임을 알게 되는 일도 있습니다.

또한 소송은 우리 농협에서 거래 상대방에게 청구하는 경우도 있지만, 상대방이 농협을 상대로 청구를 하는 경우도 있으며, 농협과 직접 관련이 없는 제3자가 농협을 상대로 청구하는 경우도 있습니다. 그리고 소송이 벌어지면 일단 충실하게 대응하여 승소하는 데 최선의 노력을 경주하고 전체 농협 조직은 소송에 집중하여 최선의 결과를 얻을 수 있도록 협력하여야 합니다.

소송에는 반드시 비용이 발생하는데, 우리가 소송을 제기할 경우에는 직접비로서 인지대, 송달료, 감정료, 변호사 보수와 간접비로서 서류작성비, 자료조사 및 확보 비용이 있는데, 상대방이 소송을 제기하였을 경우에도 재판 비용을 패소자 부담 조건으로 청구하게 되므로 결국 소송 비용의 부담이 문제가 되는 것입니다.

소송을 제기하였든 소송을 당했든 소송 비용의 부담은 농협의 사업이나 업무와 관련한 것이라면 소송의 승패 여부와 관계없이 당연히 농협에서 부담하여야 합니다.

그런데 농협 임직원 개인을 대상으로 하는 소송의 경우에는 획일적으로 판단하는 것이 아니라 사건의 원인과 배경, 경과 등을 살펴서 농협의 업무와 관련된다면 역시 농협이 부담하는 것이 옳습니다. 단, 임직원 개인의 사적인 문제이고 농협의 사업이나 업무와 관련이 전혀 없는 것이라면 그 소송의 비용은 해당 임직원 개인이 부담하는 것이 옳을 것입니다.

그렇지만 농협의 임직원 개인을 대상으로 하는 소송이라고 하더라도 사인(私人)인 개인을 상대로 하는 것이 아니라 임원 아무개, 혹은 직원 아무개 등 농협 소속이나 직함을 전제로 하거나 소송의 내용이 농협의 사업 추진과 업무 수행에 관련되는 것이라면 농협에서 부담하는 것이 옳을 것입니다.

466 재판을 포기하는 판단의 기준은?

Q 고객이나 조합원으로부터 재판이 걸려올 때가 있는데, 그때 사건마다 적극적으로 응소하여 다투어야 할 경우가 있는가 하면 포기하여야 하는 경우도 있습니다. 그런데 그러한 판단을 하는 기준이나 절차가 있으면 좋겠습니다.

A 재판은 일단 이기는 것이 유리합니다. 그러나 명백히 농협의 과오가 있기 때문에 발생한 재판이라든가, 갈등이 있는데 법원의 판결이 있어야만 수습 종결이 될 수 있는 사건, 항소나 상고 등 소송을 계속하여야 할 이유나 의미가 없는 사건은 소송을 포기하고 상대의 청구를 모두 수용하는 것이 합당할 수도 있습니다.

그런데 소송을 계속할 것인지 포기할 것인지의 판단을 누가 할 수 있으며, 어떤 기준으로 판단하여야 하는지에 대한 기준이나 근거가 없습니다. 이러한 경우에는 감독기관인 농협중앙회나 농림축산식품부에 자문을 요청하여 자문의견을 받아 이사회의 의결로 소송을 포기할 수 있을 것입니다.

그러나 감독기관의 자문의견이 없거나 명확하지 않을 경우에는 농협 고문변호사의 판단의견을 받아서 역시 이사회 의결을 받아 처리하는 것이 합리적일 것입니다. 이사회에서 쉽게 의견을 정리할 수 없을 경우에는 고문변호사나 법률 전문가를 초청하여 해당 안건에 대한 설명이나 청문 등을 통해 이사회에 충분하고 적절한 정보와 판단 자료를 제공해 주도록 할 수 있을 것입니다.

467 농협 사무소 앞에서 차량파손 배상청구

Q 우리 지점과 이웃 점포의 토지 경계에 시청에서 설치한 도로 연석선이 있습니다. 이웃 점포 고객께서 차량을 주차하던 중 연석선에 타이어가 파손되어 변상을 요구하고 있는데 변상해야 하는지, 변상하지 않아야 하는지, 혹은 어떻게 답변해야 하는지 알 수 없어서 법률자문을 요청합니다.

A 대부분의 도로에는 인도와 차도를 구분하거나 도로와 사유지를 구분하는 연석선이 있습니다. 그리고 연석선은 대부분 내구성이 강한 화강암으로 제작하는 경우가 많습니다.

그런데 그 도로 연석선에 타이어가 파손되었을 경우, 연석선이 규정과 다르게 설치되었거나 연석선이 파괴되어 날카로운 모서리가 돌출해서 차량에 피해를 입혔을 경우에는 도로관리청에 책임을 물을 수 있을 것입니다. 반면 도로 연석선이 정상적으로 설치되어 있고, 정상적으로 관리되고 있는데 그 연석선 때문에 타이어가 파손되었다면 운전 부주의 등 다른 요인이 원인이 되었을 것이므로 도로관리청에 책임을 묻기 어렵습니다.

손해배상은 손해의 발생, 불법행위, 불법행위와 손해의 인과관계 등 3가지가 충족되어야 손해배상 요건이 되는 것으로서 도로관리청의 불법행위를 주장하는 사람이 그것을 입증하여야 하는데, 도로관리청의 불법행위가 확인된 사실이 없으므로 손해배상 요건이 성립하지 않을 것입니다.

따라서 본 사건의 경우에는 손해배상청구 대상이 되지 않음을 알려 드리면 됩니다.

468 농협 사업장 부근에서 차량파손 시 책임관계

Q 농협 사업장 진출입로에서 차량이 파손되어 농협에 손해배상을 요구할 경우 판단 기준은 무엇입니까?

A 도로 연석선은 행정기관에서 설치한 것인 점에서 특수성이 있으므로 우리 농협이 책임이나 부담을 느끼지 않아도 될 것이지만, 우리 농협의 시설물과 관련한 손해나 문제에 대하여는 논란을 피하기 어렵습니다.

최근 농협의 사업장 부근에서 사고나 손해가 발생할 경우 그 원인에도 불구하고 시설관리자인 농협의 무과실책임을 주장하며 보상이나 배상을 요구하는 경우가 종종 있습니다.

이때 보상(補償)은 정상적이고 합법적인 절차나 과정에 의해 농협이 이익을 얻고 상대방이 손해를 입었을 경우 그 손해를 입은 자에 대하여 농협이 그 책임에 따라서 금전적으로 변상하는 것을 가리킵니다.

반면 배상(賠償)이란 어떤 사실로 남에게 끼친 손해를 전보(塡補)하여 손해가 발생하지 않았을 때와 같은 상태로 되돌리는 일을 말하며 일반적으로 손해배상이라고 합니다.

손해배상책임의 성립 요건은 1. '고의나 과실'로 말미암은 '위법행위'가 있어야 하고 2. '손해가 발생'하여야 하며 3. 바로 그 위법행위 때문에 손해가 생겼다는, 이른바 '인과관계'가 있어야 합니다. (민법 제750조)

이 요건들이 모두 충족되어야, 법률 효과로서 가해자는 피해자에게 손해를 배상할 책임이 생기는 것이고, 이 3가지 요건은 손해배상을 요구하는 자가 입증하여야 합니다.

따라서 농협의 위법행위, 예컨대 사업장 부근 도로에 위험물을 불법 적치한 경우 등 법률을 위반하여 상대에게 손해를 유발한 경우가 아니라면 배상책임이 없다고 할 것입니다.

469 업무용차량을 폐지해야 한다고?

Q 우리 조합은 상임이사 제도를 도입한 이래 현재까지 상임이사에게 업무용차량을 제공하고 있으며, 내년부터 상임감사 제도가 의무 도입됨에 따라 내년 사업계획에 상임감사용 업무용차량 예산을 반영하는 과정에서 '상임이사 차량도 없애야 된다'는 대의원의 건의사항이 있었습니다. 상임이사 업무용차량은 사업계획에 따라 4년 기한으로 임차하여 현재 사용 중인데, 전년도 총회에서 승인된 사업계획에 따라 이사회 의결로 집행했던

업무용차량 렌털계약을 해지하라며 총회의 의결을 주장하는 것이 정당한 지 의문입니다. 총회의결에 의해 이사회에서 시행한 사항을 변경하거나 취소할 수 있습니까?

A 대의원은 업무용자동차의 렌털계약에 대해 해지 주장을 하거나 상임이사에게 배정된 업무용자동차의 폐기나 회수를 주장할 수 없습니다.

대의원 개인이 총회에서 이러한 주장을 하면 안 되는 일이고 만약 주장하더라도 첫째, 총회의 안건제안 절차를 어긴 불법적 주장이므로 심의나 의결 대상이 될 수 없고 둘째, 총회의 안건이 아닌 사항을 발언하는 일은 총회 회의방해, 조합의 업무방해일 뿐입니다.

상임이사에게 배정된 업무용자동차는 이미 총회의 승인으로 이사회가 집행한 것이므로 총회에서 상임이사용 자동차에 대하여 어떤 결정, 예컨대 자동차의 폐지나 환수 등을 의결하였다고 하더라도 그 의결은 효력이 없습니다. 이사회의 의결 사항과 집행 결과를 대의원이 취소하거나 취소 요구를 할 수 없고, 총회에서 의결할 수도 없기 때문입니다.

총회는 조합의 의사결정기관이고 최고기관이지만, 모든 사항에 대하여 전부 다 결정할 수 있는 것이 아니라, 농협법에 명시된 총회의결 사항에 한하여 결정권이 있을 뿐이고, 이사회에서 의결하였거나 결정한 사항에 대하여 번복하거나 취소의 의결을 할 수 없고, 만약 의결하더라도 당연히 무효입니다. 대의원이 총회안건을 제안할 수 있는 안건제안권이 있으나 이 권리는 대의원 개인이 단독으로 제안할 수 없고 반드시 일정 숫자의 조합원 동의를 얻어서 절차에 따라서 행사가 가능한 소수조합원권입니다.

법률은 조합원 100인 이상, 또는 조합원 3/100 이상의 동의를 받아

서면으로 회의개최일 30일 전까지 조합장에게 총회안건을 추가하여 소집통지서에 기재할 것을 청구할 수 있습니다. 그렇지만 제안 내용이 적법하지 않거나 상식에 어긋나거나 경영원리에 부합하지 않으면 조합장은 안건으로 채택하지 않을 수 있습니다.

그런데 업무용자동차의 폐지 주장은 대단히 불합리한 주장이고 경영개선과 업무의 능률화, 고객 서비스 향상, 기관의 대외신인도 제고에 역행하는 것이므로 안건으로 제안되더라도 총회안건으로 상정하여야 하는 것이 아니라 폐기하는 것이 합리적입니다.

업무용자동차는 임직원의 출퇴근이나 사무소 이동, 고객의 영접과 응대, 귀빈과 고객의 수송, 자금과 자재의 운반, 금전의 안전관리, 직원의 업무 수행, 사업 추진 등에 없어서는 안 되는 필수장비입니다. 사무소에 업무용차량이 없다면 업무의 상당 부분이 마비되거나 심각한 불편이나 비능률, 위험에 노출되거나 인력과 시간의 낭비가 발생하게 됩니다. 차량은 사무소 사업 추진과 업무 수행에 필수장비인데 그러한 장비를 폐지하여야 한다는 주장은 농협을 폐쇄하자는 주장과 같은 것이라 할 것입니다.

만약 업무용차량이 없으면 매번 택시를 호출하거나 외부의 차량을 사용하여야 하는데 그러한 비용이 훨씬 더 많이 들고, 업무 수행 과정에서 불편과 비능률, 위험이 증가하여 사실상 업무 수행이 불가능하게 됩니다.

직원이 보유한 차량을 이용하게 될 경우에는 직원차량 사용에 대한 유류대와 감가상각비, 수리비 등을 계산해 주어야 하는데, 그러한 비용이 사무소에서 직접 렌털하여 사용하는 경우에 비해 훨씬 더 많이 소요되고, 특히 사고에 대비한 자동차보험이 다른 직원에게는 적용되지 않기에 자동차 소유자가 운전을 전담하여야 하므로 자동차 보유직원은 사실상 지입(持入) 택시기사와 같은 신분이 되어 위법한 노동행위가 됩니다. 따라서 업무용차량을 폐지하는 일은 경제적으로나 경영적으로나 불합리한 주장입니다.

예수금 1조 원 규모의 금융기관이 자체 업무용차량이 아닌 택시나 용달트럭으로 업무를 수행하는 것은 고객들에게 불안감을 주고 기관의 품위나 품격을 떨어뜨리는 일이며, 대외경쟁력이나 신인도를 스스로 떨어뜨리는 일입니다. 농협보다 자본 규모나 예수금 규모, 배당률 등이 훨씬 낮은 지방은행, 신협 등이 자체 차량으로 업무추진을 하는데 농협이 택시나 트럭을 동원하여 업무를 수행한다면 고객들이 모두 이탈하게 될 것은 당연한 일입니다.

상임감사나 상임이사에게는 업무용차량을 배정하여 기본적인 품격을 유지하게 하고 높은 기동력과 편의성, 안전성을 바탕으로 고객을 모시고 고객에게 서비스하는 것이 현대 금융시장의 기초적인 경쟁구조입니다.

고급 승용차에 대해 규제를 하던 것은 1980년대 초의 일이고, 지금은 외제차의 경우에도 벤츠 S 클래스 600이나 바이마흐, 롤스로이스 등 세계적인 명차의 경우에나 대중의 시선을 끌 뿐이며 국산차의 경우에는 아무도 관심이나 찬사를 보내거나 외경심을 갖지 않습니다.

업무용차량이 낡았거나 값싼 것이거나 불편한 것일 경우에 고객이 더 불편해하고 실제로 현장에서 업무 능률이나 추진력도 발휘할 수 없게 됩니다. 따라서 이미 집행된 업무용차량과 앞으로 도입할 상임감사용 업무용차량은 총회에서 논의하거나 문제 삼을 대상이 되지 않습니다.

470 조합원, 임원, 대의원이 직원을 폭행한 행위는?

Q 조합의 신임 임원과 신임 대의원 등이 직원을 폭행하여 지역사회에서 큰 문제가 되었습니다. 이런 사소한 일이 이렇게 큰 문제가 되는 것을 이해할 수 없습니다.

A 농협이 전국 방방곡곡마다 조직되어 있고, 조합원 자격이 있는 사람은 가리지 않고 모두 가입을 시키다 보니 가끔 직원에 대한 폭행사건이 발생하여 큰 물의가 일어납니다. 직원 폭행의 양상도 임원들에 의한 경우, 대의원에 의한 경우, 조합원에 의한 경우, 조합장이나 감사가 폭행하는 경우 등 다양하고 그 동기나 핑계 역시 다양합니다.

그러나 어떤 경우든 직원에 대한 폭행은 중대한 범죄행위로서 농협에 회복이 불가능한 피해를 가져오는 일이므로 반드시 행위자를 처벌하고 피해자에게 사과하여 용서를 받도록 하는 데까지 가야 합니다.

농협은 조합원이 모여서 조합원의 출자로 구성되어 사업을 하고 농협사업을 이용하여 조합원이 경제적 이익과 사회적 권익 향상을 이루기 위한 조직입니다.

농협을 조직하는 이유는 자본주의 체제와 시장경제의 가혹한 경쟁구조, 승자독식, 힘의 논리의 비인간적인 상황에서 착취와 굴종만이 주어진 농업인들이 작은 힘을 모아서 단합된 힘으로 이러한 모순과 횡포, 위협으로부터 자신을 지키고 인간적인 삶을 영위하기 위한 것입니다. 그리고 그러한 꿈을 이루는 방법은 사업을 통해 시장경쟁에서 자신의 이익을 지키는 것인데, 사업을 위해서는 시설, 상품, 인력의 3요소가 필수 불가결합니다.

그런데 어떤 사람이 농협의 시설이나 상품에 방화를 하거나 파괴를 하여 사업을 할 수 없게 하였다면 그 사람에 대한 강력한 처벌로 재발을 방지하도록 하고 피해금액 전액에 대한 배상을 받아 손해를 만회하여야 할 것입니다.

또 직원을 폭행하였을 경우에도 마찬가지입니다. 직원을 폭행하는 일은 어떤 이유나 핑계로도 용인될 수 없는 범죄행위이므로 반드시 형사처벌을 받아야 하고, 그 행위로 인한 조합의 손해에 대한 배상도 받아야 합니다.

조합의 사업은 조합원의 절절한 소망과 기대가 있고, 피땀 어린 출자가 있고, 시설과 상품을 마련하더라도 결국 그 사업을 실행하여 현실화하고 그 결과를 조합원에게 돌려주는 주체는 바로 직원입니다.

그런데 농협사업의 가장 중요한 요소인 직원을 폭행하여 직원이 농협사업과 업무에 의미나 의욕을 잃게 하고 또 다른 직원 전체에까지 그러한 영향을 미친 행위는 금전으로 환산할 수 없을 정도의 막대한 손해가 되는 것입니다. 또한 한 번 일어난 일은 되돌릴 수도, 없었던 일로 지워버릴 수도 없는 일이며 전체 직원들이 정년퇴직할 때까지, 아니 계속하여 다음 세대 직원들에게까지 전승될 것입니다. 이런 점에서 직원 폭행은 농협의 시설에 방화하여 영농자재와 농산물, 집기와 서류 등을 전소시킨 일보다도 더 나쁜 일이고 더 큰 손해를 입힌 것입니다.

따라서 이유를 막론하고 직원을 폭행한 임원, 대의원은 당연히 해임절차와 조합원 제명 절차를 밟아 농협에서 영원히 추방하고, 고발하여 사법처리를 하는 동시에 조합원 대표가 직원들에게 정중히 사과하여 그 상처를 치유하도록 노력하여야 할 것입니다.

471 영업비밀, 경영전략의 보안은 왜 중요한가?

Q 대의원입니다. 농협은 운영의 공개가 법제화되어 있고, 중요한 경영방침은 총회에서 결정하므로 조합 경영상의 비밀이 있을 수 없는 투명한 구조입니다. 그런데 영업비밀이니, 경영전략이니 하는 세부 사항에 대해 보안을 요구하는 것은 난센스로 보입니다.

A 농협은 농협법 제65조의 규정에 따라 사업보고서를 작성하여 운영 상황을 공개하도록 하고 있고, 정관, 총회의사록, 조합원 명부를 주사무소와 신용사업을 하는 지사무소에 갖추어 두어 조합원들이 열람할 수 있도록 하고 있습니다.

또 조합원은 단독조합원권과 소수조합원권으로서 비치된 서류와 회계장부 및 서류의 열람 등을 청구할 수 있습니다. 아울러 농협의 사업계획과 수지예산서, 결산보고서를 모두 대의원회에서 심의 의결하므로 농협의 중요한 경영방침은 모두 투명하게 공개되는 것과 마찬가지입니다.

그렇지만 농협이 시장에서 독점적 지위를 갖고 사업을 하는 것이 아니며, 농협의 사업과 같은 품목을 같은 방식으로 취급하는 경쟁업자가 있으므로 농협에도 영업상의 비밀이 분명히 있습니다.

영업비밀이란 공공연히 알려져 있지 않고 독립된 경제적 가치를 가지는 기술상, 경영상의 정보로서 기업의 지식재산권의 한 부분을 가리키는 것입니다.

즉 공유된 공공의 정보를 기반으로 하지 않은 제조법, 도안, 데이터 수집 방법 등 비즈니스에 사용되는 지적 생산품을 말하며, 모든 지적 생산품은 사업 목적으로만 사용하기 위해 기밀로 취급하며 기업 비밀은 표면적인 결과뿐만 아니라 아이디어 그 자체도 해당되며, 사업의 경우 사업계획, 영업방침, 사은품 배부, 세일행사 계획 등이 영업비밀이 됩니다.

그리고 상당한 노력에 의하여 비밀로 유지된 생산 방법, 판매 방법, 그 밖에 영업활동에 유용한 기술상 또는 경영상의 정보(부정경쟁방지 및 영업비밀보호에 관한 법률 제2조 제2호)이므로 외부에 누설이나 공표될 경우 영업이나 사업에 상당한 지장을 초래하는 것은 당연한 일입니다.

이러한 영업비밀이 조합원에게 공개된 자료에 포함되어 있는 경우도 있고, 포함되지 않는 경우도 있지만, 그 내용이 경쟁업체에 흘러가면 농협사업이 위축되거나 사업 추진에 나쁜 영향을 받게 되는 것은 당연한 일입니다.

그래서 모든 기업은 영업비밀 보호를 위해 여러 겹의 안전장치를 해두고 있는데, 농협은 정관에 비밀엄수 의무를 명시하였을 뿐 아니라 임원과 대의원의 자격 요건에 경업자가 아닐 것을 명시하여 법으로까지 보호하고 있습니다.

이러한 영업비밀은 비밀로 분류된 형식의 사항뿐 아니라 경쟁업체에 알려지면 불리한 것, 외부에서 알고 문제 삼으면 유익하지 않은 것은 모두 포함되고, 이를 공표, 누설, 전달하면 안 되는 것이 당연하므로 더욱 두텁게 보호하는 것이며, 만약 누설할 경우 처벌과 손해배상책임이 따르게 됩니다.

472 영업비밀이란 무엇이며, 어디까지 보호되는가?

Q 영업비밀이라는 말이 자주 등장하는데 구체적인 의미와 범위를 잘 알수 없습니다.

A 영업비밀이란 단순히 경쟁관계에 있는 업체에 알려지지 않아야 하는 경영상의 내용에 그치는 것이 아니라 '공공연히 알려져 있지 아니하고 독립된 경제적 가치를 가지는 기술상, 경영상의 모든 정보'로서 기업이 가진 지식재산권의 한 부분입니다. 즉, 영업비밀이란 공유된 공공의 정보를 기반으로 하지 않은 제조법, 도안, 데이터 수집 방법, 영업 방침 등 비즈니스에 사용되는 지적 생산품을 말하며, 모든 지적 생산품은 사업 목적으로만 사용하기 위해 기밀 취급할 수 있습니다.

기업비밀은 표면적인 결과뿐만 아니라 아이디어 그 자체를 보호하는데, 법률에서는 정보의 공개 또는 사용으로 인해 경제적 가치를 획득할 수 있는 다른 사람들에게 정당한 수단에 의해 쉽게 확인할 수 없기 때문에 일반적으로 알려지지 않았고 비밀로서 유지하기 위한 합리적인 노력의 대상이 되는 것을 의미합니다.

우리나라에서 영업비밀이란 공공연히 알려져 있지 아니하고 독립된 경제적 가치를 가지는 것으로서, 상당한 노력에 의하여 비밀로 유지된 생산 방법, 판매 방법, 그 밖에 영업활동에 유용한 기술상 또는 경영상의 정보를 말하는 것입니다.

구체적으로는 조합의 신상품, 마케팅 전략, 세일 시기와 범위 등 조합의 영업과 관련되는 것은 물론, 조합원 단합대회 일자와 방법 및 행사 프로그램, 조합원별 사업이용 실적, 농협의 사업 부문별 성장 추세 등 조합이 공식적으로 발표하지 않은 자료와 경쟁업체에서 알고자 하는 자료가 모두 영업비밀에 해당하게 됩니다.

그리고 농협의 사업계획서와 수지예산서, 운영의 공개 자료, 총회 안건 자료, 이사회의사록 등에도 영업비밀이 포함되어 있으므로 이러한 자료를 함부로 공개하거나 열람하도록 하거나 무단 공표 또는 개인적으로 복사·교부하는 일이 없도록 해야 할 것입니다.

473 위법을 주장하거나 요구하는 발언의 문제는?

Q 임원이나 대의원이 위법한 행위를 요구하거나 주장하는 경우 적절한 대응 방법이 무엇입니까?

A 농협에서 회의나 업무를 수행하는 과정에서 임원이나 대의원이 발언이나 주장을 하는 도중에 위법한 사항을 주장하는 경우가 있습니다.

예컨대 감사가 감사보고서나 감사지적사항을 인쇄하여 대의원이나 조합원에게 배포하라고 한다든가(농협법 위반), 대의원이 조합원 전화번호부를 제작해 달라고 한다든가(개인정보 보호법 위반), 이사가 노동관계 법률에 어긋나는 주장을 한다든가(근로기준법 위반) 하는 일이 대표적인 사례입니다.

이러한 위법한 주장은 그 자체로 무효이지만, 회의 현장에서는 위법을 주장하기 어렵고, 또 회의를 원만히 마쳐야 하는 관계로 위법사항을 지적하지 않고 넘어가기도 합니다. 그러나 위법한 주장이나 그 주장을 의결하였을 경우라고 하더라도 위법한 사항을 실천하거나 실행하면 다시 새로운 위법을 저지르거나 위법행위의 공범이 되는 결과가 됩니다.

그리고 위법한 행위는 그것이 위법임을 모르고 실행하였거나 강압에 의해 부득이 실행하였거나 관계없이 실행한 사람은 그 자체만으로 위법행위에 대한 책임을 피할 수 없고, 위법을 지시했거나 의결한 기관이 책임을 도맡아 주지도, 경감해 주지도 못합니다.

따라서 위법한 주장이나 위법한 의결이 이루어졌을 경우, 위법사실을 정확히 적시하여 제안이나 발의를 한 사람이나 의결한 기관에 보고하고 위법행위를 철회하도록 건의하고 설득하여야 합니다.

이때 조합 임직원의 경험과 상식으로 판단하기 어렵거나 설명하기 곤란할 경우에는 감독기관이나 법률고문, 농협법 전문가에게 자문을 구하여 충실한 설명이 되도록 하여야 할 것입니다. 위법한 행위에 대한 책임은 누구에게도 전가할 수 없기 때문입니다.

474 임원, 대의원의 발언 한계는?

Q 임원, 대의원이 공적으로 발언할 수 있는 한계가 있습니까?

A 임원과 대의원은 각각 그 업무 권한과 업무 영역의 범위 안에서는 자유롭게 발언하고 토론할 수 있습니다.

그러나 그 업무 권한의 영역 안이라고 하더라도 발언자 개인과 관련되는 사항이나 개인과 조합이 이해가 상충되는 사항에 대하여는 발언을 할 수 없습니다. 그리고 이러한 규정을 무시하고 발언하거나 심지어 의결에 참여하는 경우가 있더라도 발언 내용과 의결에 참여한 행위는 무효입니다.

간혹 이러한 원칙을 잊고 발언을 하는 경우가 발생하거나, 회의 주제에 몰입하다가 이러한 사항을 잊게 되는 경우가 있는데, 이때에는 회의에 참석한 임원이나 대의원이 의장에게 의사진행 발언을 통해 깨우쳐 주어야 하고, 회의 구성원은 아니지만 감사나 간부직원, 회의 종사직원 등도 의장에게 적절한 방법이나 경로로 그 내용을 알려드려야 합니다.

475 선거전, 그 공방의 한계는?

Q 선거를 하게 되면 입후보자의 주장과 발언이 대단히 날카로워지고 감정적으로 흐르는 경우도 있습니다. 이러한 선거전의 발언과 주장에도 법률적인 제한이나 한계가 있습니까?

A 선거전에서는 특히 날카로운 표현이나 감정적인 내용이 나타나기 쉽습니다. 그러나 선거전이라고 하여 주장이나 발언의 책임이 가벼워지는 것이 아니고 선거와 직접 관련되므로 더욱 치밀하게 분석되고 평가되어 처벌되므로 각별히 주의하여야 합니다.

선거전에서 나타나기 쉬운 위법사항은 1. 선거법 위반 2. 농협법 위반 3. 형법 위반 4. 개인정보법 위반 등입니다.

선거법 위반은 상대방에 대한 무리한 공격, 위법한 공약, 위법한 약속 등이 있습니다.

농협법 위반은 상대 후보에 대한 모함과 비방, 허위사실 주장, 사실의 왜곡 등이 있습니다.

형법 위반으로는 명예훼손, 업무방해 등이 있고, 개인정보법 위반은 전화번호 등 개인정보를 정당하지 않은 경로로 입수하거나 그 정보를 활용하는 일 등이 있습니다.

그리고 선거전의 특성상 이러한 내용 이외에 상대방에 대한 네거티브식 공격이 자주 나타나는데, 이러한 행위는 결국 선거 후에 재판을 통해 당선무효가 되는 것이므로 특히 주의가 필요합니다.

즉 선거전에서 주장할 수 있는 한계는 결국 법률이 허용하는 범위 이내에 한정되고 그 영역을 벗어나면 심각한 결과에 이르게 되는 것입니다.

476 임원, 대의원에 대한 고소와 고발

Q 임원, 대의원이 부당한 행위를 하여 그들에 대한 고소와 고발을 하여야 할 경우가 있는데, 고소와 고발의 주체는 누가 되어야 합니까?

A 고소는 범죄의 피해자 또는 그와 일정한 관계가 있는 고소권자가 수사기관에 대하여 범죄 사실을 신고하여 범인의 처벌을 구하는 의사표

시입니다.

고발은 고소권자와 범인 이외의 사람이 수사기관에 대하여 범죄사실을 신고하여 범인의 처벌을 구하는 의사표시입니다.

누구든지 범죄가 있다고 판단되는 경우 고발을 할 수 있으며, 고소와 고발은 신고를 하는 주체에 따른 차이와 규정적인 차이가 있을 뿐 두 가지 모두 범죄에 대한 신고 방법이라고 할 수 있습니다.

즉 고소는 사건의 피해자가 수사기관에 범죄자를 처벌하여 달라고 하는 것이고, 고발은 위법한 행위나 부당한 행위에 대해 수사기관에 처벌을 요청하는 것으로서 고소와 고발을 하는 데에 어떤 제한이 있는 것은 아닙니다.

그리고 농협의 임원이나 대의원의 경우라고 하더라도 위법행위나 범죄행위를 할 때에는 고소와 고발의 대상이 됩니다.

그런데 농협은 조합원의 소망을 이루기 위한 조직으로서 사업 추진 과정에서 문제나 마찰, 의견 불일치는 필연인데, 이러한 사항에 대해 아무런 제한 없이 고소 고발이 이루어진다면 농협의 운영은 난기류에 휩싸이게 될 것입니다.

따라서 임원, 대의원, 직원의 위법행위, 불법행위, 범죄행위가 있을 경우, 그 행위가 농협과 관계없이 순수하게 사적인 영역에서 이루어진 개인적인 일이라면 그 행위로 인하여 피해를 입은 사람이 고소를, 그 행위를 알게 된 사람이 고발을 하면 됩니다.

그런데 농협의 사업이나 업무와 관련되는 일이라면 조합장에게 처분을 위임하여 조합장이 필요한 여러 가지 조치와 함께 고소 고발을 하도록 하여야 합니다. 즉 농협 경영의 책임자가 책임자의 권한과 책임으로 농협의 이익을 최대한 보호하고 농협의 이미지와 공신력을 지키는 최선의 방안을 강구하도록 해 주는 것입니다.

물론 고소 고발은 국민 모두가 갖는 기본적 권리이지만, 농협사업과 직접 관련되는 사항에 대해서까지 조합 경영권자를 무시하고 개인적인 판단과 계산으로 고소 고발을 하는 경우 농협으로서는 농협의 이익에 반하는 행동을 한 경우로 보아 적절한 징계를 할 수도 있는 것입니다.

477 농협에 침투한 'X맨'이란?

Q 회의 때마다 비판과 비난을 하여 집행부를 곤란하게 하는 대의원이 있습니다. 그런데 그 정도가 지나쳐서 농협의 사업계획 추진을 어렵게 하여 'X맨'이란 별명이 붙었습니다. 'X맨'은 무엇이며 해결할 방법은 없습니까?

A X맨이란, 조직에 들어와서 남모르게 일이나 게임 등을 망치게 하는 요소를 제공하는 사람을 가리키는 말입니다. 또 영화나 드라마, 만화에서 돌연변이 유전자 때문에 특별한 능력을 갖게 된 캐릭터를 가리키기도 합니다.

X맨은 겉으로는 소속 조직을 위해 열심히 활동하는 것으로 보이지만, 내면으로 또는 결과적으로 조직의 일이나 사업을 방해하는 사람이므로 조직의 발전이나 단결에 대단히 나쁜 영향을 주게 됩니다.

농협의 경우 X맨은 어느 농협에나 다 있다고 보아야 하며, 단지 X맨으로서의 활동과 영향력에 차이가 있을 뿐입니다.

예컨대, 하나로마트 사업 확장에 대해 온갖 이유를 다 들어서 반대나 방해를 하는 사람은 대부분 그 자신이나 가족, 친지가 하나로마트와 경쟁관계인 사업을 하고 있기 때문에 자기의 이익을 위해 농협의 사업을 방해하는 것입니다. 그 때문에 농협은 농협사업과 경업관계가 있는 사람은 임원이나 대의원이 되지 못하도록 법률로 명문화하고 있는 것입니다.

따라서 X맨으로 지목되거나 상습적으로 사업을 방해하는 사람에 대하여 경업관계에 해당하는지 여부를 세밀히 조사하여 경업에 해당할 경우 임원이나 대의원에서 해임하여야 합니다.

경업은 본인 명의가 아니라 가족 명의로 하더라도 그 경영 결과가 당사자에게 약간이라도 영향을 준다면 경업에 해당하는 것이며, 사업장이 농협의 구역 안이든 밖이든 모두 경업에 해당합니다. 경업관계가 아님에도 농협사업에 대해 방해하는 발언이나 행동을 반복하는 사람은 조합원 제명 사유에 해당하므로 제명 처분을 할 수 있고, 그러한 행위 때문에 농협이 손해를 입었다면 손해배상청구도 가능합니다.

478 노동조합, 농협에는 필요 없다고?

Q 우리 농협에 노동조합이 결성되어 충격받았습니다. 노동조합은 대기업에서나 필요한 것이고 농협은 전혀 관계가 없다고 생각합니다.

A 협동조합은 자본주의경제 체제에서 생산수단인 자본을 갖지 못한 경제적 약자들이 가혹한 수탈과 착취 구조로부터 살아남기 위해 미약한 힘이나마 모으고 단결하여 자신의 삶과 미래를 지키고 개척하려는 기구입니다.

노동조합은 자본주의경제 체제에서 역시 생산수단인 자본을 갖지 못하고 오직 자신의 노동력을 수단으로 하여 살아가야 하는 노동자들이 가혹한 수탈과 착취로부터 자신을 지키고 더 나은 노동조건을 마련하여 미래를 개척하기 위해 단결한 조직입니다.

즉 협동조합과 노동조합은 똑같은 목적을 위해 같은 사람들이 만들었으며, 그 목표와 뿌리, 이념이 모두 같은 조직입니다.

세계 최초의 협동조합인 로치데일 공정 개척자 조합은 1884년 영국의 공업도시 로치데일의 직물공장에서 일하던 노동자들이 파업을 하다 해고되자 생계가 막막했던 해고 노동자 28명이 밀가루나 버터 등의 식료품을 공동 구입하기 위해 돈을 모아 조합을 만들었던 것이 협동조합의 시초입니다.

그 후 협동조합은 그 이념의 온건함, 사업 방식의 합리성, 미래를 위한 교육의 강조 등이 사회적인 반향을 일으킴과 함께 지식인과 기득권층의 이해와 협조, 사업 과정의 시행착오 수정 등을 거쳐 전 세계로 확산되었습니다.

노동조합은 초창기 수많은 노동자의 희생과 탄압을 이겨내고 노동자의 단결권과 단체교섭, 쟁의 등을 제도적 장치로 만드는 데 성공하여 노동조건이나 임금 등에서 최소한의 인간적인 생활을 보장받는 데 이르렀습니다.

그리고 농업인들은 모두가 자영업자이지만, 농산물 수입개방 문제나 농업정책 결정에 있어서는 노동조합의 투쟁 방식을 인용하거나 활용하고 있으며, 노동조합도 투쟁단계를 넘어서면 조직원을 위한 협동조합을 개설하여 조합원의 생활안정에 힘을 쏟게 됩니다.

결국 협동조합과 노동조합은 인간이 인간으로서 존엄과 가치를 인정받고 사람답게 살아가는 길을 스스로의 힘으로 개척해 온 같은 뿌리, 같은 목표를 가진 쌍둥이와 같으며, 인도주의를 실현하는 시스템이라고 할 것입니다.

따라서 협동조합에서 노동조합을 거부하거나 반감을 갖는 일은 스스로 협동조합의 원리를 이해하지 못하였거나 협동조합을 포기한 것이라는 뜻이 되는 것이므로 노동조합에 대하여 남다른 애정과 관심을 갖고 지원과 육성을 하여야 하는 것입니다.

479 조합의 합병 추진, 그 이유는?

Q 조합을 합병하라는 권고를 받고 전체 조합원이 우울증에 걸릴 정도로 실의에 빠졌습니다. 조합을 꼭 합병해야만 하는지요? 합병하지 않은 작은 조합도 잘 이끌어 간 사례가 있을 것이라 생각합니다.

A 조합의 합병을 추진하는 논리는 '규모의 적정화로 경영의 안정을 이루는 것'입니다. 따라서 적정한 경영 규모에 미달하는 조합은 아무리 애를 써도 경영상의 약점인 자본 부족, 시장 규모의 협소, 사업량의 한계 등을 극복할 수 없으므로 인근 조합과 생활권 중심으로 합병을 하여

적정한 경영 규모와 경영 여건을 갖추도록 하자는 것입니다.

한때는 경영 약체 조합이나 사고 조합, 문제 조합을 지목하여 인근 조합과 강제로 합병을 추진하였던 적도 있었습니다. 그런데 지금은 경영 여건이 매우 어려운 조합이라고 하더라도 강제적인 합병을 추진하는 대신에 합병을 이루면 경영상의 다양한 지원을 해 줌으로써 '자율적인 합병'을 이루도록 하고 있습니다.

그렇지만 합병에 따른 문제가 나타나는 조합도 있고, 대단위 합병이 되면 조합원의 단결력과 집중도가 떨어진다는 평가가 있기도 합니다. 그리고 지역의 인구나 경제력이 약한 조합은 인근의 조합에 합병되는 것을 꺼리는 정서가 있는 경우도 있습니다.

합병권고를 받고 전체 조합원이 우울증에 걸릴 정도라면 조합의 회생, 또는 갱생의 절차를 밟아 볼 수 있을 것입니다. 즉, 규모가 작더라도 우리 지역에 우리의 조합을 꼭 유지하고 싶다면, 전체 조합원이 조합수호 결의를 하고 조합의 경영 개선을 위한 참여와 출자 증대, 사업이용 목표를 정하여 달성토록 하는 것입니다.

신용사업, 구매사업, 판매사업, 보험사업 등 사업 부문별로 크게 신장된 목표를 세워서 조합원의 전이용을 통해 목표를 달성하고, 조합에 가입하지 않은 농업인을 모두 가입시키며, 관내의 업체나 단체, 인근 도시의 기업체 등을 준조합원으로 유치하는 등의 적극적인 경영 개선활동과 함께 출자배가운동(出資倍加運動)으로 자기자본을 2배 이상 확충하고 사업량을 대폭 신장시킨다면 규모가 작더라도 조합을 존속할 수 있게 될 것입니다.

480 농협의 공고와 최고, 통지는 어떤 것이 있는가?

Q 농협의 업무상 '공고'는 어떻게 어디까지 해야 하고, '최고'는 또 어떻게 하는 것이며, '통지'는 어떻게 해야 하는지 궁금합니다.

A '공고'는 조합이 어떤 사실을 조합원이나 고객, 이해관계자에게 알리는 행위입니다.

그리고 조합에 대한 이해관계인은 조합의 공고가 자신의 이익과 직결되는 일이므로, 조합은 공고를 통해 다수의 이해관계인이나 불특정 다수의 사람에게 권리주장, 또는 권리신고의 기회를 주어야 하는 것이며, 이는 정관의 절대적 기재사항이기도 합니다. (법 제16조)

조합의 '공고 방법'은 공고할 내용을 조합 주사무소와 지사무소의 게시판과 인터넷 홈페이지에 게시하며, 필요 시 공고 내용을 조합원에게 통지하도록 되어 있습니다. (정관 제47조)

조합이 반드시 공고하여야 할 사항과 공고를 하고 동시에 서면으로 조합원에게 통지해야 할 사항은 모두 법률과 정관에 열거되어 있습니다.

조합이 공고를 하여야 할 사항을 공고하지 않거나 부정한 공고를 한 경우 관련 임직원은 처벌을 받습니다. (법 제174조)

또 임원이 허위의 공고를 하여 조합이나 제3자에게 손해를 끼친 경우 관련 임원은 연대하여 손해를 배상하여야 합니다. (법 제53조)

'최고'는 어떤 일정한 행위를 할 것을 타인에게 요구하는 행위로서 상대방이 있는 일방적 의사표시입니다. '통지'는 자기의 의사나 어떤 사실을 타인에게 알리는 행위입니다. 통지나 최고는 행위자의 의도와 관계없이 법률에 의하여 일정한 법률 효과가 발생한다는 점에서 법적 성질이 같습니다.

조합의 조합원에 대한 통지나 최고의 방법은 조합원 명부에 기재된 주소로 하도록 하고 있으며, 조합원이 따로 연락처를 통지했을 경우에는 그에 따르게 됩니다. (법 제37조, 정관 제8조)

통지나 최고의 효력 발생은 '도달주의원칙'에 따라 상대방에게 도달한 때부터 효력이 발생하며, 도달 시기는 보통 도달할 수 있었던 시기에 도달한 것으로 간주합니다. 그러나 조합의 법과 정관은 총회 소집통지의 경우에 '발신주의'를 택하고 있기 때문에 기한 내에 발송되었으면 그만이고 도달 여부는 묻지 않습니다.

481 전문화인가, 시너지 효과인가

Q 2014년 농협법 개정 때 정부는 농협사업의 전문화를 위해 법률을 개정한다고 하였습니다. 그런데 농협의 사업구조는 전문화도 중요하지만 각 부문이 유기적으로 협력하고 시너지 효과를 내는 것이 더 중요하다고 합니다. 무엇이 더 중요합니까?

A 전문화(專門化, specialization)란, 다양하게 여러 분야로 잘게 나뉜 직업 또는 업무에 대하여 오직 한 가지에만 종사하게 하는 것입니다. 조직이론에 있어서는 업무를 종류와 성질별로 나누어 조직 구성원들

로 하여금 가능한 한 한 가지 주된 업무를 분담하도록 하는 것을 분업화(分業化) 또는 전문화(專門化)라 합니다.

초기의 행정학자 특히 원리주의자들은 작업 과정을 세분하여 반복적·기계적 업무로 단순화시키는 것을 전문화로 이해하였고, 작업 과정의 세분화(細分化)가 되면 될수록 업무의 능률은 올라간다고 생각하여 생산성을 높이기 위해서 '전문화의 원리'를 강조하였습니다. 전문화는 분업(分業)에 의하여 이루어지는 것이므로 전문화의 원리를 한편 '분업의 원리'라고 부르기도 합니다.

'작업의 전문화'는 업무를 세분하여 반복적·기계적 업무로 단순화하는 업무의 분배와 관련된 조직상의 현상이며, '사람의 전문화'는 개개인으로 하여금 생활의 수단으로 어떤 특수한 지식이나 기술을 터득하게 하여 그 분야의 달인(達人)이 되게 하는 사회화 과정(社會化過程)을 가리킵니다.

전문화는 조직의 합리화·능률화를 촉진시키기 위하여 필요하지만, 기능 상호 간의 조정에 실패하면 조직을 파괴할 가능성도 있습니다. 현대사회에 있어서 전문화는 시대의 요청이긴 하나 이로 인한 비인간화, 획일화, 전문 만능주의, 부문 이기주의 등의 폐단을 극복해야 합니다.

시너지 효과(synergy effect)란 하나의 기능이 다중(多重)으로 이용될 때 생성되는 효과로서 상승효과(相乘效果)라고도 합니다. 즉, '1 + 1'이 2 이상의 효과를 낼 경우를 가리키는 말입니다.

예를 들어 경영 다각화 전략을 추진할 경우, 이때 추가되는 새로운 제품이 단지 그 제품 값만큼의 가치만이 아닌 그보다 더 큰 이익을 가져올 때를 가리키는 것으로서, 신제품을 추가할 때 기존의 유휴설비·동일기술·동일유통경로(구조) 등을 활용함으로써 얻는 효과를 말합니다.

만일 주유소에서 건강식품을 판매한다면 새로운 점포의 설치가 필요 없으며, 유통비용도 절감되는 사례, 신제품에 이미 널리 알려진 유명 상표를 붙여서 판매한다면 선전 비용이나 판매 촉진에 소요되는 비용을 절감하면서도 판매에 있어서 만족스러운 성과를 얻게 되는 사례를 들 수 있습니다. 이를 '판매 시너지'라고 하는데, 이 밖에 '생산 시너지' '투자 시너지'도 있습니다.

농협은 하나의 조직에서 한 개의 상호와 로고를 사용하여 거의 한 세기 동안 금융, 보험, 무역, 영농자재 공급, 생필품 공급, 농산물 판매, 농산가공, 이용, 운송, 교육, 여행, 제조업 등을 수행하였고, 그 이미지는 곧 공신력이었던 관계로 모든 국민과 고객에게 믿음과 안심의 이미지로 각인되었습니다.

그 결과 언제나 농협 마크를 보면 고객이 안심하고 선택하는 데까지 이르렀고, 이러한 현상을 전문기관에서 평가한 결과 농협의 상표권 가액을 최소 10조 원, 최고 50조 원이라고 하였습니다.

그런데 지난 정부에서 농협중앙회의 사업 부문을 전문화한다는 명분으로 각 사업 부문을 분리하는 농업협동조합법 개정을 하였습니다. 그러나 분리를 한 결과 오히려 시너지 효과가 감소하고 국민의 혼란과 외면을 초래하고 있어 농협은 다시 각 부문 간 유기적인 협력과 공동사업을 통한 이미지 복원에 노력하고 있고 농협법의 재개정이 필요하다는 의견이 대두되고 있습니다.

이는 경제원리와 협동조합 정신에 대한 이해가 없이 농업인과 농협의 이익을 도외시한 채 정권의 전시적 실적자랑을 위해 농협을 함부로 손댄 결과가 얼마나 무지하고 비생산적인 일인지 잘 보여주는 것이라 하겠습니다.

과거 5공 정부가 정치적 선전 효과를 위해 농협과 축협을 분리하여 수십조 원의 손실을 초래하였던 전철을 다시 밟은 것과 같아서 앞으로 모든 정부가 각별히 주의하여야 할 일입니다.

즉, 농협의 조직이나 사업이나 경영은 정권의 취향이나 정권의 이익을 위해 함부로 손대서는 안 되는 것이고, 앞으로 이러한 문제에 대해 조합원 및 농협 고객의 관심과 참여가 중요한 것이라 하겠습니다.

482 변상의 기준과 원칙은?

Q 사업 추진 과정에서 상대방 거래처의 파산으로 일부 채권을 회수할 수 없게 되었습니다. 그 채권에 대해 전액 변상, 일부 변상, 변상과 징계 등 주장이 엇갈립니다. 변상의 원칙과 기준은 무엇입니까?

A 농협의 사업 추진 과정에서 사고가 발생하면 사고의 규모와 양태에 따라 관련 임직원에 대한 징계와 변상을 실시하게 됩니다.

징계는 관련자의 책임 정도를 따져서 그에 합당한 처벌을 하는 것이고, 변상은 농협의 피해 금액이나 손해액에 대하여 책임 정도에 따라 관련자에게 물어내도록 하는 조치입니다. 그래서 징계와 변상은 엄격한 논리에 입각하여 법리적 심사를 거쳐 이성적이고 현실적인 판단에 따라 결정되어 '객관 타당하다'는 평가를 받아야 합니다.

그런데 농협의 징계와 변상은 대부분 인사위원들의 감상적인 판단과 당파적인 이해관계, 정략적인 계산을 피할 수 없는 관계로 사고의 원인과 내용, 관련자의 책임 관계를 냉정하고 이성적으로 심사하기보다는 경쟁적으로 사태를 과장하고 충동적으로 발언하며 보복에 가까운 제안을 하는 경우가 많습니다. 그러나 이러한 징계나 변상조치는 법원에 의해 징계 무효, 변상 무효의 판결로 이어지게 되므로 문제의 해결과 수습이 아니라 새로운 문제와 갈등의 시작이 되기 쉽습니다.

실제로 어떤 농협에서 농약의 재고 불일치를 횡령으로 몰아 담당자를 징계해직 하였는데, 재판을 통해 징계해직 무효 판결을 받아 복직한 사례가 있고, 변상처분도 실제 책임에 비해 과중하다고 하여 전액 무효로 판결된 사례가 있습니다.

그렇다면 변상의 수준을 어떻게 정해야 하는가, 변상판정은 가장 냉정하고 이성적이고 합리적으로 하면 됩니다.

먼저 사업 추진 결과 미회수한 채권이 있을 때, 그 금액에서 해당 사업의 추진 과정 중 농협이 얻은 사업수익을 차감하여 실제 결손금액을 산출합니다. 실제 결손금액에서 결손의 원인에 담당자의 고의가 어느 정도인지를 계측하고 판단하여 그 비율을 금액에 대입하면 담당자별 책임금액이 산출됩니다.

예컨대 고의 횡령사고라면 담당자의 고의가 100%이므로 전체 금액이 책임금액이 될 것이지만, 담당자의 고의가 없고 업무의 구조상 불가피하여 담당자가 어떤 노력을 하였더라도 막을 수 없었다면 고의는 0%가 되는 것이고, 반드시 하였어야 할 중요한 조치를 하지 않았고, 그것이 손해발생의 직접적인 원인이 되었다면 그 비율을 책임 비율로 삼아야 합니다.

또 이렇게 산정된 책임금액에서 표창 수상이나 국가유공자 등 감경사유가 있을 때 당연히 그 비율만큼 금액을 차감하여 주고 사후에 회수 노력을 한 부분이나 자진 변상한 금액이 있으면 역시 평가하여 차감해 주어야 합니다. 그 후에 실제 변상금액을 산정하면 합리적인 수준의 해답을 얻을 수 있을 것입니다.

그리고 농협 내부의 여러 가지 인맥과 갈등 대립 때문에 이러한 판단을 하기 어렵다면 법률고문이나 농협법 전문가에게 제3자로서 공정한 계산을 해 주도록 의뢰하여 그 내용을 기초로 가감한다면 더욱 현명한 방안이 될 것입니다.

483 자진변상금의 소멸시효는?

Q 오래전에 직원으로 재직 시 업무상의 사고를 당해 자진변상을 한 사람이 있습니다. 최근 그 당시의 자진변상금을 반환하여 달라고 하면서 법적으로 변상금은 소멸시효가 없다고 주장합니다.

A 농협 직원들은 업무 수행, 사업추진 과정에서 사고를 만나거나 채권의 회수가 곤란하게 되었을 경우 미수채권을 자진변상하고 징계를 모면하거나 징계에서 정상참작을 받아 징계 수준을 가볍게 하려는 노력을 합니다. 그 과정에서 자진변상을 하는데, 자진변상은 그 규모나 대상, 방법에 어떤 기준이나 지침이 있는 것이 아니어서 대단히 높은 금액이 되는 경우도 있습니다. 이후 시일이 흘러서 퇴직하거나 이직하였을 때 자진변상금은 아무런 의미가 없다고 보아 반환을 요구하는 경우도 가끔 발생합니다.

자진변상금이 소멸시효가 없다는 말은 한편으로는 성립하는 말이기도 합니다. 그런데 자진변상금은 변상금을 입금할 당시에 강요에 의한 것이 아니라 징계를 모면하거나 가볍게 할 목적으로 자신의 책임 지분을 자진하여 변상한 것입니다. 따라서 해당 자진변상금은 그 즉시, 혹은 다른 관련자들의 징계가 종료되는 시점에서 농협의 미수채권이나 변상책임 지분의 상환에 충당되어 소멸된 것입니다.

　그리고 '자진변상금은 소멸시효가 없다'는 뜻은 자진변상금이므로 소멸시효가 없다는 뜻이 아니라 '자진변상금은 소멸시효의 대상이 아니다'라는 뜻입니다.

　소멸시효란, 어떤 권리의 소멸을 인정하는 제도를 말하며, 권리를 행사할 수 있음에도 정해진 기간 동안 행사하지 않는 경우가 지속될 경우, 그 권리를 법률로써 소멸시키는 것입니다. 소멸시효 제도가 존재하는 이유는 법적 질서의 유지 및 사회질서의 안정, 증거보전의 곤란구제, 과태벌적 제재 및 권리 행사의 촉구에 있으며, 소유권 이외의 재산권은 모두 소멸시효에 걸리는 것이 원칙이나, 상린권(相隣權), 점유권(占有權), 물권적 청구권(物權的請求權), 담보물권(擔保物權) 등은 제외됩니다.

　그런데 자진변상금은 변상한 사람이 훗날 농협에 청구하기 위한 권리로서 유보해 놓은 것이 아니라 변상 당시에 변상금을 조합의 채권 회수 또는 손해보전에 충당하도록 한 것이므로 청구권이 될 수 없고 어떤 형태로도 권리가 존재할 수 없으므로 소멸시효의 대상이 될 수 없는 것입니다.

제11부

감독

484 농협에 대한 국가의 의무는 무엇인가?

Q '농협에 대한 국가의 의무가 있다'는 말을 자주 듣지만, 그 구체적인 내용이나 국가의 혜택을 느끼지 못합니다. 어떤 내용입니까?

A 농업은 식량을 생산하여 국민을 부양하고 국가를 지탱하는 가장 기본적이고 중요한 산업이지만, 개별 농업인의 경영 규모가 영세하고 농업 부문은 성장이 느리며 기후와 풍토·계절·지형 등의 제약이 많으므로 그 중요성과 특징을 감안하여 정부는 농업과 농업인의 자조조직인 농협을 육성할 의무를 가집니다. 이는 헌법 제123조에 명문화되어 있는 국가의 의무이지만, 사실 농업은 국가전략으로서 대단히 중요한 부문이므로 정부는 농협과 농업의 발전을 위해 다양한 지원을 하고 있습니다.

헌법 규정의 '국가가 농협을 육성하여야 한다'는 조항은 소극적으로는 농협의 활동을 방해하여서는 안 된다는 것이고, 나아가 적극적으로는 농협의 사업과 발전에 국가가 혜택과 지원을 베풀어야 한다는 것을 포함하고 있으며, 이러한 헌법정신이 농협법에 나타난 점은 아래와 같습니다.

1. 농협법 제정, 개정 등을 통한 법제적 보호
2. 농협의 공직선거 관여 금지, 정치적 중립 보장
3. 각종 부과금의 면제
4. 국가와 공공단체의 협력의무 명문화
5. 중앙회장의 의견 제출 제도화

6. 각종 법령상의 불이익 배제

7. 농협 보호를 위한 지도와 감독

8. 농협 명칭에 대한 보호

9. 농협과 간부직원에 대한 행정 지원으로 건전운영 유도

> **※ 농협의 육성과 지원에 대한 헌법의 규정**
> **대한민국 헌법 제123조** ① 국가는 농업 및 어업을 보호·육성하기 위하여 농·어촌 종합개발과 그 지원 등 필요한 계획을 수립·시행하여야 한다.
> ② 국가는 지역 간의 균형 있는 발전을 위하여 지역경제를 육성할 의무를 진다.
> ③ 국가는 중소기업을 보호·육성하여야 한다.
> ④ 국가는 농수산물의 수급균형과 유통구조의 개선에 노력하여 가격안정을 도모함으로써 농·어민의 이익을 보호한다.
> ⑤ 국가는 농·어민과 중소기업의 자조조직을 육성하여야 하며, 그 자율적 활동과 발전을 보장한다.

485 농협이나 임직원의 정치활동이 가능한가?

Q 농협조직이나 임직원의 정치활동이 가능합니까? 가능하다면 어디까지입니까?

A 기본적으로 농협은 정치와 종교의 중립을 원칙으로 하고 있습니다. 그리고 농협법과 다른 법률에 의해 정치활동을 엄격히 제한하고 있습니다.

조합과 중앙회는 공직선거에 있어서 특정 정당을 지지하거나 특정인

이 당선되거나 당선되지 않게 하는 행위를 해서는 안 됩니다. (법 제7조)

조합의 구성원인 조합원 개인이 개인적으로 정치활동을 하는 것은 금지하지 않지만, 법인으로서 조합은 공직선거에서 특정 정당을 지지하거나 정치활동을 할 수 없습니다.

또 농협은 정당이나 국회의원의 후원회원이 될 수 없고, 정치자금을 기부할 수도 없습니다. (정치자금법 제8조)

농협의 임직원은 농협을 이용하여 공직선거에서 특정 정당을 지지하거나 특정인을 지지 또는 반대할 수 없습니다.

그러나 농협 임직원이라도 개인 자격으로는 공직선거에서 특정 정당을 지지하거나 특정인을 지지 또는 반대할 수 있고 정당에 가입할 수도 있지만, 그러한 활동을 하는 과정에서 순수한 개인 자격이 아니라 농협의 행위로 보이게 될 위험이 매우 높다는 점이 있습니다. 그리고 정당법이나 공직선거법의 규제가 있으므로 농협 임직원의 개인 자격 정치활동은 대단히 많은 제약과 한계가 있다고 하겠습니다.

또한 조합의 임직원은 지방의회의원이나 국회의원직을 겸직할 수 없고 지방자치단체장도 겸직할 수 없습니다. (지방자치법 제35조, 국회법 제29조)

486 농협에 대한 감독은?

Q 농협에 대한 정부의 감독은 어떤 것이 있습니까?

A '감독'이란, '개인이나 기관, 단체의 행위를 감시하고 그 일이 올바

른 방향으로 나아가도록 필요한 조치를 하는 일정한 구속'을 가리키고, 이러한 감독을 할 수 있는 법률적인 권능을 '감독권'이라고 합니다.

농협에 대한 국가의 감독은 국가공권력 및 농협법의 규정에 따라 조합원과 이해관계인의 이익 보호와 공익을 위해 적법성을 중심으로 감독권을 행사합니다. '적법성 중심의 감독'이라는 뜻은 법률적 제재를 뜻하는 것이라기보다 농협의 자율성과 조합원의 민주적 관리, 자주적 활동을 보장하기 위해 감독과 간여의 범위를 오직 위법성, 적법성에만 한정, 간섭을 최소화한다는 취지입니다.

'감독의 방법'은 사전적·예방적 감독과 사후적·교정적 감독으로 나누어지는데, 예방적 감독은 지시, 명령, 인가, 승인, 결정, 보고 징구, 지도, 권고, 설득 등이 있고, 사후의 교정적 감독으로는 검사, 명령, 결정, 처분, 제재 등이 있습니다.

농협에 감독권을 갖는 국가기관은 국회, 법원, 행정부 각 부처, 사업 부문별 감독관청 등이 있습니다.

국회는 국정감사권, 국정조사권과 의정활동을 통해 농협을 감독하고, 또 농협 관련 법안의 제안, 심의, 의결을 통해서도 감독권을 행사합니다.

법원은 조합의 해산, 파산, 청산 등의 업무에 직접적인 감독권을 행사하고 총회의결취소소송, 검사인 선임, 임원해임무효확인, 조합원제명무효확인 등 다양한 소송과 절차를 통한 간접적인 감독권을 행사하게 됩니다.

행정부의 감독은 주무부처인 농림축산식품부가 농협의 업무와 사업 전반에 걸친 사전적, 사후적으로 다양하고 직접적인 감독권을 행사합니다. 또 감사원은 농협의 국고보조 부분에 대한 검사권을 행사합니다.

농협의 신용사업 부문은 금융위원회와 금융감독원이 맡고 있으며, 감사원은 국고나 지방비보조 부문에 대한 감사와 직무감찰 등의 권한이 있고, 지방자치단체는 주무장관으로부터 위임받아 지방자치단체가 보조한 조합사업 관련 업무에 대해서 감독권을 행사합니다.

이렇듯 농협은 정부로부터 다양한 감독을 받고 있는데, 그 취지와 목적은 농협의 건전한 발전과 농협사업 운영이 농협의 본래 목적에 충실하여 농업인의 이익과 국민 경제의 건전한 발전에 이바지하도록 하는 데 있습니다.

487 자율적인 협동조합에 대한 정부의 감독이라니?

Q 협동조합은 모두 조합원의 자발적인 참여와 자주적인 의사결정으로 운영되는 자주적이고 독립적인 기구입니다. 그런데 농협의 경우 농협중앙회의 감사, 정부 각 부처의 감독과 감사가 중복되고 있습니다. 이러한 일은 자주적인 조직에 대한 부당한 간섭이나 침탈이 아닙니까?

A 사실 협동조합은 조합원에 의해 구성되고, 조합원을 위하여 조합원의 의사로써 운영되는, 조합원의 자주적이고 민주적인 조직입니다.

또 권력구조나 경영 의사결정의 구조에서도 3권분립이 확실히 되어 있고 모든 중요한 결정은 조합원의 총의에 따르도록 하고 있으므로 정부당국을 비롯한 외부의 간여나 감사가 필요하지 않고, 오히려 부당한 경영 간섭이나 자주권 침해로 비칠 수도 있습니다.

그런데 지금의 농협은 과거 협동조합운동 초창기의 작은 조직이 아닙니다. 사업의 범위가 구매사업, 판매사업, 이용가공사업, 금융보험사업, 교육지원사업 등으로 대단히 다양하고 그 수준도 다른 기업과 동등한 경쟁을 할 정도로 높으며, 조합별 사업물량도 수천억 원에서 수조 원 규모에까지 이르고 있습니다.

이러한 정도의 다양한 사업, 엄청난 사업 규모, 방대한 조직은 과거 어느 시대에도 없었던 현상이고 또 그만큼 조합원의 사업과 생활에서 중요한 역할과 위치를 갖고 있습니다.

나아가 농협은 조합원에게만 중요한 것이 아니라 비조합원 고객, 유관기관, 단체, 기업 등과 불가분의 관련을 맺고 있으며, 또 지역사회에서의 역할과 임무가 있고, 궁극적으로는 국가경제에서도 무시할 수 없는 역할과 지분이 있습니다.

그리고 이러한 협동조합이 만약 어떤 유혹이나 그릇된 판단에 휘말려 잘못된 결정을 하거나 특정한 부문에 편중된 사업을 하게 될 경우, 작게는 조합원의 손해에 그치겠지만, 크게는 지역경제와 지역사회, 국가경제에까지 큰 악영향을 미치게 됩니다.

또한 경영 과정에서 최악의 경우 부도덕한 결정이나 탈법적인 경영 행태가 나타날 경우 그 손해 규모가 사업량과 비례하여 엄청난 규모가 될 것임은 누구나 쉽게 짐작할 수 있습니다.

따라서 농협은 내부적으로 충동적 경영이나 편향된 사업을 하지 않도록 하는 다양한 견제장치와 내부 의사결정 구조, 또 연합조직인 중앙회의 지도 기능 등을 두고 있을 뿐 아니라 감사 기능까지 두어 여러 겹의 안전장치를 하고 있습니다.

또 정부는 입법과 행정명령을 통해 협동조합의 경영 방향과 사업 내용에 대해 감시와 감독권한을 발휘하고 있습니다. 과거 권위주의 시대에는 정부와 권력이 협동조합의 임원을 직접 임명하고 사업에 대하여도 직접적인 지시와 명령을 하였는데, 민주화된 지금은 정부의 감독과 간섭은 법률이 정한 범위 이내에서 최소한으로 시행되고 있어 문제 될 것이 없습니다.

그뿐만 아니라 정부의 지도나 간섭이 전혀 없는 외국의 금융기관이나 협동조합이 방만한 경영, 수익에 집착한 사업을 펼침에도 감독을 받지 않기에 아주 쉽게 도산이나 파산하는 사례를 종종 볼 수 있습니다.

반면에 농협의 경우에는 정부의 감독과 규제가 오히려 조합의 경영 건전성을 높이고 공신력과 대외신인도까지 높여 사업경쟁력을 높여주는 효과가 있는 것도 사실입니다.

488 비회원농협의 관리 감독은?

Q 농촌에는 농협법에 의한 농협인데 농협중앙회의 회원조합이 아닌 농협이 있습니다. 이들 '비회원농협'에 대한 감독은 누가 합니까?

A 지금도 농촌에서는 농업 여건과 농산물 소비 패턴의 변화에 부응해 수많은 농업 관련 협동조합이 조직되었다가 해산되고 있습니다. 그리고 상당수는 조직과 사업량을 충실히 하여 농협중앙회 회원조합으로 가입하기도 합니다.

그런데 농협중앙회의 회원농협이 아니어도 농협법을 준수하고 농협법에 명시된 기준과 절차를 준수하여 농업협동조합으로 조직되고 사업을 전개하는 경우가 다수 있습니다. 이러한 조합에 대한 감독은 원칙적으로 주무부처인 농림축산식품부에서 맡지만, 농협중앙회장에게 감독권을 위임하여 농협중앙회장이 실질적인 감독권을 행사하고 있습니다. 그러나 감독권이라고 하여 규제나 통제를 하는 것이 아니고 각종 업무 규정과 규약의 제정 지원, 회계 제도에 대한 지원과 인력의 훈련, 필요 시 지도감사, 자금 지원 등의 방식으로 지원과 육성을 해 주고 있습니다.

또 조합원에게 필요한 영농자재의 농협 구매사업 시스템을 통한 지원, 생산한 농산물의 농협 판매망을 통한 판매 지원 등을 해 주고 있으므로, 농협중앙회의 회원조합으로 가입되지 않은 조합이더라도 농협중앙회 관련 부서에 적극적인 지도와 협조를 요청하여 농협중앙회의 지식과 경험을 전수받고 농협 조직과 사업의 혜택을 활용할 필요가 있습니다.

그리고 되도록 이른 시일 내에 조직과 사업량을 충실히 하여 농협중앙회의 회원농협으로 가입, 농협이라는 거대한 조직의 일원이 된다면 조합의 성장과 발전을 가속화하고 조합원의 권익을 크게 높일 수 있을 것입니다.

489 농협법상의 형벌 규정은 어떤 것이?

Q 농협법에도 형벌조항이 있다는데, 그 내용이 무엇입니까?

Ａ누구나 범죄를 저지르면 형법에 의해 처벌을 받습니다. 또 형법에는 사회의 모든 범죄에 대한 내용이 망라되어 있고, 범죄별로 형벌이 명시되어 있습니다.

그런데 농협의 경우에는 형법과 별도로 농협의 사업이나 업무와 관련하여 농협법을 위반했을 때 처벌 기준을 농협법에 규정해 두고 있습니다. 그래서 농협법의 처벌조항은 형법에 규정이 없는 위법행위를 처벌하는 내용으로서 국가의 특정한 행정목적 달성을 위해 행정목적 위반에 대하여 가해지는 '행정벌'이라고 합니다.

농협법상의 형벌 대상인 행위는

1. 임원이 소속 농협에 대해 손실을 끼쳤을 때
2. 임원, 간부직원 등이 위법행위를 한 경우
3. 공직선거 관여금지 규정을 위반한 경우
4. 임원 선거와 대의원 선거 관련하여 법률을 위반하였을 때
5. 기타 과태료 부과에 해당하는 행위를 하였을 때 등입니다.

형벌 내용은 10년 이하의 징역에서부터 벌금과 과태료까지 범죄의 양태나 법률 위반의 정도에 따라 다양한 차등이 있습니다. (법 제171조, 제172조)

490 농협법이 아닌 다른 법률에 의한 처벌은?

Ｑ 농협 임직원이 농협법이 아닌 다른 법률에 의해 처벌을 받는 경우와 그 내용은 무엇입니까?

Ａ 농협 임직원에게 적용되는 농협법이나 공직선거법에 의한 처벌 외에도 감사원법, 은행법, 국회에서의 증언감정법, 신용협동조합법, 노동관계법 등에 의한 처벌 등 다양한 법률에 의한 처벌이 있는데 그중 가장 중요한 것은 「특정범죄 가중처벌 등에 관한 법률(특가법)」과 「특정경제범죄 가중처벌 등에 관한 법률(특경가법)」이 있습니다.

이 법률은 형법상의 특정한 범죄에 대해 농협의 임원이 위반을 하면 공무원으로 간주하여 특별히 가중하여 처벌하는 내용인데, 「특정범죄 가중처벌법」의 주요한 범죄 유형으로는 수뢰죄, 사전수뢰죄, 제3자 뇌물제공죄, 수뢰후 부정처사죄, 사후수뢰죄, 알선수뢰죄 등 뇌물 관련 범죄입니다.

「특정경제범죄 가중처벌법」은 금융기관 임직원의 범죄에 대해 이득액에 따라 가중 처벌하는 것을 주요 내용으로 하는데, 사기죄, 공갈죄, 상습사기와 공갈죄, 횡령죄, 배임죄, 업무상 횡령죄, 업무상 배임죄, 직무에 관한 수재(收財)의 죄, 직무에 관한 증재(贈財)의 죄, 직무에 관한 알선수재의 죄, 사금융 등의 알선죄, 저축 관련 부당행위의 죄 등 금융 업무 수행과 관련한 범죄가 있습니다.

이 밖에도 조합장 선거와 관련하여 「공공단체등 선거에 관한 법률」 위반으로 처벌을 받는 경우도 있습니다.

농협 임직원의 처벌과 관련되는 법률이 많고 형벌도 다양하여 반드시 저촉되는 일이 없도록 하여야 하지만, 그 대부분은 우리 모두가 상식적으로 알고 있는 공직자의 자세만 잘 유지한다면 걱정하지 않아도 되는 일로서 대부분의 농협 임직원이 이러한 처벌문제에 대해 별다른 두려움이 없이 임기를 마치고 있습니다.

간혹 어떤 상황의 급박함이나 법률에 대한 무지, 설마 하는 요행심으로 위법행위를 자행하거나 부하에게 강요하는 사례가 있는데, 그러한 일은 후일 반드시 처벌받게 되므로 그 당시에 적절한 방법으로 확실하게 설명하고 이해시켜 처벌에 이르는 일이 없도록 예방하여야 합니다.

만약 설명과 설득이 어렵다면 계통사무소나 법률고문의 협조를 얻어 효과적인 설득 자료, 친절한 안내를 받아서 관련 임직원과 조합을 보호하는 데 주저함이 없어야 할 것입니다. 농협 임원이 위법한 행위를 하여 처벌을 받게 되면 위법행위를 한 당사자의 개인적인 패가망신에 그치지 않고 해당 농협의 명예와 대외신인도에도 심각한 해악을 끼침으로써 농협과 조합원에게도 심각한 피해를 입히게 되는 것이기 때문입니다.

491 | 농협에도 뇌물죄가 있습니까?

Q 뇌물죄는 공무원에게만 적용되는 범죄라고 알고 있습니다. 그런데 농협 임직원에게도 뇌물죄가 적용되는 경우가 있습니까?

A 공무원이나 중재인이 직무에 관해 뇌물을 수수하거나 요구, 또는 약속하는 등의 행위를 뇌물죄라고 하며, 형법상 뇌물죄는 뇌물 수수의 방식이나 시기 등에 따라 여러 가지 형태로 구분됩니다.

또 뇌물죄는 수뢰죄(收賂罪)와 증뢰죄(贈賂罪)로 구성됩니다. 수뢰죄는 공무원 또는 중재인이 직무에 관해 뇌물을 수수·요구·약속함으로써 성립하는 범죄입니다. 증뢰죄는 공무원 또는 중재인에게 이를 공여하는 내용의 범죄인데, 이때 직무란 공무원 또는 중재인이 그 직위에 따라 담당하는 일체의 직무를 말하는 것이며, 종속적 지위에서 소관 이외의 사무를 일시 대리할 경우의 직무도 포함합니다. 즉, 뇌물죄는 공무원이라는 신분에 있는 자가 업무와 관련하여 금품을 받거나 요구하거나 약속하는 일체의 행위입니다.

농협 임직원은 분명히 공무원이 아니므로 형법상 뇌물죄의 적용 대상은 아닙니다. 그런데 「특정범죄가중처벌법」에서 농협중앙회의 과장대리급 이상의 직원과 임원, 조합과 연합회의 임원이 수뢰죄(형법 제129~132조)를 범한 경우에는 공무원으로 보고 가중처벌한다(특가법 제4조)고 명시하고 있습니다.

농협 임직원은 뇌물을 받은 경우에만 공무원으로 간주되는 것이며, 그 이외의 범죄에 대하여는 공무원으로 간주되지 않습니다.

492 선거 관련 형벌은?

Q 선거 관련 형벌은 어떤 것이 있습니까?

A '선거'란 주권자인 국민이 국민을 대표할 국가기관을 선택하는 행위를 가리킵니다.

선거는 여러 가지 기능을 수행하게 됩니다.

첫째, 선거는 국가기관을 구성하게 됩니다. 즉 우리는 선거를 통하여 대통령이나 국회의원을 선출하게 되고, 그를 통하여 정부를 조직하고 국회를 구성하게 되는 것입니다. 또 선거는 이를 통해 국민의 지지와 동의를 부여함으로써 그 기관에서 권력을 행사할 때에 그 기관에 국민의 민주적 정당성을 부여하는 역할을 수행하게 됩니다.

둘째, 선거를 통해 국민의 대표를 선택하게 되면, 대표에게 국민의 지지와 동의를 부여함으로써 국민의 의사를 간접적으로 정치에 반영합니다. 이를 통해 대표는 국민의 의사에 위반되지 않는 정책을 시행하게 되고, 이로써 국민의 의사에 반하여 시행되는 정책이나 정부에 대해 거부하는 혁명을 예방하는 기능을 수행하게 됩니다.

마지막으로 국민의 기본권인 참정권을 현실화시키는 기능을 수행합니다. 근대 이후로 국민의 정치 참여 의사와 욕구는 증대되고, 국민이 정치에 참여할 수 있는 가장 기본적 수단으로서의 선거는 국민의 이러한 욕구를 충족시켜주는 역할을 수행하는 것입니다.

그러므로 선거는 민주주의의 핵심이라고 말할 수 있습니다. 민주주의는 선거를 통하여 국민의 의사를 정치에 반영하는 유일한 절차이므로 선거를 민주주의 성패의 관건이라고 말하는 것입니다.

이러한 선거를 범죄나 위법으로 방해하거나 농락하는 행위는 단순한 범법행위, 법률 위반 범죄를 넘어서서 민주주의를 해치는 행위로서 어떤 범죄보다도 해악이 크고 또 어떤 핑계나 명분으로도 용서받을 수 없는 것입니다.

그리고 농협의 선거 관련 범죄는 농협 임원과 대의원 선거 과정의 범죄행위도 있지만, 농협조직이나 임직원이 공직선거에 관여하는 범죄도 있습니다.

농협법은 공직선거에 개입하는 농협 임직원에 대해 2년 이하의 징역 또는 2000만 원 이하의 벌금에 처하도록 하고 있습니다. (법 제172조)

조합 임원과 대의원 선거 관련 범죄에 대하여는 12가지의 유형별로 구분하여 그 범죄의 양상과 경중에 따라 실형이나 벌금, 과태료 등에 처하도록 하고 있는데, 선거범죄로 형벌을 받은 경우에는 조합의 피선 거권이 최장 5년까지 제한되는 경우도 있습니다.

493 선거법 위반으로 유죄판결을 받으면?

Q 선거법 위반으로 유죄판결을 받은 경우 당사자의 미래에 대한 효과에 의문이 많습니다. 선거법 위반으로 유죄판결 시 당사자의 미래에 어떤 영향이 있습니까?

A 농협의 선거에서 선거법 위반이라 함은 「농협법」의 임원 선거 관련 조항 위반과 조합장 선거에 있어서 「공공단체등 위탁선거에 관한 법률」의 금지되는 선거운동 조항에 저촉되어 처벌받게 되는 경우를 모두 가리킵니다. 이러한 선거법에 저촉되어 유죄판결을 받게 되면 그 형벌의 수준에 따라 결과와 당사자의 미래가 크게 달라집니다.

형벌이 징역이나 금고 등 실형이 선고되거나 그 형의 집행유예가 선고될 경우 선거당선이 무효가 되고, 또 실형의 수형 기간이나 집행유예 기간이 종료된 후 앞으로 5년간 농협의 임원 선거에 입후보할 수 없습니다.

벌금형이라고 하더라도 당사자 본인이나 직계 존비속이 100만 원 이상의 벌금형에 확정되면 역시 당선 무효가 되고 다음 선거에 입후보할 수 없게 됩니다. 농협선거뿐 아니라 지방선거, 국회의원 선거 등 공직 선거에도 마찬가지로 입후보할 수 없게 됩니다.

또한 공직 선거에 입후보하였다가 공직선거법 위반으로 처벌받은 경우 역시 같은 기준으로 입후보 자격이 박탈됩니다.

따라서 어떤 경우이든 선거에 입후보한 사람은 법률을 위반하지 말고 법률의 테두리 안에서 공명선거, 페어플레이를 하여야 합니다.

494 농협이 손쉽고 수익 높은 금융사업에만 몰두한다고?

Q 농민운동가나 농민단체에서 언제나 하는 주장이 있습니다. '농업생산 지원과 농산물 유통에는 등 돌린 채 손쉽고 수익 높은 금융사업에만 몰두 하는 농협을 타도해야 한다'는 것입니다. 이런 주장에 부분적이라도 타당 한 측면이 있나요?

A 농민단체의 행사나 집회가 있을 때면 등장하는 레퍼토리입니다. 하지만 학술적인 근거가 없음은 물론이고, 논리적으로나 현실적으로도 전혀 맞지 않는 허무맹랑한 모함에 지나지 않습니다.

첫째, 금융 업무가 손쉽고 수익이 높은 것이 아닙니다. 금융 업무는 고도의 전문지식과 오랜 경험이 필요한 전문적 영역이며, 아무나 쉽게 할 수 있는 사업이 아닙니다. 그래서 세계 각국에서도 금융 분야는 최고의 지식을 갖춘 엘리트들이 장기간의 훈련과 경험을 쌓은 다음에 근무할 수 있는 영역으로 통하며, 실제로도 리스크와 스트레스가 높은 위험 직업입니다.

실제로 세계적 규모의 금융기관도 단 한 번의 거래 실수로 거액의 손실을 입거나 도산하는 일이 허다하며, 국내 시중 은행들도 IMF 사태 때 대량 도산한 경험이 있습니다. 또 지금도 경제사업도 하지 않고 순수한 금융 업무만 수행하며 외부의 간섭이나 감독도 거의 없는 저축은행들이 연이어 도산하는 현실이 금융 업무의 어려움을 잘 보여주고 있습니다. 금융 업무가 손쉽고 수익이 높다는 표현은 수많은 금융 종사자와 전문가에 대한 모욕입니다.

둘째, 농협은 농업생산 지원과 농산물 유통을 위해 엄청난 투자와 노력을 쏟았고, 그 성과도 무척 큽니다. 농업 기계화, 농가소득 향상, 농산물 유통의 현대화, 농촌 가공사업 등 오늘날 우리가 목도하는 우리 농업과 농촌의 발전상이 모두 농협이 이 분야에 장기간 힘을 쏟은 결과입니다. 이토록 짧은 기간에 정부 재정의 최소 투입으로도 이런 성장과 발전을 이룩한 한국 농협의 사례는 역사적으로나 세계적으로나 유일한 것입니다.

셋째, 농협의 금융 업무는 수익을 위한 것이 아닙니다. 금융 업무를 통해 농촌 개발과 농업 지원, 농산물 유통에 필요한 자금을 마련하여 투자함으로써 농업 발전이 이루어질 수 있었습니다. 만약 농협의 농업 금융 업무가 없었더라면 농촌과 농업에 대한 투자는 모두 정부의 재정 자금으로 조달되어야 하는데 이는 불가능한 일이고, 만약 그랬다면 다른 산업 분야는 전혀 성장할 수 없었을 것입니다. 농협의 금융 업무를 통한 농업 자금의 조달과 공급이 있었기에 우리 농업 분야에 자금이 원활히 공급될 수 있었고, 국가는 공업화와 산업화, 경제개발을 추진할 수 있었습니다.

넷째, 금융과 사업 추진을 분리하면 더 큰 문제가 생깁니다. 만약 지금 금융 부문과 경제사업 부문을 분리한다면 농협은 심각한 경영 위험에 처하게 되고, 농촌과 농업은 심각한 성장 지체와 자금 경색에 고통받게 될 것입니다. 두 부문을 분리하면 그만큼 관리 인력과 시설이 더 필요하게 되어 비용이 증가할 뿐 아니라 두 기관 간에 협력 체제가 붕괴되면서 이해득실과 수익 문제가 대두될 우려가 높습니다. 또 동일 농업인의 한 가지 사업을 두 개의 기관이 따로 심사하여 결정하게 되므로 능률이 크게 저하되고 이중의 행정 수요가 발생하게 됩니다. 또 두 기관의 주도권 다툼과 힘겨루기가 발생할 경우 해결 방안이 요원해지거나 이해 조정을 위한 또 다른 기관의 설치가 필요하게 됩니다.

다섯째, 한국 농협의 종합농협 모델은 세계적인 성공 사례이자 수범 사례입니다. 한국의 농협은 하나의 조직에서 금융사업, 경제사업, 이용사업, 교육지원사업 등을 한꺼번에 수행함으로써 최고의 능률을 달성하고 있으며 각 부문간 최고의 협력 및 시너지 효과를 거두어 왔습니다. 실제로 다른 나라에서 각 사업 부문별 전문농협 형태로 운영한 결과 농업 개발이나 농촌 발전에 큰 성과를 거두지 못하였으며, 최근 세계 각국에서도 한국 농협의 사업 모델을 도입하거나 벤치마킹하고 있습니다.

참고로 일본 농협은 연합조직을 신용·보험·경제 등으로 분할하여 운영하였는데, 금융 부문 연합조직이 도산 위기에 직면하였고 경제 부문도 성장의 한계에 봉착하였습니다. 반면에 한국 농협은 금융·경제·교육 등 각 부문의 균형 있는 성장과 함께 농업인 조합원을 위한 무료 법률구조 사업, 농어촌 소비자보호 사업, 농업인 건강검진 사업, 장제사업까지 수행하여 세계협동조합 조직과 농업 개발 부문의 주목과 동경의 대상이 되고 있습니다.

그러한 주장을 하는 사람과 깊이 대화하고 끝까지 토론해 보면, 결국은 아무 근거나 대안도 없이 그저 공격하기 좋은 직관적인 표현으로 농협을 공격하기 위해 반복적으로 외쳐대는 구호에 지나지 않음을 알 수 있습니다. 더 나아가면 영농 자재상이나 금융회사의 사주를 받았거나 연결되어 있음이 밝혀지기도 합니다.

결국 그러한 주장은 농협에 대한 우회 공격이며 농협 파괴 공작이므로 위와 같은 논리로 무장해 단호하게 대응해야 합니다.

495 무과실책임주의란?

Q 하나로마트 출입구에서 넘어진 고객이 농협 책임이라며 '무과실책임주의'라는 말을 합니다. 이 말이 맞습니까?

A 무과실책임이란 고의나 과실 없이 부담하는 손해배상책임입니다.

근대법은 자기의 고의나 과실이 있는 행위로 인하여 발생한 손해에 대하여서만 배상책임을 지는 '과실책임주의'를 원칙으로 하여 왔고, 현행 민법도 과실책임주의가 원칙입니다.

그러나 자본주의가 고도로 발전하고 사회가 복잡해짐에 따라 거기서 생기는 여러 가지 폐해의 시정책으로 사회정의나 공평을 기하기 위하여 과실책임주의를 수정하는 '무과실책임주의'가 대두하게 되었습니다. 그 원인은 근대산업의 발전으로 많은 위험이나 공해(公害)를 수반하는 기업이 막대한 이윤을 취하는 반면, 그로 인하여 손해를 입는 다수의 사람이 있어도 과실책임주의로는 그 손해배상을 청구할 수 없는 사회적 불공평이 생기게 되었기 때문입니다.

그리하여 이러한 사회적 불공평을 시정하는 방안으로 무과실책임주의를 주장하게 되었는데, 그 이론적 근거로는 사회적 위험이나 공해를 발생하게 한 자는 그로 인하여 생기는 손해에 대하여 배상책임을 지는 것이 마땅하다는 '위험책임주의(危險責任主義)'가 있고, 또한 이익을 얻는 과정에서 타인에게 손해를 끼쳤다면 그 이익 중에서 배상을 시키는 것이 공평의 원리에 맞는다는 '보상책임주의(補償責任主義)'가 있습니다.

이러한 무과실책임주의는 광업법 등 특별법으로 규정되기 시작하고, 판례에서 이를 채택해 가고 있는 것이 현실입니다.

그렇지만 현행 과실책임주의가 전적으로 폐기된 것은 아니며, 일반적으로 과실책임주의를 취하면서 과실책임으로는 손해배상책임을 지울 수 없는 특수 분야에서 예외적으로 공평을 위하여 무과실책임을 묻고 있습니다.

따라서 농협 하나로마트나 농협 시설물의 이용 과정에서 생긴 사고로 인한 피해에 대하여 농협이 무조건 책임을 전부 부담하여야 하는 것이 아니라 사례별로 원인과 과정을 잘 살펴서 판단하여야 합니다.

그리고 사람의 출입이 빈번하고 충돌이나 마찰, 넘어짐, 날치기 등의 위험이 있는 하나로마트 출입구와 인접 도로, 금융점포 정문 등에는 그에 대한 안내문을 게시하고 CCTV를 설치해 두어 만약의 사고에 대비하는 일이 긴요합니다.

Q 농협과 갈등 관계에 있는 사람이 농협 사무실 주변에 고의로 여러 가지 방해행위를 하고 있습니다. 이런 경우 해결 방법은 무엇입니까?

A 농협과 사업상 경쟁관계에 있거나 계약의 이행 관계로 농협과 갈등을 빚는 경우가 자주 있습니다. 이러한 갈등은 대부분 당사자 사이의 대화나 제3자의 중재로 원만히 해결되는 경우가 대부분인데, 간혹 일방적인 주장이나 이기적인 동기, 감정적인 행동으로 문제가 악화되는 경우가 있습니다.

예컨대 농협 사업장 진출입로의 교통을 방해하는 행위, 농협 사무소 주변에 오물이나 쓰레기를 적치하는 행위, 농협의 사업장 인근에 쓰레기를 버리는 일, 농협을 비방하는 현수막 설치 등이 실제로 일어났던 일입니다.

그러나 이러한 일은 모두 위법한 일이고 부당한 행위입니다. 이해관계가 충돌하거나 감정이 폭발한다고 하더라도 농협의 사업에 지장을 주는 행위를 하면 그 원인에도 불구하고 사업에 대한 방해행위이므로 잘못임이 분명한 일입니다.

따라서 농협은 이러한 부당한 사태에 대하여 부당한 행위를 즉시 중단하고 원상회복하도록 내용증명으로 공식 최고하고, 업무방해죄나 명예훼손죄로 고소하며, 동시에 원상회복과 손해배상을 위한 소송을 제기하여야 할 것입니다.

지역사회에서는 이러한 부당행위에 대한 법적인 처리가 다시 새로

제11부 감독

운 갈등으로 발전하여 문제의 해결을 더욱 어렵게 하는 방향으로 발전할 수 있습니다.

그렇지만 그것이 두려워서 부당행위를 감내한다면 농협의 위신과 조합원의 자존심에 큰 상처를 입게 되므로 반드시 법에 따라 처리하여야 합니다. 법률에 따른 처리의 결과는 어떤 경우보다 사후 수습이나 해결이 쉬운 것입니다.

이러한 일에 대한 법적 처리는 농협이 직접 나서지 않고 농협 법률고문이나 지정변호사에게 위임하여 기계적이고 사무적으로 처리하도록 하여야 합니다. 민형사상의 모든 법적 절차는 변호사가 사무적으로 수행하도록 하고, 다른 경로로 농협과 가해자 간의 대화를 진행하며, 원만한 합의에 이르렀을 때 법적 절차를 취하도록 하는 것이 현명한 일입니다.

이는 꼭 필요한 법적 절차를 도맡아 줄 변호사와 현장에서 계속 사업을 지속하여야 하는 농협이 역할을 분담함으로써 농협의 위엄과 이미지를 해치지 않고 사태를 수습할 수 있는 최선의 길입니다.

497 공동사업법인의 이사회표결과 총회표결 시 차이는?

Q 공동사업법인에서 이사회와 총회를 할 때마다 표결권을 두고 혼선이 일어납니다. 1인 1표라야 하는지, 출자지분에 비례해야 하는 것인지요?

Ａ 농협은 다양한 분야에서 다양한 형태로 공동사업법인을 구성하여 사업을 전개하고 있습니다. 그런데 공동사업법인은 협동조합 형태이면서 세부적인 운영 형식은 주식회사의 체제를 모방하고 있기 때문에 협동조합 운영 방식에 익숙한 직원들에게는 무척 생소하고 어려움이 많습니다. 공동사업법인은 대부분 여러 농협이 출자하여 구성하고 참여한 농협이 모두 이사가 되어 경영의 중요한 사항을 결정합니다.

이사회의 경우에는 농협마다 이사가 1명씩 배정되어 있는데, 총회의 경우에는 참여한 농협마다 지분비율이 달라서 매번 판단하기가 어렵습니다.

또 각 농협의 조합장이 모여서 회의를 하는데, 똑같은 구성원이 어느 날은 이사회, 어느 날은 총회를 하게 됩니다. 특히 가장 많이 혼선과 혼란을 빚는 일이 바로 의결권 행사 시 찬반의 집계인데 이사회의 경우와 총회의 경우가 각각 다른 점 때문일 것입니다.

이에 대하여 간결하게 정리하자면, 이사회는 농협마다 배정된 이사가 1명씩 있으므로 1인 1표로 계산하면 됩니다. 이사는 어떤 경우에나 동등한 의결권을 가지는 것이기 때문입니다.

총회는 각 농협이 보유한 지분의 숫자대로 1지분 1표로 계산하여야 합니다. 총회는 각 조합에 배정된 이사의 의결권 행사가 아니고 해당 조합의 전체 지분으로 의결권을 행사하는 것이기 때문입니다.

따라서 이사회는 인원이 많은 쪽이 승리하지만, 총회는 인원이 많고 적음이 아니라 지분율이 많은 농협 쪽이 승리하게 되는 것입니다.

498 언론기관 취재 시 주의사항은?

Q 언론기관에서 전화 문의나 현장 인터뷰 방식으로 취재를 하는 경우가 많은데, 답변한 내용을 두고 후일 책임문제가 생기는 경우도 있습니다. 언론 취재에 대응하는 요령이나 주의사항은 무엇입니까?

A 언론기관이 과거에는 주요 신문사와 방송사, 통신사가 전부였는데, 최근에는 지방신문이 엄청나게 많아졌고, 산업별 전문지 역시 많아진 데다 인터넷 신문까지 생겼으며, 방송의 경우에도 지상파 방송과 케이블 방송, 인터넷 방송, 개인 방송까지 생겨나 언론의 종류와 성격, 숫자까지도 정확히 알 수 없을 정도가 되었습니다.

아울러 각 언론매체의 취재 방법과 방식이 너무나 다양해져서 농협 임직원의 경우 연중무휴 24시간 언론에 노출되어 있다고 할 정도입니다. 또 전화, 대화, 문자메시지, 카카오톡 대화방, 인터넷 통신 등을 통해 엄청난 정보와 자료가 유통되고 또 농협의 정보 자료가 빠져나가고 있습니다.

이러한 현상 때문에 농협 전체의 보안 체계를 새롭게 하였지만, 임직원 개개인의 전화나 대면 접촉을 통한 정보 유출이나 언론 취재는 차단할 방법과 대책이 없는 것이 현실입니다.

따라서 모든 농협 임직원은 농협 관련 정보나 자료의 보안 관계를 엄정하게 관리하고, 경솔한 언행으로 농협을 곤란하게 하거나 스스로 곤경에 처하는 일이 없도록 주의하여야 합니다.

기본적으로 모든 임직원은 외부 인사가 농협의 조직, 사업, 업무, 최근의 문제 등에 대하여 질문할 때, 반드시 담당 책임자로 대외 창구를 일원화하여 응대하는 것을 습관화하여야 합니다. 또 농협의 임원과 간부직원, 책임자급 직원은 언제, 어디에서, 어떤 형식으로 자신의 업무나 사업에 대한 질문이 나타날지 알 수 없으므로 항상 언론 인터뷰에 대한 기본적인 훈련과 대비를 하여야 합니다.

아울러 사업에 대한 질문이나 추궁을 당할 경우 질문하는 내용에 몰입되어 상대의 의도에 휘말리지 않도록 주의하며, 농협사업의 특징인 조합원을 위한 봉사, 영리와 투기를 목적으로 하지 않는 점, 조합원과 국민의 이익을 위한 사업 추진 등을 먼저 설명하고 부분적으로 어떤 불만이나 누락이나 차질이 있을 수 있지만 농협사업은 언제나 큰 틀에서 문제가 없고 사업의 목적과 목표 역시 비영리적이고 공익적인 방향임을 힘주어 설명하여야 합니다.

언론기관임을 밝히고 취재나 인터뷰를 요청해 올 경우에는 가능한 한 그 요청을 문서나 문자로 하도록 요구하고, 질문할 내용을 미리 보내주면 충실한 답변을 할 수 있다고 하여 질문사항을 받아 책임자에게 보고하고 농협의 공식적인 답변 자료를 만들어서 응답해 주는 것이 현명하고 확실합니다.

그리고 상대방이 내 대답의 일부만을 발췌하거나 편집하여 악용할 수 있으므로 농협과 관련하여 부당하거나 부족한 점을 표현하지 않도록 하고 상대방이 부정적인 답변을 유도할 때에도 그에 휘말리지 않도록 주의하여야 합니다.

인터뷰 도중에라도 대화의 흐름이 이상한 방향으로 흘러가게 되면 즉시 "그 부분은 내가 알지 못합니다" 또는 "그것은 내가 답변할 사항이 아닙니다" "담당 책임자에게 질문할 사항입니다" "공식적인 절차를 통해 질문하시는 것이 좋겠습니다"라는 답변으로 곤경에서 빠져나오도록 하여야 합니다. 누구나 자신이나 소속 기관에 불리한 내용에 대하여 발언이나 답변을 하지 않을 권리가 있고, 답변을 하지 않는다고 하여 불이익을 받지 않는데, 이는 답변을 하지 않을 권리인 진술거부권이 법률과 헌법에 명시되어 있기 때문입니다.

또 상대가 언론이거나 유사한 신분의 인사라면 반드시 대화 내용을 녹음하도록 하는 것이 후일을 위해 유리합니다. 대화 당사자가 질문과 답변 내용을 녹음하는 일은 위법이 아니라 합법이며, 후일 법정에서나 감사나 징계에서 훌륭한 증거로 사용할 수 있습니다.

따라서 여건이 허락하면 반드시 문답사항을 녹음하도록 해야 하는데 이에 대한 상대방의 동의는 필요하지 않습니다.

499 언론의 허위보도, 과장보도에 대한 대책은?

Q 지역의 언론에서 농협에 대해 사업마다 문제를 삼고 왜곡보도, 허위보도, 과장보도 하고 있지만, 언론의 위세 앞에 꼼짝 못 하는 형편입니다. 언론의 횡포에 대응하는 방법은 무엇입니까?

A 농협에 대한 언론보도는 허위사실을 토대로 하는 것, 사실을 크게 부풀려 보도하는 것, 사실을 왜곡하여 보도하는 것, 오래전 흘러간 일을 다시 보도하는 것, 다른 농협의 사례를 마치 우리 농협의 사례인 것처럼 보도하는 것 등 다양한 형태가 있습니다.

농협은 이러한 부당한 보도로 피해를 당하더라도 언론기관의 힘이 막강하고 보복보도가 무서워서 억울하더라도 참고 넘어가는 일이 많았습니다. 그런데 상대가 힘이 세고 보복보도가 무섭다고 하여 일부러 모르는 척 넘어가면 더욱더 많은 피해를 입게 되는 것이 과거의 경험이고 지금의 현실입니다.

비유컨대 동료 학생들로부터 상습적으로 폭행을 당하는 학생이 폭행과 부당한 대우를 참고 또 참으면 폭행이 줄어들거나 끝나는 것이 아니라 오히려 점점 더 심해져 결국은 죽음에 이르거나 폐인이 된 사례와 같은 것입니다. 이때 폭행 피해자가 가해자를 끌어안고 함께 죽자며 창문으로 뛰어내리는 제스처라도 취할 때 폭행은 전환점을 맞게 되는 것이고 그 후부터는 그 학생을 아무도 함부로 하지 못하게 되는 것입니다.

언론의 경우도 이와 마찬가지인데, 언론의 부당한 보도로 피해를 입게 될 경우, 해당 기자나 데스크 혹은 경영진에게 개별적으로 보도 중지를 청탁한다고 하더라도 효과를 얻기 어렵고 오히려 우리의 나약한 모습, 비굴한 자세를 확인시키는 기회가 될 뿐입니다.

그러나 언론의 부당한 보도로 억울한 피해를 입고도 참아야 했거나 언론의 횡포에 주눅 들어 지내야 했던 시절은 군사독재의 청산과 권위주의 정부의 몰락과 함께 모두 저물었으며, 지금 언론을 두려워하고 일방적으로 피해를 입고 있는 경우는 과거의 잘못된 관행과 타성에서 벗어나지 못하고 있기 때문입니다.

언론매체의 오보나 허위 과장보도, 왜곡보도 등으로 피해를 입었을 경우 반드시 저항과 대응을 하여야 하는데, 언론보도의 피해에 대하여 '언론중재위원회'에 공식적으로 언론중재 신청을 하고 반론보도나 정정보도를 청구하도록 하는 것이 최선입니다.

언론중재위원회는 언론보도로 피해를 입은 국민과 단체의 피해를 구제해 주기 위해 설립된 법정기관이므로 그러한 조치를 할 권능이 있으며, 중재 신청에 따른 비용이 없고 추가적인 보복이나 피해가 발생하지 않습니다.

또 언론중재위원회를 통한 중재 신청은 해당 언론기관을 상대로 하는 공식적인 절차이므로 기자 개인이나 언론사 간부 개인의 차원이 아니라 언론기관 법인을 상대로 하는 공식적인 절차이므로 사감(私感)을 갖거나 보복을 꾀할 수 없게 되는 것입니다. 피해 농협이 이러한 청구를 할 경우 해당 언론은 즉각 신중한 보도로 전환하게 되고 언론의 막강한 힘이라는 불공정한 상황에서 벗어나 대등한 경기장에서 선악이나 문제를 다시 검토하고 심판받을 수 있게 됩니다.

흔히 언론과 싸워봐야 손해만 더 커진다고 생각하는 경우가 많은데, 이는 과거 권위주의 정부 시절의 설움일 뿐이고 지금은 과거와 확연히 다르며, 언론의 부당한 행위에 대하여 저항하고 마주 해 싸울 때에 비로소 언론과 대등한 위치에 서게 되는 것입니다.

그러나 농협은 언론중재위원회에 제소나 청구를 해 본 경험이 없고, 절차나 행정사항을 잘 알지 못하며, 후일 언론과의 관계를 재설정하는 데 장해가 될 것을 염려하여 억울해도 참는 경우가 많습니다. 그러나 억울해도 참기만 하면 영원히 언론의 부당한 침해와 탄압, 군림에 시달리며 노예와 같은 상황에 빠지게 됩니다.

따라서 저항은 하되 퇴로를 열어두어 언제든 대화나 화해의 길을 찾고 싶다면 언론중재위원회에 직접 제소하지 말고 농협법 전문가나 농협법 전문 변호사에게 언론중재위원회 제소와 청구 업무를 위탁하면 됩니다. 그러면 전문가가 나서서 언론중재위원회의 관련 업무를 모두

도맡아 해당 언론과 날카롭게 다투어 굴복시켜 주고, 또 적당한 수준에서 화해하고자 할 경우에 의뢰한 농협과 협의하여 적절한 수준에서 명예로운 방법으로 회군하도록 해 주게 됩니다.

그리고 아직 보도되지 않았지만, 만약 보도되면 농협 경영에 중대하고도 심각한 악영향이 우려되는 보도거리가 있다면 서둘러서 법원에 '보도금지가처분'을 신청하는 것이 중요합니다. 일단 가처분으로 보도금지를 해 둔 다음 차차 여유를 갖고 보도할 내용과 진실을 규명하여 해명과 설득할 시간과 여유를 가질 수 있게 하는 것이 최선입니다.

500 우리 조합이 수사를 받는다면?

Q 조합장 선거와 관련하여 조합장이 횡령, 배임, 선거법 위반 등의 혐의로 고발당하였습니다. 조합장이 휴일에 법인카드를 쓴 것, 법인카드로 농협의 업무용자동차가 아닌 개인의 승용차에 기름을 넣은 것을 문제 삼고 있으며, 경찰에서 직원들을 참고인으로 소환하여 조사합니다. 수사관은 조합장의 횡령, 배임 혐의에 대해 '혐의가 인정된다'는 취지로 진술하라고 다그치고, 만약 인정하지 않으면 공범으로 몰아서 처벌받게 한다고 겁을 줍니다. 이때 우리 직원은 어떻게 답변해야 합니까?

A 모든 조합에서 일어나고 있는 일이며 고발된 내용이 선거에서는 분명히 큰 이슈가 되는 일입니다. 선거가 끝나고 일상으로 돌아가도 이런 문제는 우리가 농협을 퇴직할 때까지 계속될 것이므로 이 기회에 수사

에 대한 원칙과 기준을 명확히 해 두어야 할 것입니다.

1. 공휴일에 법인카드를 사용하였다고 하여 횡령이나 배임이 성립되는 것이 아닙니다.

법인카드는 농협의 사업을 추진하거나 업무 수행 과정의 비용을 처리하는 비용의 집행 방식입니다. 조합장이나 상임이사, 직원들의 업무는 공휴일이라고 하여 추진이 완전히 중단되는 것이 아니며, 공휴일에도 모든 임직원은 예식장, 교회, 사찰, 행사장에서 조합원과 고객, 사업가, 관료 등을 만나고 농협사업을 위한 대화, 호소, 유인, 인사 등 업무추진을 하는 것입니다. 그러한 업무추진 과정에서 비용이 발생하는 것은 당연한 일이고, 그 비용을 법인카드로 결제하는 것은 정당한 일입니다.

2. 개인의 승용차에 법인카드로 기름을 넣었다고 모두 횡령, 배임이 되는 것이 아닙니다.

개인의 승용차를 사용하였더라도 사업 추진이나 업무 수행을 위해 사용하였다면 그 기름값은 업무용 비용이므로 법인카드로 결제하고 해당 업무추진비로 정산하는 것이 맞습니다. 승용차뿐 아니라 농기계며 조합원의 트럭을 갑자기 업무용으로 사용하였을 경우에도 마찬가지입니다.

현실적으로 조합장, 상임이사, 간부직원, 직원 등은 업무가 급할 때 다른 용무로 나가 있는 업무용승용차가 돌아오기를 기다려서 그 차로 일을 보는 것이 아니라 내 개인의 자동차나 다른 직원의 차량, 심지어 고객이나 조합원의 차량이라도 빌려 타고 일을 보게 됩니다. 그리고 업무용차량이 아닌 차를 이용했으면 직원의 차라고 하더라도 당연히 사용료를 지불하여야 하고 최소한 기름값이라도 지원해 주어야 하는 것이 옳으며, 그런 경우가 빈번하면 아예 정기적으로 기름을 듬뿍 넣어주고 업무용으로 사용하게 할 수도 있습니다.

따라서 법인카드로 개인의 승용차에 기름을 넣었다고 횡령이 되는 것이라 할 수 없는 것입니다.

3. 조합장을 범죄자로 몰지 않는다고 하여 공범으로 몰아갈 수 있는 것이 아닙니다.

공범이란 어떤 범죄를 함께 모의하고 실행하여 그 수익을 나누는 관계를 말합니다. 조합장이 횡령, 배임을 하였다고 할 때 직원이 그 내용을 정확하고 자세하게 밝히지 않았다고 하여 공범으로 몰아갈 수 없고 몰아가지지도 않습니다. 공범 관계가 성립하려면 조합장과 해당 직원이 횡령, 배임을 사전에 모의하고 함께 실행한 다음에 그 수익을 나누어야 하는데 그것을 증명할 수 없기 때문입니다.

또 공범인지 아닌지는 경찰관이 결정하는 것이 아니라 판사가 결정하는 것입니다.

4. 직원은 다른 사람의 횡령, 배임을 판단하거나 검증할 의무가 없습니다.

법인카드 영수증을 전달받은 직원은 그것을 정리하여 결제하면 모든 의무가 끝납니다. 그 영수증이 어디에서 누구와 어떤 목적으로 적정한 수준에서 사용되었는지 등의 문제는 직원이 알 필요도 없고, 알려고 할 이유도 없으며, 검증이나 조사, 판단을 할 의무도 권한도 없습니다. 의무에 없는 일을 할 필요가 없고 그것은 전혀 문제가 되지 않습니다.

5. 수사에 임하여 모르는 것은 모른다고 하는 것이 최선입니다.

수사를 받을 때 잘 모르는 일은 모른다고 대답하면 됩니다. 다른 사람의 일을 모르는 것은 어떤 이유로도 잘못이 아니고 범죄도 아니며 처벌 대상이 아닙니다. 또 내 자신의 일에 대하여도 모른다고 하는 것이 최선입니다. 내 범죄 혐의에 대해 자수나 자백할 의무가 있는 것이 아니고, 자백하지 않는다고 가중처벌 되는 것도 아닙니다.

모르면 모른다고 하고, 불리한 내용에 대하여는 생각나지 않는다고 말하는 것이 정답이고 최선입니다.

6. 누구나 자기에게 불리한 말은 하지 않을 권리가 있고, 그 일로 처벌받지 않습니다.

묵비권 혹은 진술거부권이라고 하며, 헌법과 법률에 명시된 개인의 기본권이므로 누구도 침해할 수 없습니다.

수사 과정에서 다음의 말만 하면 누구도 다치지 않습니다.

"모르겠습니다."

"기억나지 않습니다."

"증거를 보여주십시오."

"그것이 증거라면 내 진술이 필요 없겠네요."

"휴대전화를 달라고요? 먼저 영장을 제시해 주셔야지요."

그래도 불안하면 언제든 상담하십시오. 수사받는 도중에 전화해도 됩니다.

앞서가는 조합원·임직원의 필독서

농협법 ② 500

초판 1쇄 발행일 2019년 12월 9일
초판 2쇄 발행일 2022년 1월 25일

지 은 이   김상배
펴 낸 이   이성희
책임편집   하승봉
기획·제작 남우균 김진철 이혜인
인   쇄   삼부문화(주)
교   정   고은혜
펴 낸 곳   농민신문사
출판등록   제 25100−2017−000077호
주   소   서울특별시 서대문구 독립문로 59(냉천동)
홈페이지 www.nongmin.com
전   화   02) 3703−6136, 6097
팩   스   02) 3703−6213